개정2판

관세통관 FTA실무

곽병곤 저

도서출판 두남

머리말 P·r·e·f·a·c·e

우리나라는 무역 강국이다. 2022년 기준 수출입금액 합계 1조 4천억 달러를 넘어섰으며 세계 무역 순위 8위를 마크하고 있다. 무역 입국의 기치아래 온 국민이 매진한 결과 불과 60년 만에 세계 경제사의 경이로운 실적을 달성하였다.

GDP 또한 세계 12위로 선진국 반열에 올라섰으며 우리나라의 경제성장 볼륨도 그만큼 커졌다. 특히 2004년 칠레와 최초로 FTA 체결 이후 미국, 중국, 유럽, 아세안, 중남미, RCEP 등 거대 경제권을 비롯하여 많은 나라와 FTA를 체결함으로서 우리나라는 명실상부한 FTA 강국으로 자리하고 있다.

이제 우리나라에서 무역을 빼놓고 국민경제를 이야기할 수 없으며 국가의 경쟁력과 국력은 무역에서 비롯됨을 알 수 있다. 무역과 수출입 통관은 불가분 관계이다. 무역이 있는 곳에 통관이 있으며 통관이 있는 곳에 FTA가 있다.

무역은 국가 간 원격지 거래로서 국내 상행위와는 다른 특성을 갖고 있으며 그 중에서도 가장 두드러진 부문 중 하나가 수출입통관(FTA포함) 분야이다. 수출입업자가 계약에 따라 물품을 준비했다 하더라도 통관이 제대로 이행되지 않는 한 무역 거래가 정상적으로 이루어졌다고 말하기 어렵다.

통관에 대한 법률지식은 비용과 시간절약, 비즈니스 경쟁력이 된다. 그러나 법규 위반으로 인해 통관 지연이나 보류가 발생하면 무역 당사자에게 물적, 경제적 손해가 발생하는데 그치지 않고 관세법상 불이익이 초래될 수 있다. 무역실무자에게 통관실무 지식이 중요한 이유이다.

본서는 관세법에 근거한 법령집이자 통관절차를 기술한 실무지침서이다. 무역 종사자에게는 필독서로서, 학생들에게는 관세 관련 각종 수험서로서, 또 대학 강의 교재로서 이용될 수 있도록 편집에 주력하였다.

특히 실무교재로서의 성격에 부응하기 위해 법조문의 설명에 그치지 않고 다양한 사례와 예시 및 예제를 넣어 독자의 이해력을 높이는데 주안점을 두었다.

모쪼록 본 교재로 인해 실무와 학업에 도움이 되기를 기원하며 본 교재의 출간에 앞서 학문적 지도를 베풀어 주신 송희영 전 건국대 총장님과, 현재 소속되어 있는 서울사이버대학교 이완형 교수님, 김영민 교수님, 감수를 해주신 박경부 관세사님, 그리고 이 책의 출판을 도와주신 두남 출판사 관계자님께 진심으로 감사를 드린다.

아울러 관세법령 개정으로 본서의 수정 작업과 관련하여 조언과 교정을 해 주신 최상수 전 파주세관장님께 심심한 사의(謝意)를 표한다.

2023년 8월

저자

차 례

Contents

Chapter 3 관세의 종류와 부과징수

Chapter 4 관세평가와 관세감면

Chapter 5 상품품목분류

Chapter 6 수입신고서 작성

Chapter 7 보세화물제도

Chapter 8 수출통관 제도

Chapter 9 관세환급 제도

Chapter 10 원산지 표시, 지식재산권 제도

Chapter 11 간이통관 제도

Chapter 12 FTA 실무

Chapter 01 관세 통관의 기본 이해

제1절 관세통관의 기본 개념

1. 관세의 기본 이해

1) 관세의 의의

관세는 수입물품에 부과되는 조세이다. 국가에 따라 특정물품을 수출할 경우 자원 보호나 산업이익을 위해 관세를 부과하는 경우도 있지만 우리나라를 포함하여 대다수 국가는 수출물품에 관세를 부과하지 않는다. 관세는 고대 도시국가 시대부터 도시와 도시의 도로, 교량, 나루터를 통과하거나 통과여객에 대한 보호, 경비 등의 명목으로 징수되었던 것으로 알려져 있으며 구약성경에도 세리장(세관장)이라는 용어가 나오는 것으로 보아 관세의 역사는 인류문명의 발달과 함께 한 유서 깊은 세목이라고 할 수 있다.

우리나라는 1876년 강화도조약(조일수호조규) 체결과정에서 일본의 위계로 일본제품에 대한 무관세조항이 삽입됨으로써 조선의 생산자와 상인들이 피해를 보게 되는 아픈 역사를 가지고 있는 조세이기도 하다.

관세는 관세율과 관세액이라는 두 가지 의미를 가지고 있으나 관세액은 관세율을 적용한 결과치이므로 수입 품목에 관세율을 몇 %로 정할 것인가 하는 문제는 대단히 중요하며 이는 국내 산업보호, 국민 수요와 소비, 경제상황 등을 종합적으로 고려하여 결정되는 관세주권주의와 관련되어 있다.

관세의 부과는 조세수입의 증가를 가져오며 수입품의 가격상승과 그로 인한 국내소비의 감소로 이어지고 국내 산업 보호와 동시에 국내 고용 창출, 대외지출 감소, 국제수지 개선 등 국제경쟁력을 위한 정책적 수단이 된다.

다른 한편에서는 관세 부과로 인한 수입 감소는 상대국가의 수출 감소를 초래하므로 국가 상호간 통상의 문제로 발전하게 된다. 결국 수출자와 수입자의 자유로운 상행위에 국가가 직접 개입함으로써 양국간 또는 다자국간 무역장벽이 발생하며 세계무역질서에 영향을 미치게 된다.

이처럼 관세는 무역당사자에게는 담세 측면에서, 국가는 국민경제 측면에서 기능하며 때로는 국가간 갈등과 호혜의 실마리를 제공하기도 한다. 그러므로 관세는 정부, 무역업자, 산업·수요·공급·소득·소비 등 국민경제 전반과 국제문제까지 영향을 미치는 중층적 함수를 지닌 반대급부 없는 조세의 일종이다.

2) 관세법의 이해

역사적으로 국가와 국민간의 갈등을 가장 첨예하게 갈라놓은 것이 조세문제이며 봉건주의 왕권을 무력화시키고 국민의 정부로 세계가 나아가는 민주주의의 싹은 조세저항에서 비롯되었다.

"대표 없는 조세 없다."는 미국독립을 위한 구호는 조세의 법적 엄격성을 대표적으로 말해주고 있으며 현대에 있어 조세의 기본원칙이 되었다. 우리나라 헌법 제59조는 "조세의 종목과 세율은 법률로 정한다."고 명시하고 있다. 관세의 부과와 징수에 대한 법적 근거가 되는 관세법은 헌법에서 그 제정과 운영의 정당성을 부여받고 있으며 법 제1조에는 "관세의 부과·징수 및 수출입물품의 통관을 적정하게 하고 관세수입을 확보함으로써 국민경제의 발전에 이바지함을 목적으로 한다."고 규정하고 있다.

관세법은 1945년 해방과 더불어 미군정하에서 훈령으로 시작되었으며 1949년에 이르러 처음으로 의회에서 제정 공포하였고 이후 국내외 무역환경의 변화와 국민경제 여건 및 통관관리제도에 따르는 개별조항의 추가, 폐지 등 필요성과 함께 개정작업을 거쳐 현재의 법령에 이르고 있다.

오늘날과 같은 개방경제 체제하에서는 증대되는 무역의 규모만큼 통상(commercial relations)과 수출입물품의 안전관리가 중요시하게 대두되므로 관세의 부과 징수를 위한 근거법 뿐 아니라 국제무역질서와 관련된 규범으로서 관세법의 역할은 더욱 다양하게 확장되고 있다.

2. 관세법과 통관, FTA 상호 관계

1) 관세법과 통관의 관계

관세 행정상의 제반 문제는 통관으로부터 시작된다고 할 수 있다.

물품을 국내에서 외국으로 또는 외국에서 국내로 이동 할 때는 반드시 통관이라는 절차를 거치도록 하고 있으며 이러한 통관에 관한 주된 법이 관세법이다.

일반적으로 수입은 외국에서 물품이 선박 및 항공기에 적재하여 입항, 하역 및 보관, 운송을 거치게 된다. 그런데 이러한 과정 중에 외국물품을 국내에서 자유롭게 유통하기 위해서는 수입통관 절차를 거치게 되는데 이러한 절차는 수입신고를 통하여 이루어진다.

수입신고는 반입 경로에 따라 여행자 휴대품이나 국제우편물, 특송물품처럼 간이한 절차에 의해 세관장이 확인함으로써 통관이 이루어지는 경우가 있으나 무역과 관련하여 정식 수입을 요하는 경우에는 반드시 법적 서식인 수입신고서를 통하여 절차를 진행하도록 하고 있다. 수출물품과 반송물품의 통관 역시 각각의 신고서에 의해 그 절차가 이루어진다.

수입신고서는 관세 산정을 위한 수입물품의 명세와 가격에 관한 내용 뿐 아니라 신고인, 수출입자, 운송주선인, 납세의무자, 환급인, 해외제조자에 대한 정보부터 정형무역거래조건, 결제조건, 대외무역법령에 따른 거래구분, 운송기관, 선하증권 정보, 타법령 이행 여부 등 무역거래에 따른 제반 내용들이 포함되어 있다.

관세법은 수출·입 신고서에 나와 있는 전체 항목들에 대한 통관 시의 필요사항, 그리고 불이행, 오류에 대한 벌칙, 관세행정 행위에 대한 권리구제와 환급 등을 규정함과 동시에 통관을 위해 우선적으로 '신고'라는 의무사항을 규정하고 있다.

그러므로 통관은 관세법에 따른 신고행위의 절차 이행이라는 측면에서 관세법의 일부일 수도 있고 통관을 위한 신고서는 관세법 및 무역관련 법규에 의해 구현된다고 볼 때 관세법보다 광의적 개념으로 이해할 수 있다.

2) 관세법과 FTA 통관의 관계

FTA는 국가 간에 상품, 서비스 교역에 대한 관세 및 무역장벽을 철폐함으로써 배타적인 무역특혜를 상호 부여하는 자유무역협정이다. 즉, FTA는 상품무역과 관련된 것으로서 관세장벽의 문제와 비관세장벽에 속하는 위생검역, 기술장벽, 무역관련투자, 원산지표시, 수입허가, 통관절차, 보조금, 덤핑행위, 긴급수입세한조치 등의 문세를 다루고 있으나 주된 내용은 상품 교역에 따른 관세율의 철폐 또는 인하로 특정국가간에 배타적인 무역특혜를 상호 부여하는 협정이다.

일반적으로 FTA에 따른 통관과 관세법의 통관 절차를 다르게 인식하고 있는 경우가 있다. 외국물품이 운송수단에 실려 국내에 들어오면 입항절차, 하역절차, 보세 운송절차, 보세창고 반입절차, 수입신고 절차 등을 거쳐 내국물품화 하여 국내로 유통하게 된다.

이 과정에서 FTA 적용 물품도 마찬가지로 이와 같은 과정을 거치게 되는데 다만 수입신고 시에 협정에서 정한 FTA 세율 즉, WTO나 기본세율 보다 낮은 세율을 적용받기 위해 협정에서 정한 원산지증명서, 직접운송원칙, 원산지결정기준 등 특혜세율을 받는데 따른 조건이 추가가 되고 다른 통관절차는 일반수입 물품과 동일한 과정을 거치게 된다.

따라서 FTA 통관은 관세법의 통관과 별개의 독립된 영역이 아니라 관세통관에 종속된 절차의 일부분으로 이해할 수 있다.

3. 관세법의 구성과 적용원칙

1) 관세법의 구성

관세법은 행정법의 일종으로 전체 13개장 330조와 부칙으로 구성되어 있으며 장, 절, 관, 조, 항, 호, 목 체계로 구성되어 있다.

일반 세법과 다르게 부과·징수에 관한 내용 이외에 운송수단, 보세구역, 운송 등 관세물류에 관한 사항과 수출입화물의 세관신고와 수리까지의 통관절차, 밀수출입죄 등 관세형벌과 납세자의 권리 및 불복절차 등이 규정되어 있다.

| 표 1-1 | 관세법 장별 구성과 주요내용

순서	제 목	내 용
제1장	총칙	목적, 정의, 법적용원칙, 기간, 기한 등
제2장	과세가격과 부과징수 등	납세의무, 부과징수, 과세가격 결정원칙 등
제3장	세율 및 품목분류	세율조정, 적용, 품목분류 등
제4장	감면, 환급 및 분할납부 등	감면종류, 환급 요건, 분할 납부 등
제5장	납세자의 권리 및 불복절차	납세자의 권리, 이의신청, 심사, 심판 청구 등
제6장	운송수단	선박, 항공기, 차량 등
제7장	보세구역	지정보세구역, 특허보세구역, 종합보세구역 등
제8장	운송	보세운송, 내국운송, 보세운송업자 등
제9장	통관	통관, 신고, 우편물 등
제10장	세관공무원의 자료요청 등	세관공무원 물품검사 등
제11장	벌칙	밀수출입죄, 관세포탈죄, 가격조작죄 등
제12장	조사와 처분	관세조사와 처분
제13장	보칙	가산세, 세관업무시간 등 기타

이는 관세법이 통관법, 관세부과 징수법, 관세행정법, 보세물류법, 관세형사법 등 다목적인 성질을 동시에 가지고 있다는 것을 의미한다.

관세법은 하위 법령으로써 시행령, 시행규칙과 고시, 훈령, 예규, 지침, 공고 등이 있으며 특히 고시는 법령 규정의 내용을 보충하면서 그와 결합하여 대외적인 구속력이 있는 법규명령으로서의 효력을 가지고 있다.

또한 훈령과 예규는 관계하급기관 및 직원에 대하여 직무권한의 행사를 지휘하고 직무를 명령하기 위하여 발한 것으로서 행정조직내부를 규율하는 성격을 가지고 있다. 참고로 고시는 전체 134개, 훈령 113개, 예규 58개가 있다.

2) 관세법 해석과 적용의 기본 원칙

관세법은 수출입물품을 취급하는데 따른 법령으로 현장성이 강하며 다른 법령과 날리 십행권자인 세관상에게 재량이 허용되는 경우가 많다.

그러나 그 권한이 제어할 수 없는 무제한의 권한행사가 되거나 동일한 물품에 대해 세관공무원이 임의로 차등적인 관세가 부과되어 형평의 문제가 발생한다면 법 집행에 따른 불신과 피해는 종국적으로 납세자에게 돌아갈 수밖에 없다.

때문에 법령에서 세관공무원의 재량의 한계를 설정하고 그 재량을 일탈하거나 남용하지 않도록 하고 있으며 관세법을 해석할 때에도 해석의 기준을 납세자의 재산권 보호와 과세의 형평, 신의성실과 소급과세금지 등 기본원칙에 따르도록 하고 있다.

3) 법의 해석방법 종류

법률의 해석방법은 〈표 1-2〉에서 보는 바와 같이 여러 가지가 있으나 조세법률주의와 조세공평의 원칙에 따라 기본권으로서의 재산권이 침해되는 것을 방지하고 법적 안정성을 위해 자의적으로 조세 부담을 증대하는 확대나 축소, 변경 해석하는 것은 허용될 수 없다.

| 표 1-2 | 법의 해석방법 종류

해석종류	내 용
법규해석	법상의 특정용어의 의미, 문맥 등 법 규정을 있는 그대로 해석하는 방법
문리해석	문자, 문언, 문장의 문법적 구조에 따라 해석하는 방법
논리해석	법에 담겨있는 이치, 조리, 법령 취지 등에 중점을 두고 해석하는 방법
확장해석	통상적 의미보다 넓은 개념으로 해석하는 방법
축소해석	통상적 의미보다 좁은 개념으로 해석하는 방법
변경해석	법령상 규정되어 있는 내용을 바꾸어 해석하는 방법

해석종류	내 용
반대해석	규정에 명시되지 않은 사항은 그 반대의 효과가 있다고 해석하는 방법
유추해석	가장 유사한 사상으로 법 규정을 해석하는 방법
물론해석	입법목적, 취지 등에 비추어 마땅히 그렇다고 해석하는 방법

4) 관세법 해석의 기본원칙

"관세법을 해석하고 적용할 때는 과세의 형평과 해당 조항의 합목적성에 비추어 납세자의 재산권이 부당하게 침해하지 않도록 하여야 한다."(관세법 제5조 제1항)

관세법은 조세에 관한 법률임과 동시에 수입물품에 부과되는 대물세이다. 때문에 과세를 함에 있어 그 사람의 신분이나, 직업, 재산정도, 성별, 나이에 차별을 두어서는 안 되며 그 대상이 누구든 납세의무자에게 공평하게 적용되어야 한다. 관세법의 목적이 관세의 부과·징수, 수출입통관의 적정과 관세 수입확보에 있으며 이에 대한 구체적 실현을 위한 법 집행에 있어서의 법조문 해석은 이러한 목적에 맞게 적용되어야 한다.

국가의 조세권 행사는 강제성과 일방성을 가지기 쉬우므로 개인의 재산권이 침해될 소지가 많으며 그 피해는 전적으로 납세자에게 귀착된다. 관세와 통관에 관한 세관 당국의 일방적 행사 방지를 위해 관세법은 납세자의 재산권이 침해되지 않도록 권리구제를 위해 다양한 법률 규정과 절차를 두고 있다.

그럼에도 관세법 해석에 있어 가장 우선적으로 고려되는 것은 관세의 확보 문제이다.

(1) 관세징수의 우선 원칙

관세법 제3조에는 "관세를 납부하여야 하는 물품에 대하여는 다른 조세, 그 밖의 공과금 및 채권에 우선하여 그 관세를 징수한다."고 명시하고 있다.

즉, 물품에는 여러 가지 담보의 설정 등 채권적 권리가 있을 수 있으며 이 경우 당해 물품이 관세납부 대상의 물품인 경우에는 우선적으로 관세를 징수하도록 함으로써 채권확보에 가장 우선순위를 두고 있으며 관세채권을 확보 후 잔여분이 있는 경우에 비로소 다른 조세, 공과금, 채권 등을 행사할 수 있도록 하고 있다.

또한 관세법 제4조는 수입물품에 대한 내국세 부과 징수에 있어서도 수입물품에 대하여 세관장이 부과·징수하는 내국세 등에 대한 부과·징수·환급 등에 관하여 국세기본법, 국세징수법, 부가가치세법, 지방세법, 개별소비세법, 주세법, 교육세법, 교통·에너지·환경세법 및 농어촌특별세법의 규정과 관세법의 규정이 상충되는 경우에는 관세법의 규정을 우선하여 적용하도록 규정하고 있다.

(2) 관세행정의 관행과 소급과세금지 원칙

"이 법의 해석이나 관세행정의 관행이 일반적으로 납세자에게 받아들여진 후에는 그 해석이나 관행에 따른 행위 또는 계산은 정당한 것으로 보며, 새로운 해석이나 관행에 따라 소급하여 과세되지 아니한다."(관세법 제5조)

관세행정의 관행과 소급과세금지 원칙은 법적 안정성 측면에서 대단히 중요한 규정이다. 예를 들어 자진신고납부제하에서 납세자가 종결되었다고 인식하고 있는 사항에 대해 과세관청이 새로운 결정 또는 다른 결정을 함으로써 과거의 납부사실을 부인하고 추가 징수할 때 납세자는 관세행정 관행의 주장과 소급과세금지 원칙에 대한 이의를 제기할 수 있다.

그런데 판례는 "비록 잘못된 해석 또는 관행이라도 특정납세자가 아닌 불특정한 일반 납세자에게 정당한 것으로 이의 없이 받아들여져 납세자가 그와 같은 해석 또는 관행을 신뢰하는 것이 무리가 아니라고 인정될 정도에 이른 것을 말한다."(대법원 2006.6.29. 선고 2005두2858)라고 하여 개별적이고 자의적인 해석으로 인한 관행은 인정하지 않고 있다.

관세행정 관행은 누구나 그렇게 알고 있고 일정 기간 계속된 사실관계를 믿은 납세자의 신뢰를 보호하는데 주안점이 있음으로 불특정 다수인에게 수입신고시마다 계속적으로 적용되어 그 해석 또는 관행이 대다수 납세자에게 아무런 이의 없이 정당한 것으로 받아들여져야만 관세행정상의 관행이 성립될 수 있다

또한 소급과세금지의 적용요건은 장기간에 걸쳐 어떤 사항에 대해 과세하지 아니하였다는 객관적 사실이 존재해야 하며, 비과세관행이 납세의무자들에게 일반적인 것으로 받아들여져야 하고 과세관청 자신이 그 사항에 대해 과세할 수 있음을 알면서도 어떤 특별한 사정에 의해 과세하지 않는다는 의사가 있고 이와 같은 의사가 대외적으로 명시적 또는 묵시적으로 표시되어야 한다(대법원 2010.4.15., 선고 2007두19294)고 판시하고 있다.

(3) 신의성실의 원칙

신의성실의 원칙은 민법의 신의칙 개념을 세법에서 차용한 조항으로, 자기의 과거의 언동에 의하여 어떤 사실을 표시한 자는 그 사실의 존재를 믿고 어떠한 행위를 한 상대방에 대하여 그 사실의 존재를 부정하는 것이 허용되지 아니한다는 것으로서 법의 근저를 이루는 정의의 관념에서 비롯된 것이다.

이러한 신의성실의 원칙은 납세자가 그 의무를 이행할 때에는 신의에 따라 성실하게

하여야 한다. 세관공무원이 그 직무를 수행할 때에도 또한 같다고 하여 납세자뿐만 아니라 세관공무원, 즉 과세관청 쌍방에 모두 적용하고 있다.

그러나 납세의무자가 과세관청에 대해 자기의 과거의 언동에 반하는 행위를 하였을 경우 받게 되는 각종 불이익 처분과, 과세관청의 우월적 지위, 그리고 과세처분의 적법성에 대한 입증책임은 원칙적으로 과세관청에 있는 점 등을 고려한다면 납세의무자에 대한 신의성실의 원칙의 적용은 극히 제한적으로 인정해야 하고 이를 확대 해석해서는 안 된다(대법원 2001.6.15. 선고 2000두2952)는 것이 판례의 입장이다.

참고

신의성실의 원칙이 적용되거나 비과세의 관행이 성립되었다고 하기 위하여는 장기간에 걸쳐 어떠한 사항에 대하여 과세하지 아니하였다는 객관적 사실이 존재할 뿐만 아니라 관세관청 자신이 그 사항에 대하여 과세할 수 있음을 알면서도 어떤 특별한 사정에 의하여 과세하지 아니한다는 의사가 있고, 이와 같은 의사가 대외적으로 명시적 또는 묵시적으로 표시되어야 한다.

과세관청이 1989.10부터 1993.10까지 총 330건에 대하여 이 사건 부과처분 이전까지 원고 회사 전달매체만의 가격으로 수입신고를 한데 대하여 아무런 조치(경정 등)를 취하지 않았다는 사정만으로는 이 사건 부과처분이 신의성실의 원칙에 위배되거나 이미 성립한 관행에 저촉된다고 볼 수 없다고 판단한 것은 옳고, 거기에 신의성실의 원칙 등에 관한 법리를 오해한 위법이 있다고 할 수 없다.

(대법 97누13115, 98.8.21 판결)

4. 기간과 기한

관세법은 관세부과 제척기간, 소멸시효기간, 심사청구 등의 청구기간·결정기간·과세기간·신고서류 보관기간 등 여러 가지 기간을 규정하고 있으며 이러한 기간경과로 인하여 권리, 의무와 재산권 및 일정한 법률효과가 발생한다.

기간이란 일정시점에서 다른 일정시점까지의 시간을 말하고 기한이란 미리 정해놓은 특정시기를 말하며 법률상 권리, 의무의 이행시점, 발생시점, 소멸시점 등 법정기한을 말한다.

1) 기간과 기한의 기산점

(1) 기간을 시, 분, 초로 정한 때에는 즉시로부터 기산한다.

(2) 기간을 일, 주, 월 또는 연으로 정한 때에는 기간의 초일은 산입하지 아니한다. 그러나 그 기간이 오전 영시로부터 시작하는 때에는 그러하지 아니하다.

(3) 연령계산에는 출생일을 산입한다.

2) 기간과 기한의 만료점

(1) 기간을 일, 주, 월 또는 연으로 정한 때에는 기간말일의 종료로 기간이 만료한다.

(2) 기간을 주, 월 또는 연으로 정한 때에는 역에 의하여 계산한다.

(3) 주, 월 또는 연의 처음으로부터 기간을 기산하지 아니하는 때에는 최후의 주, 월 또는 연에서 그 기산일에 해당한 날의 전일로 기간이 만료한다.

(4) 월 또는 연으로 정한 경우에 최종의 월에 해당일이 없는 때에는 그 월의 말일로 기간이 만료한다.

3) 공휴일 등과 기간의 만료점

기간의 말일이 토요일 또는 공휴일에 해당한 때에는 기간은 그 익일로 만료한다.

(1) 수입신고 수리전 반출승인을 받은 경우 그 승인일을 수입신고의 수리일로 본다.

(2) 이 법에 따른 기간의 계산은 이 법에 특별한 규정이 있는 것을 제외하고는 「민법」에 따른다.

(3) 이 법에 따른 기한이 공휴일(「근로자의 날 제정에 관한 법률」에 따른 근로자의 날과 토요일을 포함한다) 또는 대통령령으로 정하는 날에 해당하는 경우에는 그 다음 날을 기한으로 한다.

(4) 제327조에 따른 국가관세종합정보망 또는 전산처리설비가 대통령령으로 정하는 장애로 가동이 정지되어 이 법에 따른 기한까지 이 법에 따른 신고, 신청, 승인, 허가, 수리, 교부, 통지, 통고, 납부 등을 할 수 없게 되는 경우에는 그 장애가 복구된 날의 다음 날을 기한으로 한다.

참고

[제목]

FTA 협정관세 사후적용 신청일의 기산일을 '일시수입신고수리일'로 볼 것인지 아니면 '용도 외 사용 승인일'로 볼 것인지 여부

[결정요지]

까르네 일시수입증서에 의하여 쟁점물품은 당초 국내에 전시 등을 목적으로 일시수입한 후에 전시 등이 종료되면 재수출하는 것으로 하여 재수출면세조건부로 '수입'된 것으로 보이는 점, 용도 외 사용 승인서는 특정용도에 사용함을 이유로 관세 등을 면제받아 이미 일시 수입한 쟁점물품을 그 용도가 아닌 다른 용도에 사용할 수 있도록 승인한 것을 증명하는 서류일 뿐이지 쟁점물품의 수입을 증명하는 서류가 아닌 점 등에 비추어 처분청이 쟁점물품의 FTA 협정관세 사후적용신청일의 기산일을 '일시수입신고수리일'로 보아 협정관세 적용을 배제한 처분은 잘못이 없음.

조심2014관0368 (2014.12.30)

제 2 절 통관의 개념 이해

1. 통관의 개요

1) 통관의 의의

물품의 국가 간 이동에는 필수적으로 자국의 법령이 적용되고 있다. 중상주의 시대 이래로 각국은 수출은 장려하고 수입은 억제하였는데 이는 국민 소비에 대한 국가의 규제와 산업통상적 정책과 밀접한 관련이 있다.

산업 발달과 더불어 상품이 개발되면서 선진국과 선진국간, 선진국과 개발도상국간의 교역조건의 차이로 인한 갈등이 증폭되면서 보호무역이 시작되었으며 이로 인해 각국은 자국 산업을 지키기 위해 외국에서 물품이 국내로 들어올 때 관세와 함께 엄격한 검사 및 제재를 가함으로써 국내 반입을 억제하였다.

또한 국내의 물품도 특별히 보호를 요구하는 원자재나 문화재, 기타 산업과 관련하여 외국으로 나감으로써 국가 이익에 반하는 물품에 대하여는 무단으로 외국으로 나가지 못하게 통제를 함으로서 물품의 국가간 이동에 대한 규제를 하였다. 그런데 이러한 규제에는 일정한 법과 절차를 요구하게 되는데 이러한 법과 절차의 이행을 통관(customs clearance)이라고 한다.

관세법에는 통관이란 "관세법에서 규정한 절차를 이행하여 물품을 수출. 수입. 반송하는 것을 말한다." 즉, 물품을 수출, 수입, 반송할 때는 관세법령에서 규정한 절차를 이행하여야만 비로소 당해 물품의 국가간 이동에 대한 규제를 벗어날 수 있는 것이다.

그런데 여기에서 말하는 절차란 단순히 일의 과정이나 순서(process)를 의미하는 것이 아니라 관세법령에서 규정하고 있는 각종 규제사항에 대해 걸림이 없고 당해 물품에서 요구되는 사항에 대해 그 요건을 충족하는 것을 말한다.

2) 통관의 양면성

통관은 일국에서만의 문제가 아니고 거래 양 당사국에서 똑같이 적용된다. 대상물품이 관세법상의 문제이든 아니면 타 법령상의 문제이든 하나의 물품이 통관하기 위해서는 수출국과 수입국 두 나라의 법령과 절차에 문제가 없어야 된다.

예를 들어 우리나라 물품이 수출을 위해 수출통관 절차를 완료하여 선적되어 수입국인 미국에 도착하였으나 미국 법령에 문제가 되어 통관 보류된다면 정상적인 무역이 이루어졌다고 할 수 없다.

반대로 외국물품이 우리나라에 도착하였으나 통관요건을 충족하지 못하여 통관이 안 된다면 이 역시 무역이 제대로 이행되었다고 할 수 없다. 무역거래 물품은 수출입국 양 당사국에서 통관에 문제가 없이 정상적으로 반·출입되어야 한다.

아래 [그림 1-1]은 수출입 국가의 통관에 대한 상호 관계에 대해 단면적으로 독자의 이해를 돕기 위해 만든 내용이다.

통관 보류는 주로 법령 사항의 불비나 신고의 오류에 의해 발생하므로 일시적으로 통관 보류되었다가 이러한 내용이 치유되면 통관이 허용되는 경우가 많으며 세관 당국의 보완 요구에도 이행되지 않을 때 통관 불허가 된다.

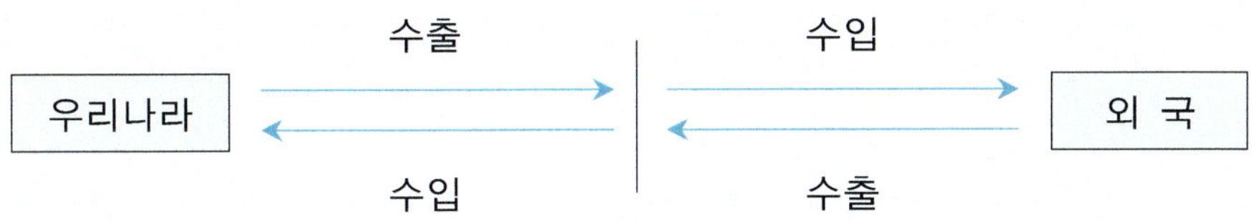

- 우리나라 OK : 외국 NO ---- 통관보류(Pending)
- 우리나라 NO : 외국 OK ---- 통관보류(Pending)
- 우리나라 NO : 외국 NO ---- 통관불허(Prohibited)
- 우리나라 OK : 외국 OK ---- 통 관(Clearance)

| 그림 1-1 | 수출입 국가의 상호 관계

3) 통관의 목적

통관은 수출입물품의 관세선 반·출입에 대한 절차의 이행이다. 이러한 절차를 이행하기 위해 화주 또는 신고인은 법령에 정한 바에 따라 물품 소재지 관할 세관장에게 물품을 수출·수입 또는 반송하려는 물품의 품명·규격·수량 및 가격과 그 밖에 필요한 사항을 세관장에게 신고하도록 하고 있다.

세관은 신고된 내용을 근거로 화물과 기타 신고 내역의 일치 여부를 확인하며 특히 세관장 확인 물품은 수출입 사항의 허가, 승인, 표시, 조건 등을 충족한 증명에 대한 의무를 화주(신고인)에게 부여하고 있다.

세관 공무원은 수출·수입 또는 반송하려는 물품에 대하여 검사를 할 수 있으며 검사의 효율을 위해 관세청장은 검사대상, 검사범위, 검사방법 등에 관하여 필요한 기준을 정하고 있다. 검사와 관련하여 육안으로 확인이 어려운 물품에 대하여는 성분, 품질에 대한 정량, 정성 등의 분석을 하며 또한 관세청장은 세관장의 확인이 필요한 수출입물품 등 다른 법령에서 정한 물품의 안전성 검사를 하기도 한다.

이외에도 신고된 내용의 일치 여부를 확인하기 위해 제출 서류에 대한 심사를 하며 이 모든 절차가 끝나야 비로소 통관의 완성 즉, 수리 또는 승인이 이루어지고 당초의 신고 의도대로 수출입 반송이 이루어진다. 이렇게 보면 통관은 수출입 반송물품이 법령에서 정한 제반 절차와 신고 내용과의 일치 여부를 확인하고 종결하는 과정이 된다.

그런데 통관은 수입의 경우 납세 여부가 중요한 통관 기준이 되고 있는 만큼 결국 통관의 목적은 관세 등 제세 수입의 확보 및 신고의 허위, 오류를 필터링하는 동시에 밀수를 방지함으로서 통관질서를 유지하는데 있다고 할 수 있다.

4) 통관의 종류

통관의 종류는 물품의 이동 경로에 따라 수입통관(import customs clearance), 수출통관(export clearance), 반송통관(return clearance)으로 통관 절차의 편의에 따라 정식통관(official customs), 간이통관(simplified clearance), 목록통관(list clearance), 스마트통관(smart clearance)으로 구분한다.

수입통관은 외국물품이 우리나라로 반입하는 경우의 통관이며, 수출통관은 내국물품이 외국으로 반출하는 경우의 통관이며, 반송통관은 외국물품이 국내에 이동했다가 외국물품 원상태로 다시 외국으로 반출하는 경우의 통관을 말한다.

정식통관은 신고서와 구비서류를 갖추어 정식으로 통관하는 것을 말하고, 간이통관이란 인보이스 등 간소한 방법으로 통관절차를 이행하는 것을 말하며, 목록통관이란 목록에 의해 통관절차를 이행하는 것을 말한다.

그리고 전자상거래의 활성화에 따라 개인이 수입하는 2,000달러 이하의 전자상거래 특송물품과 요건확인 비대상물품에 대해 일정 시간 경과 후 전자적 방식으로 심사 및 수리하는 스마트통관(smart clearance)이 있다.

2. 통관대상의 거래에 따른 구분

대외무역법과 대외무역관리규정에는 수출입거래의 양태를 세밀하게 분류하여 구분하고 있다. 주로 대금 결제의 형태와 관련성이 많으나 이 이외에도 제3국의 개입 여부,

수출과 수입의 연계, 물품의 가공방식, 물품의 판매방식, 물품의 임대차방식, 외국에서의 물품의 인수, 인도거래, 자사 상표 부착여부, 해외투자, 차관, 공매물품, 선박, 항공기 수리, 전시회, 계약상이, 기타 수·출입승인면제 등 무역 거래에 따른 다양한 방식과 종류를 설명 및 열거하고 있다.

세관 신고서를 작성할 때는 이러한 수출입 거래를 관세청의 '무역통계작성 및 교부에 관한 고시'에 의해 코드화된 부호를 입력하도록 함으로써 무역통계 및 수출입관리의 자료 및 정부기관의 경제정책과 기업의 경제활동에 이용하도록 하고 있다.

수출과 수입의 무역 통계에 따른 거래 형태를 본란에 전부 수록하기에는 분량이 다소 많아 실무적으로 많이 적용하는 대표적인 것들을 아래에 예시하므로 독자들께서 참고하시기 바란다.

(1) 유상거래 : 신용장, 추심, 송금방식 등
(2) 무상거래 : 상품견품, 선물 등
(3) 위탁판매수출입 : 물품 등을 무환으로 수출입하여 해당 물품이 판매된 범위 안에서 대금을 결제하는 계약에 의한 수출입
(4) 위탁가공무역 수출입 : 가공임을 지급하는 조건으로 외국에서 가공(제조, 조립, 재생, 개조를 포함한다.)할 원료의 전부 또는 일부를 거래 상대방에게 수출(입)하거나 외국에서 조달하여 이를 가공한 후 가공물품등을 수출입하거나 외국으로 인도하는 수출입
(5) 임대차수출입 : 임대차(사용대차를 포함한다.) 계약에 의하여 물품 등을 수출입하여 일정기간 후 다시 수출입하거나 그 기간의 만료 전 또는 만료 후 해당 물품 등의 소유권을 이전하는 수출입
(6) 연계무역 : 물물교환(barter trade), 구상무역(compensation trade), 대응구매(counter purchase), 제품환매(buy back) 등의 형태에 의하여 수출·수입이 연계되어 이루어지는 수출입
(7) 중계무역 : 수출할 것을 목적으로 물품 등을 수입하여 보세구역 또는 자유무역지역 이외의 국내에 반입하지 아니하고 수출하는 무역
(8) 중개무역 : 제3국의 중개업자가 수출입업자의 대리인으로 개입하여 수출입 당사자 간에 거래가 이루어지도록 해주고 중개수수료를 취득하는 무역
(9) 외국인도(인수)수출입 : 수(출)입대금은 국내에서 지급(영수)되지만 수출입 물품 등은 외국에서 인수(인도)하거나 제공받는 수출입

3. 통관법령의 종류

통관법령은 직접적으로 적용되는 관세법과 그 시행에 대한 시행령, 시행규칙, 고시, 훈령, 통칙, 예규 등이 있으며 이 이외에도 수출용원재료에 대한 관세 등 환급에 관한 특례법, 자유무역협정 이행을 위한 관세법의 특례에 관한 법률, 관세사법 등 다수의 법이 있다. 이를 크게 나누어 보면 관세의 부과징수, 환급에 관한 법, 수출입통관 요건확인에 관한 법, 무역관리에 관한 법, 운송수단(운송, 보관, 하역 등)에 관한 법, 기타 등으로 나눌 수 있다.

| 표 1-3 | 통관법령의 종류별 관련법

구 분	관련법
부과·징수에 관한 법	관세법, 국세기본법, 국세징수법, 부가가치세법, 지방세법, 개별소비세법, 주세법, 교육세법, 교통·에너지·환경세법 및 농어촌특별세법, 관세환급특례법, FTA 특례에 관한 법, 남북교류협력에 관한 법, WTO 양허관세, 아시아태평양무역협정, 최빈개발도상국 상품에 대한 양허관세 등
무역관리에 관한 법	대외무역법, 외국환거래법, 관세법
통합공고 및 수출입통관 요건확인에 관한 법	검역법, 가축전염병 예방법, 수입식품위생법, 약사법 등 59개 법령
운송수단 및 시설, 구역에 관한 법	관세법, 국제물류기본법, 항만법, 공항시설법, 선박안전법, 개항법 등
국제협력 관련법	멸종위기에 처한 야생동식물종의 국제거래에 관한 협약(CITES), 마약 및 향정신성 물질의 불법거래방지에 관한 국제협약, 세관절차의 간소화 및 조화에 관한 국제협약, 세계지적소유권기구 설립협약(WIPO) 등 다수
행정에 관한 법	정부조직법, 행정소송법, 민법, 관세사법, 상표법 등
기타	INCOTERMS, 해상보험법, 협회적화약관, 화환신용장 통일규칙, 추심통일규칙, 헤이그비스비 규칙, 함부르크규칙 등

제3절 수출입물품 관리

수출입물품에 대한 관리는 수출 또는 수입에 대한 직접규제방식으로서 개별품목의 수출입제한 여부에 대한 종합관리체계이다.

무역은 국제간 교역을 전제로 하므로 사실상 교역이 안 되거나 제한되는 물품들이 있다. 이러한 물품은 처음부터 아예 수출입자체를 허용하지 않는 품목이 있고 일정한 제한을 두어 그 조건을 충족할 경우에만 거래를 허용하는 품목이 있다.

우리나라는 대외무역법과 관세법에 의해 수출입물품에 대한 관리를 한다. 대외무역법은 수출입공고, 전략물자수출입고시, 개별법에 의한 제한내용을 취합해서 공고하는 통합공고로 관리한다.

그리고 관세법은 통합공고와는 별도로 수출입금지품목을 정하여 국경에서 반출입되는 물품에 대하여 관리하며 또한 통합공고에 게기된 법령 중 주무부장관의 요청이 있는 경우 국민보건, 사회안전, 환경보호와 직결된 물품에 한하여 관세법 제226조 관련 고시로 지정·운영한다.

1. 수출입공고 및 통합공고

수출입공고(export and import announcement)는 수출입품목을 관리하기 위한 기본 체계이다. 산업통상자원부장관이 수출입 물품과 관련하여 물품의 제한·금지, 승인, 승인의 유효 기간 설정 및 연장, 신고, 한정 및 그 절차와 관련된 무역정책 지침을 책정하고 이를 공고하는 것으로 수출입을 직접 규제하려는 목적으로 시행하고 있다.

우리나라는 수출입공고의 표시방법을 GATT 가입을 계기로 무역자유화의 추세에 따라 1967년 7월 25일부터 수출입 공고 체계를 Positive List System에서 Negative List System으로 바꾸었다.

Positive List System(허용품목 표시제)는 수출입이 허용되는 수출입자동승인품목(automatic import and export approval items)만을 표시하고 표시되지 않는 품목은 원칙적으로 수출입이 금지되도록 하는 방식이다.

이와는 반대로 Negative List System(불허품목 표시제)는 수출입의 금지품목(export and import banned items)과 제한승인품목(export and import restricted approval items)만을 표시하고 여기에 표시되지 않는 기타 품목은 수출입이 자유롭게 허용되도록 하는 표시방법이다.

대외무역법 제11조에는 "산업통상자원부장관은 헌법에 따라 체결·공포된 조약과 일반적으로 승인된 국제법규에 따른 의무의 이행, 생물자원의 보호, 교역상대국과의 경제협력 증진, 국방상 원활한 물자 수급, 과학기술의 발전, 그밖에 통상·산업정책에 필요한 사항으로서 대통령령으로 정하는 사항에 대하여는 수출·수입을 제한하거나 금지할 수 있다."고 하였다.

그리고 "수출 또는 수입이 제한되는 물품 등을 수출하거나 수입하려는 자는 대통령령으로 정하는 바에 따라 산업통상자원부장관의 승인을 받아야 하며 다만, 긴급히 처리하여야 하는 물품 등과 그밖에 수출 또는 수입 절차를 간소화하기 위한 물품 등으로서 대통령령으로 정하는 기준에 해당하는 물품 등의 수출 또는 수입은 그러하지 아니하다."고 하였다.

또한 관계 행정기관의 장은 수출·수입요령을 제정하거나 개정하는 경우에는 그 수출·수입요령이 그 시행일 전에 공고될 수 있도록 이를 산업통상자원부장관에게 제출하도록 하고 있다.

통합공고의 요건확인의 내용과 대외무역법 제11조 규정에 의한 수출입공고등과 대외무역법 제19조의 규정에 의한 전략물자 수출입공고의 제한내용이 동시에 적용될 경우에는 통합공고에서 정한 요건확인의 내용과 수출입공고등의 제한내용이 모두 충족되어야만 수출 또는 수입할 수 있다.

1) 수출입공고상의 수출입제한품목

현재 수출입공고상의 품목은 수출금지품목, 수출제한품목(수출승인품목) 및 수입제한품목(수입승인품목)으로 분류되어 있다.

| 표 1-4 | 수출입공고상의 수출입제한품목(예시)

수출금지품목(별표1)	고래고기, 화강암, 사암, 개의 생모피, 개의 모피, 개 모피제품
수출제한품목(별표2) (수출승인대상품목)	사과, 배, 자갈, 직물 및 섬유, 철의 웨이스트와 스크랩, 승용 및 화물자동차
수입제한품목(별표3) (수입승인대상물품)	항공기 및 동 부분품

| 표 1-5 | [별표 1] 수출입금지품목(예시)

HS	품목	수 출 요 령
0208	기타의 육과 식용설육(신선, 냉장 또는 냉동된 것에 한한다)	
40	고래, 돌고래류(고래목의 포유동물) 및 바다소(바다소목의 포유동물)의 것	다음의 것은 수출할 수 없음 ① 고래고기
· · (생략)	· · (생략)	· · (생략)

| 표 1-6 | [별표 2] 수출제한품목(예시)

HS	품목	수 출 요 령
2505	천연모래(착색된 것인지의 여부를 불문하며 (제26류의 금속을 함유하는 모래를 제외한다.	
10 90	규사 기타	다음의 것은 한국골재협회의 승인을 받아 수출할 수 있음 ① 규산분(SiO_2)이 90% 이하인 것
· · (생략)	· · (생략)	· · (생략)

2) 관세법상 수출입금지물품

(1) 헌법질서를 문란하게 하거나 공공의 안녕질서 또는 풍속을 해치는 서적·간행물·도화, 영화·음반·비디오물·조각물 또는 그 밖에 이에 준하는 물품

(2) 정부의 기밀을 누설하거나 첩보활동에 사용되는 물품

(3) 화폐·채권이나 그 밖의 유가증권의 위조품·변조품 또는 모조품

위에서 '헌법질서를 문란하게 한다'는 의미는 형법 제91조 국헌문란의 정의에서 그 의미를 찾을 수 있다. 즉, 헌법 또는 법률에 정한 절차에 의하지 아니하고 헌법 또는 법률의 기능을 소멸시키는 것, 헌법에 의하여 설치된 국가기관을 강압에 의하여 전복 또는 그 권능행사를 불가능하게 하는 것을 말한다.

또한 '풍속을 해치는' 물품과 관련하여 최근에 쟁점이 되고 있는 것이 리얼돌이나 자위기구이다.

그동안 관세청에서는 이러한 물품들을 '풍속을 해치는 물품'으로 단정하여 통관 불허를 하였으나 풍속을 해친다는 다소 애매하고 불확정적인 개념만으로 더 이상 국가가 개인의 사생활인 성적 자기결정권을 제한하는 것은 지나친 처사라는 시대적 요구를 무시할 수 없게 되었다.

자위기구 등 성인용품의 특성과 사용상의 은밀성, 장애인이나 독신자 등 특별한 사정으로 성인용품을 사용할 수밖에 없는 사람들의 성적 자기결정권을 특별히 보호할 필요가 있는 점 등을 고려하여 관세청에서 성인용품을 무조건 통관보류하던 과거의 관행에서 벗어나 '풍속을 해치는' 이란 의미를 좀 더 넓게 해석하고 있는 것이 최근의 경향이다.

'정부의 기밀'이란 군사상의 기밀 뿐 아니라 국가의 일반 정책상의 기밀도 포함된다고 해석된다.

'유가증권'이란 증권상에 표시된 재산상의 권리 행사와 처분에 그 증권의 점유를 필요로 하는 것을 총칭하는 것으로서 어음, 수표, 화물상환증, 선하증권 등 법률상의 유가증권과 승차권, 상품권과 같은 사실상의 유가증권, 유통성이 없는 것도 포함된다.

'위조'란 작성권한 없는 자가 타인명의를 모용하여 문서를 작성하는 것을 의미하고 '변조'란 권한 없이 이미 진정하게 성립된 타인명의의 문서내용에 동일성을 해하지 않을 정도로 변경을 가하는 것이며 '모조'란 진정한 것에 유사하지만 일반인의 통상의 주의력으로서는 진정한 것으로 오인되지 않을 정도로 작성된 것을 말한다.

참고

사람의 형상을 한 성인 용품인 전신형 리얼돌 통관 허용

관세청은 리얼돌 수입 통관 지침을 개정해 26일부터 시행한다고 밝혔다. 앞으로 성인을 닮은 전신형 리얼돌의 통관을 허용한다. 관세청은 앞서 지난 6월 말부터 반신형 등 신체 일부를 묘사한 제품의 통관을 허용하고 있다. 애초 리얼돌을 '풍속을 해치는 물품'으로 보고 수입 통관을 보류했으나, 수입업자들이 제기한 소송에서 법원은 연이어 수입 허용 판결을 내린 바 있다.

관세청은 "법원 판결과 국무조정실·여성가족부 등 관계 부처 의견 수렴 내용 등을 반영해 성인 형상의 전신형 리얼돌도 통관을 허용하기로 했다"고 설명했다.

그러나 미성년과 특정 인물 형상의 리얼돌, 온열·음성·마사지 등 안전성 확인이 필요한 전기 제품 기능이 있는 리얼돌은 수입을 금지하기로 했다. 미성년 리얼돌 통관 보류 취소 소송에서 관세청이 승소했고, 미국·영국·호주 등도 미성년 형상 리얼돌을 규제하는 점 등을 고려했다. 미성년 리얼돌 여부는 길이·무게·얼굴·음성 등 전체 외관과 신체적 묘사 등을 종합적으로 고려해 판단하기로 했다.

관세청 보도 (2022.12.26.)

관세법 제234조에서 규정하는 수출입금지 물품은 절대적 수출입금지품목에 해당한다. 이러한 물품을 수출입하면 7년 이하의 징역 또는 7천만 원 이하의 벌금에 처하도록 법에 규정하고 있다. 이는 해당 물품들이 수출입 됨으로써 국가안보나 사회공공의 안녕, 질서유지, 통화의 안정 및 건전한 국민 정서와 기풍을 침해하여 국민 전체의 이익에 반할 수 있기 때문이다.

3) 불공정무역물품

불공정무역물품의 수출입은 공정한 무역 거래를 교란해 안으로는 국내 산업의 경쟁력을 위협하고 밖으로는 국가신용도를 하락시키는 불법행위로 법에서는 이를 엄격하게 금지하고 있다. 대표적인 것으로 원산지 표시와 지식재산권 침해 물품이 있다.

(1) 원산지 표시 위반

원산지표시란 공정한 거래 질서의 확립과 생산자 및 소비자 보호를 위해 해당 수입물품이 어떤 나라에서 재배, 사육, 제조 또는 가공된 것인지에 대해 표기하는 것을 말한다.

원산지 표시 대상 물품을 거짓, 오인, 미표시 또는 손상 변경하여 수출입하는 물품은 원산지표시 위반으로 제재의 대상이 된다.

예) 원산지가 중국산인 제품을 영국산으로 둔갑하여 수입되는 물품

(2) 지식재산권 침해 물품

지식재산권이란 사람의 두뇌 활동을 통해 이루어진 창작, 표지 및 영업에 관한 무형적 이익을 독점적으로 이용할 수 있는 권리를 의미한다.

이러한 지식재산권은 그 보호를 위해 관세법에서는 침해 대상을 상표권, 저작권 및 저작인접권, 품종보호권, 지리적 표시, 특허권, 디자인보호권으로 규정하고 있다.

통관 실무에서는 주로 상표권 관련 침해 물품이 대종을 이루고 있으며 대법원 판례는 상표제도의 목적이 상표와 상품의 관계를 유지케 함으로써 부정경쟁을 방지하고 상표권자의 영업상의 신용을 보호함과 동시에 거래자 및 수요자를 보호함에 있다고 판결하여 부정경쟁의 방지를 상표법의 목적으로 파악하고 있다.

예) 짝퉁 뤼이뷔통 가방을 권리자가 아닌 자가 생산·제조·유통하는 물품

4) 요건확인 불합격물품

관세법 제226조에 의해 세관장이 통관을 위해 확인하는 물품으로써 관련 법령의 수출입물품에 대한 허가·승인·표시나 그 밖의 조건을 충족하지 못한 경우에 적용되는 물품

(1) 식품, 위생, 건강, 생물, 환경, 안전 등 위해물품으로 요건기관에서 불합격된 물품
(2) 기술표준에 미달되거나 불충분한 물품

5) 교역지역제한 물품

산업통상자원부장관은 아래의 경우에 대통령령으로 정하는 바에 따라 물품 등의 수출과 수입을 제한하거나 금지할 수 있다.

(1) 교역상대국에 전쟁, 사변 또는 천재지변 발생시
(2) 교역상대국이 조약과 일반적으로 승인된 국제법규에서 정한 우리나라의 권익을 부정하는 경우
(3) 교역상대국이 우리나라의 무역에 대하여 부당하거나 차별적인 부담 또는 제한을 가하는 경우
(4) 국제평화와 안전유지 등 의무이행을 위하여 필요한 경우
(5) 국제평화와 안전유지를 위한 국제공조에 따른 교역여건의 급변으로 교역상대국과의 무역에 관한 중대한 차질이 생기거나 생길 우려가 있는 경우
(6) 인간의 생명·건강 및 안전, 동물과 식물의 생명 및 건강, 환경보전 또는 국내자원보호를 위하여 필요할 경우

6) 전략물자 수출입 제한

전략물자란 대량파괴 무기, 재래식 무기 및 그 운반 수단뿐만 아니라 이들의 개발·제조에 사용될 수 있는 물품, 소프트웨어 등을 말하며 이러한 물품 등이 적성 국가나 테러리스트 조직 등에 확산되는 것을 방지하기 위해 수출입 통제 및 제 한을 한다.

전략물자를 수출하고자 하는 개인 또는 업체는 수출 전에 반드시 관련 허가기관으로부터 수출허가를 받아야 하며, 전략물자가 아니더라도 우려용도로 전용될 위험이 있을 경우에는 역시 관련기관의 상황허가를 받아야 수출이 가능하다.

전략물자에 관련한 수출허가에 대한 사항은 『전략물자수출입고시』에 명시되어 있으며 해당 허가기관은 그 분류의 산업통상자원부, 원자력안전위원회, 방위 사업청, 통일부 등이다.

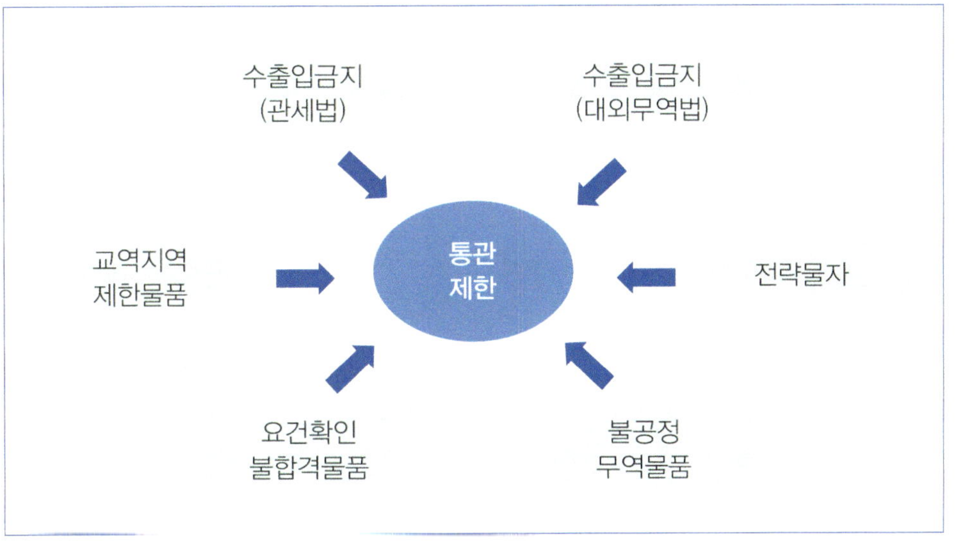

| 그림 1-2 | 통관제한

2. 세관장 요건확인제도

요건확인제도는 수출입물품에 대하여 각종 법령에서 허가·승인·표시 또는 그 밖의 조건을 갖출 필요가 있는 물품을 정하고 통관단계에서 세관장에게 그 허가·승인·표시 또는 그 밖의 조건을 갖춘 것임을 증명하는 제도이다.

수입물품 중 국민보건·환경보호·사회안전과 직결되는 물품으로 통관단계에서 확인하지 않을 경우 원상회복이 불가능하거나 사회적 비용이 큰 경우에 한하여 세관장이 이를 확인케 함으로써 그 피해를 미리 방지하고자 하는데 목적이 있다.

1) 요건확인제도의 기능

(1) 통관단계에서 의무이행 확인

외국으로부터 반입되는 물품의 최종 통관단계에서 세관장이 관련법령에서 정한 의무사항의 이행 여부를 확인함으로서 수출입자가 스스로 해당법령에서 규정한 법적 의무사항을 이행하도록 촉구하는 기능을 갖게 된다.

(2) 행정생산성 효율화

수입물품에 대한 안전성 등 문제와 관련하여 관련 행정기관의 위임을 받아 세관장이 대행 집행함으로써 행정의 비효율화를 방지하고 능률적 신속한 통관서비스를 제공하게 된다.

(3) 공정 무역질서 확립

수출입관련 법령에서 요구되는 의무사항이 기업입장에서는 부담으로 작용하여 회피하려고 하는 성향이 있을 수 있다. 이런 경우 최종 통관 단계에서 세관장 이 확인함으로써 건전하고 균형된 무역질서를 확립할 수 있다.

2) 세관장확인제도와 통합공고와의 관계

통합공고에 게기된 법령 중 주무부장관의 요청이 있는 경우 국민보건·사회안전·환경보호와 직결된 물품에 한하여 관세법 제226조 관련 고시로 지정 운영한다.

관세법 제226조 고시는 통합공고에 게기된 법령을 주로 그 대상으로 하지만 통합공고 비게기 법령도 지정·운영한다.

(1) 통합공고 : 약사법 등 59개 법령

(2) 관세법 제226조 관련 수출 11개 법령, 수입 35개 법령

| 표 1-7 | 세관장확인대상 적용 법령

	수출	수입
적용법령	(1) 마약류관리에 관한 법률 (2) 폐기물의 국가간 이동 및 그 처리에 관한법률 (3) 외국환거래법 (4) 총포·도검·화약류 등의 안전관리에관한 법률 (5) 야생생물 보호 및 관리에 관한 법률 (6) 문화재보호법 (7) 남북교류협력에 관한 법률 (8) 원자력안전법 (9) 가축전염병 예방법 (10) 농수산생명자원의 보존·관리 및 이용에 관한 법률 (11) 방위사업법	(1) 약사법 (2) 마약류관리에 관한 법률 (3) 수입식품안전관리특별법 (4) 식물방역법 (5) 사료관리법 (6) 가축전염 예방법 (7) 전기용품 및 생활용품 안전 관리법 (8) 폐기물의 국가간 이동 및 그 처리에 관한 법률 (9) 오존층 보호를 위한 특정물질의 제조규제 등에 관한 법률 (10) 외국환거래법 (11) 방위사업법 (12) 화학물질관리법 (13) 석면안전관리법 (14) 원자력안전법 (15) 총포·도검·화약류 등의 안전관리에 관한 법률 (16) 야생생물 보호 및 관리에 관한 법률 (17) 남북교류협력에 관한 법률 (18) 비료관리법 (19) 먹는물관리법 (20) 종자산업법 (21) 화장품법 (22) 의료기기법 (23) 인체조직안전 및 관리 등에 관한 법률 (24) 통신비밀보호법 (25) 산업안전보건법 (26) 화학무기·생물무기의 금지와 특정화학물질·생물작용제 등의 제조·수출입 규제 등에 관한 법률 (27) 수산생물질병 관리법 (28) 전파법 (29) 감염병의 예방 및 관리에 관한 법률 (30) 고압가스 안전관리법 (31) 어린이제품 안전 특별법 (32) 계량에 관한 법률 (33) 위생용품 관리법 (34) 농약관리법 (35) 목재의 지속가능한 이용에 관한 법률

통합공고에는 규정되어 있더라도 관세법 제226조 관련 고시에 규정되어 있지 않 은 경우 통관단계의 요건구비여부 확인절차는 생략되나 수입자는 해당법령에서 정 한 의무사항을 이행하여야 한다.

3) 관세법 제226조의 규정에 의한 세관장확인 생략물품

(1)「대외무역법 시행령」 제19조에 따른 수출입승인면제물품
(2) 요건면제확인서를 제출한 물품
(3) 수출입 안전관리 우수 공인업체, 자율확인우수기업 등 관세청장이 공고하는 자가 수출입신고하는 물품

※ (1)(3)호 중 아래의 물품은 생략 제외

① 「마약류관리에 관한 법률」
② 「식물방역법」
③ 「야생생물 보호 및 관리에 관한 법률」
④ 「총포·도검·화약류 등의 안전관리에 관한 법률」
⑤ 「수산생물질병 관리법」
⑥ 「가축전염병 예방법」
⑦ 「폐기물의 국가 간 이동 및 그 처리에 관한 법률」
⑧ 「약사법」(식품의약품안전처장이 지정하는 오·남용우려 의약품에 한정한다. 다만, 자가치료 목적으로 처방전을 세관장에게 제출하는 경우에는 세관장 확인을 생략한다)
⑨ 「수입식품안전관리 특별법」(「수입식품안전관리특별법 시행규칙」 별표 9 제1호에 해당하는 식품 등은 제외한다)
⑩ 「통신비밀보호법」
⑪ 「화학물질관리법」(금지물질, 제한물질에 한함. 다만, 제한물질 중 시험·연구·검사용 시약은 제외)

4) 요건확인방법

수출입시 허가·승인 등의 증명이 필요한 물품을 수출입하려는 자는 요건신청을 통관포털을 이용하여 요건확인 기관의 장에게 할 수 있다.

통관포털을 이용하지 아니하고 서면 등의 방식으로 요건신청을 하려는 자는 요건확인기관의 장에게 직접 신청하여야 한다.

통관포털 이용절차는 「국가관세종합정보망의 이용 및 운영 등에 관한 고시」의 규정을 준용한다. 요건확인기관의 장은 수출입요건 확인내역을 연계된 전산망을 통하여 관세청 통관시스템에 전자문서로 통보하여야 한다.

5) 요건신청 제출서류 등

요건신청 시 제출하여야 하는 서류, 서류의 정정 등 그 밖의 요건신청과 관련된 절차는 개별 법령에 따라 요건확인기관의 장이 정하는 바에 따른다.

요건확인기관의 장은 개별 법령의 개정 등으로 인하여 통관포털을 이용한 요건신청 서식 및 업무절차의 변경이 필요한 경우에는 관세청장과 미리 협의하여야 한다.

3. 세관장확인업무 참고사항

1) 전자문서에 의한 확인

세관장이 확인하는 방법은 전자문서에 의하는 것을 원칙으로 하며 현재 22개 법 령 해당물품은 전자문서로 확인하고 있다.

수출입물품에 대한 내용이 국가기밀 사항이거나 요건확인 기관이 지방자치단체 단위까지 산재되어 전산망연계가 곤란한 경우, 또는 연계의 실익이 없는 경우에는 전 산망을 구축하지 않고 서류에 의하여 확인한다.

2) 용도기준 품목

(1) 하나의 물품에 수개의 관련법령이 있을 때 각 요건을 모두 충족해야 하지만 대상 품목의 지정이 용도기준으로 된 경우에 당해용도 이외의 요건은 충족할 필요가 없다.
젤라틴(HS 3503.00.1010)은 가축전염병예방법, 약사법, 사료관리법, 식품위생법, 화장품법이 관련되는데, 사료용으로 수입할 때에는 용도와 관계없이 공통적으로 해당되는 가축전염병예방법과 사료용이 해당되는 사료관리법의 요건만 구비하면 된다.

(2) 용도는 수입자의 의사를 존중하여 합리적으로 검토해야 한다. 수입자가 제시한 용도에 따라 수입통관한 후 타용도로 사용하면 관련법령에 따라 처벌된다.
주사(Cinnabar)는 HS 2530.90.4000로 분류되며 원료의약품이나 한약재로 수입할 때에는 약사법에 의한 요건 구비가 세관장확인대상으로 되어 있으나 탱화 및 부적(amulet) 제작용으로 수입할 때에는 세관장 확인대상이 아니다.
만일 부적 제작용으로 수입 통관하여 원료의 약품이나 한약재의 용도로 사용하는 경우 수입자는 약사법 등의 위반으로 처벌대상이 된다.

3) 제외품목 확인

예컨대 수입신고된 물품이 화장품법 대상인 화장품에 해당되는지 여부는 수입사유, HS, 관련법령이나 자료 등을 검토하고 관련기관에 확인하여 스스로 판단하여야 한다.

현재 화장품이 아니라는 확인서는 발행되지 않으며 그러한 확인을 해주는 기관도 없다. 다만, 식물방역법의 경우는 감사원의 지적에 따라 세관장확인고시품목은 반드시 식 물 검사합격증을 요구해야 하고, 식물방역법상의 검사제외가공품 해당여부는 식물 검역소에서 판단하여 식물검사합격증 또는 검사제외품목확인서를 발급하고 있다.

표 1-8 요건확인대상 해당 여부 질의 회신(예시)

□ **제목 : 반제품의 요건확인대상 해당 여부 질의에 대한 답변**

- o 품명 : 마사지의자 반제품
- o 제품설명 : 마사지 휠, 모터, 전원 및 콘트롤러 등으로 구성
  수입 후 제품에 가죽 커버(외관 케이스)만 입히면 완제품이 됨(아래 그림 참조)
- o 검토세번 : HS 9019.10-2000
- o 요건확인법령 : 전기용품 및 생활용품안전관리법, 전파법
- o 회신내용 : 동 제품은 외관케이스 등이 없는 제품으로 전기용품 및 생활용품안전관리법 시행규칙 제3조의 규정에 의한 안전인증대상 전기용품에 해당되지 않으나, 케이스 등을 보완한 완제품인 경우에는 반제품일 경우라도 **본질적인 특성**을 지니고 있다면 관세법규와 마찬가지로 완제품으로 분류되어 전기용품안전인증을 받아야만 수입이 가능합니다.

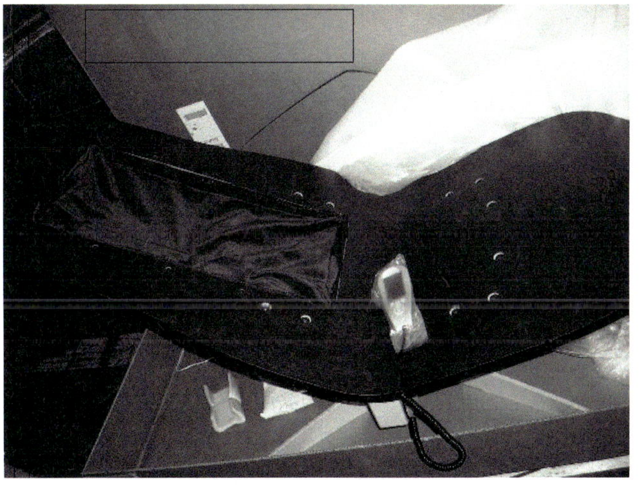

| 표 1-9 | 세관장확인대상 및 구비요건(예시)

대상법령 및 물품의 범위	구비요건
(1) 「약사법」 해당물품 중 의약품 및 한약재 (가) 의약품 및 의약외품 (나) 자가 치료용 의약품 등(자가치료용, 구호용 등 의약품 등 안전에 관한 규칙 제57조 제6호에 따라 식품의약품안전처장이 정하는 품목에 한함) (다) 한약재 (라) 동물용 의약품	ㅇ한국의약품수출입협회장의 표준통관예정보고서 ㅇ수입요건확인 면제 추천서 ㅇ식품의약품안전평가원장 또는 식품의약품안전처장이 지정한 한약재품질검사기관장의 검사필증이나 검체수거증 또는 수입승인(요건확인)서 ㅇ한국동물약품협회장의 표준통관예정보고서
(2) 「마약류관리에 관한 법률」 해당물품	ㅇ식품의약품안전처장의 수입승인(요건확인)서
(3) 「수입식품안전관리 특별법」 해당물품 중 식품 및 식품첨가물, 식품용 기구 및 용기·포장, 수산물, 건강기능식품, 축산물	ㅇ지방식품의약품안전청장의 수입식품 등의 수입신고확인증
(4) (삭제)	
(5) 「식물방역법」 해당물품 중 식물, 종자, 원목, 원석, 가공목재	ㅇ농림축산검역본부장의 수입식물검역증명서, 가공품목확인서 또는 금지품제외확인서
(6) 「사료관리법」 해당물품	ㅇ농림축산식품부장관이 지정한 신고단체의 장(농협중앙회장, 한국사료협회장, 한국단미사료협회장)의 사료수입신고필증
(7) 「가축전염 예방법」해당물품	ㅇ농림축산검역본부장의 동물검역증명서
(8) (삭제)	
(9) 「전기용품 및 생활용품 안전 관리법」 해당물품 (가) 안전인증대상 제품 (나) 안전확인대상 제품 (다) 공급자 적합성 확인대상 제품	ㅇ안전인증기관의 장의 안전인증서 ㅇ안전인증기관의 장의 안전확인신고 증명서 ㅇ공급자 적합성 확인신고 확인증명서(단, 전기용품은 제품안전협회장의 공급자적합성확인신고서)
(10) 「폐기물의 국가간 이동 및 그 처리에 관한 법률」 해당물품	ㅇ유역(지방)환경청장의 폐기물 수입허가(신고)확인서
(11) 「오존층 보호를 위한 특정물질의 제조규제 등에 관한 법률」 해당물품 중 수입금지물질, 국제협약에 의한 수입쿼터 관리품목	ㅇ한국정밀화학산업진흥회장의 수입확인서

Chapter 02 수입통관제도

제1절 수입의 이해와 통관절차

1. 수입의 이해

1) 수입의 개념

무역은 국제간에 이루어지는 상행위로서 인류의 생활사와 궤를 같이 할 정도로 오랜 역사를 가지고 있으며 무역 성립의 배경은 필요한 물품을 조달하거나 교환하는데서 출발한다.

그러나 중상주의 시대에 접어들면서 점차 무역은 교환물품의 차익을 우선시하게 되었으며 더 나아가 개개 상인의 이익 보다 국가 경제 전체에 미치는 영향에 대해 특별히 통제와 규제를 하거나 장려를 하는 등 국가가 개인의 상행위에 적극적으로 개입하면서 수입과 수출이라는 개념이 생겨나게 되었다.

수입(Import)이라는 말의 어원은 im(안에, 안으로) + port(항구) 즉, 국내에 팔기 위해 해외에서 물건을 포장하여 나라 안으로 들여온다는 의미가 있다.

현대에는 수입의 의미를 상품에만 국한하지 않고 용역, 기술, 음원, 영상 같은 전자적 무체물, 공연기획 등 여하히 외국으로부터 들어오는 것은 모두 수입이라는 용어를 사용하고 있다.

(1) 관세법상 수입 용어의 정의

관세법에는 수입이란 "외국물품을 우리나라에 반입(보세구역을 경유하는 것은 보세구역으로부터 반입하는 것을 말한다)하거나 우리나라에서 소비 또는 사용하는 것(우리나라의 운송수단 안에서의 소비 또는 사용을 포함한다)"이라고 규정하고 있다.

반입은 글자대로 해석한다면 물품을 가지고 들어온다는 의미가 있다. 수입과 반입의 용어 사용에 혼동이 있을 수 있으나 일반적으로 수입이라고 하면 직접적으로 해외에서 들어오는 물품을 의미하고 반입은 외국에서 국내로 이동이 되어 보세상태에서 해제된 상태로 이해할 수 있다. 따라서 보세구역을 경유하는 외국물품은 수입신고수리절차를 마쳐야 비로소 반입 즉, 내국물품이 된다.

그리고 대외무역법과 관세법이 규정하는 수입의 의미와 대상은 다르다. 대외무역법은 물품 뿐 아니라 자본 및 용역의 거래를 포함하는 넓은 의미에서의 거래 대상을 수입으로 규정하고 있는 반면에 관세법은 상표권 등이 물품에 화체되어 있는 것을 제외한다면 물품만을 수입의 대상으로 하고 있다.

그리고 대외무역법은 우리나라에 실제적으로 물품이 들어오지 않았다 하더라도 대금을 지급하고 외국에서 외국으로 물품을 구입하였다면 수입으로 보고 관리를 하지만 관세법은 이러한 외국인수수입에 대해서는 법 적용 대상으로 보지 않는다. 때문에 국가통계에도 관세법을 관할하는 기획재정부와 대외무역법을 관장하는 산업통상자원부의 통계가 다르게 나타난다. 이와 관련하여 정부는 국가 통계의 통일성을 위해 실제로 국가간 물품의 이동을 근거로 집계되는 관세청 통계를 무역통계의 기준으로 하고 있으며 수입의 경우 수입신고수리일을, 수출물품은 출항일(선적일)기준으로 한 일자별로 통계계상을 하고 있다.

참고

대외무역법상 수입의 개념(대외무역법시행령 제2조 제4항)

"수입"이란 다음 각 목의 어느 하나에 해당하는 것을 말한다.

㉮ 매매, 교환, 임대차, 사용대차, 증여 등을 원인으로 외국으로부터 국내로 물품이 이동하는 것

㉯ 유상으로 외국에서 외국으로 물품을 인수하는 것으로서 산업통상자원부장관이 정하여 고시하는 기준에 해당하는 것

㉰ 비거주자가 거주자에게 산업통상자원부장관이 정하여 고시하는 방법으로 제3조에 따른 용역 을 제공하는 것

㉱ 비거주자가 거주자에게 정보통신망을 통한 전송과 그 밖에 산업통상자원부장관이 정하여 고시하는 방법으로 제4조에 따른 전자적 형태의 무체물을 인도하는 것

[제목] 선박을 수입하면서 적재되어 있던 잔존 유류를 수입신고의 대상이 아닌 선용품으로 볼 수 있는지 여부 등

[결정요지] 외국으로부터 국내에 입항한 선박 및 그 적재물품은 모두 수입물품이라 할 것이고, 청구법인도 쟁점선박 및 쟁점유류를 제외하고는 그 동안 수입한 모든 선박 및 잔존유류에 대하여 수입신고를 이행해 왔던 점 등에 비추어 쟁점유류를 수입신고의 대상으로 보아 관세 등을 부과한 이 건 처분은 잘못이 없음.

조심 2016관0090 (2016. 10. 28.)

(2) 외국물품과 내국물품의 이해

외국으로부터 우리나라에 도착한 물품은 통관절차를 이행하기 전까지 관세 및 화물의 안전성이 담보되지 않고 있어 세관에서 보세화물로 관리를 한다. 그러나 통관절차가 완료된 물품은 원산지 미표시 등 유통과정에서 위법하거나 조건부 수입으로 세관의 사후관리를 받는 물품의 경우 등 예외적인 경우를 제외하고 국내물품과 동일하게 더 이상 세관의 통제를 받지 않고 자유롭게 유통하게 된다.

① 외국물품

ⓐ 외국으로부터 우리나라에 도착한 물품[외국의 선박 등이 공해(공해, 외국의 영해가 아닌 경제수역을 포함한다)에서 채집하거나 포획한 수산물 등을 포함 한다] 으로서 수입의 신고가 수리되기 전의 것

ⓑ 수출 신고가 수리된 물품

② 내국물품

ⓐ 우리나라에 있는 물품으로서 외국물품이 아닌 것

ⓑ 우리나라의 선박 등이 공해에서 채집하거나 포획한 수산물 등

ⓒ 입항 전 수입신고(이하 "입항 전 수입신고"라 한다)가 수리된 물품

ⓓ 수입신고 수리 전 반출승인을 받아 반출된 물품

ⓔ 수입신고 전 즉시 반출신고를 하고 반출된 물품

(3) 수입의 의제

수입물품은 반드시 수입신고수리를 거쳐야 하지만 다음의 경우에는 예외적으로 수출·입 되는 물품의 특수성과 관세행정상의 목적을 달성함에 지장이 없는 점을 감안하여 통관절차를 거치지 않고도 수입신고가 수리된 것으로 간주하는데 이를 수입의 의제라고 하며 관세법에 따라 적법하게 수입된 것으로 보고 관세 등을 따로 징수하지 아니한다.

① 체신관서가 수취인에게 내준 우편물

② 관세법에 따라 매각된 물품

③ 관세법에 따라 몰수된 물품

④ 관세법에 따른 통고처분으로 납부된 물품

⑤ 법령에 따라 국고에 귀속된 물품

⑥ 몰수를 갈음하여 추징된 물품

| 표 2-1 | 외국물품과 내국물품 구분

외국물품	내국물품
① 외국으로부터 우리나라에 도착된 물품(외국의 선박 등에 의하여 공해에서 채집·포획된 수산물 등 포함)으로서 수입신고가 수리되기 전의 것 ② 수출신고가 수리된 물품	① 우리나라에 있는 물품으로 외국물품이 아닌 것 ② 우리나라의 선박 등에 의하여 공해에서 채집·포획한 수산물 등 ③ 입항전 수입신고가 수리된 물품 ④ 수입신고수리 전 반출승인을 얻어 반출된 물품 ⑤ 수입신고 전 즉시반출신고를 하고 반출된 물품
① 보수작업으로 외국물품에 부가된 내국물품 ② 보세공장에서 외국, 내국물품을 원재료로 혼용하여 제조한 물품 ③ 관세환급을 받을 목적으로 일정한 보세구역 또는 자유무역지역에 반입한 물품	수입의 의제 대상물품 ① 법령에 의하여 국고에 귀속된 물품 ② 체신관서가 수취인에게 내준 우편물 ③ 관세법에 따라 매각된 물품 ④ 관세법에 따라 몰수된 물품 ⑤ 관세법에 따라 통고처분으로 납부된 물품 ⑥ 몰수에 갈음하여 추징된 물품

외국물품 또는 외국물품과 내국물품을 원료 또는 재료로 하여 제조 가공기타 유사의 작업을 하기 위한 보세공장에서 생한 물품은 보세공장으로부터 우리나라에 인도할 때 그 외국물품이 수입된다고 해석한다.

출처 : 대법원 1969. 7. 8. 선고 67누88 판결

(4) 수입으로 보지 아니하는 소비 또는 사용

물품이 사실상 국내에 반입된 것으로 볼 수 없는 경우나 수입은 되었지만 수입으로 보아 관세를 부과하는 것이 불합리한 경우 이를 소비로 보아 과세대상에서 제외하고 있다. 외국물품의 소비나 사용이 다음 각 호의 어느 하나에 해당하는 경우에는 이를 수입으로 보지 아니한다.

① 선용품·기용품 또는 차량용품을 운송수단 안에서 그 용도에 따라 소비하거나 사용하는 경우

② 선용품·기용품 또는 차량용품을 관세청장이 정하는 지정보세구역에서 「출입국관리법」에 따라 출국심사를 마치거나 우리나라에 입국하지 아니하고 우리나라를 경유하여 제3국으로 출발하려는 자에게 제공하여 그 용도에 따라 소비하거나 사용하는 경우

③ 여행자가 휴대품을 운송수단 또는 관세통로에서 소비하거나 사용하는 경우

④ 이 법에서 인정하는 바에 따라 소비하거나 사용하는 경우

2. 수입통관

1) 수입화물 관리

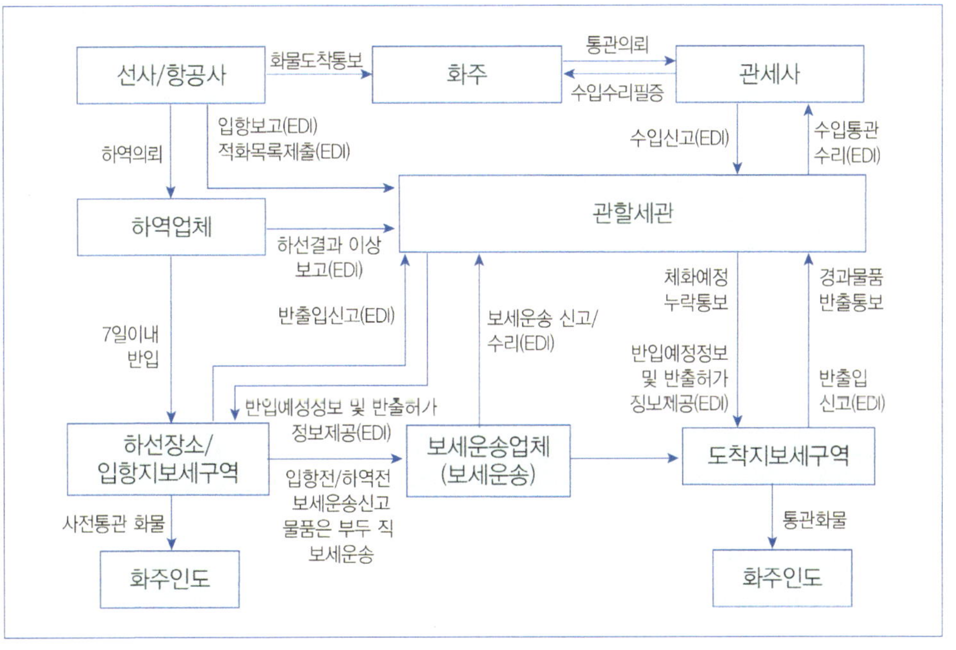

그림 2-1 수입화물 통관절차

수입화물 관리란 외국무역선(기)이 국제항 또는 국제항이 아닌 지역에 입항하여 화물을 하역한 후 수입통관을 하거나 보세운송을 하여 보세구역으로 반입하는 과정에 있어 수입화물의 불법 밀수입을 방지하고 관세를 확보하기 위해 필요한 행정 및 감시, 통제를 말한다.

수입화물 관리는 적하목록이 제출된 입항선(기)에서 화물이 우리나라의 영역 안으로 들어오면서 발생할 수 있는 위험요소를 처음부터 추적관리 하고 출항지에서의 화물 총량과 입항지 및 하역, 보세창고 반입, 이동 등에서의 화물총량의 일치 여부, 과부족, 멸실, 파손 등을 미리 파악하여 통관의 신속 및 정확을 기함으로서 물류의 원활화와 함께 국가의 재정수입을 확보하는데 있다.

수입화물관리는 화물의 흐름에 따라 입항관리, 하역관리, 보세창고 반출입관리, 보세운송관리, 통관관리로 나눌 수 있다. 입항관리는 외국무역선이 입항하면 선장이나 선박회사대리점이 세관장에게 입항보고와 함께 그 선박에 적재된 화물목록 즉 적하목록을 제출하게 되는 과정에서 화물관리하는 것을 말한다.

하역관리는 하역회사에서 선박으로부터 물품을 하역하기 전에 세관장에게 하선신고를 하고 하역작업에 대해 관리하는 것을 말한다.

보세창고 반출입관리는 하역 완료된 물품이 부두내 또는 부두밖에 있는 하선장소로 지정된 장소로 화물을 반출입하여 각 화물의 목적지로 운송될 때까지 화물관리하는 것을 말한다. 보세운송 화물관리는 최초 하역 또는 반입된 보세구역 이외에서 보세상태로 화물의 목적지 보세구역까지 운송절차에 의해 운송하는 화물관리를 말한다(이하 보세운송에서 설명).

통관관리는 보세운송 또는 보세구역에 입고된 상태에서 수입통관절차가 완료되기 전까지 화물을 관리하는 것을 말한다(이하 보세구역에서 설명).

(1) 입항 관리

국제무역선이나 국제무역기가 국제항에 입항하였을 때에는 선(기)장은 선(기)용품목록, 여객명부, 승무원명부, 승무원 휴대품목록과 함께 적재화물목록을 첨부하여 지체없이 세관장에게 입항보고를 한다.

이때 세관장은 신속한 입항 및 통관절차의 이행과 효율적인 감시·단속을 위하여 필요할 때에는 관세청장이 정하는 바에 따라 입항하는 해당 선박 또는 항공기가 소속된 선박(항공)회사로 하여금 적하목록 등을 입항하기 전에 제출하게 할 수 있다.

물품 하역은 원칙적으로 입항절차가 종료된 후에 할 수 있다.

입항보고시 제출된 적재화물목록에 의해 선적 화물의 이상유무와 실물 총량을 확인하게 된다.

화물의 총량관리

입항한 화물총량 = 적하목록상 화물총량 = 하선작업완료 후 화물총량(부두 또는 ODCY 등 하선장소에 반입한 화물총량) = 보세구역반입 화물총량(입항지에서 통관된 화물총량 + 내륙지 보세구역 반입화물 총량)

2) 하역관리

(1) 하역시기

국제무역 선(기)이 입항하여 입항절차를 완료한 후가 아니면 물품을 하역할 수 없다. 이는 입항수속을 할 때에 적하목록 등에 의하여 필요한 확인을 한 후에 하역을 허용함으로써 화물감시와 입항절차의 원활을 도모하기 위한 것이다. 그러나 물품의 하역이 시급하고 하역을 하더라도 화물관리에 지장이 없는 경우에는 입항절차 종료 전이라도 세관장의 허가를 받아 하역을 할 수 있다.

(2) 물품의 하역신고

국제무역선에서 물품을 하역하고자 할 때에는 세관장에게 하역신고를 하여야 하며, 이때 세관장은 감시단속을 위해 필요한 때에는 물품의 하역장소, 하역통로 및 기간을 제한할 수 있다.

운항선사(용선선사 포함) 또는 그 위임을 받은 하역 업체가 화물을 하선하고자 하는 때에는 MASTER B/L 단위의 적하목록을 기준으로 하선장소를 기재한 하선신고서를 세관장에게 전자문서로 제출하여야 한다. 그러나 예외적으로 다음에 해당하는 경우에는 세관장에게 서류로 하선신고를 할 수 있으며 하선작업완료 후 익일까지 하선신고서를 세관장에게 전자문서로 제출하여야 한다.

- o B/L 단위로 구분하여 하선이 가능한 경우
- o 검역을 위하여 분할 하선을 하여야 하는 경우
- o 입항 전에 수입신고 또는 하선 전에 보세운송신고한 물품으로서 검사대상으로 선별된 물품이 선상 검사 후에 하선하여야 하는 경우
- o 재난 등 긴급 하선하여야 하는 경우

항공사가 화물을 하기 하고자 하는 때에는 세관장에게 하기신고를 하여야 한다.

(3) 하선(기)장소 결정

선사가 물품을 하선할 수 있는 장소는 다음의 장소에 한한다. 다만, 부두 내에 보세구역이 없는 세관의 경우에는 관할구역 내에 보세구역(보세구역 외 허가받은 장소를 포함)중 세관장이 지정하는 장소로 한다.

① 컨테이너화물 : 컨테이너를 취급할 수 있는 시설이 있는 부두내 또는 부두밖 컨테이너보세장치장(On - dock or Off - dock CY). 다만, 부두사정상 컨테이너화물과 산물을 함께 취급하는 부두의 경우에는 보세구역 중 세관장이 지정한 장소

② 냉동컨테이너화물 : 컨테이너화물 하선(기)장소를 준용하되 화주가 냉동컨테이너로부터 화물을 적출하여 반입을 원하는 경우 냉동시설을 갖춘 보세구역

③ 산물 등 기타화물 : 부두내 보세구역

④ 액체, 분말 등의 형태로 본선에서 탱크, 사이로 등 특수저장시설로 직송되는 물품

: 해당 저장시설을 갖춘 보세구역

(4) 하선(기)장소 결정 순서

선사가 하선장소를 결정하는 때에는 다음의 순서에 의한다.

① 세관장이 밀수방지 등을 위하여 검사대상화물로 선별하여 반입지시서가 발부된 물품은 세관장이 지정한 장소

② 입항 전에 수입신고 또는 하선 전에 보세운송신고가 된 물품으로서 검사가 필요하다고 인정하는 물품은 부두내의 세관장이 지정하는 장소

③ 기타 화물은 하선장소 중 선사가 지정하는 장소

항공사가 하기장소를 결정하는 때에는 다음의 순서에 의한다.

① 세관장이 밀수방지 등을 위하여 검사대상화물로 선별하여 반입지시서가 발부된 물품은 세관장이 지정한 장소

② 다음에 해당하는 물품은 즉시 반출을 위하여 공항내 현도장 보세구역으로 한다. 다만, 세관장이 계류장 인도대상 물품으로 지정한 물품과 화물의 권리자가 즉시 반출을 요구하는 물품은 현도장 보세구역에 반입하지 않고 계류장내에서 직접 반출할 수 있다.

ⓐ 입항 전 또는 하기장소 반입 전에 수입신고가 수리된 물품

ⓑ 하기장소 반입 전에 보세운송 신고가 수리되었거나 타세관 관할 보세구역으로 보세운송 할 물품으로 화물분류가 결정된 물품

ⓒ 검역대상물품(검역소에서 인수하는 경우)

ⓓ B/L제시 인도물품(수입신고 생략물품)

④ 적하목록을 추가로 제출한 경우 동 물품은 하기 작업을 실시한 항공사 창고

⑤ 기타화물은 공항 항역 내의 하기장소 중 항공사가 지정하는 장소

(5) 하역작업

하역작업은 등록된 하역업자가 하되, 하역작업을 할 때에는 하선장소 내에서 통관할 물품, 하선장소내 CFS 반입 대상물품, 타지역으로 보세운송할 물품, 세관장이 지정한 검사대상화물, 위험물, 냉동·냉장물품 및 기타 세관장이 별도로 화물을 분류하도록 지시한 물품 등을 구분할 수 있도록 하선작업계획을 수립하여 하선장소에 구분 장치하여야 하며 하선장소가 부두밖 보세구역인 경우에는 등록된 보세운송 차량으로 운송하여야 한다.

하선(기)작업결과 물품이 적하목록과 상이한 경우 하선(기)신고를 한 자 또는 검수회사는 하선(하기)결과 보고서를 전자문서로 세관장에게 제출하여야 하며, 세관장은 필요한 경우 화물관리공무원으로 하여금 사실 확인을 하게 할 수 있다.

(6) 하선(하기)장소의 물품반입

하역업체는 해상화물인 경우 입항일(외항에서 입항수속을 한 경우 접안일)로부터 컨테이너 화물은 3일, 원목·곡물·원유 등 산물은 10 이내에 당해물품을 하선장소에 반입하여야 한다. 다만, 부득이한 사유로 지정기한 내에 반입이 곤란할 때에는 반입지연사유, 반입예정 일자 등을 기재한 하선장소 반입 기간 연장신청서를 세관장에게 제출하여 승인을 받아야 한다.

항공화물인 경우 항공기 입항 후 24시간 이내에 지정된 하기장소에 반입하여야 한다. 물품을 인수받은 보세구역 관리인이나 운영인은 물품반입 즉시 세관장에게 HOUSE B/L 단위로 반입신고를 하여야 한다. 다만, 컨테이너 내장물품으로서 MASTER B/L 단위의 FCL 화물이나 LCL 화물 중 당해 컨테이너 장치장의 CFS에 물품을 적출하거나 반입작업을 하지 아니하는 물품은 MASTER B/L단위로 반입신고할 수 있다.

또한 보세구역 운영인은 창고 내에 물품이 입고되는 과정에서 실물이 적하목록상의 내역과 상이함을 발견했을 경우 반입 사고화물로 분류하여 세관장에게 신고하여야 한다.

(7) 수입물품 장치장소의 결정

① 화주의 임의선택 원칙

수입물품을 장치할 보세구역은 화주(화주가 위임하는 경우에는 위임을 받은 자) 가 보세구역 운영인과 협의하여 정하는 것이 원칙이다. 보세구역 운영인은 보세 구역의 운영자로서 수입물품의 보관을 경쟁적으로 유치하는 입장에 있다.

② 화주가 장치장소를 결정하지 않을 때

화주(위임받은 자 포함)가 수입물품의 장치장소에 관하여 별도의 의사표시가 없 는 때에는 Master B/L 화물은 선사(항공사), House B/L 화물은 화물운송주선업 자가 선량한 관리자로서 장치장소를 결정한다.

③ 예외

세관에서 선별한 관리대상화물은 지정장치장, 위험품, 보온 또는 보냉물품 및 검역대상화물은 당해 화물을 장치하기에 적합한 특정보세창고 또는 장소이다.

3. 적재화물목록(Cargo Manifest)

적재화물목록(이하 적하목록)은 화물을 운송하는 수단(선박, 항공기 등)에 적재된 화물의 총괄목록으로서 세관은 적하목록을 제출받아 우리나라 국경을 통과하는 물품에 대한 우범성 심사를 하고 우범화물로 선별된 물품에 대해서는 하역장소 제한, 검사 등의 조치를 취하게 된다.

또한 선박이나 항공기 도착 후 물품의 하역, 창고 배정, 보세운송, 보세구역에 반입하기까지 세관뿐만 아니라 물류관련업체, 화주 등에게 화물에 대한 다른 정보를 제공하게 되는 기본적인 서류로서 「관세법」 제135조에서는 외국무역선(기)이 입항할 때 또는 입항하기 전에 세관장에게 제출하도록 규정하고 있다.

1) 적재화물목록의 구성

적재화물목록을 생성주체별로 MASTER 적하목록과 혼재화물적재화물목록으로 분리하여 MASTER 적하목록은 선사 또는 항공사가 발행하는 선하증권에 관련된 정보로 구성된 화물명세를 기재하며 혼재화물적재화물목록은 화물운송주선업자가 발행하는 선하증권(HOUSE B/L)에 관련된 정보로 구성된 화물명세를 기재하며 화물운송주선업자가 작성한다. 적재화물목록에 등재된 순서에 따라 HOUSE B/L 단위별로 중복되지 않는 화물관리번호를 부여한다.

| 표 2-2 | 화물관리번호 구성체계

세관의 효율적인 수출입화물관리를 위하여 선사 및 항공사의 입출항일자 및 편명을 토대로 화물관리번호를 생성하며 입항 이후 일련의 화물흐름 과정에서 화물의 이동단계별로 추적관리를 가능하게 하는 기능이 있다.

적하목록 관리번호 + Master B/L 일련번호 + House B/L 일련번호
(MRN: Manifest Reference NO) (MSN: Master B/L Seq No) (HSN: House B/L Seq No)

예시) 05HJEV10105 – 1001 – 001
MRN(11) MSN(4) HSN(3)

2) 적재화물목록 제출

적재화물목록 제출의무자는 수출입물품을 집하·운송하는 운항선사와 항공사, 공동배선의 경우에는 선박 또는 항공기의 선복을 용선한 선박회사, 항공사(대리점 포함),

혼재화물은 화물운송주선업자(대리점)이며 적하목록 제출은 해상과 항공이 다르다.

해상의 경우 적재항에서 화물이 선박에 적재되기 24시간 전까지 적하목록을 선박 입항예정지 세관장에게 전자문서로 제출하여야 한다. 다만, 중국·일본·대만·홍콩·러시아 극동지역 등 근거리의 경우에는 적재항에서 선박이 출항하기 전까지, 벌크화물의 경우에는 선박이 입항하기 4시간 전까지 제출하여야 한다.

공동배선의 경우에는 선복을 용선한 용선선사가 전자문서로 작성하여 제공한 적하목록 자료를 운항선사가 이를 취합하고 혼재화물의 경우에는 운항선사가 화물운송주선업자로부터 혼재화물적재화물목록을 제출받아 최종적으로 이를 취합하여 세관장에게 제출하여야 한다.

항공의 경우 항공기가 입항하기 4시간 전까지 적하목록을 항공기 입항예정지 세관장에게 전자문서로 제출하여야 한다. 다만, 근거리 지역의 경우에는 적재항에서 항공기가 출항하기 전까지, 특송화물의 경우에는 항공기가 입항하기 1시간 전까지 제출하여야 한다.

혼재화물의 경우에는 항공사가 화물운송주선업자로부터 혼재화물적재화물목록을 제출받아 최종적으로 이를 취합하여 세관장에게 제출하여야 한다.

3) 적재화물목록 심사

화물관리 세관공무원이 선사나 항공사가 제출한 적재화물목록을 접수하게 되면 다음의 사항 중 적하목록의 기재사항에 대한 형식적인 요건을 심사하게 된다.

(1) 적재화물목록 자료의 취합완료 여부

(2) 적재화물목록 기재사항의 누락 여부

(3) 세관의 특별감시가 필요한 우범화물 해당 여부

(4) 기타 세관장이 필요하다고 인정하는 사항

4) 적재화물목록 정정

적재화물목록 제출이 완료된 이후에 적하목록 작성책임자가 그 기재내용의 일부를 정정하고자 하는 때에는 적하목록 정정신청서를 서류 또는 전자문서로 제출(정정사유를 증명할 수 있는 자료를 첨부)하여야 한다.

다만, 보세운송에 의해 보세구역에 반입된 화물에 대하여는 수입화주(위임 받은 자 포함)가 그 보세구역을 관할하는 세관장에게 정정신청을 하여야 한다.

| 표 2-3 | 적재화물목록의 정정신청 기한

구분	내용	정정신청 기한
해상화물	하선결과보고서 및 반입결과 이상보고서가 제출된 물품의 경우	보고서 제출일로부터 15일 이내
	특수저장시설에 장치를 요하는 냉동화물 등을 하선과 동시에 컨테이너 적입작업을 하는 경우	작업완료 익일까지
	기타 사유로 적재화물목록을 정정하고자 하는 경우	선박 입항일로부터 60일 이내
항공화물	하기결과보고서 및 반입결과 이상보고서가 제출된 물품의 경우	보고서 제출일로부터 15일 이내
	기타의 사유로 적재화물목록을 정정하고자 하는 경우	항공기 입항일로부터 60일 이내

※ B/L 양수도 및 분할·합병의 경우에는 적재화물목록 정정기한의 제한을 받지 아니한다.

5) 적재화물목록의 활용

적재화물목록은 운송수단이 출항할 때와 입항할 때 세관에 제출하게 된다.

출항적재화물목록을 통해 세관은 화물정보와 공급망 정보를 분석하여 위험관리를 하며 적재화물목록상에 기재된 수출신고번호, 컨테이너번호, 선적 정보(선사·CY) 등을 통해 수출물품이 적법하게 선적되었는지 여부를 확인한다.

입항의 경우에는 적하목록 제출 시 화주별로 화물을 식별할 수 있는 화물관리번호를 부여하고, 적재화물목록 정보를 이후의 세관절차(보세운송·수입신고·보세구역 반출입 신고 등)에 연계함으로써 현재 어느 보세구역에 어떤 화물이 얼마나 있는지를 파악하고 보세화물을 적정하게 관리하게 해 주는 화물관리의 기본 수단으로 활용된다.

즉, 적재화물목록은 세관에서 수입화물을 관리하는 기초자료로 활용하고 있으며 적재화물목록상의 화물관리번호 별로 화물의 이동상황을 추적하고 재고 관리하게 된다.

4. 관리대상화물 제도

관리대상화물이란 세관장이 지정한 보세구역 등에 감시·단속 등의 목적으로 장치하거나 검사 등을 실시하는 화물로서 입항단계에서 선사 또는 항공사가 세관에 제출하는 적재화물목록의 정보를 이용, 국가안보 및 사회안전 확보, 국민건강보호, 불법·부정무역 방지 등 국가행정목적을 달성하기 위하여 우범성이 높은 물품 등을 선별하여 별도 관리 검사하는 위험관리 제도이다.

1) 도입배경

한정된 세관인력으로 급증하는 수입물품에 대해 효율적 감시단속이 어려움에 따라 수입자의 성실도, 화물의 우범성 등 여러 요소를 고려하여 객관적, 과학적 방법으로 우범성이 높은 일부 High Risk 물품에 대하여만 세관에서 별도 관리함으로서 불법, 부정무역행위에 효율적으로 대처하기 위하여 도입하였다.

2) 선별 및 검사

제출된 적재화물목록의 정보를 근거로 전산에서 제공하는 각종 정보 및 담당자의 경험 등을 종합분석하여 우범성이 높은 화물을 관리대상화물로 선별, 지정장치장으로 이동하여 검사하거나 또는 X-Ray 검색기를 통해 검사 후 이상이 없는 경우 정상 수입신고할 수 있도록 함으로써 입항화물에 대한 위험요소를 사전에 제거한다.

표 2-4 관리대상화물 검사와 수입통관 C/S 검사와의 차이점

구분	관리대상화물 검사	수입 C/S 검사
목적	밀수방지 및 안전관리 - 마약류, 총기, 금지품 등 위해물품 반입 차단 - 품명위장 등 직접밀수 적발	조세채권 확보 및 무역질서 유지 - 세관장 확인사항 - 원산지, 상표권 위반 등 - 품명, 수량 등 실질적 일치 여부
기초자료	적하목록	수입신고서
선별시점	적하목록 제출시	수입신고시
검사시기	하역과 동시	수입신고 이후
검사장소	세관 지정장치장	모든 보세구역
선별방법	주로 담당자에 의한 수작업 선별	원칙적으로 전산에 의한 자동 선별 및 담당자 선별
관리방법	집중장치, 보세운송 제한, 원칙적으로 전량검사	원칙적으로 발췌검사
검사장소 이동 비용	하주 부담	없음

제 2 절 수입신고 제반 사항

수입신고는 신고의 자격을 가진 자가 법에서 정한 요건과 형식을 갖추어 세관장에게 신고할 내용을 알리는 의사표시이며 수입신고 시점에 과세물건, 적용법령, 납세의무자, 과세환율 등이 확정되며 세관장은 수입신고를 받은 때에는 기한 내에 수리할 것인지의 여부 등 처리할 의무를 진다.

1. 수입신고 사전준비

1) 통관고유부호

수출입업무를 하려는 자는 업체 또는 개인의 식별을 위하여 통관고유부호와 해외거래처부호를 사용하여야 하며 세관장에게 신청서를 제출하거나, 부호신청시스템(사업자 통관고유부호 또는 해외거래처부호) 또는 인터넷 개인통관 고유부호 발급시스템(개인 통관고유부호)을 통하여 신청하여야 한다.

(1) 사업자 통관고유부호를 신청 필요서류

① 사업자등록증 사본

② 대표자의 주민등록증 사본(단, 외국인의 경우 외국인등록증 또는 여권 사본)

③ 법인등기부 등본 사본

④ 합병, 법인전환 등 지위의 변동을 입증하는 서류(제1항제3호의 통관고유부호 지위승계 신청 시에 한정한다)

⑤ 별지 제7호서식의 위임장(제4조제2항에 따라 대리 신청하는 경우에 한정한다)

(2) 개인 통관고유부호를 신청하려는 경우

① 본인 확인을 위한 신분증(주민등록증, 운전면허증, 기간 만료 전의 여권, 장애인복지카드, 외국인등록증 중의 어느 하나를 말한다) 사본. 다만, 신분증이 없는 미성년자는 청소년증 사본 또는 주민등록등본 사본

② 별지 제7호서식의 위임장(제4조 제2항에 따라 대리 신청하는 경우에 한정한다)

(3) 해외거래처부호를 신청하려는 경우

① 해외거래처의 국가, 상호, 주소가 표기된 송품장(Invoice)

② 가목에 해당하는 서류가 없는 경우에는 그 밖에 해외거래처의 국가, 상호, 주소 등을 확인할 수 있는 서류(선하증권, 상품포장명세서 등)

③ 위임장

2) 수입신고시 준비서류

(1) 수입신고서

(2) 송품장(Invoice)

(3) 가격신고서

(4) 선하증권(B/L) 부본 또는 항공화물운송장(AWB)

(5) 포장명세서(필요시)

(6) 원산지증명서(해당물품)

(7) 요건확인 대상물품 구비서류(해당물품)

(8) 관세감면(분납), 용도세율적용신청서(해당물품)

(9) 지방세법에 따른 납세담보확인서(해당물품) 등

(10) 기타 필요서류

2. 수입신고 시기와 절차

1) 수입신고 시기별 구분

(1) 출항전신고

항공기로 수입되는 물품이나 일본, 중국, 대만, 홍콩으로부터 선박으로 수입되는 물품을 선(기)적한 선박과 항공기가 해당물품을 적재한 항구나 공항에서 출항하기 전에 수입신고하는 것을 말한다.

(2) 입항전신고

수입물품을 선(기)적한 선박 등이 물품을 적재한 항구나 공항에서 출항한 후 입항(항공화물은 하기신고시점, 해상화물은 하선신고시점을 기준)하기 전에 수입신고하는 것을 말한다.

참고

출항전신고나 입항전신고는 해당물품을 적재한 선박 등이 우리나라에 입항하기 5일전(항공기에 의한 경우에는 1일전)부터 할 수 있다.

그러나 아래의 물품은 해당 선박 등이 우리나라에 입항한 후에 신고하여야 한다. 다만, 제①호의 물품으로서 해당 선박 등이 우리나라에 입항하는 날이 해당 법령의 시행일보다 빠른 경우에는 그러하지 아니하다.

① 세율이 인상되거나 새로운 수입요건을 갖추도록 요구하는 법령이 적용되거나 적용될 예정인 물품
② 농·수·축산물이나 그 가공품으로서 수입신고하는 때와 입항하는 때의 물품의 관세율표 번호 10단위가 변경되는 물품
③ 농·수·축산물이나 그 가공품으로서 수입신고하는 때와 입항하는 때의 과세단위(수량이나 중량)가 변경되는 물품

(3) 보세구역 도착전신고

수입물품을 선(기)적한 선박 등이 입항하여 해당물품을 통관하기 위하여 반입하려는 보세구역(부두밖 컨테이너 보세창고와 컨테이너 내륙통관기지를 포함)에 도착하기 전에 수입신고하는 것을 말한다.

(4) 보세구역 장치후신고

수입물품을 보세구역에 장치한 후 수입신고하는 것으로 원칙적인 수입신고 방법이다.

| 표 2-5 | 수입신고시기 구분에 따른 통관절차 비교

구분	출항전신고	입항 전 신고	보세구역 도착 전 신고	보세구역 장치 후 신고
신고시기	선박(항공기) 출항전	선박(항공기) 출항 후 입항 전	입항 후 당해 물품이 반입될 보세구역 도착 전	당해물품의 보세구역 도착 후
신고세관	입항예정지 세관	입항예정지 세관	도착예정지 세관	보세구역 관할 세관
신고대상 물품	항공기로 수입되는 물품이나 일본, 중국, 대만, 홍콩으로부터 선박으로 수입되는 물품으로 FCL에 한함	제한 없음	제한 없음	제한 없음

2) 신고세관

(1) 출항전신고나 입항전신고는 수입물품을 적재한 선박 등의 입항예정지를 관할하는 세관장에게 하여야 한다.
(2) 보세구역 도착전신고는 해당물품이 도착할 보세구역을 관할하는 세관장에게 신고하여야 한다.
(3) 보세구역 장치후신고는 해당물품이 장치된 보세구역을 관할하는 세관장에게 신고하여야 한다.

3) 수입 신고인

수입신고나 반출신고는 관세사, 관세법인, 통관취급법인이나 수입화주의 명의로 하여야 한다.

4) 수입신고 방법

(1) 수입신고는 수입신고서 작성요령에 따라 기재한 수입신고서를 첨부서류 없이 EDI 수입통관시스템에 따라 전송하는 것(이하 “P/L신고”라 한다)을 원칙으로 한다.
(2) 신고인이 전송한 수입신고서와 수입신고시 제출서류에 대하여 오류발생 시실을 전산 통보받은 경우에는 오류내용을 정정하여 동일한 신고번호로 다시 전송하여야 하며, 기타 사유로 신고자료의 내용을 정정하려는 경우에는 접수결과를 통보받기 전까지 정정전과 동일한 신고번호를 다시 전송하여야 한다.
(3) 세관장은 이상 없이 전송된 신고자료에 대하여는 신고일에 다음 각 호의 사항을 신고인에게 통보한다. 다만, P/L신고건의 경우에는 제4호의 사항을 통보하지 아니한다.
   ① 접수 여부와 서류제출대상 여부
   ② 검사대상 여부
   ③ 신고납부 대상물품의 경우 납부서 번호
   ④ 자동배부의 경우 신고서처리 담당직원의 부호

5) 수입신고 결과통보

세관장은 이상 없이 전송된 신고자료에 대하여는 신고일에 아래의 사항을 신고인에게 통보한다. 다만, P/L신고건의 경우에는 (4)의 사항을 통보하지 아니한다.

(1) 접수 여부와 서류제출대상 여부

(2) 통관시스템에 의한 검사대상 여부(C/S결과)
(3) 신고납부 대상물품의 경우 납부서 번호
(4) 자동배부의 경우 신고서처리 담당직원의 부호

6) 신고의 효력발생시점

수입신고의 효력발생시점은 전송된 신고자료가 통관시스템에 접수된 시점으로 한다. 다만, 수작업에 의하여 신고하는 때에는 신고서가 통관지 세관에 접수된 시점으로 한다.

7) 서류제출대상 선별기준

아래의 어느 하나에 해당하는 물품은 전산시스템에 의하여 서류제출대상으로 선별한다.

① 사전세액심사 대상물품
② 부과고지 대상물품
③ 합의세율 적용 신청물품
④ 할당·양허관세 신청물품 중 세율추천기관으로부터 세율추천을 증명하는 서류를 통관시스템에서 전자문서로 전송받을 수 없는 물품
⑤ 세관장확인 물품 중 요건확인기관으로부터 요건구비를 증명하는 서류를 통관시스템에서 전자문서로 전송받을 수 없는 물품
⑥ 원산지증명서류 제출대상물품. 다만, 개성공업지구로부터 반입되는 임가공물품은 제외한다.
⑦ 검사대상으로 선별된 물품
⑧ 신고 취하되거나 신고 각하된 후 다시 수입신고하는 물품
⑨ 보세건설장에서의 수입물품, 신고수리전반출승인물품, 보세판매장반입물품과 선(기)용품 수입물품
⑩ 일시수입통관증서(A.T.A Carnet)에 의하여 수입하는 물품
⑪ 수입신고서 기재사항중 품명·규격의 일부만 기재한 물품
⑫ 「지방세법 시행령」 제71조에 따른 담배소비세 납세담보확인서 제출대상물품
⑬ 다이아몬드 원석(HS 7102.10, 7102.21, 7102.31)
⑭ 관리대상화물 검사결과 이상이 있는 물품
⑮ 화주가 다른 선하증권(B/L)이 혼재되어 있으나 부두직통관을 신청한 물품
⑯ 관세청장이나 세관장이 서류제출이 필요하다고 인정하는 물품

8) B/L분할신고 및 수리

수입신고는 B/L 1건에 대하여 수입신고서 1건으로 한다. 다만, 아래의 어느 하나에 해당하는 경우에는 B/L분할신고 및 수리를 할 수 있으며, 보세창고에 입고된 물품으로서 세관장이 보세화물관리에 지장이 없다고 인정하는 경우에는 여러 건의 B/L에 관련되는 물품을 1건으로 수입신고할 수 있다.

수입물품이 물품검사 대상인 경우 처음 수입신고할 때 분할전 B/L물품 전량에 대하여 물품검사를 하여야 하며 이후 분할 신고되는 물품에 대하여는 물품검사를 생략할 수 있다. 제①호에 해당하는 물품으로서 분할된 물품의 납부세액이 징수금액 최저한인 1만원 미만이 되는 경우에는 B/L을 분할하여 신고할 수 없다.

① B/L을 분할하여도 물품검사와 과세가격 산출에 어려움이 없는 경우
② 신고물품 중 일부만 통관이 허용되고 일부는 통관이 보류되는 경우
③ 검사·검역결과 일부는 합격되고 일부는 불합격된 경우이거나 일부만 검사·검역 신청하여 통관하려는 경우
④ 일괄사후납부 적용·비적용 물품을 구분하여 신고하려는 경우

3. 신고취하와 각하

1) 신고취하

신고취하란 신고인의 요청에 의하여 신고사항을 취소하는 것을 말한다. 신고는 정당한 이유가 있는 때에 한하여 세관장의 승인을 얻어 이를 취하할 수 있다. 다만, 수입 및 반송의 신고는 운송수단, 관세통로, 하역통로 또는 장치 장소에서 물품을 반출한 후에는 취하할 수 없다.

수입신고를 취하하려는 자는 수입신고 취하 신청내용을 기재하여 통관지 세관장에게 전송하여야 하며 수입신고취하신청(승인)서를 접수한 세관장은 아래의 어느 하나에 해당하는 경우에 한하여 수입신고취하를 승인하여야 한다. 수입신고취하 승인으로 수입신고나 수입신고 수리의 효력은 상실한다.

(1) 수입계약 내용과 상이한 물품, 오송물품, 변질·손상물품 등을 해외공급자 등에게 반송하기로 한 경우
(2) 재해 기타 부득이한 사유로 수입물품이 멸실되거나 세관의 승인을 얻어 폐기하려는 경우
(3) 통관보류, 통관요건 불합격, 수입금지물품 등의 사유로 반송하거나 폐기하려는 경우

(4) 그 밖에 제1호부터 제3호에 준하는 정당한 사유가 있다고 인정되는 경우

2) 신고의 각하

신고가 그 요건을 갖추지 못하였거나 부정한 방법으로 신고되었을 때에는 해당 수출·수입 또는 반송의 신고를 각하할 수 있다.

신고의 각하는 신고의 요건을 갖추지 못하여 세관장이 직권으로 당해 신고를 거절하거나 취소하는 것을 말한다.

세관장은 아래의 어느 하나에 해당하는 경우 수입신고를 각하할 수 있다.

(1) 사위 기타 부정한 방법으로 신고한 경우

(2) 멸각, 폐기, 공매·경매낙찰, 몰수확정, 국고귀속이 결정된 경우

(3) 출항전 신고나 입항전신고의 요건을 갖추지 아니한 경우

(4) 출항전 신고나 입항전신고한 화물이 도착하지 아니한 경우

(5) 기타 수입신고의 형식적 요건을 갖추지 못한 경우

참고

청구법인은 2001.4.26 처분청에 분리형 에어컨 500세트를 특별소비세 비과세대상으로 수입신고하였다. 처분청은 2001.4.27 이를 받아들여 신고수리하였고, 청구법인은 관세 90,320,470원, 부가가치세 122,607,640원 합계 213,428,110원을 납부하였다.

그러나 최근의 건설경기 악화로 인하여 당초의 예상과 달리 판매부진을 겪고 통관자금이 준비되지 않아 분할하여 150세트만을 통관하고자 하였으나, 신고인의 착오로 2001.4.26 500세트 전량을 수입신고하였음을 발견하였고 이에 전량 신고수리된 것에 대하여 취하해 줄 것을 처분청에 요청하였다.

신고수리 후 2001.5.3 수입신고한 쟁점물품 500세트 중 350세트를 신고취하신청하였으나 2001.5.10 처분청은 수정신고대상이라고 이를 거부하였다.

청구법인은 이에 불복하여 2001.6.1 이 건 심판청구를 제기하였다.

[주문]

신고취하요건을 구체적으로 규정하고 있지 아니하고 납세자가 관세를 포탈하거나 회피할 의도가 없고 특별소비세를 잘못 신고한 것이 중대하고 명백한 오류라면 신고 취하사유가 될 수 있으며, 명백한 신고취하사유가 규정되어 있지 않은데도 처분청이 이를 거부하는 것은 과잉금지의 원칙과 피해최소성의 원칙에 위배된다고 할 것이다.

그렇다면, 이 건은 처분청에서 수입신고 취하요건인 정당한 이유를 너무 축소해석한 것으로 보여져 당초 청구법인이 통관하려던 수량외의 쟁점물품 350세트에 대한 수입신고취하를 받아들이는 것이 관련법령에서 신고취하에 관한 규정을 둔 입법취지에 적합하다고 판단된다.

OO세관장이 2001.5.10 청구법인의 수입신고취하신청에 대한 거부처분 중 쟁점물품 350세트에 대한 신고취하거부는 이를 취소한다.

국심 2001관0063, 2001. 11. 7.

제 3 절 가격신고

가격신고는 과세가격을 산출하기 위해 필요한 절차이다. 관세 및 제세를 부과하는데 있어 가격에 대한 정보를 알지 못하면 과세가격을 결정할 수 없다.

물품의 가격은 무역 거래 당사자가 가장 잘 알고 있다. 만약 수입화주가 수입 관련 세금을 낮게 할 목적으로 실제 거래한 가격이 아닌 허위나 저가로 신고하게 되면 세관 당국은 공평 과세를 달성하기 어렵게 된다.

가격신고는 원칙적으로 수입신고를 할 때 세관장에게 자진신고 해야 한다. 통관의 능률을 높이기 위하여 필요하다고 인정되는 경우에는 수입신고를 하기 전에 가격신고를 할 수 있으며 신고해야 할 가격이 가격 신고일 현재 확정되지 않는 경우 잠정가격으로 신고하고 세관장이 지정한 기간 내에 확정가격을 신고할 수도 있다.

가격신고를 할 때에는 대통령령으로 정하는 바에 따라 과세가격의 결정에 관계되는 자료를 제출하여야 한다. 과세가격을 결정하기가 곤란하지 아니하다고 인정하여 기획재정부령으로 정하는 물품에 대하여는 가격신고를 생략할 수 있다.

1. 가격신고 시 제출서류

가격신고를 할 때에 제출하여야 하는 과세자료는 아래와 같다. 다만, 당해 물품의 거래의 내용, 과세가격결정방법 등에 비추어 과세가격결정에 곤란이 없다고 세관장이 인정하는 경우에는 자료의 일부를 제출하지 아니할 수 있다.

(1) 송품장
(2) 계약서
(3) 각종 비용의 금액 및 산출근거를 나타내는 증빙자료
(4) 기타 가격신고의 내용을 입증하는 데에 필요한 자료

1) 가격신고 생략대상

(1) 정부 또는 지방자치단체가 수입하는 물품
(2) 정부조달물품
(3) 공공기관이 수입하는 물품
(4) 관세 및 내국세 등이 부과되지 아니하는 물품

(5) 방위산업용 기계와 그 부분품 및 원재료로 수입하는 물품. 다만, 당해 물품과 관련된 중앙행정기관의 장의 수입확인 또는 수입추천을 받은 물품에 한한다.
(6) 수출용 원재료
(7) 「특정연구기관 육성법」의 규정에 의한 특정연구기관이 수입하는 물품
(8) 과세가격이 미화 1만불 이하인 물품으로 관세청장이 정하는 물품
(9) 그 밖에 과세가격의 결정에 문제가 없다고 관세청장이 인정하는 물품

2) 가격신고생략대상 중 가격신고대상

(1) 과세가격에 가산할 금액이 있는 경우
(2) 부과고지 대상물품
(3) 잠정가격신고 대상물품
(4) 수입신고수리전 세액심사 대상물품
(5) 관세를 체납중인 자가 신고하는 물품
(6) 불성실신고인이 신고하는 물품
(7) 물품의 가격변동이 큰 물품
(8) 기타 수입신고수리 후에 세액을 심사하는 것이 적합하지 아니하다고 인정하여 관세청장이 정하는 물품

2. 사전세액심사제도

수입하려는 자는 수입신고를 할 때에 세관장에게 관세의 납부에 관한 신고를 하여야 한다. 세관장은 납세신고를 받으면 수입신고시에 기재된 사항과 이 법에 따른 확인사항 등을 심사하되, 신고한 세액에 대하여는 수입신고를 수리한 후에 심사한다. 다만, 신고한 세액에 대하여 관세채권을 확보하기가 곤란하거나, 수입신고를 수리한 후 세액심사를 하는 것이 적당하지 아니하다고 인정하는 물품의 경우에는 수입신고를 수리하기 전에 이를 심사한다.

1) 사전세액심사 대상물품

수입신고 수리 전에 세액심사를 하는 물품 중 (1), (2)호에 규정된 물품의 감면 또는 분할납부의 적정 여부에 대한 심사는 수입신고 수리 전에 하고, 과세가격 및 세율 등에 대한 심사는 수입신고 수리 후에 한다.

(1) 법률 또는 조약에 의하여 관세 또는 내국세를 감면받고자 하는 물품

(2) 관세를 분할납부하고자 하는 물품

(3) 관세를 체납하고 있는 자가 신고하는 물품(체납액이 10만 원 미만이거나 체납기간 7일 이내에 수입신고하는 경우를 제외한다)

(4) 납세자의 성실성 등을 참작하여 관세청장이 정하는 기준에 해당하는 불성실신고인이 신고하는 물품

(5) 물품의 가격변동이 큰 물품 기타 수입신고수리 후에 세액을 심사하는 것이 적합하지 아니하다고 인정하여 관세청장이 정하는 물품

관세청장이 기준가격을 정해 심사시스템에 사전세액심사 대상물품으로 등록한 물품, 즉 사전세액심사 대상물품에 해당하는 경우에는 수입신고수리 이전에 반드시 세액심사를 거쳐야 하고 세액심사 이전에 물품을 반출하기 위해서는 담보를 제공하고 세관장의 승인을 얻어야 하므로, 사전세액심사 대상물품으로 지정된 물품과 그렇지 않은 물품은 수입신고수리의 요건이 달라 양자를 동일성이 인정되는 물품이라고 할 수 없다.

무역회사 대표이사인 피고인이 수입신고서에 '청콩', '카오피콩'을 수입하는 것으로 신고하고 실제로는 '콩나물콩'을 수입한 사안에서, '청콩', '카오피콩'과 '콩나물콩'은 모두 관세·통계통합품목분류표상 10단위 품목번호가 같아 동종의 물품으로 보아야 하고 관세율 및 관세액도 동일하지만, 수입 당시 '콩나물콩'은 사전세액심사 대상물품이었음에 반하여 '청콩'이나 '카오피콩'은 그 대상물품이 아니어서 양자를 동일성이 인정되는 물품이라고 할 수 없으므로, 위 행위가 구 관세법(2010. 12. 30. 법률 제10424호로 개정되기 전의 것) 제269조 제2항 제2호에서 정한 밀수입죄에 해당한다.

출처 : 대법원 2011. 11. 10. 선고 2009도12443 판결

3. 잠정가격신고

납세의무자는 가격신고를 할 때 신고하여야 할 가격이 확정되지 아니한 경우 잠정가격으로 가격신고를 할 수 있다.

납세의무자가 잠정가격신고를 하는 때에는 법정 시식인 가격신고서와 잠정가격신고 대상 여부를 확인할 수 있는 계약서 등의 서류를 첨부하여 제출해야 한다. 이 경우 같은 계약에 따라 반복 수입하는 잠정가격신고 대상 물품은 해당 계약에 따른 최초 잠정가격신고 건에 계약서 등의 서류를 첨부하여 제출하고, 그 이후 잠정가격신고 건에는 수입신고서의 신고인 기재란에 최초 잠정가격신고 건의 수입신고번호를 기재하는 것으로 건별 서류 제출을 갈음한다.

1) 잠정가격신고 대상

(1) 거래관행상 거래가 성립된 때부터 일정기간이 지난 후에 가격이 정하여지는 물품으로서 수입신고일 현재 그 가격이 정하여지지 아니한 경우

(2) 거래가격을 조정하여야 할 금액이 수입신고일부터 일정기간이 지난 후에 정하여질 수 있음이 서류 등으로 확인되는 경우
(3) 계약의 내용이나 거래의 특성상 잠정가격으로 가격신고를 하는 것이 불가피하다고 세관장이 인정하는 경우

2) 확정가격 신고

잠정가격신고를 한 자는 세관장이 지정하는 기간 내에 잠정가격 신고한 세관장에게 확정가격신고서와 과세자료를 전자통관시스템을 통해 전송해 확정된 가격을 신고해야 한다. 다만, 확정가격이 잠정가격과 차이가 없는 경우에는 제출한 과세자료는 제출을 생략할 수 있다.

확정가격신고를 하여야 하는 세관이 둘 이상인 경우에는 그 중 어느 하나의 세관에 확정가격신고를 할 수 있다.

(1) 납세의무자는 잠정가격으로 가격신고를 하였을 때에는 2년의 범위 안에서 구매자와 판매자 간의 거래계약의 내용 등을 고려하여 세관장이 지정하는 기간 내에 확정된 가격을 신고하여야 한다.
(2) 세관장은 구매자와 판매자간의 거래계약 내용이 변경되는 등 잠정가격을 확정할 수 없는 불가피한 사유가 있다고 인정되는 경우에는 납세의무자의 요청에 따라 지정한 신고기간을 연장할 수 있다. 이 경우 연장하는 기간은 지정한 신고기간의 만료일부터 2년을 초과할 수 없다.
(3) 세관장은 납세의무자가 기간 내에 확정된 가격을 신고하지 아니하는 경우에는 해당 물품에 적용될 가격을 확정할 수 있다.
(4) 세관장은 확정된 가격을 신고 받거나 가격을 확정하였을 때에는 잠정가격을 기초로 신고 납부한 세액과 확정된 가격에 따른 세액의 차액을 징수하거나 환급하여야 한다.

4. 신고서의 처리방법 및 심사사항

물품을 수입하려면 해당 물품의 품명·규격·수량 및 가격과 그 밖에 포장의 종류·번호 및 개수, 목적지·원산지 및 선적지, 원산지표시 대상물품인 경우에는 표시유무·방법 및 형태, 상표, 사업자등록번호·통관고유부호 및 해외공급자부호 또는 해외구매자부호, 물품의 장치장소, 그 밖의 참고사항 대통령령으로 정하는 사항을 세관장에게 신

고하여야 하며 신고된 내용에 대해 세관장은 신고의 진정성 등을 심사하게 된다.

1) 심사방법

수입부서의 심사자는 아래의 사항을 심사한다. 수입담당과장은 신고인이나 화주의 법규준수도를 고려하여 필요한 경우에는 심사를 생략하거나 간이한 방법으로 심사할 수 있다.

(1) 제출서류의 구비 및 신고서의 기재사항과 일치하는지 여부
(2) 신고서를 수입신고서 작성요령에 따라 정확하게 작성하였는지 여부
(3) 분석의뢰 필요성 유무
(4) 사전세액심사 대상물품의 품목분류, 세율, 과세가격, 세액, 감면, 분납신청의 적정 여부
(5) 관세율을 적용받는 물품의 품목분류 및 관세율 적용의 적정 여부
(6) 용도세율 적용신청 물품의 품목분류 및 용도세율 적용신청의 적정 여부
(7) 세관장이 수입요건을 확인하는 물품의 품목분류의 적정여부, 용도의 신고 여부 및 수입 요건의 구비 여부
(8) 원신지표시와 품질 등 허위·오인표시 및 지식재산권 침해 여부
(9) 법령에 따른 감면신청서 및 세율적용추천서의 구비 여부
(10) 전산에서 제공하는 화물정보 및 C/S정보와 수입신고내용의 비교, 확인
(11) 검사대상 물품의 품목분류 및 세율의 적정 여부
(12) B/L분할신고된 물품이 징수금액 최저한 미만인지 여부
(13) 자유무역협정에 따른 협정세율 적용신청의 적정 여부
(14) 기타 수입신고 수리여부를 결정하기 위하여 필요한 사항

2) 분석 의뢰

신고물품이 물리적, 화학적 실험에 의하여 그 내용을 확인하여야 하는 등 전문적인 지식과 기술을 요하는 경우에는 세관분석실에 분석의뢰하거나 해당물품에 관한 전문가의 의견을 받아 처리할 수 있다. 분석은 신고수리 후에 하는 것을 원칙으로 한다.

(1) 수입신고 수리전 분석 대상물품

① 관세채권의 확보가 곤란할 것으로 예상되는 경우
② 물품의 특성상 수입제한품목일 가능성이 있는 경우
③ 사전세액심사 대상물품으로서 세액심사를 위하여 분석이 필요한 경우

| 표 2-6 | 유아용 물티슈에 대한 분석결과 사례

□ 신고사항
- 신고물품 : BABY TISSUES
- 신고세번 : HSK 4818.40-1000

□ 검사 및 분석결과
유아용 물티슈를 유아용 냅킨과 냅킨라이너가 분류되는 관세율 0%인 HSK 4818.40-1000호로 신고하였으나 세관에서 현품 검사 후 사후분석한 결과 향수 또는 화장품을 침투 또는 도포한 워딩, 펠트, 부직포가 분류되는 관세율 6.5%인 HSK 3307.90-9000로 회보됨.

□ **유아용 물티슈(HSK 3307.90-9000호(양허 6.5%)**
종이제 티슈(HSK4818. 20-0000호(양허 0%))

□ 자료사진

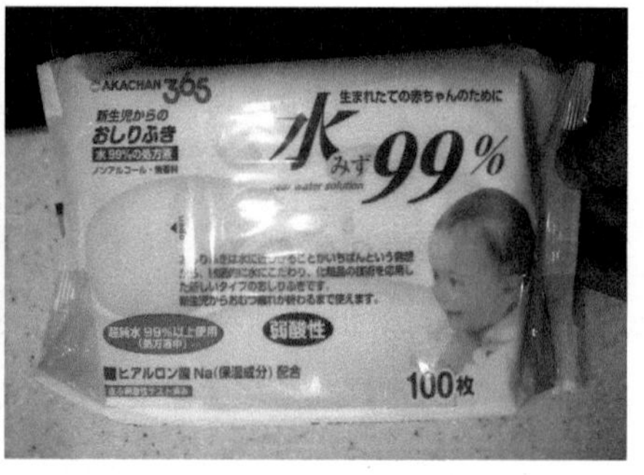

3) 보완요구

수입담당과장은 신고인이 제출한 서류와 자료에 의하여 심사사항의 확인이 곤란한 경우에는 보완요구할 사항을 통관시스템에 입력하고 보완요구서를 신고인에게 전자문서로 통보하여야 한다.

(1) 보완요구 사유

① 신고서 항목의 기재사항이 미비된 경우(정정보완 요구)

② 신고서 심사결과 첨부서류가 누락되었거나 증빙자료의 보완이 필요한 경우(서류보완 요구)

③ P/L신고를 서류제출신고로 변경하려는 경우(서류제출 변경 요구)

(2) 보완요구 방법

① 보완요구를 하는 경우에는 보완요구서에 보완을 하여야 할 사항, 보완을 요구하는 이유와 보완기간 등을 구체적으로 기재하여야 한다.

② 보완 사항이 경미한 것으로서 사후에 이를 보완하더라도 신고수리를 할 수 있다고 세관장이 인정한 때에는 신고인이나 수입화주의 신청을 받아 수리 후에 이를 보완하게 할 수 있으며, 이 경우 신고인이나 수입화주는 세관장이 지정한 기간 내에 관련서류를 제출하여야 한다.

③ 세관장은 신고인이나 수입화주가 지정기간 내에 보완요구사항을 구비하지 아니한 경우에는 통관을 보류하거나 관세청장에게 사전세액 심사대상 신고인으로 지정하여 줄 것을 요청할 수 있다.

(3) 물품검사

물품검사란 신고물품이 보관된 장소에 세관검사 직원이 현장에 출두하여 현품과의 실질검사를 통하여 수입신고된 내용과 현품과의 일치 여부 및 관련법규의 적합성 등을 확인하는 작업이다.

① 물품검사 선별

수입신고물품 중 검사대상은 수입신고자료 접수 시 통관시스템에 의해 선별하거나, 신고서처리방법 결정시 세관공무원에 의해 선별한다. 다만, 수입신고 전 물품반출 신고하는 물품은 반출신고시 검사대상을 선별한다.

② 선상검사

출항전신고, 입항전신고한 물품이거나 보세구역도착전 신고물품으로서 정부에서 직접 수입하는 군수품과 물자수급계획상 긴급도입 물품과 선상 검사가 가능하다고 세관장이 인정하는 물품은 선상에 적재한 상태로 검사할 수 있다.

③ 검사방법

검사대상물품은 전량검사, 발췌검사, 분석검사나 과학장비에 의한 검사방법으로 검사를 실시한다. 특히 우범성 정보가 있는 물품, 전량검사 대상물품이거나 기타 수량과다 등으로 수입담당과장이 복수검사를 지시한 경우에는 2인 이상의 검사자를 지정하여 검사를 실시할 수 있다.

(4) 검사입회

① 세관장은 물품검사 시 검사를 효율적으로 하는 데 필요한 조력을 제공받기 위하여 신고인의 입회가 필요하다고 인정하는 때에는 신고인이 검사에 입회할 수 있도록 검사일시와 장소 등을 통보하여야 한다.

② 검사 입회를 신청하려는 신고인은 검사입회신청(통보)서(별지 32호 서식) 2부를 작성하여 통관지 세관장에게 제출하여야 한다.

③ 검사입회는 신고인이나 그 소속 종사자가 하여야 한다.

④ 세관장이 검사입회 통보서를 발급하여도 검사일시에 수입화주나 신고인이 입회하지 아니한 때에는 장치장소의 관리인이나 그를 대리하는 소속종사자의 입회하에 검사를 실시한다.

⑤ 세관검사장에 반입하여 검사하는 경우 채취, 운반 등에 관한 비용은 수입화주가 부담한다.

| 표 2-7 | 수입물품 심사·검사 시 세관직원의 주요 착안 및 조치사항

항목	착안사항	조치사항
품목분류 및 관세율적용 위반	세액변동 없는 단순 오류	정정
	저세율 품목신고	단순 정정, 고의, 조사의뢰
	고세율 품목신고	정정
가격신고 위반	저가 신고	조사의뢰
	고가 신고	조사의뢰
	운임, 보험료 등 누락	조사의뢰
수량·중량 상이	수량·중량부족	정정
	수량·중량과다	경미 정정, 중대 조사의뢰
	무단반출	조사의뢰
감면·분납 위반	감면·분납 단순 오류	정정
	감면·분납 고의 오류	조사의뢰
품명 위장	수입금지품 위장	조사의뢰
	미신고물품	조사의뢰
원산지	원산지증명서 미제출	보완요구
	원산지 미표시	보수작업

항목	착안사항	조치사항
	원산지 허위표시	보수작업
	원산지 오인표시	보수작업
	원산지표시 부적정	보수작업
	원산지표시 손상	보수작업
	기타 원산지 관련 사항 위반	단순, 정정. 중대, 조사의뢰
품질 등 허위. 오인	허위표시	통관보류
	오인표시	통관보류
세관장 확인 대상물품	세관장 확인 대상물품(동일 세번)	통관보류
	세관장 확인 대상물품(세번 변경)	통관보류, 고의 조사의뢰
	수입요건 확인서류 허위제출	조사의뢰
지재권 위반	위조상표 부착	조사의뢰, 통관 불허
	상표권 침해	통관보류, 권리자 통보
신고서 기재 오류	품명(거래품명), 규격, 모델, 원산지적출국, 기타 신고 항목 오류	단순 정정, 중대 조사의뢰
구비서류 미비	세율추천시(힐딩, 양허)	징구
	원산지증명서	징구
	수입요건확인서	징구
	기타 서류	징구
화학물질	성분 미상	분석의뢰

4) 수입신고수리

(1) 신고수리

신고수리란 행정법상 준법률행위적 행정행위로서 신고한 사항에 대하여 세관장이 일정한 요건을 구비하였는지를 확인한 후 이상이 없는 경우에 일단 유효한 것으로 접수하는 행위를 말한다. 세관장은 수입신고한 내용을 심사한 후 신고수리하는 것을 원칙으로 한다. 다만, 출항전신고, 입항전신고, 보세구역 도착전신고 물품에 대하여는 아래의 요건이 완료된 때 신고수리한다.

① 출항전신고나 입항전신고 물품은 적하목록 심사가 완료된 때. 다만, 수입신고전에 적하 목록 심사가 완료된 때에는 수입신고 심사가 완료된 때

② 보세구역 도착전 신고물품은 보세운송 도착보고된 때(하역절차에 따라 하역장소로 반입되는 때에는 반입보고된 때)

③ 세관장이 검사대상으로 선별하거나 관리대상 화물로 선별한 경우에는 해당 물품 검사가 종료된 후에 수리한다.

(2) 신고수리의 효력발생 시점

통관시스템을 통하여 신고인에게 신고수리가 되었음을 통보한 시점이다. 다만, 수작업에 의하여 신고수리하는 때에는 신고인에게 신고필증을 교부한 시점이다.

5) 신고수리 시 담보의 제공

세관장은 관세 등에 상당하는 담보를 제공하여야 하는 물품에 대하여는 담보가 제공된 경우에 수입신고를 수리한다.

6) 신고수리 전 반출

수입통관에 곤란한 사유가 없는 물품으로서 아래의 어느 하나에 해당하는 경우에는 세관장이 신고수리 전 반출을 승인할 수 있다. 신고수리 전 반출하려는 자는 납부하여야 할 관세 등에 상당하는 담보를 제공하여야 한다. 세관장은 신고수리 전 반출기간 중에 관세부과 제척기간이 도래하는 물품이 있는 경우 제척기간 도래 전에 수입화주나 비축물자 수입자에게 해당 관세를 부과하여야 한다.

(1) 완성품의 세번으로 수입신고 수리 받고자 하는 물품이 미조립 상태로 분할선적 수입된 경우

(2) 「조달사업에 관한 법률」에 따른 비축물자로 신고된 물품으로서 실수요자가 결정되지 아니한 경우

(3) 사전세액심사 대상물품(부과고지 물품을 포함한다)으로서 세액결정에 오랜 시간이 걸리는 경우

(4) 품목분류나 세율결정에 오랜 시간이 걸리는 경우

(5) 수입신고 시 원산지증명서를 세관장에게 제출하지 못한 경우

Chapter 03 관세의 종류와 부과징수

제1절 관세의 종류

1. 관세의 종류 의의

관세는 내국세와는 달리 수입물품의 국내산업 발전 정도와 통상 등 제반 문제와 밀접하게 관련되어 있으며 관세의 부과는 수입물품의 가격을 조정하는 역할을 한다. 관세가 부과됨으로써 수입국은 수입물품의 가격인상과 그로 인한 수입 감소, 국내산업 경쟁력으로 나타나며 수출국에서는 수출 감소와 경기 불황으로 나타난다. 이처럼 관세가 경제여건의 변동과 산업정책에 민감하게 작용하는 것은 결국 관세의 비율 높낮이가 가격에 실질적으로 영향을 주기 때문이다.

일반적으로 관세가 많다, 적다라고 하는 것은 당해 상품 가격에 관세율을 적용하여 산출된 금액의 다소를 의미하며 관세율이 관세를 결정하는 변수가 된다. 어떤 물품에 대하여 어느 수준의 관세율을 정하는가 하는 문제는 한 나라의 조세주권에 속하는 문제로써 그 나라에서 자유롭게 정할 수 있으나 높은 관세율은 자유무역을 저해하므로 세계 각국은 협정에서 정해진 방법으로만 인상하고 그 이외의 방법으로 인상하는 것은 하지 못하도록 하고 있다.

우리나라 관세율은 국회에서 제정되어 관세법 제50조 별표에 규정되어 있는 기본관세와 잠정관세, 그리고 행정부에서 탄력적으로 운영하는 탄력관세가 있고, 국제협약에 의해 정해진 협정관세가 있다.

관세율은 수입물품의 국내 산업발전 정도와 국제무역환경의 변화에 따라 탄력적으로 운용되며 가능한 낮은 관세로 나아가는 것이 국제적 추세이다.

어떤 물품에 대해 어떤 관세율을 정하느냐에 따라 관세는 달라진다. 실무적으로 관세율을 잘못 적용하여 추징되거나 환급받는 사례가 많이 있다. 관세의 종류를 정확하게 이해하여야 하는 이유가 여기에 있다. 그리고 관세율의 적용은 관세의 종류에 따라 우선순위가 정해져 있다.

2. 관세의 종류

관세의 종류는 국정관세와 협정관세로 나눌 수 있다. 국정관세는 국회가 제정한 법률에 규정되어 있거나 그 법률의 위임에 의하여 행정부가 정하는 관세이며 이 중 행정부가 정하는 관세를 탄력관세라고 한다. 그리고 협정관세는 외국 또는 국제기구와 조약에 의해 정한다.

표 3-1 관세의 종류

구분	제정 주체	관세의 종류
국정관세	국회	기본관세, 잠정관세
	행정부 (탄력관세)	덤핑방지관세, 긴급관세, 농림축산물에 대한 특별긴급관세, 상계관세, 보복관세, 조정관세, 할당관세, 계절관세, 일반특혜관세, 편익관세
협정관세	다자협력	WTO양허관세, GSTP, TNDC, APTA
	양자협력	FTA협정관세, 특정국과의 협정에 의한 양허관세

1) 기본세율(Basic Duties)

관세법 별표 관세율표상에 기본세율로 정해진 관세율을 말한다. 이는 국회의 의결을 거쳐 제정된 관세율로서 통상적인 상태에서 원칙적으로 적용되는 관세율이다. 우리나라의 관세율 정책에 입각하여 제정된 것이며 협정세율 등 다른 세율을 정함에 있어서 이 기본관세율을 기초로 규정하는 형식을 취하게 된다. 실무적으로 관세율 적용순서에서 WTO 세율 등 다른 세율보다 낮은 경우 적용된다.

2) 잠정세율(Provisional Duties)

관세법 별표 관세율표상에 기본세율과 함께 잠정세율이란 이름으로 규정되어 있는 세율로서 특정물품에 대하여 기본세율에 대한 예외적인 세율을 잠정적으로 적용하기 위하여 마련된 세율이다. 따라서 기본세율과 잠정세율이 함께 규정되어 있는 경우에는 잠정세율이 기본세율에 우선하여 적용된다.

현재 잠정세율은 적용되는 물품이 없다.

3) 탄력세율(Flexible Duties)

조세법률주의의 예외로서 법률의 위임범위 내에서 행정부가 무역환경 변화에 따라 탄력적으로 관세율을 인상 또는 인하할 수 있는 권한을 갖도록 한 관세율로 관세법 제51조 내지 제77조에 규정되어 있다.

관세율은 국민의 재산권에 중대한 영향을 미치는 것이므로 조세법률주의의 원칙에 따라 복잡한 절차를 거치는 동안에 급변하는 국내외 경제정세에 신속히 대처하지 못하여 관세율 정책을 시기에 맞추어 적절히 운용하지 못할 우려가 있다. 이러한 경우 행정부가 관세율을 변경·조정할 수 있도록 위임되어 있으며 이러한 세율을 탄력관세율이라 한다.

(1) 덤핑방지관세(Anti-Dumping Duties)

정상가격 이하로 수입되어 국내 산업이 실질적인 피해를 받거나 받을 우려가 있고, 국내산업의 발전이 실질적으로 지연되었음이 조사를 통해 확인되고 국내산업을 보호할 필요성이 있을 때 부과한다.

여기서 정상가격이란 당해 물품의 공급국에서 소비되는 동종물품의 통상 거래되는 가격을 말한다. 다만, 동종물품이 거래되지 아니하거나 특수한 시상상황 등으로 인하여 통상거래가격을 적용할 수 없는 때에는 당해 국가에서 제3국으로 수출되는 수출가격 중 대표적인 가격으로서 비교 가능한 가격 또는 원산지국에서의 제조원가에 합리적인 수준의 관리비 및 판매비와 이윤을 합한 가격(이하 "구성가격"이라 한다)을 정상가격으로 본다.

당해 물품의 원산지국으로부터 직접 수입되지 아니하고 제3국을 거쳐 수입되는 경우에는 그 제3국의 통상거래가격을 정상가격으로 본다. 다만, 그 제3국 안에서 당해 물품을 단순히 옮겨 싣거나 동종물품의 생산실적이 없는 때 또는 그 제3국내에 통상거래가격으로 인정될 가격이 없는 때에는 원산지국의 통상거래가격을 정상가격으로 본다.

덤핑방지관세를 발동하기 위하여 첫째, 덤핑이 있어야 하며 둘째, 국내산업에 대한 실질적 피해 등이 있어야 하며 셋째, 덤핑과 국내산업에 대한 실질적 피해 등과 인과관계가 있어야 하며 넷째, 국내산업을 보호할 필요가 있어야 한다.

덤핑방지관세는 아래의 상계관세, 긴급관세, 보복관세 등과 함께 수출국으로부터 보복적인 조치가 따를 수 있으므로 부과에 신중을 기하며 법령으로서 부과절차를 엄격하게 정하여 두고 있다.

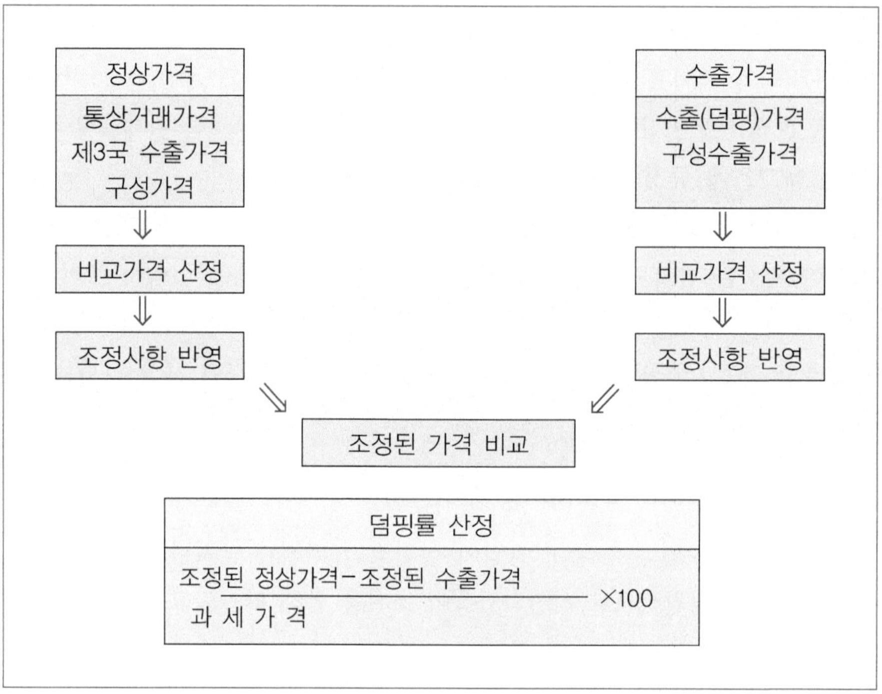

| 그림 3-1 | 덤핑률 산정식

조정된 정상가격은 덤핑수출혐의를 받고 있는 수출국시장에서의 정상판매가격에서 운송비 등을 공제하여 공장도가격으로 환원하여 조정한 가격을 말한다. 조정된 수출(덤핑)가격은 덤핑수출 혐의를 받고 있는 수출국에서 수입국시장에 수출한 수출가격을 공장도 가격으로 조정한 가격을 말한다.

과세가격은 관세부과기준이 되는 가격을 말하며 우리나라의 경우는 CIF(운임보험료포함 인도조건) 가격을 부과기준으로 한다.

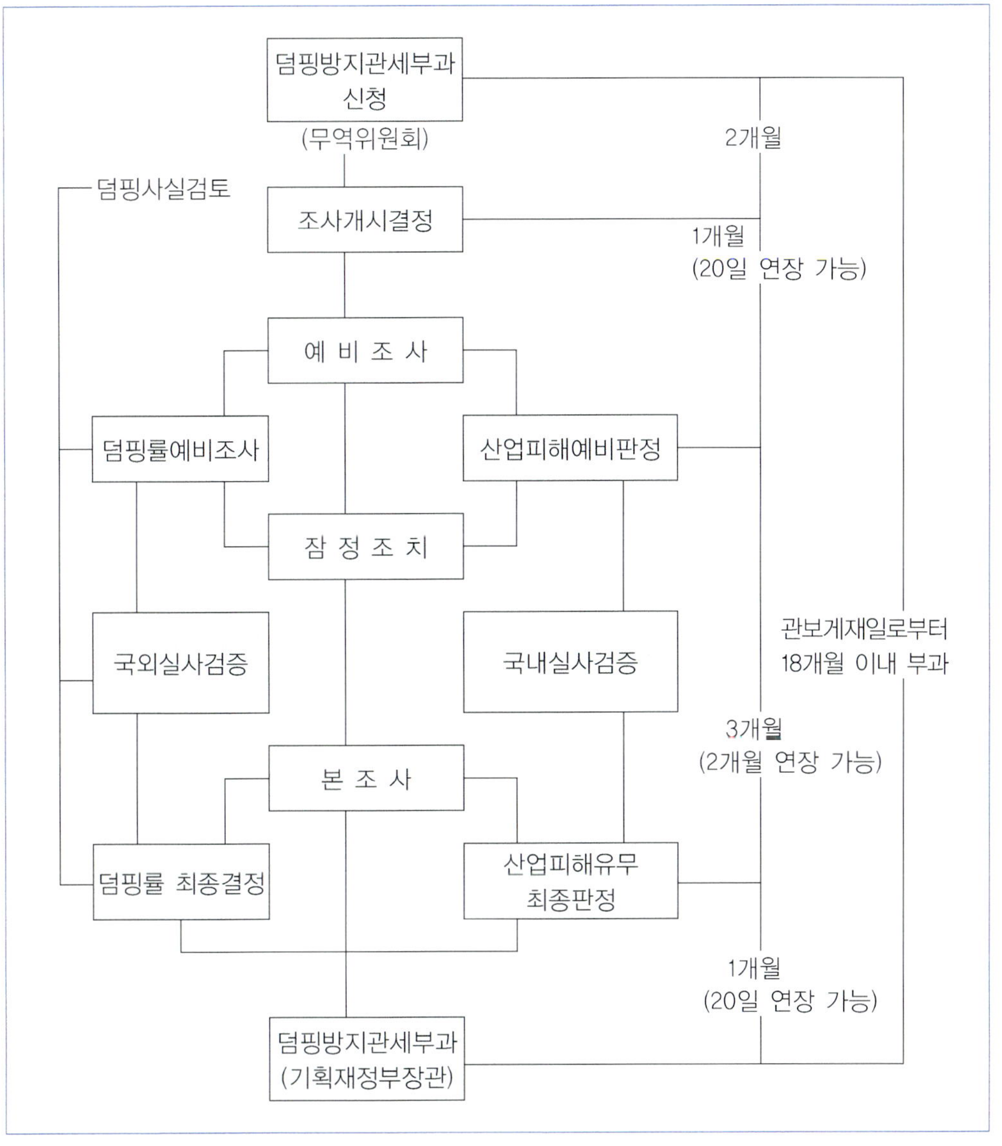

| 그림 3-2 | 덤핑조사절차

(2) 상계관세(Countervailing Duties)

국내산업에 이해관계가 있는 자로서 대통령령으로 정하는 자 또는 주무부장관이 부과요청을 한 경우로서 외국에서 제조·생산 또는 수출에 관하여 직접 또는 간접으로 보조금이나 장려금을 받은 물품의 수입으로 인하여 국내산업이 실질적인 피해를 받거나 받을 우려가 있는 경우 국내산업의 발전이 실질적으로 지연된 경우에 이러한 사실이 조사를 통하여 확인되고 해당 국내산업을 보호할 필요가 있다고 인정되는 경우에는 기획재정부령으로 그 물품과 수출자 또는 수출국을 지정하여 그 물품에 대하여 해당 보조금 등의 금액 이하의 관세를 추가하여 부과할 수 있다.

상계관세는 수출국에서 수출보조금을 지급한 만큼만 부과할 수 있다. 그러나 실제로는 반덤핑 관세보다 더 크게 매겨지는 것이 보통이다.

참고

상계관세 부과 사례

SK하이닉스가 과거에 미국, 유럽연합, 일본으로부터 대대적인 상계관세를 받은 적이 있다. 당시 하이닉스는 부도 위기에서 정부 주도로 한국산업은행에 의해 워크아웃 체제였다.

이 때 일본의 도시바, 미국의 마이크론 테크놀로지, 독일의 인피니언이 하이닉스를 한국 정부가 파산시키지 않고 기업회생시키는 것이 수출보조금을 지급하는 것과 같다며 한국을 각 국가에 제소하면서 상계관세 조사가 시작되었다.

이에 결국 미국 무역대표부(USTR)에서 하이닉스 회생절차가 수출보조금 지급이 맞다고 결정하였다. 그래서 미국은 2003년 4월 1일(미국시간) 57%라는 대규모 상계관세를 하이닉스에 부과하였고 유럽연합에서는 34.8%를 일본 역시 2004년 말 하이닉스에 20~40%의 변동 상계관세를 부과했다.

이에 한국 정부와 하이닉스는 세계무역기구(WTO)에 미국과 유럽연합을 제소했으나 유럽연합에 대해서는 부분 승소했지만, 미국에 대해서는 WTO 항소심까지 간 끝에 한국이 최종 패소했다.

미국의 하이닉스 상계관세는 하이닉스가 SK그룹에 매각되어 완전히 민영화된 2012년 4월 1일에 와서야 해제되었다.

(3) 보복관세(Retaliatory Duties)

교역상대국이 우리나라의 수출물품 등에 대하여 관세 또는 무역에 관한 국제협정이나 양자 간의 협정 등에 규정된 우리나라의 권익을 부인하거나 제한하는 경우, 우리나라에 대하여 부당하거나 차별적인 조치를 하는 경우에 해당하는 행위를 하여 우리나라의 무역이익이 침해되는 경우에는 그 나라로부터 수입되는 물품에 대하여 피해 상당액의 범위 내에서 관세를 부과할 수 있다.

그 교역상대국으로부터 수입되는 물품에 대하여 피해 상당액의 범위 안에서 부과한다. 기획재정부장관은 보복관세를 부과함에 있어서 필요하다고 인정되는 때에는 관련 국제기구 또는 당사국과 미리 협의할 수 있다.

보복관세는 매우 강력한 조치인 동시에 무역이슈가 아닌 정치, 외교 이슈로 넘어가고 국제 분쟁을 일으킬 소지가 크다. 도널드 트럼프 미국 대통령과 중국 시진핑 국가주석이 벌이는 2018년 미중 무역 전쟁이 가장 대표적인 예시이다.

(4) 긴급관세(Emergency Duties)

특정물품의 수입증가로 인하여 동종물품 또는 직접적인 경쟁관계에 있는 물품을 생산하는 국내산업이 심각한 피해를 받거나 받을 우려가 있음이 조사를 통하여 확인되고 해당 국내산업을 보호할 필요가 있다고 인정되는 경우에는 해당 물품에 대하여 심각한 피해 등을 방지하거나 치유하고 조정을 촉진하기 위하여 필요한 범위에서 관세를 추가하여 부과할 수 있다.

참고

긴급관세 부과 사례

우리나라가 중국산 마늘에 대해 긴급관세를 부과하여 수입증가를 억제하자, 중국이 우리나라 일부 공산품에 대한 수입중단 조치를 취하면서 반발, 양국 간 통상마찰이 발생했다. 중국 측의 이번 조치에 대한 언론플레이만 보면 그럴듯한 면이 있기는 하다. 중국은 작년도 우리나라 마늘가격 폭락에 따른 생산자 피해가 국내 생산량 증가 때문이지, 수입량 증가영향은 미미하다고 주장한다. 즉 지난해 한국의 마늘 생산량은 전년대비 9만 톤 증가한데 비해 수입량은 1,200톤(3.5%) 늘었을 뿐이라는 것이다. 더욱이 한국이 연간 100억 달러 정도 대중 무역흑자를 보는 상황에서 1,000만 달러 미만의 조그만 물량인 마늘을 수입 억제하는 것은 부당하다는 주장이다.

그러나 이는 정당성을 잃은 주장이다. 작년의 경우 이미 4분기부터 긴급관세조치가 시행돼 수입량이 줄었기 때문에 연간 총 마늘 수입증가량은 낮을 수밖에 없었다. 따라서 굳이 따지려면 관세 영향이 없는 1월부터 9월까지의 통계만이 의미가 있는데, 이 기간 동안의 정상적 마늘 수입증가율은 30%로, 국내 생산증가율 23%를 넘고 있는 것이다. 특히 96년 대비 99년의 마늘수입량은 4배 증가했는데, 국내 생산량은 겨우 6% 증가에 그쳤다. 이런 수치들은 모두 수입마늘이 국내 마늘 가격폭락에 큰 영향을 미쳤음을 증명하는 것이다.

우리의 긴급관세 부과조치는 WTO 규정에 입각한 정당한 조치인데 반해 중국은 국제적으로 인정될 수 없는 감정적 조치로 대응했다. 즉 엉뚱하게 휴대전화와 폴리에틸렌 두 품목을 골라 수입 중단조치를 취한 것이다. 우리나라의 휴대전화 수출액은 4,140만 달러이고, 폴리에틸렌 수출액은 4억7,130만 달러로, 우리나라는 총 5억1,270만 달러의 수출차질을 빚게 되었다.

출처 : 농수축산신문(2000.6.21)

(5) 특정국물품 긴급관세

국제조약 또는 일반적인 국제법규에 따라 허용되는 한도에서 대통령령으로 정하는 국가를 원산지로 하는 물품의 수입증가가 국내시장의 교란 또는 교란우려의 중대한 원인이 되는 경우, 세계무역기구 회원국이 해당 물품의 수입증가에 대하여 자국의 피해를 구제하거나 방지하기 위하여 한 조치로 인하여 중대한 무역전환이 발생하여 해당 물품이 우리나라로 수입되거나 수입될 우려가 있는 경우에 해당하는 것으로 조사를 통하여 확인된 경우에는 피해를 구제하거나 방지하기 위하여 필요한 범위에서 관세를 추가하여 부과할 수 있다.

(6) 농림축산물에 대한 긴급관세

국내외 가격차에 상당한 율로 양허한 농림축산물의 수입물량이 급증하거나 수입가격이 하락하는 경우에는 대통령령으로 정하는 바에 따라 양허한 세율을 초과하여 관세를 부과할 수 있다.

(7) 조정관세(Adjustment Duties)

1983년 수입자유화 정책과 관련이 있는 탄력관세이다. 당시 우리나라는 수입승인제도에 의해 국내산업을 과도하게 보호하고 있었고 국제적으로 시장 개방 압력을 강하게 받고 있었다.

이에 정부에서는 수입자유화 정책을 시행하면서 수입자유화로 인해 저가의 외국제품으로 피해를 보게 될 국내 산업을 보호할 필요성에 의해 조정관세가 신설되었다.

조정관세는 산업구조의 변동 등으로 물품 간의 세율 불균형이 심하여 이를 시정할 필요가 있는 경우, 국민보건·환경보전·소비자 보호 등을 위하여 필요한 경우, 국내에서 개발된 물품을 일정 기간 보호할 필요가 있는 경우, 농림축수산물 등 국제경쟁력이 취약한 물품의 수입증가로 인하여 국내시장이 교란되거나 산업기반이 붕괴될 우려가 있어 이를 시정하거나 방지할 필요가 있는 경우 적용할 수 있으며 100분의 100에서 해당 물품의 기본세율을 뺀 율을 기본세율에 더한 율의 범위에서 관세를 부과할 수 있다. 다만, 농림축수산물 또는 이를 원재료로 하여 제조된 물품의 국내외 가격차가 해당 물품의 과세가격을 초과하는 경우에는 국내외 가격차에 상당하는 율의 범위에서 관세를 부과할 수 있다.

(8) 할당관세(Quota Duties)

특정물품에 대하여 수량과 기간을 정해 놓고 일정수량까지 수입될 때에는 저세율의 관세를 부과하고 일정수량을 초과하여 수입된 때에는 고세율의 관세를 부과하는 제도이다. 원활한 물자수급 또는 산업의 경쟁력 강화를 위하여 특정물품의 수입을 촉진할 필요가 있는 경우, 수입가격이 급등한 물품 또는 이를 원재료로 한 제품의 국내가격을 안정시키기 위하여 필요한 경우, 유사물품 간의 세율이 현저히 불균형하여 이를 시정할 필요가 있는 경우에 적용되며 특정물품의 수입을 억제할 필요가 있는 경우에는 일정한 수량을 초과하여 수입되는 분에 대하여 100분의 40의 범위의 율을 기본세율에 더하여 관세를 부과할 수 있다. 다만, 농림축수산물인 경우에는 기본세율에 동종물품·유사물품 또는 대체물품의 국내외 가격차에 상당하는 율을 더한 율의 범위에서 관세를 부과할 수 있다.

할당관세가 적용되는 대상물품, 수량, 세율, 적용기간 등은 대통령령으로 정하며 할당관세율을 적용할 수 있는 물품의 수량을 제한하는 경우 수입업자들에게 적정하게 분배하는 것이 필요하므로 농림축산식품부 등 주무부장관 등의 추천 절차에 의해 공정하게 할당수량을 정하도록 하고 있다.

(9) 계절관세(Seasonal Duties)

계절에 따라 가격의 차이가 심한 물품으로서 동종물품·유사물품 또는 대체물품의 수입으로 인하여 국내시장이 교란되거나 생산 기반이 붕괴될 우려가 있을 때 부과하는 관세로서, 해당 물품의 국내외 가격차에 상당하는 율의 범위에서 기본세율보다 높게 관세를 부과하거나 100분의 40의 범위의 율을 기본세율에서 빼고 관세를 부과할 수 있다.

(10) 국제협력관세(International Cooperation Duties)

정부는 우리나라의 대외무역 증진을 위하여 필요하다고 인정될 때에는 특정 국가 또는 국제기구와 관세에 관한 협상을 할 수 있으며 협정에 의하여 관세율 결정하며 특정 국가와 협상할 때에는 기본 관세율의 100분의 50의 범위를 초과하여 관세를 양허할 수 없다.

① WTO협정 일반양허관세율 : 1994년도 관세 및 무역에 관한 일반협정에 대한 마라케시 의정서에 따라 세계무역기구회원국에 따라 적용하는 일반양허관세
- 대상국가 : WTO 가입 대상국가

② WTO협정 개발도상국간의 양허관세율 : 세계무역기구협정 개발도상국간의 무역협상에 관한 의정서에 따라 같은 의정서에 서명·가입한 국가에 대하여 적용하는 양허관세
- 대상국가 : 루마니아, 멕시코, 방글라데시, 브라질, 우루과이, 이스라엘, 이집트, 칠레, 터키, 튀니지아, 파키스탄, 페루

③ 아시아·태평양 무역협정(APTA)의 양허관세율 : 아시아·태평양 무역협정(APTA)에 따라 같은 협정에 서명·가입한 국가에 대하여 적용할 일반양허관세
- 대상국가 : 라오스, 방글라데시, 스리랑카, 인도, 중국, 한국

④ 개발도상국간 무역특혜(GSTP)의 양허관세율 : 유엔무역개발회의 개발도상국간 특혜무역제도에 관한 협정에 서명·가입한 국가에 대하여 적용할 일반양허관세
  • 대상국가 : 가나, 가이아나, 멕시코, 미얀마, 북한, 필리핀 등 44개국

⑤ 특정 국가와 관세협상에 따른 양허관세율 : 우리나라의 통상과 대외무역의 증진을 위하여 필요하다고 인정할 때 특정국가 또는 국제기구와 조약 등으로 정한 세율

(11) 편익관세(Beneficial Duties)

관세에 관한 조약에 따른 편익을 받지 아니하는 나라의 생산물로서 우리나라에 수입되는 물품에 대하여 이미 체결된 외국과의 조약에 따른 편익의 한도에서 관세에 관한 편익을 부여할 수 있다.

기획재정부장관이 편익관세의 적용으로 국민경제에 중대한 영향이 초래되거나 초래될 우려가 있는 경우, 그 밖에 편익관세의 적용을 정지시켜야 할 긴급한 사태가 있는 경우에는 국가, 물품 및 기간을 지정하여 편익관세의 적용을 정지시킬 수 있다.

| 표 3-2 | 편익관세 적용국가

지역	국가
아시아	아프가니스탄, 부탄
중근동	이란, 아라크, 레바논, 시리아
대양주	나우루
아프리카	코모로, 에디오피아, 리베리아, 소말리아
구주	안도라, 모나코, 산마리노, 바티칸

(12) 일반특혜관세(General Preferential Duties)

대통령령으로 정하는 개발도상국가를 원산지로 하는 물품 중 대통령령으로 정하는 물품에 대하여는 기본세율보다 낮은 세율의 관세를 부과할 수 있다.

일반특혜관세를 부과할 때 해당 특혜대상물품의 수입이 국내산업에 미치는 영향 등을 고려하여 그 물품에 적용되는 세율에 차등을 두거나 특혜대상 물품의 수입수량 등을 한정할 수 있다. 국제연합총회의 결의에 따른 최빈 개발도상국 중 대통령령으로 정하는 국가를 원산지로 하는 물품에 대하여는 다른 특혜대상국보다 우대하여 일반특혜관세를 부과할 수 있다.

표 3-3 특혜관세가 적용되는 최빈개발도상국

지역	국가
아시아	아프가니스탄·방글라데시·캄보디아·미얀마·부탄·키리바시·라오스·네팔·투발루·바누아투·솔로몬제도·예멘·동티모르
아프리카	앙골라·베냉·부르키나파소·부룬디·중앙아프리카공화국·차드·코모로·지부티·적도기니·에리트레아·에티오피아·감비아·기니·기니비사우·레소토·라이베리아·마다가스카르·말라위·말리·모리타니·모잠비크·니제르·르완다·상투메프린시페·시에라리온·소말리아·수단·탄자니아·토고·우간다·콩고민주공화국·잠비아·세네갈·남수단
아메리카	아이티

제2절 특정 세율 적용과 관세종류별 세율의 적용순위

1. 간이세율

간이세율은 여행자 휴대폰, 우편물처럼 물품 종류가 다양하며, 그 특성상 관세징수의 정확성을 기하기보다는 신속통관을 우선 고려해야 할 물품 등에 적용된다. 간이세율은 수입물품에 대한 관세, 임시수입부가세 및 내국세의 세율을 기초로 하여 대통령령으로 정한다.

1) 적용대상

(1) 여행자 또는 외국을 오가는 운송수단의 승무원이 휴대하여 수입하는 물품

(2) 우편물. 다만, 수입신고를 하여야 하는 것은 제외한다.

(3) 외국에서 선박 또는 항공기의 일부를 수리하거나 개체(改替)하기 위하여 사용된 물품

(4) 탁송품 또는 별송품

2) 적용제외

(1) 관세율이 무세인 물품과 관세가 감면되는 물품

(2) 수출용원재료

(3) 관세법의 범칙행위와 관련된 물품
(4) 종량세가 적용되는 물품
(5) 다음에 해당하는 물품으로서 관세청장이 정하는 물품
① 상업용으로 인정되는 수량의 물품
② 고가품
③ 당해물품의 수입이 국내산업을 저해할 우려가 있는 물품
④ 단일한 간이세율 적용이 과세형평을 현저히 저해할 우려가 있는 물품
(6) 화주가 간이세율의 적용을 받지 아니할 것을 요청한 물품

| 표 3-4 | 간이세율표

품명	세율(%)
1. 다음 각 목의 어느 하나에 해당하는 물품 중 개별소비세가 과세되는 물품	
가. 투전기, 오락용 사행기구 그 밖의 오락용품, 수렵용 총포류	55
나. 보석·진주·별갑·산호·호박 및 상아와 이를 사용한 제품, 귀금속 제품	92만 6천원 + 463만원을 초과하는 금액의 50
다. 고급 시계, 고급 가방	37만 4백 원 + 185만 2천 원을 초과하는 금액의 50
3. 다음 각 목의 어느 하나에 해당하는 물품 중 기본관세율이 10퍼센트 이상인 것으로서 개별소비세가 과세되지 아니하는 물품	
가. 모피의류, 모피의류의 부속품 그 밖의 모피제품	30
나. 가죽제 또는 콤포지션레더제의 의류와 그 부속품, 방직용 섬유와 방직용 섬유의 제품, 신발류	25
다. 녹용	32
4. 다음 각 목의 어느 하나에 해당하는 물품. 다만, 고급모피와 그 제품, 고급융단, 고급가구, 승용자동차, 주류 및 담배를 제외한다.	20
가. 제1호부터 제3호까지에 해당하지 아니하는 물품	
나. 제1호 및 제3호에 불구하고 여행자가 휴대수입하는 물품으로 1인당 과세대상 물품가격의 합산총액이 미화 1천불 이하인 물품	

2. 합의에 의한 세율

일괄하여 수입신고가 된 물품으로서 물품별 세율이 다른 물품에 대하여는 신고인의 신청에 따라 그 세율 중 가장 높은 세율을 적용할 수 있다. 합의 세율의 장점은 다양한 품목을 동시에 수입하면서 물품 간 세율차이가 크지 않아 납세자의 경제적 부담 보다 신속한 통관이 요구될 때 납세의무자의 신청에 의해 적용된다.

합의세율 적용을 신청하는 물품의 수입신고서를 작성할 때는 해당 품목의 모델, 규격의 일부만 입력하고 세부내역은 서류로 별첨할 수 있다. 납세의무자가 사전에 세율적용을 세관장과 합의한 것이므로 심사청구와 심판청구 같은 행정쟁송을 제기할 수 없다.

3. 용도세율

관세율표에는 대부분 품목별로 한 가지 세율이 정해져 있으나, 일부 품목에는 용도에 따라 세율을 다르게 정해 놓은 것이 있다. 이는 동일한 물품일지라도 당해 용도에 따라 경제적 효과가 상이하기 때문에 국민경제상 특정용도에 수입을 늘려야 할 필요가 있기 때문이다. 예를 들면 직접 소비되는 것에 대하여는 고율, 공업용 원료에 쓰이는 것에 대하여는 저율의 차등세율을 적용할 때 이를 용도세율의 적용이라고 한다. 즉, 용도에 따라 세율을 다르게 정해놓은 것 중에서 낮은 세율을 적용하고자 할 때에는 세관장 승인을 받아야 하며 이 때 낮은 세율을 용도세율이라 한다.

1) 별표 관세율표나 아래의 세율을 대상으로 대통령령 또는 기획재정부령에서 용도에 따라 세율을 다르게 정하는 물품

(1) 조정된 잠정세율

(2) 긴급관세, 특정국물품 긴급관세, 농림축산물에 대한 특별 긴급관세

(3) 조정관세, 할당관세, 계절관세

(4) 국제협력관세, 일반특혜관세

2) 신청 승인

용도세율을 적용받고자 하는 자는 당해물품의 수입신고를 하는 때부터 수입신고가 수리되기 전까지 그 품명, 규격 등을 기재한 신청서를 세관장에게 제출하여 세관장의 승인을 얻어야 한다.

3) 사후관리

용도세율의 적용을 받은 물품은 수입신고 수리일 부터 3년의 범위 안에서 관세청장이 정하는 기간 내에는 용도외 사용 또는 양도할 수 없고 용도 외 사용 시 또는 용도외 사용할 자에게 양도할 때에는 차액을 즉시 징수한다. 다만, 재해 기타 부득이한 사유로 인하여 멸실되었거나 미리 세관장의 승인을 얻어 폐기한 때에는 차액을 징수하지 아니한다.

| 표 3-5 | 사후관리물품 용도외 사용(양도) 금지기간 (예시)

일련번호	품명	용도외 사용 금지기간 및 양도 금지기간	비고
1	관세법 제83조제1항 해당물품(용도세율)		
	가. 부분품 및 원재료	3월 다만, 특정용도 사용 후 사실상 소모되는 물품은 반입사실 확인일, 3월 이상 해당 용도 불사용시는 전부사용일	
	나. 기계·기구·시설용품		
	(1) 내용연수 5년 이상	3년	
	(2) 내용연수 4년	2년	
	(3) 내용연수 3년 이하	1년	
	다. 상기 가, 나 이외의 물품 ※ 사후관리 비대상 : ① 제84류 내지 제97류에 해당하는 물품 중 수입신고수리시 품목당 과세가격 1,000만원 미만인 것, ② 고시 제10조에 해당하는 전용(확인)물품	1년	

4. 세율의 적용순위

1) 관세율 적용순위 원칙

관세율의 적용순위는 관세종류에 따라 관세율이 각각 다름으로 어느 관세율을 우선적으로 적용해야 하는지를 법으로 정하여 두고 있다.

많은 관세종류에서 어느 관세를 정하여 관세액을 정하느냐 하는 문제는 대단히 중요하다. 관세법 제50조는 관세율 적용에 따른 혼선을 방지하기 위하여 적용순위 원칙을

법으로 정하여 두고 있다. 그리고 관세율을 적용할 때 일정한 원칙이 있는데 첫째, 관세는 특정품목(예, 자동차)을 제외하고 대다수 신품과 중고품을 구분하지 않는다. 즉, 신품과 중고품의 세율이 동일하다.

또한 덤핑, 상계, 긴급 관세 등 국내산업과 연관되어 피해가 발생하는 등 특정국가에 대해서는 예외적으로 하고 관세는 모든 나라에 동일하게 적용하며 관세율 적용 순위가 같을 때 낮은 세율을 우선 적용한다.

표 3-6 | 관세율 적용 우선순위

순위	적용 관세	비고
제1순위	덤핑방지관세, 상계관세, 보복관세, 긴급관세, 특정국물품 긴급관세, 농림축산물 특별 긴급관세	관세율의 높낮이에 관계없이 최우선 적용
제2순위	국제협력관세, 편익관세, WTO협정세율, FTA 협정세율, CEPA 협정세율	3, 4, 5, 6순위보다 낮은 세율의 경우 우선 적용
제3순위	조정관세, 할당관세, 계절관세	할당관세는 일반특혜세율보다 낮은 경우에 한하여 우선 적용
제4순위	최빈특혜(일반특혜관세)	
제5순위	잠정세율	
제6순위	기본세율	

표 3-7 | 제세 산출공식

- 물품과세가격(CIF) : 물품가격 + 국제운송료 + 보험료 + 별도지불비용 − 국내에서 발생하는 용역비 등
- 수입환율은 수입신고한 날이 속하는 주의 전주(前週)의 기준환율 또는 재정환율을 평균하여 관세청장이 그 율을 정한다.
- 관 세 = 종가세 : 물품과세가격 x 관세율
  종량세 : 수입물품의 수량 x 단위당 세액
- 개별소비세 = (물품과세가격 + 관세) x 개별소비세율
  기준가격 초과하는 금액 x 개별소비세율
- 주세 = 종가세 : (물품과세가격 + 관세) x 주세율
  종량세 : kl당 x 5만 7천 원. 단, 알콜올분 95도 초과 시 1도마다 6백 원 가산
- 농어촌특별세 = 개별소비세액 x 세율(30%) − 개별소비세법 제1조 3항 4호
  개별소비세액 x 세율(10%) − 그 외의 경우
  관세감면세액 x 세율(20%) − 관세, 조세특례제한법 감면물품
- 교통에너지환경세 = 물품수량(L) x 세율 : 휘발유 및 유사 대체유류 (L)당 475원

경유 및 유사 대체유류 (L)당 340원
ㅇ 교육세 = 개별소비세액 x 30%, 다만 등유 등 따로 규정한 품목 15%
교통·에너지·환경세액 x 15%
다만, 주세의 세율이 70% 초과하는 주류는 교육세율 30%
ㅇ 부가가치세 = (물품과세가격 + 관세 + 개별소비세 + 주세 + 교통에너지환경세 + 농어촌 농어촌특별세 + 교육세) x 10%

| 표 3-8 | 세액의 계산 예시

1) 여성용 브라우스 (HS 6106.90-0000)
단가 : FOB $20/pc, 수량 1,000pc, 운임 $1,800, 보험료 $200, 환율 1 : 1000
기본관세 13%, WTO 35%, FTA 0%(C/O 없어 기본관세 적용)
ㅇ 과세가격 = FOB $20,000 + 운임 $1,800 + 보험료 $200
= CIF $22,000 x 환율 1,000 = 22,000,000원
ㅇ 관세 = 22,000,000 x 13% = 2,860,000원
ㅇ 부가가치세 = (22,000,000 + 2,860,000) x 10% = 2,486,000원
ㅇ 제세합계 = 2,860,000 + 2,486,000 = 5,346,000원

2) 스카치 위스키 (750L/병) HS2208.30-1000
단가 : CIF $500, 수량 100병, 환율 1 : 1000
관세 30%, 주세 72%, 교육세 30%, 부가세 10%
ㅇ 과세가격 = CIF $50,000 x 1,000 = 50,000,000원
ㅇ 관세 = 50,000,000 x 30% = 15,000,000원
ㅇ 주세 = (50,000,000 + 15,000,000) x 72% = 46,800,000원
ㅇ 교육세 = 46,800,000 x 30% = 14,040,000원
ㅇ 부가가치세 = (50,000,000 + 15,000,000 + 46,800,000 + 14,040,000) x 10%
= 12,584,000원
ㅇ 제세합계 = 관세 15,000,000 + 주세 46,800,000 + 교육세 14,040,000 + 부가세 12,584,000
= 88,424,000원

3) 독일산 자동차 (1,950cc/승용차),
단가 : HS 8703.23-1010, 기본 10%, 개별소비세 3.5%,
교육세 30%, CIF $50,000, 환율 1 : 1000
ㅇ 과세가격 = CIF $50,000
= 50,000 x 환율 1,000 = 50,000,000원
ㅇ 관세 = 50,000,000 x 10% = 5,000,000원
ㅇ 개별소비세 = (50,000,000 + 5,000,000) x 3.5% = 1,925,000원

ㅇ 교육세 = 1,925,000 x 30% = 577,500원
ㅇ 부가가치세 = (50,000,000 + 5,000,000 + 1,925,000 + 577,500) x 10%
= 5,750,250원
ㅇ 제세합계 = 관세 5,000,000 + 개별소비세 1,925,000 + 교육세 577,500
+ 부가가치세 5,750,250 = 13,252,750원

제3절 신고납부제도와 부과고지

관세법의 목적은 관세의 부과와 징수에 있다. 신고인은 수입신고를 하는 때에 그 물품의 가격과 관세의 납부에 관한 신고를 하며 정해진 날자에 납부를 하여야 한다. 만약 기한 내에 납부를 하지 아니하면 가산금 등 과징금을 부과하며 여행자 휴대품 등 법령에서 정한 부과대상 물품에 대하여는 세관에서 일방적으로 납부할 세금을 부과함으로써 관세의 목적을 달성한다.

1. 신고납부제도

1) 신고납부제도의 개요

신고납부란 납세의무자가 수입신고를 하는 때에 납부세액 등을 스스로 결정하여 신고하고 그 내용대로 관세 등을 납부하는 것을 말한다. 신고납부에 따라 관세의 납부에 관한 신고를 하는 것을 납세신고라고 한다.

신고납부제도는 납세자가 자진해서 신고한다는 의미에서 자진신고 납부제도라고 하며 납세의무는 물품을 수입한 당사자가 가격 등을 가장 잘 알고 있으므로 납세의무자로 하여금 자기의 과세표준과 세액을 사진하여 신고하도록 함으로써 성실신고를 유도하기 위한 것이다.

우리나라는 종래 세관장이 납세액을 결정 부과하는 부과고지 방식을 운영해 오다가 '78. 12월 관세법 개정 시 신고납부제로 전환하였다. 다만, 이때는 수입물품의 통관 전에 세관으로부터 납부고지서를 발급받아야만 관세를 납부할 수 있었던 점에서 실질적인 신고납부제도라고 보기 어려운 점이 있었고, 세금납부 후에야 물품통관이 이루어짐

으로써 형식적 신고납부제로 통관지연의 문제가 있었다.

'93. 12월 관세법 개정 시 통관절차와 징수절차를 분리하여 납세신고 후 물품을 통관하고 관세 등은 사후에 납부할 수 있는 관세 사후납부제도를 실시함으로써 실질적인 신고납부제도가 시행되었다. 그러나 자진신고만으로 관세채무가 확정되는 것이 아니고 세관의 심사, 조사권은 여전히 남아 있으며 납세의무자의 신고내용이 정당하지 않거나 그 내용에 오류, 탈루가 있는 경우에는 세관의 경정 결정권이 발동된다.

(1) 납세신고 내용

물품을 수입하고자 하는 자는 수입신고를 하는 때에 세관장에게 납세신고를 하여야 한다. 납세신고의 대상은 원칙적으로 모든 수입물품이 될 것이나 세관장이 부과고지하는 물품은 제외된다. 그리고 납세신고의 방법은 별도의 납세신고서를 제출하는 것이 아니고 수입신고서에 필요한 사항을 기재하여 제출하면 된다.

즉, 수입신고서 및 수입신고시 제출하는 가격신고서 등에 납세신고할 아래의 내용 등을 기재하여 제출하면 수입신고와 동시에 납세신고가 이루어진다.

① 당해 물품의 관세율표상의 품목분류·세율과 품목분류마다 납부하여야 할 세액 및 그 합계액

② 법 기타 관세에 관한 법률 또는 조약에 의하여 관세의 감면을 받는 경우에는 그 감면액 과 법적 근거

③ 특수관계에 해당하는지 여부와 그 내용

④ 기타 과세가격 결정에 참고가 되는 사항

2) 납세신고의 사후심사

세관장은 납세신고를 받은 때에는 수입신고서상의 기재사항과 이 법의 규정에 의한 확인사항 등을 심사하되 신고한 세액에 대하여는 수입신고를 수리한 후에 이를 심사한다. 이와 같이 납세신고한 세액에 대하여 정당한지 여부를 수입신고를 수리한 후에 심사하는 제도를 사후세액심사제도라고 한다.

3) 관세의 납부기한

(1) 납세신고를 한 경우 : 납세신고 수리일부터 15일 이내

(2) 납세고지를 받은 날부터 15일 이내

(3) 수입신고전 즉시반출 신고를 한 경우 : 수입신고일부터 15일 이내

(4) 납세의무자는 (1)항에도 불구하고 수입신고가 수리되기 전에 해당 세액을 납부할 수 있다.

(5) 월별납부 : 세관장은 납세실적 등을 고려하여 관세청장이 정하는 요건을 갖춘 성실납세자가 대통령령으로 정하는 바에 따라 신청을 할 때 납부기한이 동일한 달에 속하는 세액에 대하여는 그 기한이 속하는 달의 말일까지 한꺼번에 납부하게 할 수 있다.

(6) 천재지변 등으로 인한 기한의 연장 : 세관장은 천재지변이나 그 밖에 대통령령으로 정하는 사유로 이 법에 따른 신고, 신청, 청구, 그 밖의 서류의 제출, 통지, 납부 또는 징수를 정하여진 기한까지 할 수 없다고 인정되는 경우에는 1년을 넘지 아니하는 기간을 정하여 대통령령으로 정하는 바에 따라 그 기한을 연장할 수 있다.

| 표 3-9 | 납세사유 별 납부기한

납세사유	납부기한
납세신고 한 경우	납세신고 수리일부터 15일 이내
세관장이 납세고지 한 경우	납세고지를 받은 날부터 15일 이내
수입신고 전 즉시반출 신고를 한 경우	수입신고일부터 15일 이내 ☞ 즉시반출 신고를 한 날부터 10일 내 수입신고
세액 정정신고 한 경우	당초의 납부기한
보정 신청한 경우	보정신청을 한 날의 다음날
수정신고 한 경우	수정신고를 한 날의 다음날
관세를 분할납부 하는 경우	(1) 세관장이 납부기한 별로 납세고지 함 (2) 즉시징수 사유에 해당하는 경우 10일 이내의 납부기한을 정하여 납세고지 ① 사후관리 기간 내에 용도외 사용하거나 양도한 경우 ② 관세를 지정된 기한까지 납부하지 않은 경우 ③ 파산선고를 받은 때/ 해산한 때
기한연장 승인을 취소한 경우	10일 이내의 납부기한을 정하여 납세고지

2. 과세요건

과세요건이란 조세의 채권·채무를 성립하게 하는 법률상의 요건을 말한다. 과세요건이 충족되면 자동적으로 과세권자에게는 조세채권이 납세의무자에게는 납세의무가 발생한다. 즉, 특정의 시기에 특정의 사실 또는 상태가 존재함으로써 과세물건이나 대상 또는 행위가 납세의무자에게 귀속되고, 세법이 정하는 바에 따라 과세표준을 산정하고 거기에 세율을 적용하여 세액을 결정하는 것이 가능하게 되는 때에 납세의무가 성립하는 것이다. 이와 같이 과세요건이 충족됨으로써 다른 신고행위나 행정처분이 없이도 납세의무가 성립되는 것을 추상적 납세의무라 한다. 추상적 납세의무는 과세권자의 과세처분이나 납세의무자의 신고와 이에 따른 과세관청의 신고납부서 교부에 의해 구체적 납세의무로 확정된다.

관세의 과세요건은 납세의무자, 과세물건, 과세표준, 세율의 네 가지가 있다.

1) 과세물건

수입물품에는 관세를 부과한다. 즉 관세의 과세물건은 외국물품을 우리나라에 반입하거나 소비, 사용하기 위해 반입하는 수입물품이 과세물건이다. 따라서 중계무역을 위해 우리나라에 반입하는 물품은 과세물건 대상이 아니다. 상표권, 지식재산권은 그 자체로서 과세물건에 해당하지 않으며 수입물품에 체화되었을 때에 과세물건과 함께 과세대상에 포함된다. 영상이나 음원 등 전자적 무체물은 국제적 협약에 의해 과세에서 제외되지만 전자적 무체물이 유체물과 함께 수입되는 경우에는 과세대상이 된다.

(1) 과세물건의 확정시기

수입물품은 수출국으로부터 수입국인 우리나라로 이동되는 과정에서 다양한 운송수단과 보관·하역·운송 및 시일이 걸리며 이 과정에서 최초 적재물품의 성질이나 수량이 변화될 수 있다. 관세는 수입신고(입항전수입신고를 포함)를 하는 때의 물품의 성질과 그 수량에 따라 부과한다. 다만, 다음의 어느 하나에 해당하는 물품에 대하여는 각 해당 호에 규정된 때의 물품의 성질과 그 수량에 따라 부과한다.

① 외국물품인 선(기)용품, 차량용품과 외국무역선(기) 안에서 판매할 물품이 하역허가 받은 대로 적재되지 아니한 경우 : 하역을 허가받은 때

② 보세구역 밖에서 보수작업 승인을 받은 물품이 승인 기간 내에 반입되지 아니한 때 : 보세구역 밖에서 하는 보수작업을 승인받은 때

③ 보세구역에 장치된 물품이 멸실되거나 폐기된 경우 : 멸실되거나 폐기된 때

④ 보세공장(보세건설장, 종합보세구역)외 작업 허가를 받거나 또는 신고한 물품이 허가 기간 내에 완료하지 못하여 관세를 징수하는 물품 : 보세공장 외 작업, 보세건설장 외 작업 또는 종합보세구역 외 작업을 허가받거나 신고한 때

⑤ 보세운송물품에 대하여 보세운송 기간내 도착하지 못하여 관세를 징수하는 물품 : 보세운송을 신고하거나 승인받은 때
⑥ 수입신고가 수리되기 전에 소비하거나 사용하는 물품(제239조에 따라 소비 또는 사용을 수입으로 보지 아니하는 물품은 제외) : 해당 물품을 소비하거나 사용한 때
⑦ 수입신고전 즉시반출 신고를 하고 반출한 물품: 수입신고전 즉시반출 신고를 한 때
⑧ 우편으로 수입되는 물품 : 통관우체국에 도착한 때
⑨ 도난물품 또는 분실물품 : 해당 물품이 도난되거나 분실된 때
⑩ 이 법에 따라 매각되는 물품 : 해당 물품이 매각된 때
⑪ 수입신고를 하지 아니하고 수입된 물품 : 수입된 때

2) 적용법령

무역거래는 청약과 승낙, 계약, 선적 등 많은 절차와 물품이동에 따른 상기간 일정이 소요되므로 그 기간 동안에 법령 개정이 되어 문제가 발생할 수 있다. 이런 경우 어느 시점의 법령을 적용하느냐에 따라 예기치 않는 무역업자의 낭패가 있을 수 있음으로 미리 적용 법령을 정해 두어야 한다. 관세는 수입신고 당시의 법령에 따라 부과한다. 다만, 아래의 어느 하나에 해당하는 물품에 대하여는 해당 호에 규정된 날에 시행되는 법령에 따라 부과한다.

(1) 과세물건의 확정이 수입신고시가 아니라 예외적으로 정해진 날에 확정되는 물품 : 그 사실이 발생한 날
(2) 보세건설장에 반입된 외국물품 : 사용 전 수입신고가 수리된 날

3) 과세환율

과세가격을 결정하는 경우 외국통화로 표시된 가격을 내국통화로 환산할 때에는 통관에서 적용되는 법령의 확정일(보세건설장에 반입된 물품의 경우에는 수입신고를 한 날)이 속하는 주의 전주(前週)의 외국환매도율을 평균하여 관세청장이 그 율을 정한다. 수출환율은 주요 외국환은행이 월요일부터 금요일까지 매일 최초 고시하는 대고객 전신환매입율을 평균해 관세청장이 그 율을 정한다.

4) 납세의무자

납세의무는 채무자인 납세의무자가 채권자인 국가에 대해 공법상 채무를 지는 것을 말한다. 관세를 납부할 법률상 의무를 지는 납세의무자는 수입신고자 등 형식적 명의

자가 아니고 실질과세원칙에 따라 실질적으로 과세의 대상이 되는 수입물품이 귀속되는 사람이다.

원칙적인 납세의무자는 그 물품을 수입한 화주이며 관세납부의무자인 화주라 함은 그 물품을 수입한 실제 소유자를 의미한다. 그 물품을 수입한 실제 소유자인지 여부는 구체적으로 수출자와의 교섭, 신용장의 개설, 대금의 결제 등 수입절차의 관여 방법, 수입화물의 국내에서의 처분, 판매 방법의 실태, 당해 수입으로 인한 이익의 귀속관계 등의 사정을 종합하여 판단하여야 한다.

(1) 원칙적 납세의무자 : 그 물품을 수입한 화주

(2) 연대납세의무자 : 수입신고가 수리된 물품 또는 수입신고 수리전 반출승인을 받아 반출된 물품에 대하여 납부하였거나 납부하여야 할 관세액에 미치지 못하는 경우 해당 물품을 수입한 화주의 주소 및 거소가 분명하지 아니하거나 수입신고인이 화주를 명백히 하지 못하는 경우에는 그 신고인이 해당 물품을 수입한 화주와 연대하여 해당 관세를 납부

(3) 화주가 불분명할 때

① 수입을 위탁받아 수입업체가 대행수입한 물품인 경우 : 그 물품의 수입을 위탁한 자

② 수입을 위탁받아 수입업체가 대행수입한 물품이 아닌 경우 : 대통령령으로 정하는 상업서류에 적힌 수하인(受荷人)

③ 수입물품을 수입신고 전에 양도한 경우 : 그 양수인

(4) 외국물품인 선(기, 차량품)과 외국무역선(기) 안에서 판매할 물품이 하역허가 받은 대로 적재되지 아니하여 관세를 징수하는 물품 : 하역허가를 받은 자

(5) 보세구역 밖에서 보수작업 승인을 받은 물품이 승인 기간 내에 반입되지 아니한 때 : 보수작업 승인을 받은 자

(6) 보세구역에 장치된 물품이 멸실되거나 폐기된 경우 : 운영인, 보관인

(7) 보세공장(보세건설장. 종합보세구역)의 작업 허가를 받거나 또는 신고한 물품이 허가 기간 내에 완료하지 못하여 관세를 징수하는 물품 : 작업을 허가받거나 신고한 자

(8) 보세운송 물품에 대하여 보세운송 기간내 도착하지 못하여 관세를 징수하는 물품 : 보세운송을 신고하거나 승인받은 자

(9) 수입신고가 수리되기 전에 소비하거나 사용하는 물품(제239조에 따라 소비 또는 사용을 수입으로 보지 아니하는 물품은 제외) : 소비자, 사용자

(10) 수입신고전 즉시반출 신고를 하고 반출한 물품 : 수입신고전 즉시반출한 자

(11) 우편으로 수입되는 물품 : 그 수취인

(12) 도난물품 또는 분실물품

① 보세구역의 장치물품(藏置物品) : 그 운영인 또는 화물관리인

② 보세운송 물품 : 보세운송을 신고하거나 승인을 받은 자

③ 그 밖의 물품 : 그 보관인 또는 취급인

(13) 이 법 또는 다른 법률에 따라 따로 납세의무자로 규정된 자

(14) 그 외의 물품인 경우에는 그 소유자 또는 점유자

| 표 3-10 | 과세물건 외 정리

구분		과세물건의 확정시기	적용법령의 시기(세율)	납세의무자
정상 통관물품	일반수입	수입신고를 하는 때	수입신고 당시	수입 화주
	원료과세	보세공장에 반입하는 때	수입신고를 하는 때	
	보세건설장	수입신고를 하는 때	사용 전 수입신고 수리일	
외국물품인 선(기)용품을 하역허가대로 적재 ×		하역허가를 받은 때		하역허가를 받은 자
미반입 보세구역 외 보수 작업물품		보수작업의 승인을 얻은 때		승인을 얻은 자 (운영인)
멸실·폐기되어 징수시		멸실·폐기된 때		운영인 또는 보관인
보세공장(보세건설장·종합보세구역) 외 작업 시 작업허가기간(작업기간) 경과		작업허가를 받거나 신고를 한 때		작업허가를 받거나 신고한 자
보세운송기간 경과		보세운송 신고를 하거나 승인을 얻은 때		보세운송신고를 하거나 승인을 얻은 자
수입신고수리 전 소비·사용		소비·사용한 때		소비자·사용자
수입신고 전 즉시반출 물품		수입신고 전 즉시반출 신고를 한 때		즉시 반출한 자
우편물		통관우체국에 도착된 때		수취인
수리 전 도난·분실 물품		도난 되거나 분실된 때		1) 보세구역 장치물품 : 운영인 또는 화물관리인 2) 보세운송물품 : 신고하거나 승인받은 자 3) 그 밖의 물품 : 보관인 또는 취급인
기타 수입신고를 하지 않고 수입되는 물품(밀수입품)		수입된 때		소유자·점유자

5) 과세표준

과세표준이란 세액을 결정하기 위한 기준이 되는 과세물건의 가격 또는 수량을 말한다. 과세방법에 따라 종가세와 종량세, 선택세, 복합세 등으로 구분한다.

(1) 과세표준의 종류

① 종가세(Ad Valorem Duties)

수입물품의 가격에 의해 관세가 부과되며 과세물건 중 대부분이 종가세의 대상품목이다. 종가세의 장점은 물품의 가격에 근거하여 세액을 산출함으로써 과세부담에 공평성을 가지나 동일물품이라도 수출국 또는 수입시기와 신고인의 신고가격에 따라 관세가 달라지는 단점이 있다.

② 종량세(Specific Duties)

수입물품의 수량, 개수, 부피, 길이 등에 따라 세액이 결정되며 우리나라에서 종가세를 과세표준으로 하는 것은 영화용 필름 등이 있다. 종량세는 세액을 쉽게 산출할 수 있어 과세방법이 간단하나 수입물품의 가격이 올라갈 때는 관세부담이 줄어들고 하락할 때는 과중해지는 문제가 있어 재정수입 확보에 문제가 있으며 가격을 불문하고 일률적으로 수량에 의해 부과함으로써 불공평한 세부담을 초래한다.

③ 선택세(Alternative Duties)

한 품목에 대하여 종가세율과 종량세율을 동시에 정하여 놓고 그 중 높게 산출되는 세액 또는 낮게 산출되는 세액 중 하나를 선택하여 과세하는 방식으로 주로 농산물에 적용되고 있다.

| 표 3-11 | 선택세의 예시

HSK	품목	관세율
0709	그 밖의 채소(신선하거나 냉장한 것을 포함한다)	
60	고추류[캡시컴(Capsicum)속]의 열매나 피멘타(Pimenta)속의 열매	
10	단고추(벨타입으로 한정한다)	
90	기타	기본관세(A): 50% WTO협정관세: [추천세율(W1)] 50% [미추천세율(W2)] 270% 또는 6,210원/kg 양자 중 고액(율)

④ 복합세(Double Duties)

한 품목에 종가세율과 종량세율을 동시에 정하여 두고 2종의 방법으로 산출된 세액을 합산하여 부과한다.

표 3-12 수입물품에 부과될 수 있는 조세의 종류

조세의 종류	근거법률	과세방법
관세	관세법	종가세, 종량세
부가가치세	부가가치세법	종가세
개별소비세	개별소비세법	종가세, 종량세
주세	주세법	종가세, 종량세
교통에너지환경세	교통에너지환경세법	종량세
교육세	교육세법	송가세
농어촌특별세	농어촌특별세법	종가세
임시수입부가세	임시수입부가세법	종가세
담배소비세	지방세법	종량세

3. 납부세액 변경

납세신고한 세액에 대하여 당초 납부한 내용과 달리 사후에 과부족이 발견되어 납세의무자에 의해 자진하여 정정하거나 과세관청이 이를 알고 바로 잡는 것으로서 납세의무자에 의한 정정·보정·수정·경정청구가 있으며 과세관청인 세관장에 의한 경정이 있다.

1) 정정

납세의무자가 납세신고한 세액을 납부하기 전에 당해세액에 과부족이 있는 것을 안 때에 납세신고한 세액을 바로잡는 것이며 이 경우 납부기한은 당초의 납부기한이다. 세액을 정정하고자 하는 자는 당해 납세신고와 관련된 서류를 세관장으로부터 교부받아 과세표준 및 세액 등을 정정하고, 그 정정한 부분에 서명 또는 날인하여 세관장에게 제출하여야 한다.

2) 세액보정

납세의무자가 신고납부한 세액이 부족하다는 것을 알게 되거나 세액산출의 기초가

되는 과세가격 또는 품목분류 등에 오류가 있는 것을 알게 되었을 때 세관장에게 신청한다.

(1) 보정기간 : 신고납부한 날부터 6개월 이내

(2) 보정통지 : 세관장은 신고납부한 세액이 부족하다는 것을 알게 되거나 세액산출의 기초가 되는 과세가격 또는 품목분류 등에 오류가 있다는 것을 알게 되었을 때에는 대통령령으로 정하는 바에 따라 납세의무자에게 해당 보정기간에 보정신청을 하도록 통지할 수 있다. 이 경우 세액보정을 신청하려는 납세의무자는 대통령령으로 정하는 바에 따라 세관장에게 신청하여야 한다.

(3) 부족세액 납부 : 부족한 세액에 대한 세액의 보정을 신청한 경우에는 해당 보정신청을 한 날의 다음 날까지 해당 관세를 납부하여야 한다.

(4) 부족세액 징수 : 납부기한 다음 날부터 보정신청을 한 날까지의 기간과 금융회사의 정기예금에 대하여 적용하는 이자율을 고려하여 대통령령으로 정하는 이율에 따라 계산한 금액을 더하여 해당 부족세액을 징수

(5) 부족세액 징수 예외

① 가산금 및 중가산금을 징수하지 아니하는 경우

② 신고납부한 세액의 부족 등에 대하여 납세의무자에게 정당한 사유가 있는 경우

③ 보정세액 납부 : 보정신고한 날의 다음 날까지

3) 수정신고

신고납부한 날로부터 6개월(보정기간)이 지난 후 신고납부한 세액에 부족이 있어 신고내용을 정정

(1) 신고납부세액부족 : 납세의무자는 신고납부한 세액이 부족한 경우에는 수정신고를 할 수 있다. 이 경우 납세의무자는 해당 관세를 납부하여야 한다.

(2) 수정세액 납부일 : 수정신고한 날의 다음 날까지

4) 경정청구

납세의무자는 신고납부한 세액이 과다한 것을 알게 되었을 때에는 최초로 납세신고를 한 날부터 5년 이내에 대통령령으로 정하는 바에 따라 신고한 세액의 경정을 세관장에게 청구할 수 있다. 이 경우 경정의 청구를 받은 세관장은 그 청구를 받은 날부터 2개월 이내에 세액을 경정하거나 경정하여야 할 이유가 없다는 뜻을 청구한 자에게 통지하여야 한다.

5) 경정

세관장은 납세의무자가 신고납부한 세액, 납세신고한 세액 또는 경정청구한 세액을 심사한 결과 과부족하다는 것을 알게 되었을 때에는 대통령령으로 정하는 바에 따라 그 세액을 경정하여야 한다.

표 3-13 세액의 정정 비교

구분	세액 정정	보정신청	수정신고	경정청구	경정
주체	납세의무자	납세의무자	납세의무자	납세의무자	세관장
시기	납부 전	납부 후 보정기간 (신고납부일~6월)	보정기간 경과 후	보정기간 경과 후 최초 납세신고한 날로부터 5년 이내	• 납부 전·후 • 재경정도 가능
대상	납세신고 한 세액	신고·납부한 세액	신고·납부한 세액	신고·납부한 세액	• 납세신고 한 세액 • 신고·납부한 세액 • 경정 청구한 세액
원인	과부족		부족	과다	과부족
납기	당초의 납부기한	보정신청한 날의 다음날	수정신고한 날의 다음 날		납세고지 받은 날부터 15일 이내
가산세	없음	없음 (이자만 가산)	있음	없음	부족한 경우 있음

제 4 절 부과고지제도

1. 부과고지제도 의의

부과고지란 신고납부제도의 예외로서 과세관청인 세관이 납부세액을 결정하여 이를 고지하면 납세의무자가 고지된 세액을 납부하는 제도이다.

과거에는 부과과세제도가 원칙적인 방법이었으나, 과세행정상의 편의와 능률 및 납세자의 성실신고를 강조하면서 부과고지 제도는 예외적인 방법이 되었다.

1) 부과고지대상 물품

(1) 과세물건 확정시기의 예외적인 경우로서 일정한 사실이 발생했을 때 관세를 징수하는 경우
(2) 보세건설장에서 건설된 시설로서 제248조에 따라 수입신고가 수리되기 전에 가동된 경우
(3) 보세구역에 반입된 물품이 수입신고가 수리되기 전에 반출된 경우
(4) 납세의무자가 관세청장이 정하는 사유로 과세가격이나 관세율 등을 결정하기 곤란하여 부과고지를 요청하는 경우
(5) 수입신고 전 즉시 반출한 물품을 기간 내에 수입신고를 하지 아니하여 관세를 징수하는 경우
(6) 여행자 또는 승무원의 휴대품 및 별송품
(7) 우편물(수입신고해야 하는 우편물은 제외)
(8) 법령의 규정에 의하여 세관장이 관세를 부과, 징수하는 물품
(9) 납세신고가 부적당하다고 인정하여 관세청장이 지정하는 물품

2) 납세고지

세관장이 관세를 징수하려는 경우에는 대통령령으로 정하는 바에 따라 납세의무자에게 납세고지를 하여야 한다.

3) 징수금액의 최저한

세관장은 납부하여야 하는 세액이 1만 원 미만인 때에는 이를 징수하지 아니한다. 이 경우 당해 물품의 수입신고수리일을 그 납부일로 본다.

2. 납부의무의 소멸 등

납세의무 소멸은 납세의무 관계를 일정한 때에 소멸시켜 법 생활을 조기에 안정시키는데 목적이 있다.

1) 납부의무의 소멸

관세, 가산금 또는 체납처분비를 납부하여야 하는 의무는 다음 각 호의 어느 하나에 해당되는 때에는 소멸한다.

(1) 관세를 납부하거나 관세에 충당한 때

(2) 관세부과가 취소된 때

(3) 관세를 부과할 수 있는 기간에 관세가 부과되지 아니하고 그 기간이 만료된 때

(4) 관세징수권의 소멸시효가 완성된 때

2) 과세부과의 제척기간

관세는 해당 관세를 부과할 수 있는 날부터 5년이 지나면 부과할 수 없다. 다만, 부정한 방법으로 관세를 포탈하였거나 환급 또는 감면받은 경우에는 관세를 부과할 수 있는 날부터 10년이 지나면 부과할 수 없다.

(1) 제척기간의 예외

아래의 어느 하나에 해당하는 경우에는 제척기간에도 불구하고 제①호부터 제⑤호까지의 결정·판결이 확정되거나 회신을 받은 날부터 1년, 제⑥호에 따른 경정청구일 및 제⑦호에 따른 결정통지일로부터 2개월이 지나기 전까지는 해당 결정·판결·회신 또는 경정청구에 따라 경정이나 그 밖에 필요한 처분을 할 수 있다.

① 이의신청, 심사청구 또는 심판청구에 대한 결정이 있은 경우

② 감사원법에 따른 심사청구에 대한 결정이 있은 경우

③ 행정소송법에 따른 소송에 대한 판결이 있은 경우

④ 압수물품의 반환결정이 있은 경우

⑤ 원산지증명서를 발급한 국가의 세관이나 그 밖에 발급권한이 있는 기관에게 원산지증명서 및 원산지증명서 확인자료의 진위 여부, 정확성 등의 확인을 요청하여 회신을 받은 경우

⑥ 경정청구가 있는 경우

⑦ 조정 신청에 대한 결정통지가 있는 경우

(2) 제척기간의 기산일

관세부과의 제척기간을 산정할 때 수입신고한 날의 다음날을 관세를 부과할 수 있는 날로 한다. 다만, 아래의 경우에는 해당 호에 규정된 날을 관세를 부과할 수 있는 날로 한다.

① 과세물건 확정시기의 예외적인 경우(제16조제1호 내지 제11호)에 해당하는 때에는 그 사실이 발생한 날의 다음날

② 의무불이행 등의 사유로 감면된 관세를 징수하는 경우에는 그 사유가 발생한 날의 다음 날

③ 보세건설장에 반입된 외국물품의 경우에는 건설공사 완료보고를 한 날과 특허기간 만료일 중 먼저 도래한 날의 다음 날
④ 과다환급 또는 부정환급 등의 사유로 관세를 징수하는 경우에는 환급한 날의 다음날
⑤ 잠정가격을 신고한 후 확정된 가격을 신고한 경우에는 확정된 가격을 신고한 날의 다음 날(다만, 기간 내에 확정된 가격을 신고하지 아니하는 경우에는 해당기간의 만료일의 다음 날)

3) 관세징수권 등의 소멸시효

관세의 징수권은 이를 행사할 수 있는 날부터 5년(단, 5억 원 이상의 관세(내국세를 포함)는 10년) 기간 동안 행사하지 아니하면 소멸시효가 완성된다.

납세자의 과오납금 또는 그 밖의 관세의 환급청구권은 그 권리를 행사할 수 있는 날부터 5년간 행사하지 아니하면 소멸시효가 완성된다.

(1) 관세징수권 소멸시효의 기산일

관세징수권을 행사할 수 있는 날은 아래의 날로 한다.

① 신고납부하는 관세에 있어서는 수입신고가 수리된 날부터 15일이 경과한 날의 다음날. 다만, 월별납부의 경우에는 그 납부기한이 경과한 날의 다음 날로 한다.
② 보정신청에 의하여 납부하는 관세 : 보정신청일의 다음날의 다음날
③ 수정신고와 함께 납부하는 관세 : 수정신고일의 다음날의 다음날
④ 부과고지하는 관세 : 납세고지를 받은 날부터 15일이 경과한 날의 다음날
⑤ 수입신고전 즉시반출신고하고 반출한 물품 : 수입신고한 날부터 15일이 경과한 날의 다음 날
⑥ 기타 법령에 의하여 납세고지하여 부과하는 관세에 있어서는 납부기한을 정한 때에는 그 납부기한이 만료된 날의 다음날

(2) 관세환급청구권 소멸시효 기산일

① 경정으로 인한 환급의 경우에는 경정결정일
② 착오납부 또는 이중납부로 인한 환급의 경우에는 그 납부일
③ 계약과 상이한 물품 등에 대한 환급의 경우에는 당해 물품의 수출신고수리일 또는 보세공장반입신고일

④ 폐기, 멸실, 변질, 또는 손상된 물품에 대한 환급의 경우에는 해당 물품이 폐기, 멸실, 변질 또는 손상된 날

⑤ 종합보세구역에서 물품을 판매하는 자가 법 제199조의 2 및 이 영 제216조의 5 제2항의 규정에 의하여 환급받고자 하는 경우에는 동 규정에 의한 환급에 필요한 서류의 제출일

⑥ 수입신고 또는 입항전 수입신고를 하고 관세를 납부한 후 법 제250조의 규정에 의하여 신고가 취하 또는 각하된 경우에는 신고의 취하일 또는 각하일

⑦ 적법하게 납부한 후 법률의 개정으로 인하여 환급하는 경우에는 그 법률의 시행일

(3) 시효의 중단 및 정지

관세징수권의 소멸시효는 다음 각 호의 어느 하나에 해당하는 사유로 중단된다.

① 납세고지

② 경정처분

③ 납세독촉[(납부최고(納付催告)를 포함한다]

④ 통고처분

⑤ 고빌

⑥ 「특정범죄 가중처벌 등에 관한 법률」 제16조에 따른 공소제기

⑦ 교부청구

⑧ 압류

3. 가산세

납세의무자가 신고납부 또는 납세신고한 세액이 납부하여야 할 세액보다 부족한 경우에는 그 부족한 관세액을 징수하는 때에 가산세를 추가하여 징수한다.

가산세는 불성실의무 위반자에 대한 제재인 동시에 성실신고의무 이행을 촉구하며 조세채권의 실현을 용이하게 하기 위하여 부과되는 행정상의 제재이다.

1) 수정 및 경정(관세법 제38조 3의 제1항, 제6항) 가산세

(1) 과소신고시

해당 부족세액의 100분의 10(부정신고 40%) + 납부지연가산세(부족세액 × 납부기한의 다음 날부터 수정신고일 또는 납세고지일까지의 기간 × 가산세율)

(2) 무신고시

가산세 - 해당세액의 20%(부정신고40%) + 납부지연가산세(부족세액 × 납부기한의 다음날부터 수정신고일 또는 납세고지일까지의 기간 × 가산세율 : 일10만분의 22

(3) 재수출불이행 가산세

해당 물품에 부과될 관세의 20%(단, 500만원을 넘지 않는 범위 내)

(4) 신고지연가산세

반입일로부터 30일 이내 수입신고 또는 반송신고를 하지 않는 경우 부과

- ㅇ 가산세율
  - 신고기한이 경과한 날부터 20일 이내: 과세가격의 0.5%
  - 신고기한이 경과한 날부터 50일 이내: 과세가격의 1%
  - 신고기한이 경과한 날부터 80일 이내: 과세가격의 1.5%
  - 그 밖의 경우: 과세가격의 2%

(5) 여행자, 이사물품 가산세

① 여행자나 승무원 휴대품을 신고하지 아니한 경우 : 납부할 세액(관세 및 내국세 포함)의 40%(반복적으로 자진신고하지 아니한 경우 60%)

② 이사물품을 신고하지 아니한 경우 : 납부할 세액의 20%

(6) 즉시반출미신고 가산세

해당물품에 대한 관세의 20%

(7) 체납세액 가산세

미납부세액의 3% + 납부지연가산세(납부경과일자 × 가산세율(일10만분의 22)

2) 가산세 감면

세관장은 다음 각 호의 어느 하나에 해당하는 경우에는 관세법 제42조 제1항에 따른 가산세액에서 다음 각 호에서 정하는 금액을 감면한다.

(1) 수입신고가 수리되기 전에 관세를 납부한 결과 부족세액이 발생한 경우로서 수입신고가 수리되기 전에 납세의무자가 해당 세액에 대하여 수정신고를 하거나 세관장이 경정하는 경우 : 관세법 제42조제1항제1호 및 제2호의 금액을 합한 금액

(2) 잠정가격신고를 기초로 납세신고를 하고 이에 해당하는 세액을 납부한 경우(납세의무자가 제출한 자료가 사실과 다름이 판명되어 추징의 사유가 발생한 경우는 제외한다) : 관세법 제42조제1항제1호 및 제2호의 금액을 합한 금액

(3) 사전심사의 결과를 통보받은 경우 그 통보일부터 2개월 이내에 통보된 과세가격의 결정방법에 따라 해당 사전심사의 결과를 통보받은 날 전에 신고납부한 세액을 수정신고하는 경우 : 관세법 제42조제1항제1호의 금액

(4) 기획재정부령으로 정하는 물품 중 감면대상 및 감면율을 잘못 적용하여 부족세액이 발생한 경우 : 관세법 제42조제1항제1호의 금액

(5) 수정신고(제38조의2제1항에 따른 보정기간이 지난 날 부터 1년 6개월이 지나기 전에 한 수정신고로 한정한다)를 한 경우에는 다음 각 목의 구분에 따른 금액. 다만, 해당 관세에 대하여 과세표준과 세액을 경정할 것을 미리 알고 수정신고를 한 경우로서 기획재정부령으로 정하는 경우는 제외한다.

가. 제38조의2제1항에 따른 보정기간이 지난 날 부터 6개월 이내에 수정신고한 경우 : 관세법 제42조제1항제1호의 금액의 100분의 20

나. 제38조의2제1항에 따른 보정기간이 지난 날 부터 6개월 초과 1년 6개월 이내에 수정신고한 경우 : 관세법 제42조제1항제1호의 금액의 100분의 10

(6) 국가 또는 지방자치단체가 직접 수입하는 물품 등 대통령령으로 정하는 물품의 경우 : 관세법 제42조제1항제1호 및 제2호의 금액을 합한 금액

(7) 관세심사위원회가 기간 내에 과세전적부심사의 결정·통지를 하지 아니한 경우: 결정·통지가 지연된 기간에 대하여 부과되는 가산세(관세법 제42조제1항제2호 가목에 따른 계산식에 결정·통지가 지연된 기간을 적용하여 계산한 금액에 해당하는 가산세를 말한다) 금액의 100분의 50

(8) 신고납부한 세액의 부족 등에 대하여 납세의무자에게 대통령령으로 정하는 정당한 사유가 있는 경우 : 관세법 제42조 제1항 제1호 및 제2호의 금액을 합한 금액

| 법령 질의 및 회신(관세청. 2018-06-12) |

제목	관세법 가산세 부과의 위법성 질의 검토
질의 요지	(민원) 관세법 가산세 부과의 위법성 질의 검토
상세 내용	납세의무자가 신고납부한 세액이 부족하여 수정신고(법 제38조의3제1항) 및 세관장이 경정시(법 제38조의3제6항). 세관장이 가산세를 징수하는 행위가 대법원 판례에 위배되는지 여부
검토의견	납세의무자는 신고납부제도하에서 과세가격, 과세물건 등 납세신고 사항을 성실히 수입신고하여야 하고, 세법상 가산세는 법에 규정된 납세의무를 위반한 경우에 법이 정하는 바에 따라 부과하는 행정상의 제재이므로 납세의무자가 정당한 이유 없이 납세의무를 위반한 경우 가산세 부과가 가능함. ※ [헌법재판소(2004헌바26)] 신고납세제도를 채택하는 종합소득세의 과소신고에 대하여 가산세를 부과하는 것은 합헌. 다만, 신고납부한 세액의 부족 등에 대하여 납세의무자가 정당한 사유가 있는 경우에는 세관장에게 가산세 면제신청서 제출 가능(시행령 제39조제5항).
회신서 내용	귀하의 민원내용은 "납세의무자가 신고납부한 세액이 부족하여 수정신고 및 세관장이 경정할 경우 세관장이 가산세를 징수하는 행위가 대법원 판례에 위배되는지 여부"로 이해됩니다. 신고납부제도를 채택하고 있는 관세에 있어서 납세의무자는 납세신고 사항을 성실히 수입신고하여야 하고, 세법상 가산세는 법에 규정된 납세의무를 위반한 경우에 법이 정하는 바에 따라 부과하는 행정상의 제재입니다. 따라서, 납세의무자가 정당한 이유 없이 수입신고 당시 신고납부한 세액이 부족한 경우는 납세의무를 위반한 경우에 해당하므로 관세법 제42조제1항에 따른 가산세 부과는 위법하지 않습니다.(헌법재판소 2005.2.24. 2004헌바26 참고). 다만, 관세법 시행령 제39조제5항에 따라 신고납부한 세액의 부족 등에 대하여 납세의무자에게 정당한 사유가 있는 경우에는 세관장에게 가산세 면세신청이 가능함을 알려 드립니다.

Chapter 04 관세평가와 관세감면

제1절 관세평가의 이해

1. 관세평가의 의의

관세를 결정하는 것은 과세가격과 관세율이다. 관세율은 HS 코드에 따라 선택하게 된다. 그러나 과세가격을 결정하는 것은 상당히 기술적인 문제다. 관세법 제15조에 "관세의 과세표준은 수입물품의 가격 또는 수량으로 한다."라고 되어 있다. 과세표준은 과세물건의 가격, 수량, 중량, 용적을 수치화한 것으로 각 세목 세액계산의 기준이 되는데 수입물품의 가격이 과세표준이 되는 경우를 종가세(ad valorem duties)라 하고 수량(중량, 용적 등)이 과세표준이 되는 것을 종량세(specific duties)라 한다.

종량세는 중량이나 길이, 용적에 따라 세액이 정해져 있기 때문에 품질, 산지, 등급, 종류에 구애 없이 동일한 물품에 동일한 세액이 적용된다. 그러나 종가세는 가격에 의해 과세가격이 결정되는 만큼 동일한 물품이라도 매매장소, 시장상황, 거래빈도, 신용도, 결제방식, 인도방식 등에 따라 얼마든지 동일한 물품이 다른 가격으로 거래될 수 있다. 그리고 발송지와 도착지의 선택에 따라서 운임과 부대비용에도 차이가 난다. 이처럼 종가세의 과세표준은 거래과정의 고려요소가 많은 만큼 과세가격을 정하는 문제가 단순하지 않다.

관세의 과세는 형평성 원칙에 따라 동일한 물품에 대해 누구에게나 똑같은 관세를 부과하여야 한다. 그런데 동일한 물품에 대해 구매 장소나 기타 여건에 따라 가격이 영향을 받음으로서 과세가격 결정에 어려움이 발생한다. 전통적으로 국가는 조세수입과 기타 사정을 고려하여 관세를 많이 부과하려는 쪽에 무게를 두어 왔으며 납세자는 가능한 관세부담을 줄이기 위해 과세가격을 적게 신고하려는 경향이 있어 왔다.

이러한 납세자와 과세권자의 상충된 이해관계와 자국의 조세수입과 통상이익을 지키려는 관세당국의 태도는 원활한 국제무역을 저해하는 것이므로 이를 규제하기 위해 국제적으로 과세가격 결정에 대한 통일된 규범과 원칙이 필요하다는 요구에서 만들어진 것이 과세가격 결정의 원칙 즉, 관세평가이다.

2. 관세평가협정

수입물품에 관세를 부과하기 위해서는 먼저 과세가격을 알아야 한다. 과거 각국은 관세를 높게 부과하기 위해 임의적이고 가공적인 과세가격을 채택하여 왔다. 이에 1947년 GATT 제7조에 의해 CIF 위주의 과세가격 결정에 대한 통일적인 규범인 브뤼셀 평가협약을 만들었으나 FOB 주의를 채택해 온 미국, 캐나다 등 주요 선진국이 협약 채택을 거부하였다.

GATT는 CIF와 FOB 가격 중 어느 쪽을 채택할 것인지를 체약국의 선택에 맡기는 방법으로 새로운 평가협정을 추진하여 제7차 다자간 무역협상인 동경라운드에서 GATT 평가협정으로 최종 타결되었으며 1995년 WTO 출범과 더불어 WTO 평가협정으로 편입되었다. GATT 평가협정은 체약국에 한하여 이행의 책임을 지는데 반해 WTO 평가협정은 회원국이 자동적으로 이행의무를 지게 된다.

1) 관세평가의 목적

(1) 저가신고 방지

수입물품의 저가신고를 방지하여 관세탈루를 막고 관세수입을 확보한다.

(2) 고가신고 방지

수입물품의 고가신고로 인해 해외 자본도피를 방지하고 무역거래로 위장한 불법 자금세탁 행위를 방지한다.

(3) 불공정무역 방지

과세가격의 적정성을 도모하여 신고가격 조작으로 시장경제에서의 불공정, 과당경쟁을 방지한다.

(4) 무역의 장애요소 제거

관세평가의 통일로 거래 당사국의 자의적인 해석을 방지하여 국제무역 마찰을 줄이고 자유무역의 장애요소를 제거한다.

3. 과세가격의 결정방법과 적용순위

수입물품의 과세가격은 우리나라에 수출하기 위해 판매된 물품으로서 구매자가 실제로 지급가격을 조정한 거래가격이다. 그러나 이러한 거래가격을 과세가격 결정방법을 채택하기 위해서는 몇 가지 충족해야 할 요건이 있다.

첫째, 우리나라에 수출한 물품인 동시에 판매자가 판매한 물품이어야 한다.

둘째, 가격이 다른 어떤 요인에 의해 영향을 받아 왜곡되거나 인위적으로 조작되지 않아야 한다.

셋째, 구매자가 구매한 물품에 대해 처분 사용에 제한이 없어야 한다.

복잡한 국제거래 관계에서 거래구분과 조건은 얼마든지 다양할 수 있으며 판매자와 구매자간 이루어지는 매매조건들은 때로는 일반적인 상거래와는 다를 수 있다. 이러한 경우 즉, 정상적으로 과세가격을 결정할 수 없는 경우가 발생할 때 과세가격을 어떻게 결정해야 하는 문제가 발생한다.

관세평가 방법은 이러한 문제를 해결하기 위해 6가지 방법을 두고 있으며 각 방법을 적용하는데 일정한 요건을 두고 있다. 과세가격 결정은 제1방법부터 순차적으로 그 적용가능성을 검토하되 요건이 충족하지 못하면 다음 순위의 평가방법을 적용한다. 다만 납세자가 원할 경우 제4방법과 제5방법은 그 순서를 바꾸어 우선 적용할 수 있다. 그리고 제1방법 내지 제5방법으로 과세가격을 결정할 수 없는 경우에는 합리적인 기준에 따라 과세가격을 결정한다.

| 표 4-1 | 과세가격 결정방법과 적용순위

평가명칭	평가방법	적용순위
제1방법	해당물품의 거래가격을 기초로 한 과세가격결정방법	1
제2방법	동종 · 동질물품의 거래가격을 기초로 한 과세가격결정방법	2
제3방법	유사물품의 거래가격을 기초로 한 과세가격결정방법	3
제4방법	국내판매가격을 기초로 한 과세가격결정방법	4
제5방법	산정가격을 기초로 한 과세가격결정방법	5
제6방법	합리적 기준에 의한 과세가격결정방법	6

※ 제4방법과 제5방법은 납세의무자가 요청할 경우 그 순위를 바꾸어 우선 적용할 수 있다.

제2절 과세가격 결정방법

1. 제1평가방법(해당물품의 거래가격을 기초로 한 과세가격 결정방법)

수입물품의 과세가격은 우리나라에 수출하기 위하여 판매되는 물품에 대하여 구매자가 실제로 지급하였거나 지급하여야 할 가격에 가산금액과 공제금액을 조정한 거래가격이다. 이러한 거래가격은 해당물품의 거래가격을 기초로 한 과세가격 결정방법으로 관세평가에서 제1평가방법이라고 한다. 제1방법은 전체 과세가격결정방법 중 90% 이상을 차지할 만큼 가장 보편적인 평가방법인 동시에 납세자가 신고하는 과세가격을 과세관청이 인정하는 가격이기도 하다. 여기서 관세관청이 인정한다는 것은 신고가격으로서 확정한다는 의미가 아니라 관세부과 제척기간까지 새로운 과세요건이 나타나지 않는 한 신고가격이 맞는 것으로 추정한다는 것이다.

그런데 제1방법을 과세가격으로 하기 위해서는 법령에서 정한 요건을 충족하여야 한다. 외국에서 우리나라에 수출하는 가격은 유상일 수도 무상일 수도 있으며 다른 조건의 거래관계가 될 수 있는데 이러한 가격 중 일반적인 상거래에서 발생하는 가격이 아닌 것은 제1방법에서 배제한다는 것이다.

1) 우리나라에 수출하기 위하여 판매되는 물품에서 제외되는 물품

(1) 무상으로 수입하는 물품
(2) 수입 후 경매 등을 통하여 판매가격이 결정되는 위탁판매수입물품
(3) 수출자의 책임으로 국내에서 판매하기 위하여 수입하는 물품
(4) 별개의 독립된 법적 사업체가 아닌 지점 등에서 수입하는 물품
(5) 임대차계약에 따라 수입하는 물품
(6) 무상으로 임차하는 수입물품
(7) 산업쓰레기 등 수출자의 부담으로 국내에서 폐기하기 위하여 수입하는 물품

2) 거래가격 성립요건

(1) 처분·사용에 제한에 대해 다음 각 호의 제한이 없어야 한다.
① 전시용·자선용·교육용 등 당해 물품을 특정용도로 사용하도록 하는 제한
② 당해 물품을 특정인에게만 판매 또는 임대하도록 하는 제한
③ 기타 당해 물품의 가격에 실질적으로 영향을 미치는 제한

그러나 다음 각 호는 거래가격에 영향을 미치지 않는다.

① 우리나라의 법령이나 법령에 의한 처분에 의하여 부과되거나 요구되는 제한
② 수입물품이 판매될 수 있는 지역의 제한
③ 그 밖에 수입가격에 실질적으로 영향을 미치지 아니한다고 세관장이 인정하는 제한

(2) 거래성립, 가격결정에 금액으로 계산할 수 없는 조건·사정에 의하여 영향을 받지 않아야 한다. 그러나 다음 각 호는 금액으로 계산할 수 없는 조건·사정에 의하여 영향을 받은 경우에 포함된다.

① 구매자가 판매자로부터 특정수량의 다른 물품을 구매하는 조건으로 당해 물품의 가격이 결정되는 경우
② 구매자가 판매자에게 판매하는 다른 물품의 가격에 따라 당해 물품의 가격이 결정되는 경우
③ 판매자가 반제품을 구매자에게 공급하고 그 대가로 그 완제품의 일정수량을 받는 조건으로 당해 물품의 가격이 결정되는 경우

(3) 거래된 당해 물품의 처분. 사용에 따른 수익의 일부가 판매자에게 직간접 귀속되지 않아야 한다. 단, 당해 물품의 거래와 전혀 무관하게 이루어지는 경우 또는 구매자가 자기의 비용으로 행하는 판매촉진 활동비는 제외된다.

(4) 구매자와 판매자간에 다음의 특수 관계가 당해 물품의 가격에 영향을 미치지 않아야 한다.

① 구매자와 판매자가 상호 사업상의 임원 또는 관리자인 경우
② 구매자와 판매자가 상호 법률상의 동업자인 경우
③ 구매자와 판매자가 고용관계에 있는 경우
④ 특정인이 구매자 및 판매자의 의결권 있는 주식을 직접 또는 간접으로 5퍼센트 이상 소유하거나 관리하는 경우
⑤ 구매자 및 판매자 중 일방이 상대방에 대하여 법적으로 또는 사실상으로 지시나 통제를 할 수 있는 위치에 있는 등 일방이 상대방을 직접 또는 간접으로 지배하는 경우
⑥ 구매자 및 판매자가 동일한 제3자에 의하여 직접 또는 간접으로 지배를 받는 경우
⑦ 구매자 및 판매자가 동일한 제3자를 직접 또는 간접으로 공동지배하는 경우
⑧ 구매자와 판매자가 친족관계에 있는 경우

3) 실제 지급금액에 포함할 금액

(1) 구매자가 해당 수입물품의 대가와 판매자의 채무를 상계(相計)하는 금액
(2) 구매자가 판매자의 채무를 변제하는 금액
(3) 그 밖의 수입물품의 거래조건으로 간접적으로 지급하는 금액

4) 실제 지급금액에 가산할 금액

(1) 구매자가 부담하는 수수료와 중개료. 다만, 구매수수료는 제외한다.

> 구매수수료란 당해 수입물품을 구매하기 의하여 외국에서 구매자만을 위하여 구매자를 대리하여 행하는 용역, 즉 공급자를 물색하고 구매자의 요구사항을 판매자에게 알려주며 샘플을 수집하고 물품을 검사하며 때로는 보험, 운송, 보관 및 인도 등의 업무를 수행하는 대가로 지급하는 비용을 말한다.

(2) 해당 수입물품과 동일체로 취급되는 용기의 비용과 해당 수입물품의 포장에 드는 노무비와 자재비로서 구매자가 부담하는 비용
(3) 구매자가 해당 수입물품의 생산 및 수출거래를 위하여 대통령령으로 정하는 물품 및 용역을 무료 또는 인하된 가격으로 직접 또는 간접으로 공급한 경우에는 그 물품 및 용역의 가격 또는 인하차액을 해당 수입물품의 총생산량 등 대통령령으로 정하는 요소를 고려하여 적절히 배분한 금액(생산지원비용)
(5) 특허권, 실용신안권, 디자인권, 상표권 및 이와 유사한 권리를 사용하는 대가로 지급하는 것으로서 대통령령으로 정하는 바에 따라 산출된 금액
(6) 해당 수입물품을 수입한 후 전매·처분 또는 사용하여 생긴 수익금액 중 판매자에게 직접 또는 간접으로 귀속되는 금액
(7) 수입항까지의 운임·보험료와 그 밖에 운송과 관련되는 비용으로서 대통령령으로 정하는 바에 따라 결정된 금액. 다만, 기획재정부령으로 정하는 수입물품의 경우에는 이의 전부 또는 일부를 제외할 수 있다.

참고

무료 또는 인하된 가격으로 공급하는 물품 및 용역(생산지원비용)의 범위와 사례

(1) 수입물품에 결합되는 재료·구성요소·부분품 및 그 밖에 이와 비슷한 물품
예1) 우리나라의 구매자가 연필깎이를 수입하면서 플라스틱 손잡이 Grip을 수입지 현지에서 구매하여 공급자에게 공급하는 경우
예2) 우리나라의 구매자가 의류를 수입하면서 당해 수출자에게 Label 및 Hangtag을 국내에서

조달하여 무상으로 제공하는 경우

(2) 수입물품의 생산에 사용되는 공구·금형·다이스 및 그 밖에 이와 비슷한 물품으로서 기획재정부령으로 정하는 것

예) 우리나라의 구매자가 프라스틱 제품을 수입하면서 수입물품 생산에 사용하는 성형기계 및 금형을 무상으로 제공하는 경우

(3) 수입물품의 생산과정에 소비되는 물품

예1) 우리나라의 구매자가 섬유제품을 수입하면서 수입물품 생산에 사용하는 염료를 현지에서 구매하여 제공하는 경우

예2) 우리나라의 구매자가 판매자로부터 배추를 수입하면서 배추의 생산(재배)과정에 사용하도록 배추씨를 무상으로 제공하는 경우

(4) 수입물품의 생산에 필요한 기술·설계·고안·공예 및 디자인. 다만, 우리나라에서 개발된 것은 제외한다.

예) 우리나라의 구매자가 판매자로부터 수영복을 수입하면서 제3국의 유명 Design을 사용 계약한 후 무상으로 제공하는 경우

5) 실제 지급금액에서 공제할 금액

(1) 수입 후에 하는 해당 수입물품의 건설, 설치, 조립, 정비, 유지 또는 해당 수입물품에 관한 기술지원에 필요한 비용

(2) 수입항에 도착한 후 해당 수입물품을 운송하는 데에 필요한 운임·보험료와 그 밖에 운송과 관련되는 비용

(3) 우리나라에서 해당 수입물품에 부과된 관세 등의 세금과 그 밖의 공과금

(4) 연불조건(延拂條件)의 수입인 경우에는 해당 수입물품에 대한 연불이자

| 표 4-2 | 제1방법 정리

과세가격 =	실제지급가격	+ 가산요소	- 공제요소
	o 송품장(invoice) 가격 o 간접지급금액 (별도지급, 채무상계, 채무변제, 기타) o 가격조정약관 소정	o 중개료, 수수료 (구매수수료 제외) o 보상소요비용 o 생산지원비용 o 권리사용료 o 사후귀속이익 o 국제운임, 보험료	o 수입후 설치 등 비용 o 수입국내 운송관련비용 o 관세 등 세금, 공과금 o 연불이자
과세가격 채택요건	o 물품의 처분, 사용에 제한 없을 것 o 조건, 사정에 영향을 받지 않았을 것 o 사후귀속이익이 없을 것 o 특수관계의 영향을 받지 않았을 것		

예제 4-1 다음은 대한상사가 FOB 조건으로 수입한 정밀 기계물품의 거래내역이다. 과세가격은 얼마인가?(환율 1:1,000)

- o Invoice 가격 : $100,000
- o 연불이자 $1,000
- o 구매수수료 : $2,000
- o 특수포장비용 : $2,000
- o 상표권 사용료 : $4,000
- o 구매자가 판매자의 채무를 변제하는 금액 : $30,000
- o 해상보험비용(Insurance expenses) : $2,000
- o 해상운송비용(ocean freight) : $5,000
- o 국내 물품양하비용 : ₩100,000
- o 수입국 관·부가세 : ₩20,000,000
- o 수입 후 국내 내륙운송비 : ₩700,000
- o 수입 후 당해물품의 조립비용 : ₩1,000,000

해설 과세가격 = 실제지급가격 + 가산요소 - 공제요소

1) 실제지급가격 : Invoice 금액 $100,000 + 해상보험비용 $2,000 + 해상운송비용 $5,000
2) 가산요소 : 구매수수료 $2,000 + 특수포장비용 $2,000 + 상표권 사용료 $4,000 + 구매자가 판매자의 채무를 변제하는 금액 $30,000
3) 공제요소 : 연불이자 $1,000 + 국내물품양하비용 ₩100,000 + 수입국 관·부가세 ₩20,000,000 + 수입 후 국내내륙운송비 ₩700,000 + 수입 후 당해물품의 조립비용 ₩1,000,00
4) 과세가격: ₩122,2000,000

2. 제2평가방법(동종·동질물품의 거래가격을 기초로 한 과세가격 결정방법)

제1방법에 따른 방법으로 과세가격을 결정할 수 없는 경우에는 과세가격으로 인정된 사실이 있는 동종·동질물품의 거래가격으로서 아래의 요건을 갖춘 가격을 기초로 하여 과세가격을 결정한다.

1) 동종동질물품 의의

당해 수입물품의 생산국에서 생산된 것으로서 물리적 특성, 품질 및 소비자 등의 평판을 포함한 모든 면에서 동일한 물품(외양에 경미한 차이가 있을 뿐 그 밖의 모든 면에서 동일한 물품을 포함한다)을 말한다.

2) 거래가격 성립요건

(1) 과세가격을 결정하려는 해당 물품의 생산국에서 생산된 것으로서 해당 물품의 선적일(船積日)에 선적되거나 해당 물품의 선적일을 전후하여 가격에 영향을 미치는 시장조건이나 상관행(商慣行)에 변동이 없는 기간 중에 선적되어 우리나라에 수입된 것일 것

(2) 거래 단계, 거래 수량, 운송 거리, 운송 형태 등이 해당 물품과 같아야 하며, 두 물품 간에 차이가 있는 경우에는 그에 따른 가격차이를 조정한 가격일 것

(3) 과세가격으로 인정된 사실이 있는 동종·동질물품의 거래가격이라 하더라도 그 가격의 정확성과 진실성을 의심할만한 합리적인 사유가 있는 경우 그 가격은 과세가격 결정의 기초자료에서 제외한다.

(4) 동종·동질물품의 거래가격이 둘 이상 있는 경우에는 생산자, 거래 시기, 거래 단계, 거래 수량 등 거래내용이 해당 물품과 가장 유사한 것에 해당하는 물품의 가격을 기초로 하고, 거래내용 등이 같은 물품이 둘 이상이 있고 그 가격도 둘 이상이 있는 경우에는 가장 낮은 가격을 기초로 하여 과세가격을 결정한다.

3. 제3평가방법(유사물품의 거래가격을 기초로 한 과세가격 결정방법)

과세가격을 결정할 수 없을 때에는 과세가격으로 인정된 사실이 있는 유사물품의 거래가격으로서 관세법 제31조 제1항 각 호의 요건을 갖춘 가격을 기초로 하여 과세가격을 결정한다.

1) 유사물품의 의의

당해 수입물품의 생산국에서 생산된 것으로서 모든 면에서 동일하지는 아니하지만 동일한 기능을 수행하고 대체사용이 가능할 수 있을 만큼 비슷한 특성과 비슷한 구성요소를 가지고 있는 물품을 말한다.

2) 거래가격 성립요건

(1) 과세가격으로 인정된 사실이 있는 유사물품의 거래가격이라 하더라도 그 가격의 정확성과 진실성을 의심할만한 합리적인 사유가 있는 경우 그 가격은 과세가격 결정의 기초자료에서 제외한다.

(2) 유사물품의 거래가격이 둘 이상이 있는 경우에는 거래내용 등이 해당 물품과 가장 유사한 것에 해당하는 물품의 가격을 기초로 하고, 거래내용 등이 같은 물품

이 둘 이상이 있고 그 가격도 둘 이상이 있는 경우에는 가장 낮은 가격을 기초로 하여 과세가격을 결정한다.

4. 제4평가방법(국내판매가격을 기초로 한 과세가격 결정방법)

제1방법부터 제3방법까지에 규정된 방법으로 과세가격을 결정할 수 없을 때 적용하는 과세가격으로 아래의 (1)의 금액에서 (2), (3), (4)의 금액을 뺀 가격의 과세가격 방법이다.

(1) 해당 물품, 동종·동질물품 또는 유사물품이 수입된 것과 동일한 상태로 해당 물품의 수입신고일 또는 수입신고일과 거의 동시에 특수 관계가 없는 자에게 가장 많은 수량으로 국내에서 판매되는 단위가격을 기초로 하여 산출한 금액

(2) 국내 판매와 관련하여 통상적으로 지급하였거나 지급하여야 할 것으로 합의된 수수료 또는 동종·동류의 수입물품이 국내에서 판매되는 때에 통상적으로 부가되는 이윤 및 일반 경비에 해당하는 금액

(3) 수입항에 도착한 후 국내에서 발생한 통상의 운임·보험료와 그 밖의 관련 비용

(4) 해당 물품의 수입 및 국내 판매와 관련하여 납부하였거나 납부하여야 하는 조세와 그 밖의 공과금

예제 4-2 대한상사가 중국에서 수입한 냉동 생선에 대하여 거래가격 요건을 갖추지 못하여 제1평가방법을 적용할 수 없다. 동종·동질물품 및 유사물품의 수입실적도 없는 경우에 제4평가방법을 적용하고자 한다. 다음 자료를 참고하여 제4평가방법에 의한 과세가격을 산출하라.(수입수량 4,000개)

o 판매실적(단, 수입 및 국내 판매 시에 부가가치세는 면제된다)

단 가	판매수량
2,000원	2,000마리
2,100원	500마리
2,200원	1,000마리
2,300원	500마리

o 이윤 및 일반경비 : 10%

o 수입통관 시 소요되는 비용(하역비, 국내운송료) : 200,000원

o 관세율 : 25%

해설 1. 과세가격 평가의 기초금액 : 2,000원/마리 × 4,000마리 = 8,000,000원
2. 이윤 및 일반경비 : 8,000,000 × 0.1 = 800,000원
3. 수입항 도착 후 비용 : 200,000원
∴ 1 - (2 + 3) = 8,000,000원 - (800,000원 + 200,000원) = 7,000,000원

7,000,000원에는 수입 시 납부한 관세가 포함되어 있으므로 관세율 25%로 역산하면
7,000,000원 = 과세가격 × (1 + 0.25)
과세가격 5,6000,000원

5. 제5평가방법(산정가격을 기초로 한 과세가격 결정방법)

제1방법부터 제4방법까지에 규정된 방법으로 과세가격을 결정할 수 없을 때에는 아래의 금액을 합한 가격을 기초로 하여 과세가격을 결정한다.

(1) 해당 물품의 생산에 사용된 원자재 비용 및 조립이나 그 밖의 가공에 드는 비용 또는 그 가격
(2) 수출국 내에서 해당 물품과 동종·동류의 물품의 생산자가 우리나라에 수출하기 위하여 판매할 때 통상적으로 반영하는 이윤 및 일반 경비에 해당하는 금액
(3) 해당 물품의 수입항까지의 운임·보험료와 그 밖에 운송과 관련된 비용으로서 제30조 제1항 제6호에 따라 결정된 금액

6. 제6평가방법(합리적 기준에 의한 과세가격 결정방법)

제1방법부터 제5방법까지에 규정된 방법으로 과세가격을 결정할 수 없을 때에는 합리적인 기준에 따라 과세가격을 결정한다.

합리적인 방법으로 과세가격을 결정할 수 없을 때에는 국제거래시세·산지조사가격을 조정한 가격을 적용하는 방법 등 거래의 실질 및 관행에 비추어 합리적으로 인정되는 방법에 따라 과세가격을 결정한다.

1) 합리적 기준에 의한 과세가격 결정방법

(1) 제2, 3방법 적용시의 생산국, 선적국, 선적시기 등에 관한 요건을 신축적으로 해석·적용하는 방법
(2) 제4방법 적용시 수입된 것과 동일한 상태로 판매되어야 한다는 요건을 신축적으로 해석 적용하는 방법

(3) 제4·5방법에 의하여 과세가격으로 인정된 바 있는 동종·동질물품 또는 유사물품의 과세가격을 기초로 과세가격을 결정하는 방법
(4) 제4방법에서 수입신고일부터 90일 이내에 국내 판매되어야 한다는 요건의 적용배제
(5) 그 밖에 거래의 실질 및 관행에 비추어 합리적이라고 인정되는 방법

2) 적용배제

(1) 우리나라에서 생산된 물품의 국내 판매가격
(2) 선택 가능한 가격 중 반드시 높은 가격을 과세가격으로 하여야 한다는 기준에 따라 결정하는 가격
(3) 수출국의 국내 판매가격
(4) 동종·동질물품 또는 유사물품에 대하여 법 제34조의 규정에 의한 방법 외의 방법으로 생산비용을 기초로 하여 결정된 가격
(5) 우리나라 외의 국가에 수출하는 물품의 가격
(6) 특정 수입물품에 대하여 미리 설정하여 둔 최저 과세 기준가격
(7) 자의적 또는 가공적인 가격

| 표 4-3 | B/L상 운송관련비용 내역 및 과세 여부

종류	표 시	내 용	평가
해상운임	O.F(Ocean Freight) BF(Basic Freight)		과세
내륙운임	ARB(Arbitrary Charge) ONC(On-Carrige) FSC(Feeder Service Charge) O/F IHC(Ocean Freight Inland Haulage Charge) FOB Charge(EXW조건 수출국비용) Inland FRT(EXW조건 수출국비용)	국외발생 내륙운송료 도착 후 발생 내륙운송료	과세 비과세
선적항부두사용료	PSC(Port Service Charge)	국외발생 부두사용료	과세
부두사용료	WFG(Wharfage) W/F	선사가 도착지 항구에 대신하여 납부하는 것	비과세
선적항장비사용료	LOO(Lift on-off Charge) LFT(Lift Charge)	선적항에서의 장비사용료	과세

종류	표 시	내 용	평가
도착물터미널사용료	DDC(Destination Dock Charge)	도착후 발생 사용료	비과세
터미널화물조작료	THC(Terminal Handling Charge)	국외발생 화물조작료(OTH) 도착 후 발생 화물조작료(DTH)	과세 비과세
통화할증료	CAF(Currancy Adjustment Factor)	항해중 환율변동에 따른 손실에 대한 보전비용	과세
유류할증료	FAF(Fuel Adjustment Factor) BAF(Banker Adjustment Factor)	항해중 유가변동에 따른 손실에 대한 보전비용	과세
해외발생금융비용	Banking Charge	판매자의 이익을 위하여 해외에서 발생한 금융비용을 구매자가 지불한 간접지급금액	과세
착지불수수료	Frcight Collcction Charge C/C Charge CCF(Charge Collect Fee)	후불운임이 수취라는 서비스 대가로 지급되는 비용으로 운임 및 운송관련비용에 속하지 않음	비과세
서류작성료	DOC(Documentation Charge) DCF(Document Fee)	선사가 화주에게 제공하는 Document 비용을 보전키 위한 것	비과세
화물하역료	CFS	국외발생 화물 하역료 도착 후 발생 화물 하역료	과세 비과세

제 3 절 관세감면

1. 관세감면 의의

수입물품에는 관세를 부과하는 것이 원칙이다. 그러나 국가가 특정한 정책목적을 달성하기 위하여 무조건 또는 일정 조건하에서 세액을 경감하거나 세액 전액을 면제하는데 이를 관세의 감면이라고 한다. 관세 감면의 사유는 국제협약에 의하거나 관세의 특성에 따른 소비지과세에 의해 국내에서 사용하지 않거나 산업정책적 지원 또는 종교나 교육·연구·장애인 지원·사회복지 등 다양하다. 관세의 감면 중 납부하여야 할 세액을 경감하는 것을 감세라 하고 납부하여야 할 관세의 전부를 면제하는 것을 면세라고 한다.

무세는 관세율표상 세율이 영인 것으로서 처음부터 관세를 부과하지 않는 반면 면세는 관세율표상의 세율이 정해져 있지만 특정한 경우에 관세의 부과를 면제해 주는 것이다. 특정물품에 대해 감면을 허용함에 있어 감세로 할 것인가 면세로 할 것인가는 정책적으로 결정할 사항이며 감면율에 차등을 두거나 일정기간에 따라 감면규정이 달라지는 경우도 있다.

1) 관세감면 요건

관세의 대상은 수입물품이며 수입물품에는 관세가 부과된다. 감면은 관세가 부과되는 물품에 대해 법률이 정하는 바에 따라 감면이 이루어진다. 따라서 감면을 받기 위해서는 몇 가지 요건이 충족되어야 한다.

(1) 당해 물품이 감면대상 물품이어야 한다.

종교·자선, 장애인용품 면세나 환경오염 방지물품 감면세처럼 엄격히 수입물품의 용도와 규격에 따라 감면 대상물품을 구분하고 있거나 외교관 면세, 여행자 휴대품, 이사화물처럼 인(人)에 대해 면세자격을 허용하고 있지만 특정물품에 대해서는 아예 면세를 허용하지 않는 경우도 있다.

(2) 감면을 받을 수 있는 감면 적격이 있는 자가 신청하여야 한다.

당해 물품이 감면대상이라고 하여 누구에게나 감면을 허용하고 있는 것은 아니다. 산업기술연구, 개발용품으로 관세감면을 받기 위해서는 기업부설연구소 또는 연구개발전담부서를 설치하고 있는 기업이나 산업기술연구조합이 해당 물품을 수입하여야 한다.

(3) 감면 신청시기를 준수하여야 한다.

관세감면은 납세의무를 경감하거나 면제하는 것이므로 조세법률주의가 엄격하게 적용된다. 감면을 받기 위해서는 반드시 정해진 기간 내에 감면신청을 하여야 하며 그렇지 않을 경우 감면을 받을 수 없다.

(4) 조건부 감면의 경우 의무사항 준수

조건부 감면인 경우 통관 이후 일정 기간 동안 설치장소 변경 및 타용도 전용 금지 의무를 준수하여야 한다.

2) 관세감면의 구분

(1) 무조건 감면세

감면요건을 갖춘 수입이 이루어지면 조건 없이 감면세가 이루어지고 수입 후 감면물품의 양수도, 감면용도 이외의 사용 등에 대하여 원칙적으로 추징이나 세관의 관리감독을 받지 아니한다.

무조건 감면세에는 외교관용 물품 등의 면세(양수 제한품목 제외), 정부용품 등의 면세, 소액물품 등의 면세, 여행자 휴대품·이사물품 등의 면세, 재수입면세, 손상감세, 해외 임가공품 등의 감세가 있다.

(2) 조건부 감면세

감면요건을 갖춘 수입에 대하여 일정한 조건을 붙여 관세를 감면하고 조건이 지켜지지 아니할 경우 감면한 관세를 징수하고, 조건 이행 여부에 대하여 원칙적으로 일정기간 동안 세관의 관리감독(사후관리)을 받는다.

조건부 감면세는 세율 불균형 물품의 감면세, 학술연구용품의 감면세, 종교용품·자선용품·장애인용품 등의 면세, 특정물품의 면세, 환경오염 방지물품 등에 대한 감면세, 수출용원자재 등의 감면세, 방위산업 감면세가 있다.

3) 관세감면의 적용

(1) 감면신청시기

① 당해 수입물품의 수입신고 수리 전에 하여야 한다.

② 과세표준, 세율, 관세의 감면세에 관한 규정의 적용착오, 기타 사유로 이미 징수한 금액에 부족이 있어 세관장이 부과 징수하는 경우 납부 고지를 받은 날로부터 5일 이내 신청

③ 그 밖에 수입신고 수리 전까지 감면신청서를 제출하지 못한 경우 : 해당 수입신고 수리 일부터 15일 이내(해당 물품이 보세구역에서 반출되지 아니한 경우로 한정한다)

(2) 담보제공

① 관세청장이 정하는 바에 따라 이 법이나 그 밖의 법령·조약·협정 등에 따라 관세를 감면받거나 분할납부를 승인받은 물품에 대하여 그 물품을 수입할 때에 감면받거나 분할납부하는 관세액(가산세는 제외)에 상당하는 담보를 제공하게 할 수 있다.

② 현행 무조건 면세는 원칙적으로 담보를 제공할 필요가 없고 조건부 면세인 경우에도 재수출 면세, 재수출 감면세 물품과 분할납부 승인대상에 대하여 성질, 종

류, 채권확보 가능성 등의 기준에 의거 담보제공

(3) 관세경감률의 산정기준

① 관세의 경감에 있어서 경감률의 산정은 실제로 적용되는 관세율을 기초로 한다.
② 다만, 일부 탄력세율(덤핑방지관세, 상계관세, 보복관세, 긴급관세, 농림축산물에 대한 특별긴급관세)은 면제되는 관세의 범위에 포함하지 아니한다.

참고

【판시사항】

수입물품이 관세법 제34조 제1호 소정의 재수입면세 대상물품에 해당할 경우, 수입자의 면세신청이 있어야만 면세조치할 수 있는지 여부

【판결내용】

관세법 제34조 제1호는 가공 또는 수리할 목적으로 수출한 후 1년 내에 다시 수입하는 물품은 대통령령이 정하는 바에 의하여 그 관세를 면세할 수 있다. 다만, 가공수리분에 대한 관세는 제외한다고 규정하고, 같은 법 시행령 제16조 제1항은 법 기타 관세에 관한 법률 또는 조약에 의하여 관세의 감면을 받고자 하는 자는 당해 물품의 수입면허전에 다음 각 호의 사항을 기재한 신청서를 세관장에게 제출하여야 한다. 다만, 관세청장이 정하는 경우에는 감면신청을 간이한 방법으로 하게 할 수 있다고 규정하며, 같은 법 시행규칙 제29조 제1항은 법 제34조 제1호의 규정에 의하여 관세의 면제를 받고자 하는 자는 영 제16조 제1항 각호의 사항 이외에 수출국 및 적출지와 면제를 받고자 하는 관세액을 기재한 신청서에 가공인 또는 수리인이 발급한 가공 또는 수리사실을 증명하는 서류와 당해 물품의 수출면장 또는 이에 갈음할 서류를 첨부하여 세관장에게 제출하여야 한다고 규정하고 있는바, 재수입면세에 관련된 위 각 규정의 취지를 종합하면, 수입물품이 관세법 제34조 제1호 소정의 재수입면세 대상물품에 해당한다 하더라도 과세관청으로서는 위 물품의 수입에 관한 관세의 면세신청에 따라 면세조치를 할 수 있는 것이고, 면세신청이 없는 경우에도 그 같은 조치를 하여야 하는 것은 아니다.

기록에 의하면 원고는 가공물품인 이 사건 축제용 램프세트(LAMP SET)를 중국으로부터 수입함에 있어 관세법 제34조 제1호의 취지에 따라 원자재가액을 제외한 임가공비만을 과세가격으로 신고하였다는 주장을 하였을 뿐 위 물품에 대한 같은 조 소정의 관세의 면세신청을 하였다는 점에 관한 아무런 주장이나 증거를 찾아 볼 수 없으므로 원심이 소론과 같은 재수입면세에 관한 심리, 판단을 하지 아니하였다 하더라도 거기에 재수입면세에 관한 법리를 오해하거나 심리를 미진한 위법이 있다고 할 수 없다. 상고이유의 주장은 이유 없다.

출처 : 대법원 1995.09.15. 선고 95누6748

2. 관세감면 종류별 내용

1) 외교관용물품 등의 면세(법 제88조)

외교관용물품 등의 면세라 함은 외교기관 및 외교사절의 업무용품과 자용품 및 이들 기족이 사용하는 물품을 수입할 때에 관세를 면제하는 것을 말한다.

외교기관과 그 직원, 가족의 업무용품과 자용품에 대한 면세제도의 취지는 국가 간 우호증진과 정상적인 업무수행에 따른 지원성격이 강하며 외교관계에 관한 비엔나 협약에 의해 국제적으로 외교관용품 등의 면세가 적용되도록 규정하고 있다.

(1) 면세대상

① 우리나라에 있는 외국의 대사관·공사관 기타 이에 준하는 기관의 업무용품
② 우리나라에 주재하는 외국의 대사·공사 기타 이에 준하는 사절 및 그 가족이 사용하는 물품
③ 우리나라에 있는 외국의 영사관 기타 이에 준하는 기관의 업무용품
④ 우리나라에 있는 외국의 대사관·공사관·영사관 기타 이에 준하는 기관의 직원 중 대통령령이 정하는 직원과 그 가족이 사용하는 물품
⑤ 정부와의 사업계약을 수행하기 위하여 외국 계약자가 계약조건에 따라 수입하는 업무용품
⑥ 국제기구 또는 외국정부로부터 정부에 파견된 고문관·기술단원 기타 기획재정부령이 정하는 자가 사용하는 물품

(2) 양수제한

① 대상 : 자동차(자동삼륜차, 자동이륜차 포함), 선박, 피아노, 전자오르간과 파이프오르간, 엽총
② 기간 : 수입신고 수리일부터 3년 범위 안에서 관세청장이 정하는 기간 내 무단으로 양수할 수 없다.

(3) 면세절차

외교공관의 업무용품, 외교사절 및 그 가족이 사용하는 물품에 대하여는 다른 면세의 경우와는 달리 관세청장이 정한 간이통관요령에 따라 면세신청서는 제출할 필요 없이 수입신고 시에 신분을 증명하는 증명서를 세관장에게 제출하면 되고, 현품검사도 생략된다.

2) 세율 불균형 물품에 대한 면세(법 제89조)

일반적으로 완성품은 관세가 높고 원재료는 관세가 낮다. 그러나 일부 품목의 경우 이와는 반대로 원재료가 관세가 높고 완제품은 오히려 관세가 낮은 경우가 있다. 이러한 역관세 구조를 해소하기 위하여 적용되는 면세규정이다.

(1) 면세대상

① 항공기(부분품을 포함)

② 반도체 제조용 장비(부속기기를 포함)

(2) 지정공장제도

① 원재료의 감면세를 받고 수입통관한 물품을 지정된 용도에 사용하도록 제조·수리공장을 지정하여 그 공장에만 반입하여 제조·수리하도록 하는 제도이다.

② 항공기의 수리가 일시적으로 행하여지는 공항내의 특정지역이 감시·단속에 지장이 없고, 세율불균형 물품의 감면세 관리업무의 효율화를 위하여 필요하다고 인정되는 경우에는 당해 특정지역을 제조·수리공장으로 지정할 수 있다.

3) 학술연구용품 감면세(법 제90조)

학술연구용품 감면에는 우리나라의 교육, 학술의 진흥, 연구개발의 촉진과 문화과학기술의 진흥을 위한 국가정책상의 목적에서 학술연구용품, 교육용품, 실험실습용품 등에 대하여 교육, 훈련, 실험실습, 연구개발 등에 사용할 것을 조건으로 감면할 것을 규정하고 있다. 학술의 진흥과 교육의 발전은 우리나라의 문화적 수준을 향상시킬 뿐만 아니라 국제경쟁력 증진, 세계 평화의 유지에 기여하는 것이다.

(1) 감면대상물품

① 국가기관, 지방자치단체 및 기획재정부령으로 정하는 기관에서 사용할 학술연구용품·교육용품 및 실험실습용품으로서 기획재정부령으로 정하는 물품

② 학교, 공공의료기관, 공공직업훈련원, 박물관, 그 밖에 이에 준하는 기획재정부령으로 정하는 기관에서 학술연구용·교육용·훈련용·실험실습용 및 과학기술연구용으로 사용할 물품 중 기획재정부령으로 정하는 물품

③ (2)의 기관에서 사용할 학술연구용품·교육용품·훈련용품·실험실습용품 및 과학기술연구용품으로서 외국으로부터 기증되는 물품. 다만, 기획재정부령으로 정하는 물품은 제외한다.

④ 기획재정부령으로 정하는 자가 산업기술의 연구개발에 사용하기 위하여 수입하는 물품으로서 기획재정부령으로 정하는 물품

(2) 관세 감면신청

감면신청은 수입신고 수리 전까지 하여야 하며 감면대상 물품 중 국내에서 제작하기

곤란한 경우에는 국내제작 곤란확인서, 기업부설연구소용 감면물품인 경우에는 과학기술정보통신부 장관의 확인서, 외국으로부터 기증되는 물품인 경우에는 당해 기증사실을 증명하는 서류 등을 감면신청서에 첨부하여야 한다.

실무에서 학술연구용품 감면 신청 시 자주 발생하는 오류는 감면신청자격 요건에 해당하지 아니한 자가 감면신청하거나 연구개발용으로 도입한 장비를 병원에 의료용으로 사용하거나, 시약류 등을 대량으로 수입하여 생산 현장에 투입하거나 같은 시료를 반복하여 과다 수입한 후 타 용도로 사용하거나, 기획재정부령이 정하는 감면대상물품이 아닌 물품, 또는 감면율을 착오로 잘못 적용하거나 감면대상기관을 잘못 적용하여 수입신고 수리 후 세관의 사후 심사에서 감면신청 오류로 추징되는 사례가 자주 있는 만큼 학술 연구용품 감면 신청 시 특히 유의할 필요가 있다.

4) 종교용품·자선용품·장애인용품 등의 면세(법 제91조)

인간의 존엄성을 위한 종교의식용품이나 자선, 구호목적, 국제평화 봉사활동 및 국제친선을 위해 기증되는 물품, 장애인 복지를 위해 수입되는 물품 등에 대한 국가의 지원을 실현하는 것이다.

장애인용품의 면세는 장애인을 위하여 특수하게 제작, 제조된 물품에 한하여 감면규정이 적용된다. 국내에서 제작이 가능한 경우 국내제조업체 보호를 위하여 관세감면대상에서 제외한다. 특히 장애인복지시설 등의 의료용구는 장애인 복지시설이 수입하거나 장애인의 재활의료를 목적으로 국가·지방자치단체 또는 사회복지법인이 운영하는 재활 병·의원이 수입하여야 한다. 사회복지법인이 운영하는 병원이 아닌 일반 병의원이 수입하는 장비를 장애인치료용이라 하여 감면받는 경우 감면에 해당하지 않는다.

(1) 감면대상물품

① 교회, 사원 등 종교단체의 예배용품과 식전용품(式典用品)으로서 외국으로부터 기증되는 물품. 다만, 기획재정부령으로 정하는 물품은 제외한다.

② 자선 또는 구호의 목적으로 기증되는 물품 및 기획재정부령으로 정하는 자선시설·구호시설 또는 사회복지시설에 기증되는 물품으로서 해당 용도로 직접 사용하는 물품. 다만, 기획재정부령으로 정하는 물품은 제외한다.

③ 국제적십자사·외국적십자사 및 기획재정부령으로 정하는 국제기구가 국제평화 봉사활동 또는 국제친선 활동을 위하여 기증하는 물품

④ 시각장애인, 청각장애인, 언어장애인, 지체장애인, 만성신부전증환자, 희귀난치성

질환자 등을 위한 용도로 특수하게 제작되거나 제조된 물품 중 기획재정부령으로 정하는 물품

⑤ 「장애인복지법」 제58조에 따른 장애인 복지시설 및 장애인의 재활의료를 목적으로 국가·지방자치단체 또는 사회복지법인이 운영하는 재활 병원·의원에서 장애인을 진단하고 치료하기 위하여 사용하는 의료용구

(2) 감면신청 절차

해당 기증사실을 증명하는 서류와 기증목적에 관하여 문화체육관광부장관의 확인을 받아 제출하여야 하며 면세신청서는 생략할 수 있다.

5) 정부용품 등의 면세(법 제92조)

국가기관 또는 지방자치단체에 기증되는 물품, 정부가 수입하는 군수품 등에 대한 관세감면을 규정하고 있다. 국가와 지방자치단체는 조세를 징수하는 주체이지만 이들도 일반적인 경우 관세를 납부하여야 수입물품의 사용이 가능하다.

그러나 정부에 무상기증하는 물품은 면세가능하다. 이 경우에도 정부 또는 지방자치단체가 직접 수입신고하는 경우가 아니면 감면이 불가하다. 정부에 납품계약서를 가지고 군수품이라 하여 면세 받는 경우에는 위탁사실확인서를 제출하여야 하며 군수품을 실제 용도대로 사용하였는지 여부를 확인하여야 한다.

(1) 감면대상물품

① 국가기관이나 지방자치단체에 기증된 물품으로서 공용으로 사용하는 물품. 다만, 기획재정부령으로 정하는 물품은 제외한다.

② 정부가 외국으로부터 수입하는 군수품(정부의 위탁을 받아 정부 외의 자가 수입하는 경우를 포함한다). 다만, 기획재정부령으로 정하는 물품은 제외한다. 국가원수의 경호용으로 사용하는 물품.

③ 외국에 주둔하는 국군이나 재외공관으로부터 반환된 공용품

④ 과학기술정보통신부장관이 국가의 안전보장을 위하여 긴요하다고 인정하여 수입하는 비상통신용 물품 및 전파관리용 물품

⑤ 정부가 직접 수입하는 간행물, 음반, 녹음된 테이프, 녹화된 슬라이드, 촬영된 필름, 그 밖에 이와 유사한 물품 및 자료

⑥ 국가나 지방자치단체(이들이 설립하였거나 출연 또는 출자한 법인을 포함한다)가 환경오염(소음 및 진동을 포함한다)을 측정하거나 분석하기 위하여 수입하는 기

계·기구 중 기획재정부령으로 정하는 물품

⑦ 상수도 수질을 측정하거나 이를 보전·향상하기 위하여 국가나 지방자치단체(이들이 설립하였거나 출연 또는 출자한 법인을 포함한다)가 수입하는 물품으로서 기획재정부령으로 정하는 물품

⑧ 국가정보원장 또는 그 위임을 받은 자가 국가의 안전보장 목적의 수행 상 긴요하다고 인정하여 수입하는 물품

6) 특정물품의 면세(법 제93조)

특정물품의 면세는 정치외교, 사회 문화, 산업정책 등 다양한 정책목적을 위하여 행하는 수입물품에 대한 관세감면 중 다른 곳에서 따로 규정하지 아니한 것들을 모두 모아 규정하고 있다.

특정물품의 면세 신청 시 자수 발생되는 오류는 박람회에 참가하는 물품에 내하여 주무부처의 장의 확인을 받지 않거나, 항공기의 발착·안전에 필요한 기계·기구가 아닌 일반용품을 감면받는 경우, 외국의 영해에서 채집 또는 포획한 것인 아닌 구입한 어획물을 채집 또는 포획한 것으로 하여 면세 받는 경우, 합작양식 생산하였음에도 면세 신청하는 경우 등이 있으며, 또한 박람회의 실시일자·장소 및 주무부장관의 확인여부, 당해물품의 현재 설치위치, 항공기 발착·안전에 필요한 물품인지와 회사의 송금 품의서를 포함하여 회계장부를 실제 확인하는 등 실제 구매 여부를 세관 심사 시 확인하므로 유의할 필요가 있다.

(1) 감면대상물품

① 동식물의 번식·양식 및 종자개량을 위한 물품 중 기획재정부령으로 정하는 물품

② 박람회, 국제경기대회, 그 밖에 이에 준하는 행사 중 기획재정부령으로 정하는 행사에 사용하기 위하여 그 행사에 참가하는 자가 수입하는 물품 중 기획재정부령으로 정하는 물품

③ 핵사고 또는 방사능 긴급사태 시 그 복구지원과 구호를 목적으로 외국으로부터 기증되는 물품으로서 기획재정부령으로 정하는 물품

④ 우리나라 선박이 외국 정부의 허가를 받아 외국의 영해에서 채집하거나 포획한 수산물(이를 원료로 하여 우리나라 선박에서 제조하거나 가공한 것을 포함한다. 이하 이 조에서 같다)

⑤ 우리나라 선박이 외국의 선박과 협력하여 기획재정부령으로 정하는 방법으로 채

집하거나 포획한 수산물로서 해양수산부장관이 추천하는 것

⑥ 해양수산부장관의 허가를 받은 자가 기획재정부령으로 정하는 요건에 적합하게 외국인과 합작하여 채집하거나 포획한 수산물 중 해양수산부장관이 기획재정부장관과 협의하여 추천하는 것

⑦ 우리나라 선박 등이 채집하거나 포획한 수산물과 제5호 및 제6호에 따른 수산물의 포장에 사용된 물품으로서 재사용이 불가능한 것 중 기획재정부령으로 정하는 물품

⑧ 「중소기업기본법」 제2조에 따른 중소기업이 해외구매자의 주문에 따라 제작한 기계·기구가 해당 구매자가 요구한 규격 및 성능에 일치하는지를 확인하기 위하여 하는 시험생산에 필요한 원재료로서 기획재정부령으로 정하는 요건에 적합한 물품

⑨ 우리나라를 방문하는 외국의 원수와 그 가족 및 수행원의 물품

⑩ 우리나라의 선박이나 그 밖의 운송수단이 조난으로 인하여 해체된 경우 그 해체재 및 장비

⑪ 우리나라와 외국 간에 건설될 교량, 통신시설, 해저통로, 그 밖에 이에 준하는 시설의 건설 또는 수리에 필요한 물품

⑫ 우리나라 수출물품의 품질, 규격, 안전도 등이 수입국의 권한 있는 기관이 정하는 조건에 적합한 것임을 표시하는 수출물품에 부착하는 증표로서 기획재정부령으로 정하는 물품

⑬ 우리나라의 선박이나 항공기가 해외에서 사고로 발생한 피해를 복구하기 위하여 외국의 보험회사 또는 외국의 가해자의 부담으로 하는 수리 부분에 해당하는 물품

⑭ 우리나라의 선박이나 항공기가 매매계약상의 하자보수 보증기간 중에 외국에서 발생한 고장에 대하여 외국의 매도인의 부담으로 하는 수리 부분에 해당하는 물품

⑮ 국제올림픽·장애인올림픽·농아인올림픽 및 아시아운동경기·장애인 아시아운동경기 종목에 해당하는 운동용구(부분품을 포함한다)로서 기획재정부령으로 정하는 물품

⑯ 국립묘지의 건설·유지 또는 장식을 위한 자재와 국립묘지에 안장되는 자의 관·유골함 및 장례용 물품

⑰ 피상속인이 사망하여 국내에 주소를 둔 자에게 상속되는 피상속인의 신변용품

⑱ 보석의 원석(原石) 및 나석(裸石)으로서 기획재정부령으로 정하는 것

7) 소액물품 등의 면세(법 제94조)

소액물품 면세는 국내산업이나 재정수입에 미치는 영향이 미미한 정도의 개인간 거래에 대하여 면세규정을 적용하는 것이다. 이 경우에는 자가 사용이라는 규정이 엄격히 적용된다.

현재 소액면세 범위는 150불(한미 FTA 200불)이며 특히 전자상거래를 통한 특송물품 통관에 주로 많이 이용되고 있다. 또한 견본으로서 250불 이하의 물품에 대하여는 무역 촉진 활성화를 위해 면세규정을 적용하고 있다.

(1) 감면대상물품

다음 각 호의 어느 하나에 해당하는 물품이 수입될 때에는 그 관세를 면제할 수 있다.

① 우리나라의 거주자에게 수여된 훈장·기장(紀章) 또는 이에 준하는 표창장 및 상패
② 기록문서 또는 그 밖의 서류
③ 상용견품(商用見品) 또는 광고용품으로서 기획재정부령으로 정하는 물품
④ 우리나라 거주자가 받는 소액물품으로서 기획재정부령으로 정하는 물품

8) 환경오염방지 물품 등에 대한 감면세(법 제95조)

환경오염방지물품 등에 대한 감면세는 이전에는 특정물품감면세에 해당하던 것이었으나 환경에 대한 중요성과 감면율 등에 따른 차이 등을 고려하여 1993년에 신설하여 운영되고 있다. 조항의 각호마다 입법취지가 서로 다른 특징이 있으나 주된 내용은 환경오염 방지를 위해 국내에서 제작이 곤란한 오염물질의 배출장치, 폐기물처리 장치, 공장자동화 촉진, 방위산업육성을 위한 관세감면 등을 규정하고 있다.

(1) 감면대상물품

① 오염물질(소음 및 진동을 포함한다)의 배출 방지 또는 처리를 위하여 사용하는 기계·기구·시설·장비로서 기획재정부령으로 정하는 것
② 폐기물 처리(재활용을 포함한다)를 위하여 사용하는 기계·기구로서 기획재정부령으로 정하는 것
③ 기계·전자기술 또는 정보처리기술을 응용한 공장 자동화 기계·기구·설비(그 구성기기를 포함한다) 및 그 핵심부분품으로서 기획재정부령으로 정하는 것

참고

감면 신청 오류 사례

□ **신고 내용**

(주)○○화학은 LASER WELDING MACHINE(용접기) 2대를 수입하면서 공장자동화감면 신청하였으며 용접기 1대는 2차 전지 제조용으로서 Top Cap과 캔을 용접하는 장비이며, 다른 1대는 Tab을 Top Cap에 용접하는 기계임.

□ **감면조건**

2차전지 제조용으로서 탭(Tab), 캔(Can) 및 원부자재를 용접하기 위한 저항용접기 또는 레이저용 접기

□ **감면 오류**

신고인은 탭(Tab)과 원부자재, 캔(Can)과 원부자재를 용접하는 기계는 각각 감면규격에 해당한다고 위 규격을 해석하였으나 위 규격에서 "및"은 나열된 모든 조건을 충족하여야 함.

즉, 탭(Tab), 캔(Can) 그리고원부자재를 모두를 용접하기 위한 저항용 접기 또는 레이저용접기가 감면 대상임.

□ **조치사항**

조건 불충족으로 해당 건에 대하여 감면 불허

9) 여행자휴대품·이사물품 등의 면세(법 제96조)

우리나라와 외국 간을 왕래하는 여행자 등에 대하여 휴대품 또는 사용용품, 직업용품 및 해외 거주자의 국내 거주이전에 대한 이사물품 등에 대한 면세규정이다.

여행자가 휴대품 또는 별송품(아래 감면대상물품 중 ①은 제외)을 기획재정부령으로 정하는 방법으로 자진신고하는 경우에는 20만원을 넘지 아니하는 범위에서 해당 물품에 부과될 관세의 100분의 30에 상당하는 금액을 경감할 수 있다.

(1) 감면대상물품

① 여행자의 휴대품 또는 별송품으로서 여행자의 입국 사유, 체재기간, 직업, 그 밖의 사정

② 우리나라로 거주를 이전하기 위하여 입국하는 자가 입국할 때 수입하는 이사물품으로서 거주 이전의 사유, 거주기간, 직업, 가족 수, 그 밖의 사정을 고려하여 기획재정부령으로 정하는 기준에 따라 세관장이 타당하다고 인정하는 물품

③ 국제무역선 또는 국제무역기의 승무원이 휴대하여 수입하는 물품으로서 항행일수, 체재기간, 그 밖의 사정을 고려하여 기획재정부령으로 정하는 기준에 따라 세관장이 타당하다고 인정하는 물품

10) 재수출면세(법 제97조)

재수출면세는 우리나라에 도착한 외국물품으로 국내에 전시회, 박람회 등 행사 목적으로 국내에 반입한 후 일정기간 이후에 다시 해외로 수출되는 물품 등에 대한 면세규정이다. 재수출면세는 국내사용을 위한 수입목적이 아니며 원상태대로 다시 외국에 수출한다는 전제가 면세규정의 충족요건이다.

여기서 원상태라는 것은 수입된 물품의 가치나 그 효용이 변하지 아니한 범위 안에서 그대로 수출하면 되는 것이지 전적으로 사용하지도 아니한 상태로 보관하다가 그대로 수출하는 것을 의미하는 것은 아니다.

(1) 감면대상물품

① 기획재정부령으로 정하는 물품 : 1년의 범위에서 대통령령으로 정하는 기준에 따라 세관장이 정하는 기간. 다만, 세관장은 부득이한 사유가 있다고 인정될 때에는 1년의 범위에서 그 기간을 연장할 수 있다.

② 1년을 초과하여 수출하여야 할 부득이한 사유가 있는 물품으로서 기획재정부령으로 정하는 물품 : 세관장이 정하는 기간

③ 제1항에 따라 관세를 면제받은 물품은 같은 항의 기간에 같은 항에서 정한 용도 외의 다른 용도로 사용되거나 양도될 수 없다. 다만, 대통령령으로 정하는 바에 따라 미리 세관장의 승인을 받았을 때에는 그러하지 아니하다.

11) 재수출감면세(법 제98조)

장기간에 걸쳐 사용할 수 있는 물품으로서 그 수입이 임대차계약에 의하거나 도급계약 또는 수출계약의 이행과 관련하여 국내에서 일시적으로 사용하기 위하여 수입하는 물품 중 기획재정부령으로 정하는 물품이 그 수입신고 수리일부터 2년(장기간의 사용이 부득이한 물품으로서 기획재정부령으로 정하는 것 중 수입하기 전에 세관장의 승인을 받은 것은 4년의 범위에서 대통령령으로 정하는 기준에 따라 세관장이 정하는 기간을 말한다) 이내에 재수출되는 것에 대하여는 그 관세를 경감할 수 있다. 다만, 외국과 체결한 조약·협정 등에 따라 수입되는 것에 대하여는 상호 조건에 따라 그 관세를 면제한다.

(1) 관세경감율

① 재수출기간이 6개월 이내인 경우 : 해당 물품에 대한 관세액의 100분의 85

② 재수출기간이 6개월 초과 1년 이내인 경우 : 해당 물품에 대한 관세액의 100분의 70
③ 재수출기간이 1년 초과 2년 이내인 경우 : 해당 물품에 대한 관세액의 100분의 55
④ 재수출기간이 2년 초과 3년 이내인 경우 : 해당 물품에 대한 관세액의 100분의 40
⑤ 재수출기간이 3년 초과 4년 이내인 경우 : 해당 물품에 대한 관세액의 100분의 30

12) 재수입면세(법 제99조)

우리나라에서 수출한 물품이 결함 등으로 반송되거나 일시 사용될 것을 예정하고 수입되는 경우 등에 관세를 부과하지 않는 것이 재수입 면세 제도의 취지이다.

그러나 수출품이 해외에서 제조·가공·수리되어 부가가치를 증가시킨 후 재수입되거나 또는 해외에서 사용 후 새로운 부가가치 창출을 위해 재수입되는 경우는 재수입 면세에 해당하지 않는다.

(1) 감면대상물품

① 우리나라에서 수출(보세가공수출을 포함한다)된 물품으로서 해외에서 제조·가공·수리 또는 사용(장기간에 걸쳐 사용할 수 있는 물품으로서 임대차계약 또는 도급계약 등에 따라 해외에서 일시적으로 사용하기 위하여 수출된 물품 중 기획재정부령으로 정하는 물품이 사용된 경우와 박람회, 전시회, 품평회, 그 밖에 이에 준하는 행사에 출품 또는 사용된 경우는 제외한다)되지 아니하고 수출신고수리일부터 2년 내에 다시 수입(이하 이 조에서 "재수입"이라 한다)되는 물품.
② 수출물품의 용기로서 다시 수입하는 물품
③ 해외시험 및 연구를 목적으로 수출된 후 재수입되는 물품

13) 손상물품에 대한 감면(법 제100조)

수입물품은 수입신고 당시의 물품의 성질과 수량에 의해 과세한다. 그러나 수입신고 후 수입신고 수리가 되기 전에 물품이 변질되거나 수량에 부족이 발생할 경우 변질, 손상분만큼 관세를 감해 주는 것이 합리적인 취지에서 설정된 면세규정이다.

(1) 감면대상물품

① 수입신고한 물품이 수입신고가 수리되기 전에 변질되거나 손상되었을 때에는 대통령령으로 정하는 바에 따라 그 관세를 경감할 수 있다.
② 이 법이나 그 밖의 법률 또는 조약·협정 등에 따라 관세를 감면받은 물품에 대하여 관세를 추징하는 경우 그 물품이 변질 또는 손상되거나 사용되어 그 가치가

떨어졌을 때에는 대통령령으로 정하는 바에 따라 그 관세를 경감할 수 있다.

14) 해외임가공물품 등의 감면(법 제101조)

해외진출 국내기업의 경쟁력 강화를 위하여 가공임을 지급하는 조건으로 외국에서 가공(제조, 조립, 재생, 개조를 포함)할 원료의 전부 또는 일부를 거래 상대방에게 수출하여 이를 가공한 후 가공물품 등을 수입할 때에 적용되는 면세규정이다.

국내 기업의 해외이전으로 인한 국내산업 공동화를 방지하기 위하여 특정물품 등에 제한적으로 운용되고 있다.

(1) 감면대상물품

① 원재료 또는 부분품을 수출하여 기획재정부령으로 정하는 물품(관세율표 제85류 및 제9006호(사진기)으로 제조하거나 가공한 물품

② 가공 또는 수리할 목적으로 수출한 물품으로서 기획재정부령으로 정하는 기준에 적합한 물품(관세·통계통합분류표상 10단위 품목번호가 일치)

3. 사후관리

관세의 감면승인을 받고 수입신고가 수리된 물품에 대하여 감면 조건에 따른 사용과 세관장의 승인 없이 용도외 사용 또는 무단 양도행위 등의 여부를 세관에서 확인함으로써 감면 목적을 달성하기 위한 행정행위이다.

1) 용도외 사용 제한 및 양도제한(법 제102조 제1항)

조건부 감면세의 규정에 의하여 관세를 감면받은 물품은 수입신고수리일부터 3년의 범위 내에서 대통령령이 정하는 기준에 따라 관세청장이 정하는 기간 내에는 그 감면받은 용도 외의 다른 용도에 사용하거나 양도(임대)할 수 없다.

(1) 관세징수(법 제102조 제2항)

① 감면받은 용도외의 다른 용도로 사용한 때 : 용도외 사용한 자

② 감면받은 용도외에 다른 용도에 사용하고자 하는 자에게 양도한 때 : 양도인 (양도인에게 징수할 수 없을 때에는 양수인에게 징수)

※ 재해 기타 부득이한 사유로 멸실되었거나 미리 세관장의 승인을 얻어 폐기한 때에는 관세를 징수하지 아니한다.

2) 관세감면 물품의 용도외 사용의 경우 감면승계(법 제103조)

법령·조약·협정 등에 의하여 용도세율의 적용, 관세를 감면받은 물품을 감면받은 용도 외의 다른 용도로 사용하거나, 다른 용도에 사용하고자 하는 자에게 양도하는 때에 일정한 감면승계 요건에 해당하는 때에는 관세를 징수하지 아니하고 감면할 수 있다. 다만, 이 법 이외의 법령·조약·협정 등에 의하여 그 감면된 관세를 징수하는 경우에는 감면하지 아니하고 징수한다.

Chapter

05 상품 품목분류

제1절 상품 품목분류 개요

1. 상품 품목분류의 개념

상품이란 상업적으로 거래되는 물품을 말한다. 그런 만큼 판매자와 구매자가 반드시 존재한다. 즉, 매매를 대상으로 한 물품이 상품이다. 이러한 상품은 석탄, 모래, 과일처럼 자연에서 생산된 것도 있고 기계, 반도체처럼 인공적인 것도 있고 수돗물처럼 자연과 인공이 단순히 가미된 것도 있다.

유사 이래로 인간의 지능은 끊임없이 진화되어 왔으며 인간이 사용하는 상품도 놀라울 정도로 발견되고 개발되고 발전되었다. 과거에는 상상으로 가능했던 물품들이 하루에도 수백, 수 천종씩 쏟아지고 있다. 우리가 일상에서 사용하는 유리는 고대 수메르인이 발견하였으며 종이는 서기 105년 중국 후한의 채륜이 발명하였고 플라스틱은 19세기 후반 상아의 대체물질로 개발되었다. 반도체는 19세기 개발되었으나 본격적인 사용은 1950년부터 산업분야에 응용되어 사용되기 시작하였다.

하나의 물질이 나타나면 그 물질을 합성, 분리, 응용하여 계속적으로 다른 물품을 만들어낸다. 산업혁명 이전에는 상품거래가 주로 1차 제품에 머물렀다면 산업혁명 이후에는 급격하게 2차 상품으로 옮겨갔으며 상품거래 종류에 따라 선진국과 후진국 또는 개발도상국으로 구분하는 기준이 되었다.

후진국은 대체로 원자재를 수출하고 공산품을 수입하며 선진국은 원자재를 가공 또는 개발하여 부가가치가 높은 이차상품을 수출함으로써 후진국과 선진국간 무역수지 불균형에 따른 갈등의 원인이 되기도 하였다. 이와 함께 교역량도 산업혁명 이전과는 비교가 안 될 정도로 확장 또는 팽창하였으며 하나의 상품이 기술개발에 따라 얼마든지 새로운 제품, 종류, 용도로 발전하게 된다. 예를 들어 유리를 생산해내는 방법은 공법에 따라 인상법, 취입법, 주입법, 롤법 등 다양하며 공법 차이에 따라 유리의 성질과 모양, 사용 용도가 달라진다.

또한 유리의 두께가 2mm도 있고 5mm, 10mm 또는 그 이상의 제품도 있다. 생산자는 보다 고부가가치의 제품생산을 위해 연구하고 개발하며 이전과는 다른 고품질 제품을 출시하고 있다. 즉, 유리라는 물질 그 자체에는 달라지지 않지만 다양한 공법과 생산방식, 사용용도, 규격을 달리하는 제품들이 경쟁적으로 쏟아지고 있다.

상업거래를 할 때 각 제품군과 제품 내에서 어떻게 구분하고 분류해야 효율적이고 적절한가 하는 문제는 무역거래자들에게는 일치감치 필요성이 제기된 문제들이었다. 그러나 무역거래의 대상이 되는 상품의 분류는 생물학적, 기타 특정 산업분류표와는 다르며 분류방식에 따라 도출되는 결과가 다를 수 있다.

무역거래의 대상이 되는 상품을 국제적으로 통일된 체계에 따라 분류하여야 한다는 당위성이 여기에서 출발한다. 상품분류는 상품거래에 따른 복잡한 종류와 규격, 용도의 구분을 체계화하여 국제상품 이동에 따른 절차와 비용을 줄이고 무역장벽의 제거와 상품의 국제적 비교 및 통계를 간소화하여 국제무역을 원활히 하는데 그 목적이 있다.

2. 국제통일상품분류제도(HS)

1) HS의 개요

HS의 정식명칭은 통일상품명 및 부호체계(Harmonized Commodity Description and Coding System)이다. HS코드는 국제무역과 관련된 통일된 상품분류표로서 국제협약으로 제정되어 가입국 모두 이용해야 하는 의무규정이다.

품목분류의 국제적 표준화에 대한 중요성은 세계가 산업혁명으로 상품의 발전과 국제교역이 획기적으로 늘어난 것과 관련이 있다. 19세기 중반부터 품목분류의 통일성에 대한 활발한 논의가 유럽에서 시작되었으며 1913년 브뤼셀에서 열린 제2차 무역통계 국제회의에서 정식으로 품목분류표가 채택되어 29개국이 서명하였다. 그러나 세계 제1차 대전으로 적극적으로 활용되지 못하다가 국제연맹에 의해 1931년 제네바 품목분류표 초안이 작성되었으나 이 역시 유효하게 활용되지 못하였다.

그동안 국제무역의 증가와 각국의 상이한 무역관행과 절차를 해소하기 위해 많은 노력이 있었으며 그 일환으로 1947년 유럽관세연구단이 조직되었고 1950년 브뤼셀에서 관세에 있어서 품목분류를 위한 품목분류표에 관한 조약을 작성하여 제네바관세품목분류표를 토대로 새로운 관세율표를 부록으로 첨부하였는데 이것이 브뤼셀 관세품목 분류표(BTN, Brussels Tariff Nomenclature)이다.

이후 유럽을 중심으로 1952년 관세협력 이사회(CCC)가 정식으로 발족되었으며 1976년 BTN이 EC의 공통관세율표로 인식되는 오해를 없애고 국제적인 공용의 의미를 부여하는 관세협력이사회 상품분류표(CCCN, Customs Cooperation Council Nomenclature)로 명칭을 변경하였다.

1970년에 들어 국제무역의 양과 빈도가 급증하고 새로운 상품 출현, 관세, 통계 이외의 운송, 보험 등의 무역과 관련된 분야에서 상이한 품목분류체계의 사용으로 인한 비합리적인 상황이 발생함에 따라 관세협력 이사회 주관 하에 모든 이해관계국 및 국제기구가 참가하여 새로운 통일된 품목분류체계의 제정에 착수하여 1983년 6월 14일 완성하여 1988년 1월 1일부터 시행 중인 상품분류표가 현재의 국제협약에 따른 품목분류표이다. 통상적으로 약칭하여 HS(Harmonized System)이라고 하며 우리나라를 비롯하여 미국, 일본, 중국, EU 등 170여 개국이 사용하고 있다.

2) HS의 국가 간 분류 상이로 인한 문제

HS코드가 이처럼 국제협약에 의해 통일된 코드를 사용하도록 하였지만 막상 실무적용에 들어가면 물품을 보는 시각과 인식에 따라 전혀 다르게 분류됨으로써 무역업자를 혼란스럽게 하는 경우가 있다.

우리나라는 휴대폰 수출강국이다. 아래의 문제가 된 시기인 2009년 기준 우리나라 휴대폰 수출은 290억 달러다. 우리나라 휴대폰의 세계시장 점유율은 탑으로 알려져 있을 만큼 정보통신산업은 세계 최고수준이다.

그러나 2009년 7월 이전까지 EU에 수출되는 휴대폰에 대해 독일, 네덜란드는 TV 수신기로 휴대폰을 분류하였다. 휴대폰은 HS 8517.12로 분류되며 TV 수신기는 HS 8528.72로 분류된다. 당연히 관세율도 달라진다.

잘 알다시피 휴대폰은 무선 전화기로서 유선전화기의 장소적 공간적 통화기능 제약을 아이디어로 발전시킨 첨단 기술제품이다. 거기에 여러 가지 부가기능을 추가함으로써 본래의 전화기에서 다양한 멀티용도로 사용할 수 있게 발전시킨 것은 과학적 산물이다.

그런데 독일과 네덜란드 세관은 전화기 기능 보다는 TV 수신기능에 초점을 맞춤으로서 휴대폰이 TV로 분류하게 된 것이다. 심지어 이러한 결정을 EU 전 회원국에 확대하려고 했으나, 스칸디나비아 회원국(핀란드의 Nokia, 스웨덴의 Sony Ericsson 등 휴대폰 생산업체)의 강력한 반대에 부딪혀 이를 추진할 수 없었던 것으로 전해졌다. 이렇게 달리 분류하게 된 정치, 경제적 배경이 있을 수 있지만 여하튼 하나의 제품이 다른 시각으로 보면 달리 분류할 수 있다는 것 또한 부정할 수 없다.

2009년 7월 EU집행위는 "휴대폰은 SMS나 MMS, 이메일, 인터넷, 내비게이션, 게임, TV수신, 라디오 수신, 영상 및 음향의 기록 및 재생 등 다양한 기능을 가질 수 있으며, 이 같은 부가적인 기능과 상관없이 이동통화라는 휴대폰의 본래 기능이 유지되면 휴대폰으로 간주된다"고 결정하였다.

우리가 보면 당연한 결론이지만 세상은 다른 시각과 인식이 있음을 보여주는 하나의 사례라고 하겠다. EU 집행위에서 결정된 이후에야 비로소 독일, 네덜란드는 휴대폰을 휴대폰으로 분류하였다.

또한 FTA와 관련하여 협정세율 적용에 가장 핵심이 되는 원산지증명서도 동일한 물품에 대해 수출국 원산지증명서 HS 코드와 수입국 수입신고서상의 적용 세번이 다르게 표시됨에 따라 수입국에서 HS 상이로 인한 협정세율 불가판정을 내리게 된다.

| 표 5-1 | 휴대폰과 TV수신기 HS 비교

HS	품명	HS	품명
8517	전화기(셀룰러 통신망이나 그 밖의 무선 통신망용 전화기를 포함한다)와 음성·영상이나 그 밖의 자료의 송신용·수신용 그 밖의 기기(근거리 통신망이나 원거리 통신망과 같은 유선·무선 통신망에서 통신하기 위한 기기를 포함하며, 제8443호·제8525호·제8527호·제8528호의 송신용·수신용 기기는 제외한다)	8528	텔레비전 수신기기를 갖추지 않은 모니터와 프로젝터, 텔레비전 수신용 기기(라디오 방송용 수신기기·음성이나 영상의 기록용 기기나 재생용 기기를 결합한 것인지에 상관없다)
1	전화기(셀룰러 통신망이나 그 밖의 무선 통신망용 전화기를 포함한다)	7	텔레비전 수신용 기기(라디오 방송용 수신기기·음성이나 영상의 기록용 기기나 재생용 기기를 결합한 것인지에 상관없다)
11	유선전화기[무선송수화기(cordless handset)가 있는 것으로 한정한다]	71	영상디스플레이나 스크린을 갖추지 않은 것
12	셀룰러 통신망이나 그 밖의 무선통신망용 전화기	72	기타(천연색으로 한정한다)

이런 사례가 자주 발생하고 협정 당사국간 조정해야 할 필요성이 제기되어 HS 상이에 따른 협정세율 지침을 별도로 만들어 운용하고 있을 만큼 HS 분류에 따른 해석과 기준이 수출국과 수입국간에 다르게 표시됨으로써 통관상의 문제가 발생할 수 있으며 이런 경우 수입국의 HS코드가 중요함을 기억해야 할 필요가 있다.

3. HS 분류에 의한 통관상의 제 문제

HS 분류는 관세율 결정뿐 아니라 관세행정 전반에 영향을 미친다고 해도 과언이 아닐 정도로 적용범위가 다양하며 여러 가지 법적 문제 즉, 요건확인, 감면, 간이정액환급, 원산지표시 등과 관련된다.

그러므로 HS를 분류할 때는 대단히 신중을 요하며 물품의 특성과 용도, 구조, 모양, 형태 등 종합적으로 고려하여 품목분류통칙에 근거하여 정확하게 분류하여야 한다.

의도적이건 아니든 잘못 분류하면 회복할 수 없는 경제적 손실과 심지어 관세형벌에 대한 책임까지 감수해야 하는 문제가 발생할 수 있다.

1) HS 적용 오류로 인한 문제

HS는 관세율과 직접적인 관계가 있다. 즉, 모든 상품에 대한 관세율은 HS코드로 결정된다. HS코드를 잘못 적용하면 관세율이 달라진다.

예를 들어 어떤 식품회사에서 미국으로부터 백색 결정성 분말상의 자일리톨을 비닐봉지에 넣어 소매포장으로 수입하면서 단맛이 나는 자일리톨을 설탕으로 분류하거나 설탕을 자일리톨로 세관에 수입신고 했다고 하자.

식품학에서는 감미료를 식품에 단맛을 내기 위해 첨가되는 물질로서 원료나 제조방법에 따라 당질 감미료, 비당질 감미료 또는 천연 감미료, 인공 감미료 등으로 분류하고 있으나, 관세법(관세율표)상 감미료의 구분이 따로 존재하지 않기 때문에 모든 감미료는 성분(화학구조)에 따라 분류하고 있다.

설탕은 현재 세계적으로 가장 널리 많은 양이 사용되는 감미료로 관세율표에서는 오로지 사탕수수 줄기나 사탕무 뿌리에서 추출하여 얻어진 즙으로 만든 설탕을 관세율 30%인 HS 1701.99-0000호에 분류하고 있고, 설탕 이외의 기타 감미료는 성분(화학구조)에 따라 자일리톨, 에리스리톨, 솔비톨 등과 같은 당알콜로 구분해 HS 제2905.42-0000호에서 HS 2905.49-0000(관세율 5.5~8%)호로 분류하고 있다.

설탕은 관세율 30%가 되고 자일리톨은 관세율 5.5%가 된다. 이러한 관세율의 차이는 단순히 수치 차이에 그치지 않고 무역거래업자에게는 엄청난 가격 경쟁력의 차이로 나타난다.

수입 업체가 CIF(운임, 보험료 포함)가격으로 1억원 어치의 자일리톨을 설탕으로 잘못 신고하였다면 관세를 5백5십만 원만 내어도 될 것을 3천만 원 납부하며, 부가세 또한 1천5십5만 원이면 되는 것을 1천3백만 원 내게 됨으로서 전체적으로 2천6백9십5만 원을 더 납부하게 되는 결과가 된다.(아래 계산 참조)

반대로 고의나 모르고 설탕을 자일리톨로 신고한다면 이 차액만큼 부당이득이 발생하고 가산세까지 발생한다.

참고

계산 내역

품명 : 자일리톨(HS 2905.49), 관세율 5.5%, 과세가격 1억 원
① 1억원 x 5.5% = ₩5,500,000- 관세
② (1억 + 5,500,000) x 10% = ₩10,550,000- 부가세
③ 관세 + 부가세 = ₩16,050,000

품명 : 설탕(HS 1791.99), 관세율 30%, 과세가격 1억 원
① 1억원 x 30% = ₩30,000,000 - 관세
② (1억 + 30,000,000) x 10% = ₩13,000,000- 부가세
③ 관세 + 부가세 = ₩43,000,000

| 표 5-2 | 관세율표의 비교 예시

관세율표(관세법 별표)		
품목번호	품 명	관세율
1701	사탕수수당이나 사탕무당, 화학적으로 순수한 자당(蔗糖)(고체 상태인 것으로 한정한다)	
	조당(粗糖)[향미제(香味劑)나 착색제가 첨가되지 않은 것으로 한정한다]	
99		30%
2905	비환식알코올과 이들의 할로겐화유도체·술폰화유도체·니트로화유도체·니트로소화유도체	
42	펜타에리트리톨	8%
43	만니톨	8%
49	기타	8%, ⓒ5.5%

HS 코드에 대해 국가가 정하는 문제와 기업이 정하는 문제는 전혀 별개의 문제다. 국가가 HS 코드를 결정할 때는 국가행정에 의해 결정되는 문제이므로 이해 당사자는 달리 적용할 수 없다. 그러나 기업이 자기의 독단적인 해석과 주관에 따라 결정하는 것은 굉장히 신중을 요한다. 위 사례처럼 성분에 따라 달라질 수 있는데 이를 잘못 적용하는 것은 전적으로 기업(신고인 포함)의 오류라고 할 수 있다.

2) HS와 세관장 확인사항

세관장 확인사항은 통관 시 세관직원이 가장 민감하게 주안점을 두고 검사하는 항목 중 하나이다. 수입회사가 수입신고한 아래 품명은 세관장확인사항이 아닌 것으로 신고하였으나 세관직원이 확인한 결과 HS코드를 잘못 적용한 것이 판명되어 세관장 확인대상 물품으로 결정되었다. 만약 요건확인을 제때 못 받을 경우 통관불허는 물론 관세법 제270조 제2항 부정수입죄(수입신고를 한 자 중 법령에 따라 수입에 필요한 허가·승인·추천·증명 또는 그 밖의 조건을 갖추지 아니하거나 부정한 방법으로 갖추어 수입한 자는 3년 이하의 징역 또는 3천만 원 이하의 벌금에 처한다)로 처벌받을 수도 있다.

표 5-3 세관장확인사항 분류 사례

품명	PRESCHOOL TEACHING AID SET
신고세번	HS 9503.00-3600(퍼즐 세번)
용도	창의성 개발을 위해 목제로 만든 유아, 아동용 교구
세관장확인사항	해당 없음
검사결과	**HS 9503.00-3497(나무로 만든 완구 세번)**
세관장확인사항	**어린이제품안전 특별법**

3) HS와 간이정액환급

간이정액환급은 중소기업의 자금부담을 완화하고 수출을 장려하기 위한 지원책으로서 원자재를 수입할 때 납부한 관세를 수출한 후 간편하게 당초 납부한 관세를 돌려받는 제도이다. 간이정액환급은 간이정액환급율표에 의해 환급액이 정해져 있는데 이때 품목분류를 잘못하면 과다환급 또는 과소환급이 나타날 수 있다.

아래의 사례와 같이 HS8482.50의 그 밖의 원통형 롤러베어링은 간이정액환급액이 20원인데 반해 HS8482.40 니들베아링은 무려 6.5배인 130원이다. 동일한 베아링이지만 형태에 따라 이렇게 환급액이 차이가 남을 알 수 있다.

| 표 5-4 | 베아링 HS에 따른 간이정액환급액 차이 예시

HSK	품 명	간이정액환급액
8482	볼 베아링이나 롤러베아링	
10 2000	볼베어링(ball bearing)	40원
20 0000	원추형 롤러베어링(roller bearing)	40원
30 0000	구형 롤러베어링(roller bearing)	10원
40 0000	**니들 롤러베어링(roller bearing)**	**130원**
50 0000	그 밖의 원통형 롤러베어링(roller bearing)	20원

4) HS와 관세감면

관세감면은 관세를 감세 또는 면세하는 것을 말한다. 수입물품에 부과되는 관세는 산업 보호·육성, 국제관례, 사회, 문화적 정책수요, 외국소비 등 여러 가지 사유에 의해 법령으로 관세감면을 규정하고 있다.

여행자 휴대품 면세는 해외여행객이 입국할 때 1인당 800불의 면세혜택이 주어진다. 이는 누구에게나 조건 없이 적용된다. 그러므로 여행자 휴대품 면세는 해외여행객에게 주어지는 관세혜택으로서 HS와는 무관하다.

그러나 감면조항에 들어있지만 HS에 의해 관세면제가 허용되지 않는 물품들이 있다. 관세법 제91조(종교·자선·장애인용품 등의 면세)에 대한 예외사항이 관세율표로 규정되어 있으며 동법 제101조(해외 임가공물품 등의 감세)에는 특정 HS만 감면규정이 적용된다.

| 표 5-5 | HS에 따른 관세감면 예시

감면 조항	면세제외대상
§ 91조 (종교용품면세)	관세율표 제8518에 해당하는 물품
	관세율표 제8531에 해당하는 물품
	관세율표 제8519호·제8521호·제8522호·제8523호 및 제92류에 해당하는 물품(파이프오르간은 제외한다)
§ 101조 (해외임가공품품 감세)	**감세예외적용**
	법 제101조제1항제1호의 규정에 의하여 관세가 감면되는 물품은 법 별표 관세율표 제85류 및 제90류중 제9006호에 해당하는 것으로 한다.

5) HS와 원산지표시

원산지표시는 국내 소비자와 생산자를 보호하기 위해 시장공정거래의 일환으로 도입된 제도이다. 원산지표시대상 물품은 반드시 원산지표시방법에 따른 고시 규정에 맞게 표시되어야 한다.

중국산 수입물품이 유럽 명품산으로 표시되거나 원산지표시를 소비자의 눈에 띄지 않는 곳에 부착하거나, 수입통관 시 눈가림으로 라벨을 부착하고 통관 후에는 다른 원산지로 라벨을 바꾸는 등 원산지표시위반 사항이 검사과정 중에 자주 세관에 적발된다.

원산지표시 위반은 최대 3억 원의 과징금이 부과될 정도로 법률 집행이 위중하다.

그런데 이러한 원산지표시는 대외무역관리규정 별표8에 의해 HS코드로 원산지표시 대상물품이 정해져 있다. 즉, 원산지표시 대상물품은 HS 코드에 의해 결정된다.

| 표 5-6 | 원산지표시대상물품 예시(대외무역관리규정 별표8)

HS류별	품 목코 드
01류	0102, 0106(자라에 한함)
02류	0201, 0202, 0203, 0204, 0205, 0206, 0207, 0208, 0209, 0210
03류	0301, 0302, 0303, 0304, 0305, 0306, 0307, 0308
04류	0401, 0402, 0403, 0404, 0405, 0406, 0407, 0408, 0409, 0410
05류	0504, 0506, 0507, 0510
.	.
.	.

6) HS와 FTA, 원산지증명서

FTA 협정세율 적용은 현재 무역거래의 전체 70% 이상을 상회하고 있을 정도로 보편화 되고 있다. 그러나 FTA 협정세율 적용의 혜택을 받기 위해서는 협정에 따르는 제반 요건을 충족해야 한다.

FTA 협정은 HS 코드로 양허품목을 규정하고 있다. 즉, HS 코드가 다르면 협정세율을 적용받을 수 없다. 뿐만 아니라 원산지증명서는 당해 물품이 FTA 협정에서 양허한 품목으로 당사국에서 제조 등을 하였음을 문서로 증명하는 서류이다. 원산지증명서의 발급은 기관발급과 자율발급이 있다. 대체로 미국을 포함 유럽권은 자율발급 방식을 따르며 중국 등 아시아권에서는 기관발급 증명방식을 택하고 있다.

| 표 5-7 | 원산지증명서와 수입신고서상 HS 불일치 처리지침(적용예시)

원산지증명서 HS번호의 원산지결정기준	수입신고서 HS번호의 원산지결정기준	처리방법
완전생산기준	완전생산기준 또는 역내가치 발생기준 또는 세번변경기준	수출국에서 완전생산된 물품이므로 원산지제품에 해당 ⇒ **특혜관세 적용**
역내가치발생기준 40%	역내가치발생기준 35%	역내가치기준 35%를 초과하므로 원산지제품에 해당 ⇒ **특혜관세 적용**
역내가치발생기준 40%	(선택기준) 역내가치발생기준 40% 또는 세번변경기준	역내가치기준 또는 세번변경기준 중 어느 하나의 기준을 충족하면 원산지제품에 해당 ⇒ **특혜관세 적용**

자율발급은 HS코드를 명시하지 않으나 기관발급 원산지증명서는 HS코드가 기재되며 수출국과 수입국간 품목분류 상이에 따른 통관상의 제 문제와 사후 검증 문제 때문에 수입자 측의 실질적인 애로사항이 되고 있다. 이러한 문제점에 대해 관세청에서는 지침을 만들어 원산지증명서의 HS 불일치에 대한 문제점을 해결하고 있다.

4. HS와 관세 및 비관세장벽 문제

관세장벽과 비관세장벽은 관세와 관세 이외의 분야를 동원하여 외국제품이 국내로 들어오지 못하게 하는 보호무역 조치다. 관세는 국가 간 자유무역을 저해한다. 관세를 낮추거나 무관세를 하게 되면 국내 소비자는 저가의 질 좋은 외국 수입물품을 사용할 수 있어 좋겠지만 국내 생산자에게는 상대적으로 피해를 보게 된다.

외국 수출자는 수입국의 시장을 확장됨으로써 국내생산성이 높아지고 고용이 창출되며 대외수지가 개선됨으로써 국내 경제상황이 활기를 띠게 된다. 반면에 수입국은 피해를 보게 됨으로써 고용과 소비, 산업경쟁력 저하 등 마이너스 효과가 발생한다. 그러기 때문에 각국은 가능한 자국의 관세를 높이려는 경향이 있다.

관세는 국가간 경제, 산업경쟁을 위한 정치적 도구로서 기능한지 오래된 역사를 가지고 있다. 1929년 세계 대공황이 일어났을 때 미국은 스무트홀리 관세법을 발동하여 2만여 수입 공산품에 대하여 평균 59%, 최고 400%에 이르는 고율 관세를 부과함으로서 세계 각국의 극심한 반발과 보복을 야기하였다.

영국이 파운드 경제권을 추구하고 일본이 대동아 공영권을 향해 군사적 모험을 강행하였으며 독일과 이탈리아에서는 파시즘의 광풍이 나라를 휩쓸어 결국 2차 대전을 촉발한 배경이 되었다. 1947년 미국을 중심으로 한 연합국에서 관세로 인한 전쟁 가능성을 방지하기 위하여 국제무역 기구를 만들었으나 미국의 국내 사정으로 무산되어 GATT가 출발하고 WTO로 발전하여 오늘에 이르고 있다.

WTO의 이념은 자유무역을 기본으로 하고 있으며 관세를 현재의 수준에서 더 이상 인상하지 못하게 하고 인하나 거치를 하도록 하였다. 이렇게 되자 각국은 관세가 아닌 다른 방법으로도 수입을 제한할 수 있다는 점에 착안하여 나온 것이 비관세장벽이다. 즉, 물품의 수입 시 위생, 검역 수준을 상향 조정한다든지, 기술장벽을 높인다든지 통관절차를 엄격하게 한다든지 수입금지, 허가, 제한을 한다든지 지식재산권, 원산지문제 등으로 눈에 보이지 않는 실질적인 무역제한 조치를 하였다.

그러나 WTO는 이마저도 일국에서 자의적으로 하지 못하도록 법제화 내지는 협약으로 정하여 두고 있으나 관세와 비관세문제 즉, 통상의 문제는 오늘날 끊이지 않고 일어나고 있으며 때때로 첨예하게 양국 간, 다자 간 관세 무역전쟁을 하고 있다.

제2절 HS와 관세율표

1. HS와 관세율표의 관계

HS 체약국은 그 나라의 관세품목분류표와 통계품목분류표를 HS 협약 부속서로 작성된 HS 체계에 품목분류표를 일치시켜야 하기 때문에 우리나라의 관세율표도 HS 6단위 체계에 맞춰 이를 10단위로 세분하여 관세·통계통합품목분류표(HSK : Harmonized System of Korea)를 작성하여 기획재정부장관이 고시하여 사용하고 있다.

현행 관세품목분류는 관세법 별표 '관세율표상의 품목분류표'와 '관세·통계통합품목분류표'를 사용하고 있으며 전자는 법률사항으로서 관세율 항목(세목)별로 분류되었고 후자는 관세율표상의 품목분류를 더욱 세분한 분류표로서 관세목적은 물론 무역정책 및 통계용으로 활용이 용이하도록 구성되어 있다.

1) HS의 개정

통일상품명 및 부호체계에 관한 국제협약(International Convention on the Harmonized Commodity Description and Coding System, 이하 "HS 협약")의 부속서인 품목분류표(Nomenclature)는 HS code를 사용하는 각국의 정부, 관세 및 무역종사자 등의 요구나

기술의 발전 또는 국제 무역패턴의 변화 등을 고려하여 필요한 경우 개정절차를 진행하고 있다.

품목분류표의 개정 주기에 대해 협약에 규정된 바는 없으나 1988년 시행 이후 1992년과 1996년 두 차례 개정이 이루어졌고, 이후 2002년, 2007년, 2012년, 2017년, 2022년까지 총 7차례 개정이 이루어졌으며 대체로 5년을 주기로 개정하고 있다.

2022. 1. 1. HS 품목분류표 개정 주요 내용을 보면

(1) WCO에서 '오징어의 냉동건조 분말'의 분류에 대한 논의가 제기되면서 분말의 품목분류를 명확히 하기 위하여 제3류의 각 호와 소호의 용어를 일부 정리하고 제0309호를 신설하였다.

(2) FAO(식량농업기구)의 요청에 따라 제0401호에 식용곤충을 특게하였고 그 밖에 제0709호에서 버섯을 세분하고 제44류에 열대목 제품과 건축용 목재를 보다 구체적으로 구분하였다.

(3) 균류(Fungus)에서 얻어진 오일을 통칙 제4호를 적용하여 제1515호에 분류하면서, 2022년 HS는 제1515호의 용어를 개정하여 식물성 유지만이 아니라 미생물성 유지까지 포함할 수 있도록 하였다. 또한 국제 올리브 이사회 요청에 따라 제1509호와 1510호의 올리브유를 소호 레벨에서 보다 세분화하였다.

(4) 코코넛 워터에 별다른 가공을 하지 않고 0.05%의 설탕만을 첨가한 물품을 제2009호의 과실주스로 볼 것인지, 제2202호의 '(알코올을 함유하지 않은) 음료'로 볼 것인지에 대한 논의가 있어왔다.

HS 위원회는 최종적으로 코코넛 워터를 제2009호에 분류하였고 이 분류를 명확히 하고자 제2009호의 일부 텍스트기 '과실 주스(포도즙을 포함한다)와 채소 주스'에서 '과실 주스 및 견과류 주스(포도즙과 코코넛 워터를 포함한다)와 채소 주스'로 개정되었다.

(5) HS 위원회는 기계, 전기기기, 전자장비나 그 부분품의 폐기물(e-Waste)을 제16부에 포함시키는 개정안을 검토했고, HS 2022에서 제8549호를 신설하여 전기전자 조립품, 인쇄회로 보드 또는 전기전자 제품 등을 분류하는 것으로 개정하였다.

여기서 전자폐기물(e-Waste)이란 "기계의 오작동(malfunction), 소모(exhaustion) 또는 퇴행(obsolescence) 등의 이유로 버려진 모든 전자적 기계나 기구"라고 정의할 수 있다.

(6) 궐련(卷煙)형 전자담배(Electrically Heated Tobacco Product, "EHTP"), 즉 전용기기(일명 전자담배용 기화기) 안에 담배를 넣고 전기적으로 가열해 니코틴이 포함

된 증기를 발생시켜 피우는 방식의 신종 담배제품의 품목분류에 대해 HS 위원회는 이들 새로운 형태의 담배와 니코틴 제품을 제24류에 분류할 수 있도록 제2404호를 신설하여, 전자담배용 용액 및 흡연자의 금연을 보조하기 위한 조제품(정제, 씹는 껌, 피부투여 방식의 패치 등)을 분류하도록 개정하였다.

또한 이러한 담배 혹은 담배 대용품을 흡입하기 위한 전자담배용 기화기를 제8543호에 포함시키도록 제8543.40소호(전자담배 및 이와 유사한 기화장치)를 신설하여 분류토록 하였다.

(7) 우리나라는 국제적으로 품목분류에 관한 분쟁이 많이 발생한 평판 디스플레이 모듈에 대해 WCO의 HS 소위원회에 HS 개정안을 제출하였으며 그 결과 올해부터 평판 디스플레이 모듈을 신설된 HS 제8524호에 통합해서 분류하고, 이들의 부분품은 제8529호에 분류함으로써 명확한 품목분류기준을 적용 받도록 개정되었다.

(8) 정보기술 발전에 따라 스마트폰을 품목분류표에서 명확히 정의하기 위한 개정이 진행되었고, 이에 따라 '스마트폰'의 정의를 규정하는 제85류 주 제5호를 신설하고, 스마트폰에 대한 소호(제8517.13소호)를 신설하였다.

또한 제8517.71소호에 통신기기의 부분품으로서 안테나를 특게하였다.

그 밖에 제8541호에 감광성반도체디바이스와 LED를 통합하여 운영하는 6단위 소호 시스템을 바꾸어, LED는 제8541.41호에, 비모듈화된 광전지는 제8541.42호에, 모듈화된 광전지는 제8541.43호에 각각 구분하여 분류하는 형식으로, 6단위 소호 시스템의 개정내용을 함께 반영하였다.

(9) 전기자동차 및 하이브리드 자동차의 발전 동향을 반영하여, 기존 HS 2017에서 개정된 승용차나 모터사이클뿐만 아니라 트랙터나 화물차량의 경우에도 전기차나 하이브리드차의 비중이 점차 늘어남에 따라, HS 2022 개정 내용에서는 트랙터(제8701호)와 화물차량(제8704호)에서도 구동방식에 따라 전기차와 하이브리드차를 구분하기 위한 소호가 추가 되었다.

(10) 무인기 및 드론을 용도에 관계없이 하나의 호에 통합할 수 있도록 제8806호를 신설하였다. 다만, 오로지 유희의 목적으로만 설계·제작된 flying 완구는 종전과 같이 제9503호에 분류된다.

신설되는 제8806호의 무인기(Unmanned aircraft)란 조종사 없이(pilot-less) 원격 조종이나 사전에 설정된 자동비행 프로그램에 의해 조종되는 항공기를 의미하는 것이어서, 조종사 없이 승객만을 태우는 항공기(Unmanned passenger aircraft)도

제8806호에 포함된다.

또한, 항공기 부분품을 기존의 제8803호에서 제8807호로 이전하여 분류하는 것으로 개편되었다.

2) HS 관세품목분류표의 체계

HS는 품목분류표 전체의 분류원칙을 정한 통칙이 있고 상위차원에서 하위차원으로 즉 수직적으로 부 ⇒ 류(2단위) ⇒ 호(4단위) ⇒ 소호(5.6단위)로 하향 배열하고 수평적으로는 부(1부에서 21부), 류(1류에서 97류), 절 및 호의 형태로 배열되어 있다.

표 5-8 관세품목분류표 구성

예시) 고추 : HS 0706.90-2000 (전체 10자리로 구성)				
구분	명칭	분류단위	구성	비고
대분류	부(Section)		21	
	주(Note)		485	
중분류	류(Chapter)	2자리(07)	96	
소분류	호(Heading) :	4자리(0706)	1,228	
세분류	소호(Sub-Heading)	6자리(0706.90)	5,612	HS협약
세세분류	HSK	10자리(0706.90-2000)	11,293	통계부호

3) HS의 구성

(1) 통칙(GRI: General Rules for Interpretation of Nomenclature)

통칙은 호의 용어와 주 등의 적용에 있어서 해석에 따라 품목분류가 달라질 수 있는 사항에 대하여 통일적이고 체계적인 분류를 하기 위한 기본원칙을 정해놓은 것으로서 법적 구속력이 있다.

통칙은 제1호부터 제6호까지 총 6개항으로 되어 있으며 통칙 제1호는 최우선분류규정으로 제1호를 우선적으로 적용하고 제1호에 의해 분류할 수 없는 경우에 통칙 제2호 내지 제4호가 순차적으로 적용된다.

또한 통칙 제5호와 제6호는 보충적 분류규정으로 통칙 제1호 내지 제4호를 적용하여 품목분류를 결정하는 과정에서 필요한 경우에만 적용된다.

(2) 주(Note)

주는 부, 류, 호 및 소호의 분류범위와 한계를 결정함으로써 궁극적으로 하나의 물품은 하나의 호에 분류되어야 한다는 일의성 분류원칙을 실현하기 위한 것으로서 용어의 정의와 해설, 관련 부, 류, 호에서 제외 및 포함되는 규정과 분류조건 및 지침을 제시하고 있다.

품목분류에서 부, 류의 머리 부분에 표기되어 있으며 HS 협약에 의한 주와 HS 분류체계를 변화시키지 않는 범위 내에서 우리나라에서 설정한 국내주로 구성되어 있으며 법적 구속력을 갖는다.

(3) 부(Section)

부는 품목분류의 대분류로 제1부부터 제21부까지의 총 21개의 부로 구성되어 있다. 각부에는 표제가 설정되어 있으며 주로 비슷하거나 관련된 상품을 분류하고 있다. 그러나 품목분류 적용에 있어 참조의 편의상 설정되어 법적 구속력은 없다.

(4) 류(Chapter)

류는 부(Section)를 세분화하여 2단위 숫자로 표기되어 있으며 제01류부터 제97류까지 되어 있으나 제77류가 유보되어 있어 전체적으로 96류로 구성되어 있다. 대부분 류에는 법적 구속력이 있는 주가 설정되어 있다.

표 5-9 | 부와 류의 일람표

1부	살아 있는 동물과 동물성 생산품
1류	살아있는 동물
2류	육과 식용 설육(屑肉)
3류	어류·갑각류·연체동물과 그 밖의 수생(水生) 무척추동물
4류	낙농품, 새의 알, 천연꿀, 다른 류로 분류되지 않은 식용인 동물성 생산품
5류	다른 류로 분류되지 않은 동물성 생산품
2부	식물성 생산품
6류	살아있는 수목과 그 밖의 식물, 인경(鱗莖)·뿌리와 이와 유사한 물품, 절화(切花)와 장식용 잎
7류	식용의 채소·뿌리·괴경(塊莖)
8류	식용의 과실과 견과류, 감귤류·멜론의 껍질
9류	커피·차·마테(maté)·향신료

10류	곡물
11류	제분공업의 생산품과 맥아, 전분, 이눌린(inulin), 밀의 글루텐(gluten)
12류	채유(採油)에 적합한 종자와 과실, 각종 종자와 과실, 공업용·의약용 식물, 짚과 사료용 식물
13류	락(lac), 검·수지·그 밖의 식물성 수액과 추출물(extract)
14류	식물성 편조물(編組物)용 재료와 다른 류로 분류되지 않은 식물성 생산품
3부	**동물성·식물성 지방과 기름 및 이들의 분해생산물, 조제한 식용 지방과 동물성·식물성납(蠟)**
15류	동물성·식물성 지방과 기름 및 이들의 분해생산물, 조제한 식용 지방과 동물성·식물성납(蠟)
4부	**조제 식료품, 음료·주류·식초, 담배·제조한 담배 대용물**
16류	육류·어류·갑각류·연체동물이나 그 밖의 수생(水生) 무척추동물의 조제품
17류	당류(糖類)와 설탕 과자
18류	코코아와 그 조제품
19류	곡물·고운 가루·전분·밀크의 조제품과 베이커리 제품
20류	채소·과실·견과류나 식물의 그 밖의 부분의 조제품
21류	각종 조제 식료품
22류	음료·주류·식초
23류	식품 공업에서 생기는 잔재물과 웨이스트(waste), 조제 사료
24류	담배와 제조한 담배 대용물
5부	**광물성 생산품**
25류	소금, 황, 토석류(土石類), 석고·석회·시멘트
26류	광(鑛)·슬래그(slag)·회(灰)
27류	광물성 연료·광물유(鑛物油)와 이들의 증류물, 역청(瀝靑)물질, 광물성 왁스
6부	**화학공업이나 연관공업의 생산품**
28류	무기화학품, 귀금속·희토류(稀土類)금속·방사성원소·동위원소의 유기화합물이나 무기화합물
29류	유기화학품
30류	의료용품
31류	비료
32류	유연용·염색용 추출물(extract), 탄닌과 이들의 유도체, 염료·안료와 그 밖의 착색제, 페인트·바니시(varnish), 퍼티(putty)와 그 밖의 매스틱(mastic), 잉크
33류	정유(essential oil)와 레지노이드(resinoid), 조제향료와 화장품·화장용품
34류	비누·유기계면활성제·조제 세제·조제 윤활제·인조 왁스·조제 왁스·광택용이나 연마용 조제품·양초와 이와 유사한 물품·조형용 페이스트(paste)·치과용 왁스와 플라스터(plaster)를 기본 재료로 한 치과용 조제품

35류	단백질계 물질, 변성전분, 글루(glue), 효소
36류	화약류, 화공품, 성냥, 발화성 합금, 특정 가연성 조제품
37류	사진용이나 영화용 재료
38류	각종 화학공업 생산품
7부	**플라스틱과 그 제품, 고무와 그 제품**
39류	플라스틱과 그 제품
40류	고무와 그 제품
8부	**원피·가죽·모피와 이들의 제품, 마구, 여행 용구·핸드백과 이와 유사한 용기, 동물 거트(gut)[누에의 거트(gut)는 제외한다]의 제품**
41류	원피(모피는 제외한다)와 가죽
42류	가죽제품, 마구, 여행 용구·핸드백과 이와 유사한 용기, 동물 거트(gut)[누에의 거트(gut)는 제외한다]의 제품
43류	모피·인조모피와 이들의 제품
9부	**목재와 그 제품, 목탄, 코르크와 그 제품, 짚·에스파르토(esparto)나 그 밖의 조물 재료의 제품, 바구니 세공물(basketware)과 지조세공물(枝條細工物)**
44류	목재와 그 제품, 목탄
45류	코르크(cork)와 그 제품
46류	짚·에스파르토(esparto)나 그 밖의 조물 재료의 제품, 바구니 세공물(basketware)과 지조세공물(枝條細工物)
10부	**목재나 그 밖의 섬유질 셀룰로오스재료의 펄프, 회수한 종이·판지[웨이스트(waste)와 스크랩(scrap)],종이·판지와 이들의 제품**
47류	목재나 그 밖의 섬유질 셀룰로오스재료의 펄프, 회수한 종이·판지[웨이스트(waste)와 스크랩(scrap)]
48류	종이와 판지, 제지용 펄프·종이·판지의 제품
49류	인쇄서적·신문·회화·그 밖의 인쇄물, 수제(手製)문서·타자문서·도면
11부	**방직용 섬유와 방직용 섬유의 제품**
50류	견
51류	양모·동물의 부드러운 털이나 거친 털·말의 털로 만든 실과 직물
52류	면
53류	그 밖의 식물성 방직용 섬유, 종이실(paper yarn)과 종이실로 만든 직물
54류	인조필라멘트, 인조방직용 섬유재료의 스트립(strip)과 이와 유사한 것
55류	인조스테이플섬유

56류	워딩(wadding)·펠트(felt)·부직포, 특수사, 끈·배의 밧줄(cordage)·로프·케이블과 이들의 제품
57류	양자류와 그 밖의 방직용 섬유로 만든 바닥깔개
58류	특수직물, 터프트(tuft)한 직물, 레이스, 태피스트리(tapestry), 트리밍(trimming), 자수천
59류	침투·도포·피복하거나 적층한 방직용 섬유의 직물, 공업용인 방직용 섬유제품
60류	메리야스 편물과 뜨개질 편물
61류	의류와 그 부속품(메리야스 편물이나 뜨개질 편물에만 적용한다)
62류	의류와 그 부속품(메리야스 편물이나 뜨개질 편물은 제외한다)
63류	제품으로 된 방직용 섬유의 그 밖의 물품, 세트, 사용하던 의류·방직용 섬유제품, 넝마
12부	**신발류·모자류·산류(傘類)·지팡이·시트스틱(seat-stick)·채찍·승마용 채찍과 이들의 부분품, 조제 깃털과 그 제품, 조화, 사람 머리카락으로 된 제품**
64류	신발류·각반과 이와 유사한 것, 이들의 부분품
65류	모자류와 그 부분품
66류	산류(傘類)·지팡이·시트스틱(seat-stick)·채찍·승마용 채찍과 이들의 부분품
67류	조제 깃털·솜털과 그 제품, 조화, 사람 머리카락으로 된 제품
13부	**돌·플라스터(plaster)·시멘트·석면·운모나 이와 유사한 재료의 제품, 도자제품, 유리와 유리제품**
68류	돌·플라스터(plaster)·시멘트·석면·운모나 이와 유사한 재료의 제품
69류	도자제품
70류	유리와 유리제품
14부	**천연진주·양식진주·귀석·반귀석·귀금속·귀금속을 입힌 금속과 이들의 제품, 모조 신변장식용품, 주화**
71류	천연진주·양식진주·귀석·반귀석·귀금속·귀금속을 입힌 금속과 이들의 제품, 모조 신변장식용품, 주화
15부	**비금속(卑金屬)과 그 제품**
72류	철강
73류	철강의 제품
74류	구리와 그 제품
75류	니켈과 그 제품
76류	알루미늄과 그 제품
77류	유보(현재 사용하지 않은 류임)
78류	납과 그 제품

79류	아연과 그 제품
80류	주석과 그 제품
81류	그 밖의 비금속(卑金屬), 서멧(cermet), 이들의 제품
82류	비금속(卑金屬)으로 만든 공구·도구·칼붙이·스푼·포크, 이들의 부분품
83류	비금속(卑金屬)으로 만든 각종 제품
16부	**기계류·전기기기와 이들의 부분품, 녹음기·음성재생기·텔레비전의 영상과 음향의 기록기·재생기와 이들의 부분품·부속품**
84류	원자로·보일러·기계류와 이들의 부분품
85류	전기기기와 그 부분품, 녹음기·음성 재생기·텔레비전의 영상과 음성의 기록기·재생기와 이들의 부분품·부속품
86류	철도용이나 궤도용 기관차·차량과 이들의 부분품, 철도용이나 궤도용 장비품과 그 부분품, 기계식(전기기계식을 포함한다) 각종 교통신호용 기기
17부	**차량·항공기·선박과 수송기기 관련품**
87류	철도용이나 궤도용 외의 차량과 그 부분품·부속품
88류	항공기와 우주선, 이들의 부분품
89류	선박과 수상 구조물
18부	**광학기기·사진용 기기·영화용 기기·측정기기·검사기기·정밀기기·의료용 기기, 시계, 악기, 이들의 부분품과 부속품**
90류	광학기기·사진용 기기·영화용 기기·측정기기·검사기기·정밀기기·의료용 기기, 이들의 부분품과 부속품
91류	시계와 그 부분품
92류	악기와 그 부분품과 부속품
19부	**무기·총포탄과 이들의 부분품과 부속품**
93류	무기·총포탄과 이들의 부분품과 부속품
20부	**잡품**
94류	가구, 침구·매트리스·매트리스 서포트(mattress support)·쿠션과 이와 유사한 물품, 다른 류로 분류되지 않은 램프·조명기구, 조명용 사인·조명용 네임플레이트(name-plate)와 이와 유사한 물품, 조립식 건축물
95류	완구·게임용구·운동용구와 이들의 부분품과 부속품
96류	잡품
21부	**예술품·수집품·골동품**
97류	예술품·수집품·골동품

(5) 절(Sub-Chapter)

류를 참조의 편의상 세분한 것이며 절은 부, 류와 마찬가지로 법적 구속력이 없는 표제가 설정되어 있다. 대부분의 류에는 절이 없으며 절이 있는 류는 제28류, 제29류, 제39류, 제63류, 제72류이다.

(6) 호(Heading)

호는 류를 품목에 따라 4단위로 세분한 것으로서 앞의 2단위는 류를 의미하고 뒤의 2단위는 류내에서 품목의 배열의 위치를 나타낸다. 호의 용어는 4단위 코드번호와 연결하여 설정되어 있는 품목을 의미하며 품목분류에 있어 법적 구속력이 있는 협약된 용어이다.

(7) 소호(Sub-Heading)

호를 5단위 또는 6단위로 세분한 것으로서 HS는 6단위 분류체계이다. 소호에만 적용되는 주가 설정되어 있으며 부·류의 주와 소호의 주가 경합되는 때에는 소호의 주가 우선 적용된다. 또한 소호의 용어는 법적 구속력이 있다.

2. HS의 해석에 관한 통칙

관세율표의 품목분류는 다음 원칙에 따른다.

1) 통칙 제1호

가. 이 표의 부, 류, 절의 표제는 참조하기 위하여 규정한 것이다. 법적인 목적상 품목분류는 각 호의 용어와 관련 부나 류의 주에 따라 결정하되, 각 호나 주에서 따로 규정 하지 않은 경우에는 다음 각 호의 규정에 따른다.

이 표는 국제무역에서 취급되고 있는 상품을 체계적인 형식으로 표시하고 있다. 이것은 그들이 포괄하는 상품의 범주나 형태를 가능한 한 간소하게 표시하고 있는 표제가 주어진 부(部)·류(類)·절(節)에 이들 상품을 계통적으로 분류하고 있다. 그러나 대부분의 경우, 부(部)·류(類)에 분류하는 물품의 다양성과 많은 수로 인하여 이들 모두를 표제에 구분하여 포함시키거나 열거하는 것은 불가능한 일이다.

그러므로 통칙 1의 서두에 표제는 "참조의 편의를 위하여" 설정한 것이라고 규정해 놓고 있다. 따라서 표제는 분류에 관한 법률상 기준으로는 되지 않는다.

표 5-10 관세율표의 제1부 주, 제1류의 주(예시)

(1) 부, 류, 절의 표제는 참조사항
제1부 : 산 동물 및 동물성 생산품
제1류 : 산 동물(live animals)
제2류 : 육과 식용설육

(2) 품목분류는 각 호의 용어 및 관련 부, 류의 주에 의하여 결정
제 1부 (살아있는 동물과 동물성 생산품)
주: 1. 이부에 열거된 동물의 특정 속이나 종에는 문맥상 달리 해석되지 않는 한 그 속이나 종의 어린 것도 포함된다.
주: 2. 이 류에는 다음 각목을 제외한 모든 살아있는 동물이 포함된다.
가. 0301, 0306, 0307, 0308호의 어류, 갑각류, 연체동물과 그 밖의 수생무척추동물
나. 제3002호의 미생물배양체와 기타의 동물
다. 9508호의 동물(회전목마, 그네, 실내사격연습용품과 기타 흥행장용품 및 순회서커스용, 순회 극장용의 용품)

2) 통칙 제2호

통칙 제1호에 따라 품목분류를 결정할 수 없는 것은 다음 각 목에 따른다.

(1) 통칙 제2호 가

각 호에 열거된 물품에는 불완전한 물품이나 미완성된 물품이 제시된 상태에서 완전 한 물품이나 완성된 물품의 본질적인 특성을 지니고 있으면 그 불완전한 물품이나 미완성된 물품이 포함되는 것으로 본다. 또한 각 호에 열거된 물품에는 조립되지 않거나 분해된 상태로 제시된 완전한 물품이나 완성된 물품(이 통칙에 따라 완전한 물품이나 완성된 물품으로 분류되는 것을 포함한다)도 포함되는 것으로 본다.

① 불완전 또는 미완성 물품을 완전 또는 완성된 물품으로 분류

불완전한 상태나 완성하지 않은 상태로 제시된 물품(예: 안장과 타이어가 없는 자전거)은 통칙 제2호 가목의 조건이 충족되고 그 호나 주에서 따로 규정한 것이 없는 한, 완전한 물품이나 완성한 물품과 같이 분류한다.

② 조립되지 않거나 분해하여 제시한 물품

조립되지 않거나 분해하여 제시한 물품(예: 조립되지 않거나 분해한 자전거로 모든 구성부품이 함께 제시한 경우)으로 그 안에 포함된 각 구성부품이 각각 해당하는 호에 분류될 수 있거나(예: 타이어, 이너튜브) 이들 물품의 "부분품"으로 분류될 수 있는 상

태로 제시한 물품은 통칙 제2호 가목의 조건이 충족되고 그 호나 주에서 따로 규정한 것이 없는 한, 완전한 물품이나 완성한 물품과 같이 분류한다.

이 통칙의 규정은 특정한 호에 열거하지 않은 반가공품(blanks)에도 적용한다. "반가공품(blanks)"이란 직접 사용할 수 있는 물품이 아니라 완성한 물품이나 부분품의 대체적인 모양이나 윤곽을 갖추고 있는 물품으로서 예외적인 경우를 제외하고는 오직 완성한 물품이나 부분품으로 완성하기 위하여만 사용될 수 있는 물품을 말한다. [예: 플라스틱(plastic)]으로 만든 관 형태를 가진 병 제조용 중간성형품으로서 한쪽은 막혀 있고 다른 쪽은 뚫려 있다. 뚫린 쪽은 뚜껑을 돌려 닫을 수 있도록 홈이 파져 있으며 홈이 파져 있는 밑 부분을 원하는 크기와 모양으로 팽창시킨 후 사용한다.

완성된 물품의 중요한 모양을 갖추고 있지 않은 반제품(semi-manufactures)(일반적으로 봉·디스크·관 등의 경우에 있어서와 같이)은 "반가공품(blanks)"으로 보지 않는다.

③ 미조립, 분해된 물품

이 통칙에서 "조립되지 않거나 분해한 상태로 제시된 물품"은 조립작업만이 연관됨을 전제로 하여 그 구성요소의 고정 장치(나사·너트·볼트 등)나, 예를 들면, 리벳팅이나 용접에 의하여 조립되는 물품을 말한다.

조립방법의 복잡성은 고려하지 않는다. 다만, 완성된 상태로 만들기 위해 구성요소가 더 이상의 작업을 거칠 필요가 없어야 한다. 완성되었을 때 그 물품이 필요로 하는 수를 초과하는 어떤 물품의 조립되지 않은 구성요소는 별도로 분류하여야 한다.

(2) 통칙 제2호 나(혼합·복합물품의 분류원칙)

통칙 제2호 나는 각호의 용어에 게기된 재료 또는 물질에 대한 3가지 형태의 물품, 즉 혼합물(mixtures)과 결합물(combinations) 및 특정한 재료나 물질로 구성된 물품(goods)에 관한 분류규정이다.

이는 각 호의 재료나 물질에는 당해 재료나 물질만으로 된 것뿐만 아니라 타 재료나 물질이 일부 혼합 또는 결합된 것도 포함되도록 규정하고 있다.

통칙 제2호 나목은 재료나 물질의 혼합물과 복합물 및 두 가지 이상의 재료나 물질

각 호에 열거된 재료, 물질에는 해당 재료, 물질과 다른 재료, 물질과의 혼합물 또는 복합물이 포함되는 것으로 본다. 특정한 재료, 물질로 구성된 물품에는 전부 또는 일부가 해당 재료, 물질로 구성된 물품이 포함되는 것으로 본다. 두 가지 이상의 재료나 물질로 구성된 물품의 분류는 이 통칙 제3호에서 규정하는 바에 따른다.

로 조성한 물품에 관한 규정이다.

이 규정에 관계되는 호는 특정의 재료나 물질을 열거한 호(예: 제0507호의 아이보리)와 특정의 재료나 물질로 조성한 것을 표시한 호[예: 제4503호의 천연의 코르크(cork) 제품]가 있다. 이 통칙은 호(號)나 이에 관련되는 부(部)나 류(類)의 주(註)에 별도의 규정이 없는 경우로 한정하여 적용한다[예: 제1503호의 라드기름(lard-oil), 혼합하지 않은 것으로 한정한다].

3) 통칙 제3호

이 통칙 제1호부터 제3호까지에 따라 분류할 수 없는 물품은 그 물품과 가장 유사한 물품이 해당되는 호로 분류한다.

> 가. 가장 구체적으로 표현된 호가 일반적으로 표현된 호에 우선한다. 다만, 둘 이상의 호가 혼합물이나 복합물에 포함된 재료나 물질의 일부에 대해서만 각각 규정하거나 소매용으로 하기 위하여 세트로 된 물품의 일부에 대해서만 각각 규정하는 경우에는 그 중 하나의 호가 다른 호보다 그 물품에 대하여 더 완전하거나 상세하게 표현하고 있다 할지라도 각각의 호를 그 물품에 대하여 동일하게 구체적으로 표현된 호로 본다.

(1) 통칙 제3호 가(협의 품명 분류원칙)

어느 물품이 둘 이상의 호에 분류 가능한 경우에는 그 중의 호에서 가장 협의로 표현된 호가 일반적으로 표현된 호에 우선하여 분류하여야 한다는 원칙이다.

분류하여야 할 물품에 관하여 어떤 호가 다른 호보다 더 구체적으로 표현한 호인지 아닌지를 결정할 수 있는 엄밀한 규정을 설정하는 것은 곤란한 일이나, 일반적으로 다음에 따라 정할 수가 있다.

① 물품명으로 열거하는 것은 종류로 열거하는 것보다 더 한정적인 의미를 지니고 있다(예: 전동기를 갖춘 면도기와 이발기는 제8510호로 분류하므로, 전동기를 갖춘 수지식 전동공구로 보아 제8467호에 분류하거나 전동기를 갖춘 가정용 전기기기로 보아 제8509호에 분류해서는 안 된다).

② 만약 특정 물품의 어느 품명이 그 물품을 좀 더 분명히 표현하고 있는 경우 그 품명은 그 물품을 좀 더 불완전하게 표시하고 있는 품명보다 더욱 구체적이다. 후자 범주의 물품 예로는 다음과 같은 것이 있다.

ⓐ 자동차용의 것으로 인정할 수 있는 방직용 섬유로 만든 터프트한(tufted) 양탄자는 제8708호의 자동차 부속품으로 분류할 것이 아니라, 그들을 양탄자로서

보다 구체적으로 규정하고 있는 제5703호에 분류하여야 한다.

ⓑ 강화유리나 접합유리로 구성된 틀에 끼우지 않은 안전유리로서 항공기용의 것으로 인정할 수 있는 모양을 하고 있는 것은 제8801호부터 제8802호의 물품의 부분품이 해당되는 제8803호에 분류할 것이 아니라, 안전유리로서 보다 구체적으로 규정하고 있는 제7007호에 분류하여야 한다.

(2) 통칙 제3호 나(주요 특성 분류원칙)

나. 혼합물, 서로 다른 재료로 구성되거나 서로 다른 구성요소로 이루어진 복합물과 소매용으로 하기 위하여 세트로 된 물품으로서 가목에 따라 분류할 수 없는 것은 가능한 한 이들 물품에 본질적인 특성을 부여하는 재료나 구성요소로 이루어진 물품으로 보아 분류한다.

통칙 제3호 가(가장 협의로 표현된 호가 일반적으로 표현된 호에 우선하여 분류)에 따라 분류할 수 없는 경우에는 구성재료 또는 구성요소 중 본질적인 특성을 부여하는 호의 것으로 분류하여야 한다는 원칙이다.

통칙 제3호 나목에 따라 분류하는 세트의 실례는 다음과 같다.

① 제1602호에 분류 : 빵 사이에 쇠고기를 넣은 샌드위치(치즈를 넣었는지에 상관없다)(제1602호)와 포테이토 칩(potato chips)[프렌치 후라이(french fries)](제2004호)를 같이 포장한 세트

② 제1902호에 분류: 스파게티 요리를 준비할 때 같이 사용하기로 예정된 조리하지 않은 스파게티의 꾸러미(제1902호)·잘게 갈은 치즈(제0406호)·토마토소스(tomato sauce)의 작은 깡통(제2103호)으로서 카톤(carton)에 넣은 것

ⓐ 제8510호에 분류 : 한 쌍의 전기식 이발기(electric hair clippers)(제8510호)·빗(제9615호)·한 쌍의 가위(제8213호)·브러시(제9603호)·직물제타월(제6302호)로 구성되어 있고, 가죽제 케이스(제4202호)에 넣은 이발용 세트

ⓑ 제9017호에 분류 : 자(제9017호)·계산반(제9017호)·제도용컴퍼스(제9017호)·연필(제9609호)·연필깎기(제8214호)로 되어 있고 플라스틱시트로 만든 케이스(case)(제4202호)에 넣은 제도용 키트

위에서 규정한 '세트(set)'의 경우·구성요소나 함께 조합된 구성요소들에 따라 분류하여야 하는데, 전체로 볼 때 그들이 그 세트의 본질적인 특성을 부여하고 있는 것으로 간주될 수 있는 것이어야 한다.

통칙 제3호 나목은 함께 조합해서 구성된 물품 중 특정의 것에는 적용하지 않는다. 새우통조림(제1605호) · 빠뜨드파(patedefoie) 통조림(제1602호) · 치즈통조림(제0406호) · 엷게 썰은 베이컨통조림(제1602호) · 칵테일소시지통조림(제1601호) 제2208호의 증류주 1병과 제2204호의 포도주 1병 각 물품들은 그 나름대로 적절한 호에 별도 분류하여야 한다.

표 5-11 소매용 세트 물품 요건

가. 일견(prima facie) 서로 다른 호에 분류될 수 있을 것으로 보이는 최소한 둘 이상이 서로 다른 물품으로 구성되어야 한다. 따라서 예를 들면, 6개의 폰듀 포크(fondue forks)는 이 통칙에서 의미하는 세트로 간주할 수 없다. 나. 어떤 요구를 충족시키기 위해서나 어떤 특정의 활동을 행하기 위해 함께 조합한 제품이나 물품으로 구성되어야 하며 다. 재포장 없이 최종 사용자에게 직접 판매하는데 적합한 방법으로 조합한 것(예: 상자나 케이스 속이나 판 위에 등)
"소매 판매"는 추가 제조·조제·재포장·다른 물품과 함께 또는 다른 물품 안에 혼합한 이후 재판매하도록 한 제품의 판매를 포함하지 않는다. 따라서 "소매용으로 하기 위하여 세트로 된 물품"이라는 용어는 개별 물품들이 함께 사용될 예정인 경우에 최종 사용자에게 판매될 물품으로 구성된 세트만을 포함한다. 예를 들면, 어떤 즉석요리를 조제할 때 함께 사용될 여러 가지의 식료품을 함께 포장하여 구매자에 의하여 소비될 예정인 경우 "소매용으로 포장된 세트"라고 할 수 있을 것이다.

(3) 통칙3호 다(최종호 분류원칙)

다. 가목이나 나목에 따라 분류할 수 없는 물품은 동일하게 분류가 가능한 호 중에서 그 순서상 마지막 호로 분류한다.

통칙 제3호 가 및 통칙 제3호 나의 호에 분류할 수 없는 경우에 적용되는 통칙 제3호의 마지막 규정으로서 동일하게 분류 가능한 둘 이상의 호 중 최종호에 분류하여야 한다는 원칙

4) 통칙 제4호

이 통칙 제1호에서 제3호까지에 따라 분류할 수 없는 물품은 그 물품과 가장 유사한 물품이 해당되는 호로 분류한다.

5) 통칙 제5호

(1) 가. 케이스 등의 분류원칙

가. 사진기, 케이스, 악기 케이스, 총 케이스, 제도기 케이스, 목걸이 케이스와 이와 유사한 용기는 특정한 물품이나 물품의 세트를 달을 수 있도록 특별한 모양으로 되어있거나 알맞게 제조되어 있고 장기간 사용하기에 적합하며 그 내용물과 함께 제시되어 있어 그 내용물과 함께 정상적으로 판매되는 종류의 물품인 때에는 그 내용물과 함께 분류한다. 다만, 용기가 전체 물품에 본질적인 특성을 부여하는 경우에는 그렇지 않다.

(사례) • 신변장식용품 상자와 케이스(case)(제7113호)
- 전기면도기 케이스(제8510호)
- 쌍안경·망원경 케이스(제9005호)
- 악기의 케이스·상자·가방(제9202호)
- 총 케이스(gun case)(제9303호)

그러나 차가 담겨 있는 은으로 된 캐디(통)나 단 과자가 담겨있는 장식용 도자기와 같은 용기에는 이 통칙이 적용되지 않는다.

(2) 나. 포장재료, 포장용기 분류원칙

나. 가목에 해당하는 것은 그에 따르고, 내용물과 함께 제시되는 포장재료와 포장용기는 이들이 그러한 물품의 포장용으로 정상적으로 사용되는 것이라면 그 내용물과 함께 분류한다. 다만, 그러한 포장재료나 포장용기가 명백히 반복적으로 사용하기에 적합한 것이라면 그렇지 않다.

이 통칙은 그들과 관련된 물품의 포장을 위해 정상적으로 사용하는 종류의 포장재료와 포장용기의 분류에 관해서 적용한다.

그러나 이 규정은 포장재료나 포장용기로서 명백히 반복적으로 사용하기에 적합한 것이라면 적용되지 않는다(예: 어떤 종류의 금속으로 만든 드럼이나 압축이나 액화가스용의 철강으로 만든 용기).

6) 통칙 제6호(소호의 분류원칙)

6. 법적인 목적상 어느 호 중 소호의 품목분류는 같은 수준의 소호들만을 서로 비교할 수 있다는 점을 조건으로 해당 소호의 용어와 관련 소호의 주에 따라 결정하며, 위의 모든 통칙을 준용한다. 또한 이 통칙의 목적상 문맥에서 달리 해석되지 않는 한 관련 부나 류의 주로 적용한다.

(1) 동일한 수준의 소호들만을 서로 비교하는 것을 조건

4단위호가 결정된 후에 5단위 또는 6단위의 소호를 결정하기 위해서는 이들 호에 속한 동일한 소호들만을 서로 비교하여야 한다는 것을 조건으로 한다.

(사례) 수지식공구의 소호 분류

(2) 소호의 분류는 소호의 용어와 관련 소호 주에 따라 분류

(3) 통칙 제1호 내지 제5호의 규정을 준용

(4) 관련 부 및 류의 주도 적용

소호를 분류함에 있어 관련 부 및 류의 주도 적용한다. 그러나 이 통칙의 '문맥상 달리 규정한 경우를 제외하고 관련 부 및 류의 주도 적용한다'에서 '문맥상 달리 규정한 경우'라 함은 소호 주 또는 소호의 용어와 관련 부 또는 류의 주가 서로 다른 내용으로 되어 있는 경우를 지칭하는 것으로서 이때는 소호 주 또는 소호의 용어를 우선 적용하여야 한다.

호의 분류원칙이 통칙 제1호 내지 제5호와 같다면 '소호'의 분류원칙도 역시 이와 같아야 분류의 일관성과 논리성을 지닐 것이므로 위 (2) 내지 (4)의 원칙은 당연하다. 또한 하나의 수출입물품의 품목분류를 결정함에 있어 여러 통칙이 동시에 적용되는 경우도 빈번하다.

| 표 5-12 | 소호의 구분

□ PP BAG과 중간벌크컨테이너(HS6305호)

1. 관세율표

구분	기본	WTO	E1	E2	E3	FCN1
6305 포장용의 빈 포대						
6305.32-0000 중간벌크컨테이너	8%	13%	-	0%	0%	0%
6305.33-0000 기타	8%	13%	4.0%	1.3%	0%	4% 0%

※ E1 : 아·태무역협정세율, E2: 아·태-방글라데시협정세율, E3: 아·태-라오스양협정세율
FCN1: 중국 FTA 협성세율

2. 관세율표해설서

63.05 해설 - 포장용 빈 포대

이 호에는 수송·저장·판매용의 상품을 포장하는데 일반적으로 사용하는 종류의 방직용 섬유로 만든 포대(sacks·bags)를 분류한다.

이 제품들은 여러 가지 크기와 모양의 것이 있는데, 특히 신축성이 있는 중간 벌크 컨테이너, 석탄·곡물·밀가루·감자·커피·이와 유사한 물품을 넣는 자루, 우편 백(mail bag)과 상품의 견본을 우편으로 보내는데 사용하는 조그마한 백(bag)을 포함한다. 또한 이 호에는 차봉지(tea sachets)와 같은 물품을 포함한다.
부대(bale) 포장으로 사용한 후에 회수한 포장용 포(packing cloths)로서 가장자리는 거칠고 헐겁게 꿰매어져 있으나 포대(sacks·bags)용(완성이나 미완성의 것)으로 되어있지 않은 것은 이 호에서 제외한다(제6307호).

소호 제6305.32호 해설

신축성이 있는 중간 벌크 컨테이너는 대개 폴리프로필렌(polypropylene)이나 폴리에틸렌 직물(polyethylene)로 만들며 일반적으로 중량이 250kg으로부터 3,000kg까지의 수용능력을 갖고 있다. 이들 컨테이너는 상단 네 개의 코너에 리프팅 스트랩(lifting straps)을 가지고 있으며 윗부분과 밑 부분에 적재와 하역을 용이하게 할 수 있는 오프닝을 갖추고 있다. 이들 컨테이너는 일반적으로 건조물과 유동물질을 포장·저장·운송·핸들링 하는데 사용한다.

3. PP BAG

일반적으로 피피 마대라 불리며 시폭이 약 2mm 내외의 폴리프로필렌 스트립으로 직조한 모양의 방직용 섬유제 bag으로 곡물, 모래 등을 포장·저장·운송 및 핸들링하는데 사용.

구분	중간벌크컨테이너	PP BAG
단가	USD 2 ~8/pc	USD 1/pc 이하,
중량	700 ~ 5,000g/pc	40 ~ 100g/pc
규격	90×90×140cm, 1.98kg/pc ⇒ 90×122cm, 2.0kg/pc	90×105cm, 70g/pc
형태		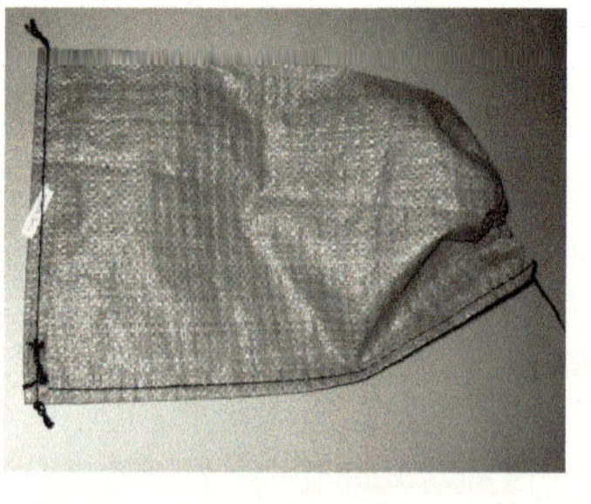

(5) 관세율표의 해석에 관한 통칙 제6호

통일상품명 및 부호체계에 관한 국제협약(HS협약)의 부속서인 품목분류표는 HS 6단위 소호체계로 구성되어 있는 반면에 관세법 제50조 제1항 별표인 관세율표는 4단위 번호에 세목과 세율로 구성되어 있어 형식상 차이점이 있다. 이러한 이유에 따라 관세율표에서는 HS 협약에 의한 통칙 제6호를 적용할 수 없다.

그러나 관세율표가 4단위 번호에 세목과 세율로 구성되어 있다 하여도 무역통계목적 등에 사용되는 관세. 통계통합품목분류표의 운영에 있어서는 HS협약 제3조(체약국의 의무) 제1항에 의거 HS 6단위 소호 분류체계를 따라야 한다.

이에 따라 관세율표의 해석에 관한 통칙 제6호에서는 HS협약상 소호 분류규정인 HS 해석에 관한 통칙 제6호를 적용할 수 있도록 법률적 효력을 부여하고 있다.

7) 통칙 제7호 (국내통칙)

이 관세율표에 규정되지 아니한 품목분류에 관한 사항은 통일상품명 및 부호체계에 관한 국제협약에 따른다.

3. HS 통칙 요약 및 적용순서

표 5-13 HS 통칙 요약 및 적용순서

<table>
<tr><th>순서</th><th colspan="2">통칙명</th><th>내용</th><th>비고</th></tr>
<tr><td>1</td><td colspan="2">통칙 1</td><td>① 호의 용어에 의한 분류
② 부와 류의 주에 의한 분류</td><td>최우선 분류원칙</td></tr>
<tr><td rowspan="2">2</td><td rowspan="2">통칙 2</td><td>가</td><td>① 불완전, 미완성물품의 분류원칙
② 미조립, 분해물품의 분류원칙</td><td rowspan="6">종속적 분류원칙</td></tr>
<tr><td>나</td><td>단일물품과 혼합물품의 분류원칙</td></tr>
<tr><td rowspan="3">3</td><td rowspan="3">통칙 3</td><td>가</td><td>협의 품명 분류원칙</td></tr>
<tr><td>나</td><td>주요 특성 분류원칙</td></tr>
<tr><td>다</td><td>최종호 분류원칙</td></tr>
<tr><td>4</td><td colspan="2">통칙 4</td><td>유사물품 분류원칙</td></tr>
<tr><td rowspan="2">5</td><td rowspan="2">통칙 5</td><td>가</td><td>케이스 등의 분류원칙</td><td rowspan="4">보완적 분류원칙</td></tr>
<tr><td>나</td><td>포장재료, 포장용기 분류원칙</td></tr>
<tr><td>6</td><td colspan="2">통칙 6</td><td>소호의 분류원칙</td></tr>
<tr><td>7</td><td colspan="2">통칙 7</td><td>HS협약 준용 원칙</td></tr>
</table>

4. 품목분류 사전심사 신청제도

특정물품을 수출입하려는 자, 수출할 물품의 제조자 및 관세사는 수출입신고를 하기 전에 해당 물품에 적용될 품목분류를 사전심사하여 줄 것을 관세평가분류원장(이하 평가분류원장)에게 신청할 수 있다.

1) 품목분류 사전심사 신청 시 제출서류

(1) 품목분류 사전심사 신청서

(2) 신청 대상물품의 견본

(3) 제조회사의 성분표, 제조사양 설명서 등

(4) 용도설명서 및 아래의 물품설명서

① 농산물, 조제품, 원재료는 구성성분의 역할 등에 대한 설명서

② 기계류 및 기기는 구성기기 명칭과 기능, 작동원리 등에 대한 설명서

2) 신청서 반려

평가분류원장은 보정을 요구하는 경우 20일 이내의 기간을 정하여 보정할 사항, 보정을 요구하는 이유, 보정할 기간, 그 밖에 필요한 사항을 기재한 문서를 우편, 전자메일 또는 팩스 등으로 보내야 한다.

평가분류원장은 신청인이 기간 내에 보정서류를 제출하지 아니한 경우 20일 이내의 기간을 정하여 재보정을 요구하여야 한다. 다만, 제1항의 보정요구를 받은 신청인이 보정에 필요한 기간과 사유를 명시하여 기간연장을 요청하는 경우에는 이를 고려하여 재보정 기간을 정할 수 있다.

아래에 해당하는 경우에는 그 이유를 명시하여 접수된 신청서를 반려할 수 있다.

(1) 농산물 혼합물로서 제조공정이 규격화되어 있지 아니하여 성분. 조성의 일관성 확보가 곤란한 물품

(2) 냉장, 냉동 물품과 같이 운송수단 및 저장방법 등에 따라 상태가 달라질 수 있는 물품

(3) 중앙관세분석소에서 분석이 곤란한 물품. 다만, 신청인이 다른 기관에 시험분석을 의뢰하는 것을 분류원장이 중앙관세분석소장과 협의한 후 인정하는 경우에는 그러하지 아니하다.

(4) 재보정 요구를 받은 신청인이 지정된 기간 내에 보정자료를 제출하지 아니한 경우

(5) 신청인으로부터 반려요청이 있는 경우

(6) 범칙조사나 불복 또는 행정소송 등이 진행 중인 물품
(7) 분석수수료를 납부하지 아니하는 경우
(8) 분석수수료를 납부하지 아니한 자가 사전심사를 신청하는 경우
(9) 그 밖에 분류원장이 품목분류를 심사하기에 부적합하여 신청서 반려가 필요하다고 판단되는 경우

3) 견본제출 생략

평가분류원장은 물품의 성질상 견본을 제출하기 곤란한 경우로서 견본이 없어도 품목번호의 결정에 지장이 없고, 해당 물품의 통관 시에 세관장이 수출입신고된 물품과 품목분류 사전심사된 물품이 같은 물품임을 확인할 수 있다고 인정되는 경우에는 그 견본의 제출을 생략하게 할 수 있다.

4) 처리기간

사전심사 및 재심사 처리기간은 신청서를 접수한 날부터 30일로 한다. 다만, 사전심사는 아래의 어느 하나에 해당되는 경우 그 처리기간을 15일로 한다.

(1) 해외 관세당국 등의 FTA 원산지 검증확인에 따른 신속한 품목분류를 요청하는 경우
(2) 신청인이 선적 등의 사유로 수출입신고가 임박하여 신속히 심사해 줄 것을 요청하는 경우
(3) 신청인이 품목분류 사전심사 처리 지연시 막대한 경제적 불이익이 예상되어 신속히 심사하여 줄 것을 요청하는 경우

| 표 5-14 | 품목분류 사전회시 결과

0402.21-1000 구분: 사전회시 분석47260-1347

1. 품 명 : Bovine colostrum powder Imucalf
2. 물품설명 :
   어미 소가 새끼를 분만 후 나오는 초유를 분무건조한 담황색 분말.(Net 100g 소매포장)
3. 분류이유 : 관세율표 제4류 주1에서 "'밀크'라 함은 전유 또는 탈지유(일부 또는 완전 탈지한 것)을 말한다"라고 규정되어 있고 제0402호에는 천연 밀크를 농축한 밀크가 분류됨. 동 물품은 어미 소가 새끼를 분만 후 나오는 초유를 단순히 건조한 전지분유이므로 용도(식용인지 여부 불문)및 조성성분 함량에 관계없이 HSK 0402.21-1000호에 분류한다.
4. 등록정보 : 0000년 0월 00일

Chapter 06

수입신고서 작성

제1절 수입신고서 작성 개요

신고는 사인이 공법적 효과의 발생을 목적으로 행정주체에 대하여 일정한 사실을 알리는 행위이며 행정청이 이를 수리함으로써 법적 효과가 발생한다.

그런데 이러한 신고는 물품을 수입하려는 자의 단순한 의사표시로서 해도 되고 하지 않아도 되는 자유의사가 아니고 반드시 해야 하는 의무사항이다. 관세법 제241조는 물품을 수출·수입 또는 반송하려는 자는 해당 물품의 품명·규격·수량 및 가격과 그 밖에 대통령령으로 정하는 사항을 세관장에게 신고하여야 한다고 명시하고 있다.

그리고 동법 시행령 제246조 제2항에는 수입신고를 할 때는 반드시 법령에서 정한 서식과 방식에 따라 작성하여 세관장에게 제출하도록 하고 있으며 수입신고서는 법적 서식이다.

수입신고서는 전체 69개 항목으로 여기에는 화물정보, 수입거래자 정보, 물류정보, 물품정보, 품목분류번호와 과세가격 정보, 납부세액, 기타 사항으로 구성되어 있다.

수입신고는 물품의 종류, 과세가격, 납부세액 등을 세관에 신고하는 행위로서 수입신고일이 법령적용 시점의 기준이 됨은 물론 과세환율적용의 기준이 된다.

세관장은 대통령령으로 정하는 물품을 수입하거나 반송하는 자가 법령에서 정한 기간 내에 수입 또는 반송의 신고를 하지 아니한 경우에는 가산세를 부여함으로써 신고의 강제성을 부여하고 있으며 신고수리가 되면 수입신고서는 5년간 화주가 보관하여 과세의 근거 및 성실신고 여부를 사후에 확인하는 근거자료가 된다.

수입신고서는 상단에 처리기간을 3일로 명시하고 있으며 이 기간을 초과할 때는 반드시 그 사유와 함께 그 결과를 신고인에게 알려주어야 한다. 제일 하단에는 수입신고서 처리 담당 세관 담당과와 신고서 번호가 기록된다.

(별지 제1-3호) 작성예(제12조 제1항 관련)

(갑 지)

관세청 전자통관시스템 UNI-PASS

수 입 신 고 서

※ 처리기간 : 3일

①신고번호	②신고일	③세관.과	⑥입항일	⑦전자인보이스 제출번호
④B/L(AWB)번호	⑤화물관리번호		⑧반입일	⑨징수형태

⑩신 고 인 ⑪수 입 자 ⑫납세의무자 (주소) (상호) (전화번호) (이메일주소) (성명) ⑬운송주선인 ⑭해외거래처	⑮통관계획	⑲원산지증명서 유무	㉑총중량
	⑯신고구분	⑳가격신고서 유무	㉒총포장갯수
	⑰거래구분	㉓국내도착항	㉔운송형태
	⑱종류	㉕적출국	
		㉖선기명	
	㉗MASTER B/L 번호		㉘운수기관부호
㉙검사(반입)장소			

● 품명·규격 (란번호/총란수 : 999/999)

㉚품명 ㉛거래품명	㉜상 표

㉝모델·규격	㉞성분	㉟수량	㊱단가(XXX)	㊲금액(XXX)

㊳세번 부호		㊵순중량		㊸C/S 검사		㊺사후확인기관
㊴과세가격(CIF)		㊶수량		㊹검사변경		
		㊷환급물량		㊻원산지		㊼특수세액
㊽수입요건확인 (발급서류명)						

㊾세종	㊿세율(구분)	51감면율	52세액	53감면분납부호	감면액	* 내국세종부호

54결제금액(인도조건-통화종류-금액-결제방법)			56환율	
55총과세가격	57운임	59가산금액	64납부서번호	
	58보험료	60공제금액	65총부가가치세과표	

61세 종	62세 액	※신고인기재란 - 전화번호 - 이메일주소	66세관기재란
관세			
특소세			
교통세			
주세			
교육세			
농특세			
부가세			
신고지연가산세			
미신고가산세			
63총세액합계		67담당자	68접수일시 / 69수리일자

세관·과 :신고번호: Page :

제2절 수입신고서 작성요령

1. 화물정보

물품의 화물정보는 수입물품의 국내 입항과 반입에 대한 정보를 제공한다. 화물의 B/L 번호 및 화물관리번호에 의해 수입물품의 존부와 화물의 기본사항을 알게 된다.

만약 화물이 없는데도 불구하고 수입신고가 되면 신고의 원천적 무효행위로서 각하사유가 되며 세관에서 원인규명과 함께 고의성 여부에 따라 조사사항이 될 수 있다. 그러나 출항전신고나 입항전신고처럼 화물이 국내 도착 전에 미리 신고하였으나 실제 화물이 도착하지 아니한 경우에는 고의성이 없는 경우로 신고각하로 처리되며 실제 화물 반입시 세관 검사사유가 된다.

화물을 선적하였음에도 불구하고 B/L No가 없는 것은 무적화물로서 밀수입행위가 되며 관세형벌 대상이 될 수 있다.

화물정보는 제1항에서부터 8항까지이며 9항에는 징수형태가 포함되어 있다.

1) 화물정보

①신고번호	②신고일 YYYY/MM/DD	③세관.과	⑥입항일 YYYY/MM/DD	⑦전자인보이스 제출번호
④B/L(AWB)번호	⑤화물관리번호		⑧반입일 YYYY/MM/DD	⑨징수형태

2) 작성요령

항목	작성요령
① 신고번호 - 신고인부호 - 연도 - 일련번호 - 구분	신고인부호, 연도, 일련번호, 구분을 기재전자문서: 4341115101246M 서류: 43411-15-101246M - 수입신고인 부호기재(통계부호표 참조) - 신고년도 기재 - 신고인이 관리하는 연노별 일련번호로서 중복될 수 있음(일련빈호(6) + 신고서식부호(1))
②신고일	○ 신고일자를 기재, 예) 전자문서:20010201 서류: 2001/02/01
③ 세관-과 - 세관부호 - 과부호	○ 통관지 세관 및 과부호를 기재 - 통계부호표 참조 *수입신고전 물품반출신고후 수입신고하는 경우에는 반출신고세관의 세관 및 과부호를 기재

항목	작성요령
④ B/L(AWB)번호	ㅇ House단위의 B/L(AWB)번호 및 분할수입신고 여부 - 국내로 반입되는 물품이 B/L번호가 없는 경우 공란으로 함
⑤ 화물관리번호 - MRN - MSN - HSN	ㅇ 적하목록상의 화물관리번호 기재 - 적하목록 관리번호(Manifest Reference No) - Master B/L(AWB) Sequence No. 4자리 기재 - House B/L(AWB) Squence No. 4자리 기재
⑥ 입항일	ㅇ 입항일자를 기재 * 출항전·입항전 신고시 입항일자는 입항예정일을 전송
⑦ 전자인보이스 제출번호	ㅇ 전자인보이스 제출번호 기재
⑧ 반입일	ㅇ 통계부호표상의 징수형태부호를 기재 * 접수통보 이후에는 징수형태 부호 변경 제한(징수형태부호 첫째자리 변경 불가 등) * 수입신고전 물품반출신고한 물품을 수입신고기한을 경과하여 수입신고하는 경우에는 부과고지 징수형태 부호 기재

2. 수입거래자 정보

수입거래자 정보는 수입물품과 관련된 물류 공급망상의 당사자들에 대한 사항이다.

신고인과 수입자, 납세의무자에 대한 인적사항과 함께 해외통관정보 및 해외거래자와 납세자 관계, 결제 여부, 검사대상선별 등을 파악하기 위해 송품장을 실제 발행하거나 무역 거래하는 해외거래처, 그리고 물품을 운송주선한 운송주선인이 포함되어 있다.

신고서에 등록된 업체의 정보는 개인정보의 보안이 요구되는 사항으로서 세관내부용으로만 사용하여야 하며 임의적으로 이러한 정보를 유출할 때는 그 당사자는 책임을 지는 문제가 발생한다.

1) 신고항목

⑩ 신고인 ⑪ 수입자 ⑫ 납세의무자 ⑬ 운송주선인 ⑭ 해외거래처

2) 작성요령

항목	작성요령
⑩ 신고인	○ 신고인 상호와 대표자 성명을 기재 – 관세사인 경우 신고인 상호와 관세사 성명 기재 – 자가통관업체인 경우 신고인 상호와 대표자 성명 기재
⑪ 수입자 – 수입자상호 – 수입자부호	○ 수입자 관련사항 기재 – 수입자상호 또는 성명 기재 – 수입자와 납세의무자가 동일한 경우 : A – 수입자와 납세의무자가 상이한 경우 : B *전자상거래물품은 수입자 구분부호 생략 불가
⑫ 납세의무자 – 소재지 부호, 주소, 상호, – 전화번호, – 이메일 주소, – 성명, 통관고유부호, 사업자등록 기재	○ 납세의무자 관련사항 기재 – 납세의무자의 주소지 우편번호 5자리 기재 – 납세의무자의 주소, 상호, – 연락 가능한 전화번호, – 이메일 주소, 납세의무자의 성명을 기재, – 관세청장이 지정한 통관 고유부호를 기재, 국세청장이 지정한 사업자등록번호 기재
⑬ 운송주선인 – 상호 – 부호	○ 운송주선인(포워더) 관련사항 기재 – 운송주선인 상호 기재 – 세관에 등록된 화물운송 주선업자 부호 기재 * 가격신고(운임)와 직접 관련있는 운송주선인 기재 원칙
⑭ 해외거래처 – 상호 – 국가 – 부호	○ 해외거래처 관련사항 기재 –해외거래처 [송품장상의 매도자(Seller)] 상호 기재 –해외거래처 국가부호(ISO코드) 기재(통계부호 참조) –관세청장이 부여한 해외거래처부호 기재

3. 통관정보

이 란에는 신고의 구분에 따른 통관계획과 함께 거래구분이 통계부호로서 표시된다. 거래구분은 대외지급의 원인행위로서 국내 물품 반입의 대외무역법상 거래의 성격을 나타낸다. 또한 물류의 정보로서 적출국, 국내도착항, 운송형태, 선명, MASTER B/L 번호, 반입장소 등이 있다.

1) 신고항목

<table>
<tr><td>⑮통관계획</td><td>⑲원산지증명서 유무</td><td>㉑총중량</td></tr>
<tr><td>⑯신고구분</td><td>⑳가격신고서 유무</td><td>㉒총포장갯수</td></tr>
<tr><td>⑰거래구분</td><td>㉓국내도착항</td><td>㉔운송형태</td></tr>
<tr><td rowspan="2">⑱종류</td><td colspan="2">㉕적출국</td></tr>
<tr><td colspan="2">㉖선기명</td></tr>
<tr><td>㉗MASTER B/L 번호</td><td></td><td>㉘운수기관부호</td></tr>
<tr><td colspan="3">㉙검사(반입)장소</td></tr>
</table>

2) 작성요령

항목	작성요령	작성 예
⑮통관계획 – 부호 – 설명	○ 통관계획 부호를 기재 – 통계부호표 참조 – 코드 설명(신고서 출력시)	
⑯신고구분 – 부호 – 설명	○ 신고구분 부호를 기재 – 통계부호표 참조 ① 일반수입신고서의 수입신고시에는 모두 'A'로 신고 ② 수입통관시스템에서 일반서류대상으로 지정된 경우에는 'B'로 자동처리됨	
⑰거래구분 – 부호 – 설명	○ 거래구분 부호를 기재 – 통계부호표 참조	
⑱종류 – 부호 – 설명	○ 수입송류 부호를 기재 – 통계부호표 참조 일반수입(외화획득용)	
⑲원산지증명서 유무	– 원산지증명서를 구비한 경우 : Y * 특혜관세(E, D, R, G, Y) 및 북한산물품중 비과세(U)를 적용하는 경우 발행번호, 발행국가, 발행기관, 발행일자 및 Tax ID No(FTA 적용물품에 한함) 기재 – 원산지증명서 제출면제 대상인 경우 : X – 세관장 확인대상이 아니거나 원산지증명서를 구비하지 못한 경우 : N	
⑳가격신고서 유무	○ 가격신고서 제출(전자문서전송) 여부를 기재 – 가격신고서 제출대상인 경우 : Y – 가격신고서 제출대상이 아닌 경우 : N	

항목	작성요령	작성 예
㉑총중량 – 중량 – 단위	ㅇ 신고물품의 총중량 – 신고물품의 총중량(포장용기포함, 단 반복사용 운반용기는 제외)을 기재 – 단위는 KG으로 기재	
㉒총포장갯수 – 갯수 – 종류	ㅇ 신고물품의 총포장개수 – 신고물품의 외포장 개수를 기재 – 신고물품의 포장종류 부호	
㉓국내도착항 – 부호 – 항구(공항)명	ㅇ 우리나라의 도착항(공항 및 항구) 부호 – 통계부호표 참조 – 공항 및 항구명(신고서 출력시)	
㉔운송형태 – 운송수단 – 운송용기	ㅇ 운송수단 및 운송용기 부호 – 운송수단 부호 기재(통계부호표 참조) – 운송용기 부호 기재(통계부호표 참조)	
㉕적출국 – 부호 – 국명	ㅇ 수입신고물품의 적출국 부호 – 적출국 부호 기재(통계부호표 참조), – 해당 국가명 약어(신고서 출력시) * 보세공장 및 수출자유지역은 KR(R.KOREA)로 기재	
㉖선(기)명 – 선(기)명 – 국적	ㅇ 수입물품을 적재한 선(기)명 및 국적 – 선박 또는 항공기명을 영문으로 기재 – 선박 또는 항공기 국적의 국가부호 기재	
㉗Master B/L번호	ㅇ 선사 또는 항공사가 발행한 Master B/L(AWB)번호 기재 – 입항전 신고물품으로서 화물관리번호를 확인할 수 없는 해상화물의 경우 필수 기재	
㉘운수기관부호	ㅇ 세관에 신고된 운항 선사 또는 항공사 부호를 기재 – 입항전신고물품으로서 화물관리번호를 확인할 수 없는 해상화물의 경우 필수 기재	
㉙검사(반입)장소	ㅇ 수입물품을 검사 또는 반입할 장소 – 검사 또는 반입장소의 보세구역부호와 화물의 장치위치를 18자리 이내로 기재 * 수입신고전 물품반출신고 후 수입신고하는 경우 물품반출 신고시의 화물 반입 보세구역부호 기재 –보세구역 명칭(신고서 출력시)	

4. 물품정보

물품정보에는 수입신고할 물품의 품명, 규격, 수량, 성분, 상표와 물품의 가격이 기재된다. 품명과 규격, 수량은 현품과 신고내용의 일치여부를 확인하기 위해 가장 중요한 항목이다. 만약 신고내용과 실제 품명, 가격이 틀린다면 허위신고로 조사사항이 된다.

수입통관사무처리에 관한 고시 별표 수입신고서 작성요령에는 물품정보에 대한 정의를 아래와 같이 규정하고 있다.

"품명"이라 함은 당해 물품을 나타내는 관세율표상의 품명을 말한다. 다만 관세율표상에 당해 물품을 나타내는 품명이 없는 경우에는 이를 나타낼 수 있는 일반적인 상품명을 말한다.

"거래품명"이라 함은 실제 상거래시 송품장에 기재되는 품명을 말한다.

"상표명"이라 함은 상품을 생산, 가공 또는 판매하는 것을 업으로 영위하는 자가 자기의 업무에 관련된 상품을 타인의 상품과 식별되도록 하기 위하여 사용하는 기호·문자·도형 또는 이들을 결합한 것과 기호·문자·도형에 색채를 결합한 것을 지칭하는 이름을 말한다.

"모델"이라 함은 생산방식·방법·타입·양식 등으로서 관세법 별표 관세율표(이하 "관세율표"라 한다)상의 품목분류·관세법 제226조에 따른 세관장확인 물품·관세환급·관세감면·과세가격 등의 심사에 영향을 미치는 사항을 말한다.

"규격"이라 함은 재질·가공상태·용도·조립여부·사이즈·정격전압·처리능력·생산년도 등으로서 관세율표상의 품목분류·관세법 제226조에 따른 세관장 확인물품·관세환급·관세감면·과세가격 등의 심사에 영향을 미치는 사항을 말한다.

"성분"이라 함은 당해 물품 구성성분의 종류 및 그 함량을 나타내는 것으로 관세율표상의 품목분류·관세법 제226조에 따른 세관장확인물품·관세환급·관세감면·과세가격 등의 심사에 영향을 미치는 사항을 말한다.

1) 신고항목

● 품명·규격 (란번호/총란수 :/)				
㉚품명 ㉛거래품명			㉜상 표	
㉝모델·규격	㉞성분	㉟수량	㊱단가( )	㊲금액()

2) 작성요령

항목	작성요령
◉란번호/총란수 – 란번호 – 총란수	– 품목별 란번호를 기재 – 당해 신고건의 총란수(신고서 출력시)
㉚품명	○ 당해물품을 나타내는 관세율표상의 품명을 영문으로 기재 – 관세율표상 품목번호 10단위에 당해 품명이 특게되어 있는 경우 이를 기재 – 10단위에 특게되어 있는 품명이 없는 경우에는 9단위부터 4단위까지 순차적으로 특게된 품명을 찾아 기재 (예) OPTICAL DISK DRIVE (8471.70-2039)… 9단위 ○ 부분품 및 부속품의 경우에는 「~PART」 또는 「PART FOR ~」로 일괄 기재하고 구체적인 품명은 모델·규격란에 기재
㉛거래품명	○ 거래품명이라 함은 실제 상거래시 송품장 등 무역서류에 기재되는 품명으로서 학명을 병기하여 기재할 수 있음 ○ 영어 이외의 외국어는 단순히 발음을 영자로 표기 – 품명: ELETRONIC GAMES(9504.90-2000) – 거래품명: TAMAGOCHI – 거래품명: PLATYCODI RADIX(도라지의 학명)
㉜상표 – 상표코드 – 상표명	○ 상표코드 – 관세청에 등록된 경우는 대표 상표코드를 기재, 미등록의 경우는 "ZZZZ"로 기재하고 상표가 없는 경우는 "XXXX"로 기재 ○ 상표명 – 상표가 있는 경우에는 실제 사용하는 상표명(한글 또는 영문)을 기재하고 상표가 없는 경우에는 "NO"로 기재 • "BRAND"라는 단어는 기재할 수 없음
◉표준품명코드	○ 표준화 품명이 있는 경우에는 실제 사용하는 표준품명 기재
◉합의세율신청 및 서류첨부 여부	○ 합의세율 신청 및 해당품목의 모델·규격의 일부만 입력하고 세부내역은 서류로 별첨(attach)할 것인지 여부 – 일부입력 : 'Y' – 전부입력 : 'N'
㉝모델·규격 – 규격번호 – 모델·규격	○ 모델명 기재방법 – 모델은 생산방식, 생산방법, 타입 등을 나타내는 부호로써 관세율표상의 품목분류, 세관장 확인대상 물품, 관세환급, 관세감면, 과세가격 등의 심사에 영향을 미치는 사항 기재한다. ○ 규격 기재방법 – 규격은 재질, 가공상태, 용도, 조립여부, 사이즈, 정격전압, 처리능력, 생산년도 등으로써 과세가격 등의 심사에 영향을 미치는 사항을 기재한다. *냉동홍어의 경우 냉동여부만 기재

항목	작성요령
	품명: SKATE(홍어, HS 0303.79-9093) 규격: FROZEN *엔진의 경우는 품목분류 등을 확인하여야 하므로 여러 가지 요소를 기재 품명: ENGINE 규격: GASOLIN ENGIN 2,500CC, FOR SEDAN, 1998YEAR
㉝모델·규격	ㅇ 규격의 유형별 기재사례 〈타입 기재사례〉 - 수평형, 수직형: VERTICAL, HORIZONTAL - 작동방식: PORTABLE, PNEUMATIC, HYDRAULIC - 제어방식: CNC, PLC, ATC
㉞성분	ㅇ 성분 기재방법 과세가격 등의 심사에 영향을 미치는 성분 및 함량을 기재한다.
㉟수량 - 수량 - 단위	ㅇ 해당 품목의 모델·규격별 수량 - 모델·규격별 수량을 소수점 이하 4자리까지 기재(소수점이하 5자리에서 반올림) - 실제 수량단위를 기재 - 담배는 그램, 전자담배는 밀리리터 단위에 해당하는 숫자 기재. 다만, 궐련담배(HS2402.20-)는 수량을 U(갑/20개피)로 단위를 환산하여 기재
㊱단가	ㅇ 해당 품목의 모델·규격별 단가를 결제통화 단위로 기재 - 정수 12자리, 소수점 이하 6자리까지 기재(소수점 이하 7자리에서 반올림) - 소수점 이하 숫자 중 '0000' 부분은 서류(신고서) 출력시 제외 - ','와 '.'을 포함하여 출력할 전체 자리수가 16자리를 초과할 경우 앞에서부터 16자리만 출력
㊲금액	ㅇ 해당 품목의 모델·규격별 금액을 기재 - 정수 12자리, 소수점 이하 4자리까지 기재(소수점 이하 5자리에서 반올림) - 소수점 이하 숫자 중 '0000' 부분은 서류(신고서) 출력시 제외 - ','와 '.'을 포함하여 출력할 전체 자리수가 16자리를 초과할 경우 앞에서부터 16자리만 출력

5. HS. 과세가격 정보

본 항목에는 HS 품목번호와 과세가격 정보가 기재된다.

HS는 품명에 대한 관세분류부호로서 관세율, 감면, 환급, 원산지표시대상, 수입요건대상 등 관세행정 전반에 그 영향을 미친다.

따라서 HS 부호를 중심으로 이루어지는 주요 항목들에 대한 사항들이 이 항목에 포함되어 있다.

1) 신고항목

㊳세번 부호		㊵순중량		㊸C/S 검사		㊺사후확인기관
㊴과세가격(CIF)		㊶수 량		㊹검사변경		
		㊷환급물량		㊻원산지	㊼특수세액	
㊽수입요건확인 (발급서류명)						
㊾세종	㊿세율(구분)	51감면율	52세액	53감면분납부호	감면액	* 내국세종부호
54결제금액(인도조건-통화종류-금액-결제방법)				55환 율		
56총과세가격		57운임		58가산금액		59납부서번호
		60보험료		61공제금액		62총부가가치세과표

2) 작성요령

항목	작성요령	작성 예
㊳세번부호	ㅇ 관세율표에 기재된 H.S.K. 10단위 품목번호를 기재 – 간이세번은 간이세율표에 기재된 세번을 기재(3단위)	
㊴과세가격 – 미화 – 원화	ㅇ 해당 품목의 과세가격 – 과세가격을 미화로 기재(CIF기준 USD) (소수점이하 첫째자리에서 올림) – 과세가격을 원화로 기재(소숫점 이하 제외)	
㊵순중량	ㅇ 물품의 포장용기를 제외한 순중량 – 관세율표에 게기된 당해 물품의 중량단위로 환산하여 기재 – 중량단위가 KG(I.C 등)인 경우에는 용기를 포함한 중량을 기재 ㅇ 단위는 KG으로 기재	
㊶수량	ㅇ 관세율표에 게기된 수량단위로 환산 기재 – 관세율표상에 중량단위만 있고 수량단위 부호가 특게되어 있지 않은 것은 기재하지 않음(중량만 기재) – 소수점 이하는 반올림하여 기재 ㅇ 관세율표에 게기된 수량단위를 기재 (U외 10개) CR : carat(카랏트) M: metres(미터) *수량단위가 U로 되어 있는 물품으로서 송품장 등에 수량이 나타나 있지 않거나 Packs으로 되어 있어 개개의 수량을 파악하기 불가능한 물품의 경우는 Packs(U)단위로 기재	
㊷환급물량	ㅇ HS별 표준수량과 관계없이 소요량	

항목	작성요령	작성 예
- 단위	계산시 실제 사용하는 단위로 환급사용 물량을 기재 (예 : ⑩항목 10DZ → ⑪항목 120PCS) - 소수점 이하 3자리까지 기재(소수점 이하 4자리에서 반올림) - 환급물량이 없는 경우에는 '0.000'으로 기재	
⑬C/S 검사 - 검사구분부호 - 설명	○ C/S결과 검사구분 부호 - 세관에서 접수통보한 C/S검사구분 부호를 기재 (출력시) - 검사구분 부호설명(출력시)	
⑭검사변경 - 부호 - 설명	○ C/S검사방법 변경 부호 - 세관에 의해 C/S검사방법이 변경되었을 때 변경된 검사방법 변경 부호(출력시) - 변경부호 설명(출력시)	
⑮사후확인기관 - 기관 1 - 기관 2 - 기관 3	○ 수입물품이 사후확인대상인 경우 당해 수입요건확인기관의 부호를 3개까지 기재 - 통계부호표 참조	
⑯원산지, 국가부호, 결정기준, 표시 유무, 표시방법, 표시면제사유	○ 원산지 결정 및 표시 관련사항 기재(통계부호표 참조) - 상품의 원산국(생산, 제조국) 국가부호 기재 - 원산지결정기준부호 기재, 원산지 표시유무 기재, 원산지 표시방법 기재 - 원산지표시 면제사유 기재	
⑰특수세액	○ 특수세액 계산근거 - 주정인 경우 알콜도수를 기재 - 비디오 테이프 등 분당으로 계산되는 종량세인 경우 란별 총분수 기재 - 내국세 4종 물품(귀금속, 모피, 양탄자, 고급가구 등)인 경우 기준가격 조과분 개수 또는 조 기재	
⑱수입요건확인 - 구분 - 요건승인번호 - 발급서류명 - 발급일자 - 법령부호	○ 타법령에 의한 수입요건확인 관련사항(법제226조) - '1' : 승인서 등, '2' : 검사/검역증 - 타법령에 의하여 수입요건에 대하여 허가·승인 등을 받은 요건확인서의 허가·승인 번호 - 통관단일창구를 통해 요건신청과 동시 또는 요건승인전에 신고할 경우 요건신청서 신청번호 - 수입요건 확인서류명	
●품목식별부호	○ 요건확인기관에 요건승인 신청시 부여되는 규격별 고유한 일련번호로서 수입신고서 모델·규격단위로 기재	
⑲세종	○ 관세와 각종 내국세의 종류를 순차적으로 기재	
⑳세율	관세율	

항목	작성요령	작성 예
	(단위당 세액), – 관세구분, – 관세액기준, – 내국세율, – 내국세 구분 – 세율구분 ○ 세종에 해당하는 세율구분과 세율을 기재 – 관세의 세율을 기재 – 종량세인 경우 세율 대신 단위당 세액 기재	
⑤①감면율	○ 해당 세목의 감면율을 기재	
⑤②세액	○ 각 품목별 해당 세액을 기재 – 원 미만은 절사하고 기재	
⑤③감면분납부호 – 감면분납부호	○ 감면분납부호 및 감면액 기재 – 관세인 경우 감면분납부호 기재(통계부호표 참조)	
◉내국세종부호	○ 내국세인 경우 내국세 세종부호를 기재 (통계부호표 참조)	
◉부가세과표 – 과세과표 – 면세과표	 – 부가세과세과표를 기재 – 부가세면세과표를 기재	
◉특송업체 C/S	○ 특급탁송물품의 경우 특송업체 자체 C/S결과를 기재, –'Y': 검사 'N': 생략	
⑤④결제금액 – 인도조건 – 통화종류 – 결제금액	○ 송품장 등의 내용에 근거하여 인도조건, 통화종류, 결제금액, 결제 방법 순으로 기재 – 인도조건은 INCOTERMS 코드를 기재 – 통화종류는 통계부호표상의 통화코드를 기재 – 금액은 통화종류에 따른 금액 기재(INCOTERMS 코드 이외에는 환산하여 기재 : 통계부호표 참조) – 결제방법부호 기재(통계부호표 참조)	
⑤⑤총과세가격 – 미화 – 원화	 – 신고서 총 과세금액을 미화로 기재 – 신고서 총 과세금액을 원화로 기재	
⑤⑥환율	○ 53번 항목의 통화종류에 대한 관세청 고시환율을 기재 *결제금액이 없는 경우에도 해당 환율은 기재	
⑤⑦운임 금액 – 통화종류	○ 운임에 대한 통화종류 및 금액을 기재 – 운임은 실제 지급한 운임을 원화로 환산하여 기재 – 통화종류는 "KRW" 기재	
⑤⑧보험료 – 금액 – 통화종류	○ 보험료에 대한 통화종류 및 금액을 기재 – 보험료는 실제 지급한 보험료를 원화로 환산하여 기재 – 통화종류는 "KRW" 기재	
⑤⑨가산금액 – 통화종류	○ 품목 전체에 영향을 미친 가산금액을 원화로 환산하여 기재 – 통화종류는 "KRW" 기재	

항목	작성요령	작성 예
⑥⓪공제금액 - 통화종류	○ 품목 전체에 영향을 미친 공제금액을 원화로 환산하여 기재 - 통화종류는 "KRW" 기재	
◉특송업체부호	○ 특송업체부호를 기재	
◉특별통관대상 업체부호	○ 특별통관대상업체 부호를 기재	
◉전자상거래유형	○ 해외직접구매 유형에 따라 구분하여 해당 부호를 기재 - 해외 판매자 직접구매 : A - 구매대행 : B - 배송대행 : C - 파악불가 : Z	
◉해외판매자 - 부호 - 상호	○ 해외 판매자 관련사항 기재 - 고유부호(관세청이 부여한 전자상거래업체 부호가 있는 경우) 또는 상호명(고유부호가 없는 경우)을 기재 * 「◉전자상거래유형」 항목이 'A', 'B', 'C' 인 경우 기재	
◉구매·배송 대행업자 - 부호 - 상호	○ 구매·배송대행업자 관련사항 기재 - 고유부호(관세청이 부여한 전자상거래업체 부호가 있는 경우와 세관에서 구매대행업자 등록부호를 발급받은 경우) 또는 상호명(고유부호가 없는 경우)을 기재 * 「◉전자상거래유형」 항목이 'B', 'C' 인 경우 기재	
◉판매중개자 - 부호 - 상호	○ 사이버몰 운영자가 판매자가 아닌 경우 사이버몰 운영자(통신판매중개자)의 고유부호(관세청이 부여한 전자상거래업체 부호가 있는 경우) 또는 상호명(고유부호가 없는 경우)을 기재	
◉주문번호	○ 사이버몰에서 주문할 때 생성 관리되는 주문번호를 기재 묶음배송 등으로 2개 이상일 경우 구분 기재 ※ 거래성보가 사전에 제공되는 물품의 경우 기재	

참고로 22.11.17. 「수입통관 사무처리에 관한 고시」 개정에 따라 23.5.1.(월)부터 전자상거래 물품의 수입신고 시 전자상거래 유형 등 항목이 추가되어 필수항목으로 해외직접구매 유형에 따라 해외 판매자 직접구매 : A, 구매대행 : B, 배송대행 : C, 파악불가 : Z로 구분하여 해당 부호를 필수적으로 기재하도록 하고 있다.

그리고 구매·배송대행업자, 해외판매자, 사이버몰 운영자 판매, 묶음 배송 등 관련사항도 부호를 구분하여 기재하도록 함으로써 전자상거래의 구매에 따른 통관관리와 통계 관리를 더욱 명확히 하고 있다.

6. 납부세액 정보

본 항목에는 신고내용에 대한 결과로서 관세와 각종 제세액이 표시된다. HS코드에 따른 관세율, 거래금액, 환율, 운임, 보험료 등이 정확히 기재되었다면 전산처리에 의해 자동으로 납부세액이 계산된다.

1) 신고항목

⑥①세종	⑥②세액
관 세	
개 별 소 비 세	
교 통 세	
주 세	
교 육 세	
농 특 세	
부 가 세	
신고지연가산세	
미 신 고 가 산 세	
⑥③총세액합계	

2) 작성요령

항목	작성 요령
⑥①세종(합계)	ㅇ 관세 및 내국세의 종류(출력시)
⑥②세액(합계)	ㅇ 세종별 세액합계를 기재
⑥③총세액합계	ㅇ 총 세액 합계를 기재

7. 참고사항

이 항목에는 검사상 필요사항이나 특이사항, 관세사가 세관에 알릴 기타 정보 등과 세관직원의 검사에 따른 특이사항, 파손, 과부족 등과 재수입에 따른 수출신고번호 등 참고사항이 들어가며 신고서 처리 담당자의 이름과 직원부호, 접수일자와 수리일자를 명기하게 하여 수입신고서 처리에 대한 담당 공무원의 정보가 기재된다.

1) 신고항목과 작성요령

항목	작성요령	
신고인기재란	ㅇ 관세사가 신고서 표시사항 또는 세관에 제공하는 정보를 구분하여 기재 - 관세사 기재 부호를 기재(통계부호표 참조) - 신고서에 출력하지 아니할 사항을 자유롭게 기재	
⑯세관기재란	ㅇ 의무이행요구사항 등 세관에서 필요한 사항 기재	
⑰담당자 - 성명 - 직원 부호	ㅇ 세관 심사담당자 성명 및 직원 부호 - 심사담당자의 성명을 기재 - 심사담당자의 직원 부호를 기재	
⑱접수일시	ㅇ 세관에서 접수통보한 접수일시를 기재	2019/02/01, 13:30
⑲수리일자	ㅇ 신고수리 일자 기재	2019/02/02

Chapter 07

보세화물제도

제1절 보세화물제도

1. 보세제도의 의의

보세라는 말은 보류된 관세 또는 관세유보의 줄임말로서 일반적으로 보세화물은 수입신고 수리미필, 관세 미납된 상태의 물품을 의미한다.

그러나 보세화물이라는 용어는 수입물품에만 사용되지 않는다. 예를 들어 수출물품은 수출신고가 수리된 이후에는 그 법적 성격이 외국물품이므로 수출신고 수리 후 외국무역선에 선적되어 출항할 때까지 보세화물로 취급된다.

그리고 환적화물은 수입물품도 수출물품도 아닌 단지 외국에서 선적되어 제3국으로 운송되는 화물로서 국내로의 불법유입을 방지하거나 원산지표시 위장 등 불법행위를 방지하기 위해 보세화물로 관리한다.

시중에서 흔히 상인들이 보세물품이라 하여 특별히 외국에서 들어온 물품임을 강조하면서 거래하는 경우도 있으나 이 때는 수입통관절차를 밟지 않는 물품, 즉 밀수물품을 의미하기도 한다.

이처럼 보세화물이라는 용어가 관세에만 국한되지 않고 여러 가지 중첩된 의미로 사용되고 있어 보세물품을 한마디로 규정하기란 쉽지 않다. 그러나 이를 종합적으로 살펴보면 보세화물이란 외국물품이 국내로 들어와 수입통관절차를 밟지 않았거나 외국으로 수출하기 위해 세관의 통제와 감시를 받고 있는 물품이라고 할 수 있다.

보세화물은 세관의 감시와 통제를 받고 있는 물품이기 때문에 소유자가 개인, 법인, 공공기관 등 누구를 막론하고 세관장의 승인, 허가, 수리 없이는 보관, 하역, 운송 기타 일체 행위를 할 수 없다.

세관장이 보세화물에 대해 엄격히 관리하는 이유는 다음과 같다.

첫째, 아직 이 물품이 세관의 통관절차를 완료하지 않았고, 관세 및 제세를 납부하지 않았으며 통관해야 할 대상 또는 납부해야 할 관세에 대한 담보물건의 성격을 갖고 있으며

둘째, 외국에서 반입되어 통관진행이 이루어지지 않은 물품이기 때문에 당해 화물에 대한 속성을 세관에서 알지 못하는 상태로서 특별히 외부 유출이나 도난 등에 대한 관리가 필요하며

셋째, 수출물품처럼 수출신고 수리되어 외국물품 상태의 물품은 이후 관세 부정환급, 금융 및 허위 실적 등을 방지하기 위하여 세관이 특별히 선적 전까지 관리해야 할 필요가 요구되기 때문이다.

수입된 보세화물은 외국물품인 상태로 일정한 구역에서 장치, 제조, 가공, 건설, 판매, 전시할 수 있도록 허용하고 있다. 이는 화주로 하여금 관세납부에 대한 자금 부담을 완화함과 동시에 보세상태에서 당초 반입목적을 이행하는데 따른 행정적 부담을 덜어주는 효과가 있다.

2. 보세제도의 종류

보세제도는 크게 보세구역제도와 보세운송제도의 두 가지 종류로 구분할 수 있다. 보세구역은 보세화물을 반입, 장치, 가공, 건설, 전시 또는 판매할 수 있는 구역을 말하며, 보세운송은 외국물품을 보세상태로 자격 있는 운송회사가 운송하는 것을 말한다.

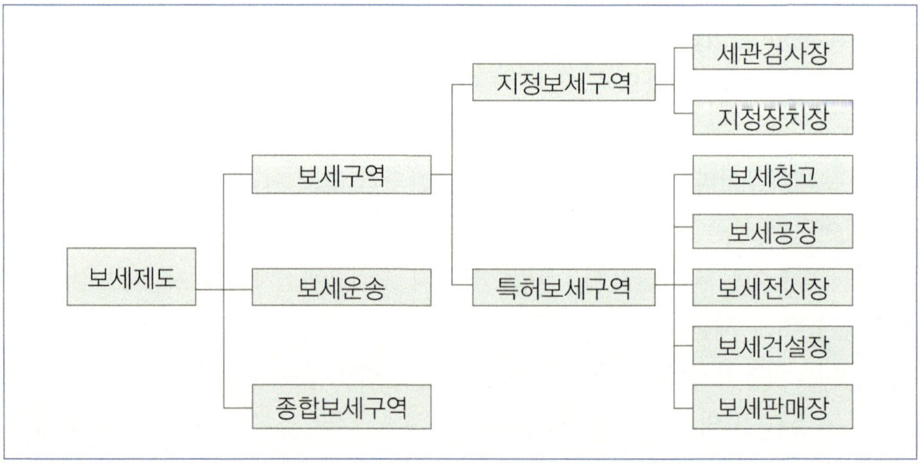

그림 7-1 보세제도 종류

또한 보세구역은 지정보세구역과 특허보세구역 및 종합보세구역으로 구분하고 지정보세구역은 지정장치장 및 세관검사장으로, 특허보세구역은 보세창고, 보세공장, 보세전시장, 보세건설장 및 보세판매장으로 구분한다.

3. 보세제도의 기능

보세제도는 수출입통관화물 관리에 특정된 독특한 제도이다.

우리나라 관세법이 제정될 때부터 지정보세구역과 특허보세구역이 있었으며 그 당시 지정보세구역은 통관역, 통관비행장, 통관우체국, 통관장, 세관구내로 특허보세구역은 보세장치장, 보세창고, 보세공장으로 운영되었으며 지금의 제도와는 다소 차이가 나지만 보세제도의 기능은 예나 지금이나 똑같다고 할 수 있다.

보세제도는 수입통관이 안된 물품의 국내 유출을 막고 일정장소에 보관함으로써 관리와 통제를 용이하게 하기 위하여 설치된 제도이다. 그러나 물품을 단순히 보관만 하는 소극적 관리가 아니라 외국물품을 우리나라에 반입하여 관세납부 및 수입신고 없이 가공, 제조한 후 외국으로 반출하거나 외국물품인 상태에서 전시 판매 후 외국으로 반출하는 등 다양한 역할을 수행하고 있다.

보세제도의 기능으로는 다음과 같다.

첫째, 관세징수를 위한 담보적 역할을 들 수 있다. 외국에서 반입된 물품을 세관의 감시 하에 엄격히 관리함으로써 수입신고 수리가 안된 물품이 국내로 반입하지 못하게 하며 수입신고 수리를 위해서 반드시 관세를 납부해야 하므로 일종의 관세 담보적 역할을 하고 있다고 할 수 있다. 만약 보세화물 관리나 보세운송 중 불법 유출이 발생하여도 보세구역 운영인 또는 보세운송업자로부터 즉시 그 관세를 징수할 수 있다.

둘째, 보세화물관리의 효율화이다. 보세구역은 세관의 감시와 단속이 용이한 일정한 장소만을 지정 또는 특허함으로써 모든 수입물품과 반송물품을 이곳에 집중적으로 반입시켜서 세관으로 하여금 물품의 빈출입 감시, 물품검사 등의 세관업무를 효율적으로 할 수 있게 하고 있다.

셋째, 수출입 국내산업을 지원한다. 보세상태로 외국물품인 원재료를 제조, 가공하여 외국에 수출할 수 있도록 함으로써 가공무역 진흥 등 수출지원을 원활히 할 수 있으며 산업건설에 필요한 기계, 기구 등 산업설비류를 외국물품 그대로 사용하여 관세부담 없이 산업시설을 신속히 건설할 수 있도록 하여 국내산업의 발전을 지원할 수 있다.

넷째, 통관원활화를 위한 효율적 관리이다. 보세구역에 장치된 화물, 보세운송 중인 화물은 반드시 법령에 따르는 절차와 관리를 하도록 하고 있다. 만약 보세화물에 대한 관리 소홀 및 의무불이행이 발견될 때에는 그에 상응한 법적 조치와 처벌이 따른다.

즉, 수입신고 수리되어 내국 물품화 되기 전에 통관절차를 진행하는데 문제가 발생하지 않도록 감시단속을 집중화시켜 관리함으로써 통관원활화를 위한 효율적 관리가 가능하다.

제 2 절 보세구역의 종류

1. 지정보세구역

지정보세구역이란 통관을 하고자 하는 물품을 일시장치 또는 검사하기 위한 장소로서 국가·지방자치단체·공항 또는 항만시설을 관리하는 법인이 소유 또는 관리하는 토지·건물 기타의 시설 중에서 세관장이 지정하는 구역을 말한다. 지정보세구역에는 지정장치장과 세관검사장이 있다.

1) 지정장치장

지정장치장은 통관하고자 하는 물품을 일시 장치하기 위한 장소로 세관장이 지정한 구역을 말한다.

지정장치장의 지정장소는 항만부두의 창고, 야적장이나 세관의 구내창고 또는 공항화물창고 등으로 세관인근에 위치하고 있으며 검사와 장치를 할 수 있어 부대비용을 절감할 수 있을 뿐만 아니라 통관에 신속을 기할 수 있는 이점이 있다.

(1) 장치물품

지정장치장에 장치되는 물품은 통관하고자 하는 물품으로서 다음과 같다.

① 수입신고수리를 받고자 하는 외국물품

② 반송신고수리를 받고자 하는 외국물품

③ 내국운송승인을 받고자 하는 내국물품

④ 보세공장 반입물품으로서 검사대상 물품

⑤ 검사물품

(2) 장치기간

지정장치장의 물품의 장치기간은 6월의 범위 안에서 관세청장이 정한다.

(3) 보관책임

화주 또는 반입자가 보관책임을 진다. 세관장은 지정장치장의 질서유지와 화물의 안전관리를 위하여 필요하다고 인정할 때에는 화주를 갈음하여 보관의 책임을 지는 화물관리인을 지정할 수 있다. 다만, 세관장이 관리하는 시설이 아닌 경우에는 세관장은 해당 시설의 소유자나 관리자와 협의하여 화물관리인을 지정하여야 한다.

지정장치장의 화물관리인은 화물관리에 필요한 비용을 화주로부터 징수할 수 있다. 다만, 그 요율에 대하여는 세관장의 승인을 받아야 한다. 지정장치장의 화물관리인은 징수한 비용 중 세관설비 사용료에 해당하는 금액을 세관장에게 납부하여야 한다.

세관장은 불가피한 사유로 화물관리인을 지정할 수 없을 때에는 화주를 대신하여 직접 화물관리를 할 수 있다. 이 경우 화물관리에 필요한 비용을 화주로부터 징수할 수 있다. 화물관리인의 지정기준, 지정절차, 지정의 유효기간, 재지정 및 지정 취소 등에 필요한 사항은 대통령령으로 정한다.

2) 세관검사장

세관장이 지정한 장소로서 수출 또는 수입통관을 하고자 하는 물품을 검사하기 위한 장소를 말한다. 다른 보세구역은 물품의 장치와 검사를 동시에 할 수 있는데 반하여 세관검사장은 통관하고자 하는 물품의 검사만을 목적으로 하는 장소이다. 항공, 항만 여객입국장이 대표적인 세관검사장으로 주로 여행객과 승무원의 휴대품이나 이사화물, 탁송물품의 검사 등이 이루어진다.

2. 특허보세구역

1) 특허보세구역 개요

특허보세구역이란 사인이 소유 또는 관리하는 토지, 건물 기타의 시설 중에서 신청에 의하여 세관장이 특허한 보세구역을 말한다.

보세구역의 설영특허는 세관장의 재량행위로서 특허요건을 갖추었다고 하더라도 관세행정 목적에 부합되지 아니하거나 기타 사정을 고려하여 하면 특허를 아니 할 수 있으며 특허기간이 만료된 때에 기간 갱신은 실질적으로 권리설정과 같으므로 그 갱신여

부도 세관장의 특허를 받아야 한다. 그러나 세관장의 지나친 재량행위를 보완하기 위하여 특허보세구역의 설치·운영에 관한 특허심사위원회를 둔다.

특허심사위원회는 위원장 1명을 포함한 7명 이내의 위원으로 구성하되, 위원장은 본부세관(직할세관장 및 인천세관의 경우에는 수출입통관국장을 포함)이 되고 위원은 본부세관 통관국장(통관국장 직위가 없는 본부세관과 직할세관의 경우에는 통관지원과장), 관할세관 부서장, 보세구역을 대표하는 비영리단체의 임직원, 학계 및 연구단체 등의 관세행정 또는 무역·물류전문가, 그 밖에 위원장이 위촉하는 사람이 되며 특허심사위원회는 특허신청인의 특허요건 충족 여부, 특허기간, 수용능력 등 특허신청 내용 및 효율적인 보세화물관리 가능 등 관세행정 목적에 부합되는지 여부, 특허제도 관련 개선 사항, 기타 특허보세구역의 설치, 운영에 관한 적정 여부 등을 심사한다.

(1) 특허의 기간

특허보세구역의 특허기간은 10년 이내로 한다. 보세전시장과 보세건설장의 특허기간은 해당 박람회(건설공사) 기간을 고려하여 세관장이 정하는 기간이다. 다만, 세관장은 전시목적을 달성하거나 공사를 진척하기 위하여 부득이하다고 인정할 만한 사유가 있을 때에는 그 기간을 연장할 수 있다.

(2) 운영인의 결격사유

① 미성년자
② 피성년후견인과 피한정후견인
③ 파산선고를 받고 복권되지 아니한 자
④ 관세법을 위반하여 징역형의 실형을 선고받고 그 집행이 끝나거나 면제된 후 2년이 지나지 아니한 자
⑤ 관세법을 위반하여 징역형의 집행유예를 선고받고 그 유예기간 중에 있는 자
⑥ 특허보세구역의 설치·운영에 관한 특허가 취소된 후 2년이 지나지 아니한 자
⑦ 벌금형 또는 통고처분을 받은 자로서 그 벌금형을 선고받거나 통고처분을 이행한 후 2년이 지나지 아니한 자. 다만, 양벌규정에 따라 처벌된 개인 또는 법인은 제외한다.
⑧ 제2호부터 제7호까지에 해당하는 자를 임원으로 하는 법인

(3) 반입정지

세관장은 특허보세구역의 운영인이 다음 각 호의 어느 하나에 해당하는 경우에는 관

세청장이 정하는 바에 따라 6개월의 범위에서 해당 특허보세구역에의 물품반입 또는 보세건설·보세판매·보세전시 등을 정지시킬 수 있다.

세관장은 물품반입 등의 정지처분이 그 이용자에게 심한 불편을 주거나 공익을 해칠 우려가 있는 경우에는 특허보세구역의 운영인에게 물품반입 등의 정지처분을 갈음하여 해당 특허보세구역 운영에 따른 매출액의 100분의 3 이하의 과징금을 부과할 수 있다.

이 경우 매출액 산정, 과징금의 금액, 과징금의 납부기한 등에 관하여 필요한 사항은 대통령령으로 정한다.

① 장치물품에 대한 관세를 납부할 자금능력이 없다고 인정되는 경우
② 본인이나 그 사용인이 이 법 또는 이 법에 따른 명령을 위반한 경우
③ 해당 시설의 미비 등으로 특허보세구역의 설치 목적을 달성하기 곤란하다고 인정되는 경우

(4) 특허취소

세관장은 특허보세구역의 운영인이 다음 각 호의 어느 하나에 해당하는 경우에는 그 특허를 취소할 수 있다. 다만, 제1호, 제2호 및 제5호에 해당하는 경우에는 특허를 취소하여야 한다.

① 거짓이나 그 밖의 부정한 방법으로 특허를 받은 경우
② 운영인의 결격사유에 해당하는 경우
③ 1년 이내에 3회 이상 물품반입 등의 정지처분을 받은 경우
④ 2년 이상 물품의 반입실적이 없어서 세관장이 특허보세구역의 설치 목적을 달성하기 곤란하다고 인정하는 경우
⑤ 명의를 대여한 경우

제3절 특허보세구역의 종류

1. 보세창고

보세창고는 외국물품이나 통관을 하려는 물품을 장치하기 위해 세관장으로부터 특허를 받은 구역을 말한다. 여기서 장치란 통관대상물품을 임치, 즉 보관하는 것을 말한다.

보세창고의 주 기능은 보세상태에서의 보관이다. 외국에서 반입된 화물이 수입신고 수리되기 전까지 세관의 효율적인 감시와 통제가 필요하며 화주 입장에서는 안정적으로 보관해 줄 장소가 필요하다. 이러한 요구에서 만들어진 보세창고는 단순히 화물보관에만 그치지 않고 통관에 따른 검사, 보수작업, 화주의 수입신고전 화물확인, 해체·절단·폐기·분할 등의 부수적 기능을 수행한다.

그리고 동일한 보세창고에 장치되어 있는 동안 수입신고가 수리된 물품은 신고없이 계속하여 장치할 수 있다. 보세창고는 세관장 특허를 한다는 의미에서는 동일하나 영리를 목적으로 타인의 화물을 보관하는 하느냐 아니면 운영인이 소유하거나 사용하는 자가 화물을 보관하는 곳이냐에 따라 영업용보세창고와 자가용보세창고로 구분되며 화물 성격에 따라 야적전용보세창고, 컨테이너전용보세창고, 보온·냉장보세창고, 위험물전용보세창고, 액체화물전용보세창고 등으로 나누어진다.

(2) 보세창고의 종류

① 영업용 보세창고

영리를 목적으로 수출입화물을 보관하는 것을 업으로 하는 특허보세구역이다. 일반적으로 수입하는 화물 대다수는 영업용 보세창고에서 보관과 반출입이 이루어진다.

영업용보세창고에서 물품 반출할 때 창고업자는 특별한 의무와 책임을 수반한다. 즉, 수입신고 수리필증과 운송인의 화물인도지시서(D/O: Delivery Order)가 있을 때에 한하여 화물을 반출하며 화주의 요청이 있더라도 수입신고 수리필증과 D/O가 없으면 반출할 수 없다.

보세창고업자는 화주와 운송인과의 사이에 을의 입장, 즉 고객을 유치 관리해야 하는 관계로서 관세통관에 따른 관세 및 제세가 부족하거나 통관요건 미비, 운송비 미납 등으로 화주의 무리한 반출요구에 노출되기 쉬우며 만약 적법하게 하문반춘을 하지 않을 경우 보세화물 무단 반출에 대한 관세추징, 벌칙과 함께 민사상 배상을 지게 된다.

② 자가용 보세창고

운영인이 소유하거나 사용하는 자가화물을 보관하기 위한 특허보세구역이다.

세관장은 보세화물 감시단속에 문제가 없고 제조·가공에 사용하는 원재료, 제조용 설비 및 하자보수용 물품, 수입하여 판매하려는 물품, 연구기관에서 사용하는 연구용 물품, 장기비축 수출용원재료 또는 수출품 보수용 물품을 수출입하려는 경우, 외국무역선 또는 외국무역기에 선(기)용품 또는 판매물품을 공급(판매)하는 경우에 법령에서 정하는 시설기준을 충족하고 설영인의 결격사유가 없을 때 자가용 보세창고로 특허할 수 있다.

참고

[1] 해상운송화물이 통관을 위하여 보세창고에 입고된 경우에는 운송인과 보세창고업자 사이에 해상운송화물에 관하여 묵시적 임치계약이 성립한다.
따라서 보세창고업자는 운송인과의 임치계약에 따라 운송인 또는 그가 지정하는 자에게 화물을 인도할 의무가 있고, 한편 운송인은 선하증권상의 수하인이나 그가 지정하는 자에게 화물을 인도할 의무가 있으므로, 보세창고업자로서는 운송인의 이행보조자로서 해상운송의 정당한 수령인인 수하인 또는 수하인이 지정하는 자에게 화물을 인도할 의무를 부담하게 되는바, 보세창고업자가 화물을 인도함에 있어서 운송인의 지시 없이 수하인이 아닌 사람에게 인도함으로써 수하인의 화물인도청구권을 침해한 경우에는 그로 인한 손해를 배상할 책임이 있다.
[2] 보세창고업자가 해상운송화물의 실수입자와의 임치계약에 의하여 화물을 보관하게 되는 경우, 운송인 또는 그 국내 선박대리점의 입장에서는 해상운송화물이 자신들의 지배를 떠나 수하인에게 인도된 것은 아니고 보세창고업자를 통하여 화물에 대한 지배를 계속하고 있다고 볼 수 있으므로, 보세창고업자는 해상운송화물에 대한 통관절차가 끝날 때까지 화물을 보관하고 적법한 수령인에게 화물을 인도하여야 하는 운송인 또는 그 국내 선박대리점의 의무이행을 보조하는 지위에 있다.
[3] 보세창고업자가 선하증권과 상환하지 아니하고 운송인 등의 지시 없이 운송선사 발행의 마스터 화물인도지시서(Master D/O)만을 확인한 채 해상운송화물을 수입업자에 인도한 행위는 하우스 선하증권(House B/L) 소지인의 화물인도청구권을 위법하게 침해한 것으로 불법행위를 구성한다.

출처 : 대법원 2009. 10. 15. 선고 2009다39820 판결

③ 위험물 전용보세창고

위험물로서 「소방기본법」, 「위험물안전관리법」, 「소방시설 설치·유지 및 안전관리에 관한 법률」, 「소방시설공사업법」, 「총포·도검·화약류 등 단속법」, 「고압가스 안전관리법」이나 그 밖에 관련 법령에 따른 구조 및 시설기준을 요구하는 화물을 보관하는 특허보세구역을 말한다.

④ 야적전용보세창고

철재, 동판, 시멘트 제품이나 그 밖의 광물과 석재, 목재 등의 물품과 노천에서 보관하여도 상품가치가 크게 저하되지 않는 물품을 보관하는 특허보세구역을 말한다.

⑤ 컨테이너전용보세창고

컨테이너를 보관하고, 컨테이너에 화물을 적입 또는 인출하여 통관절차를 이행할 수 있는 특허보세구역을 말한다.

⑥ 보온·냉장보세창고

화물 보관 관리에 특별히 일정온도가 요구되는 식품, 시료, 의약품 등을 보관하는 특허보세구역을 말한다.

⑦ 복합물류보세창고

국제물류 촉진기능을 수행하기 위하여 외국물품 등을 보관하는 시설과 「관세법」(이하 "법"이라 한다) 제158조에 따른 보수작업(재포장, 분할·합병 작업 등)을 상시적으로 수행하는 데 필요한 시설을 갖춘 특허보세구역을 말한다.

⑧ 액체화물전용보세창고

화공약품, 휘발유 등 액체화물을 보관하기 위한 특허보세창고로 선박으로부터 하역 및 입출고를 위한 배관시설을 구비하여야 한다.

| 표 7-1 | 보세구역 수입식품류 보관기준

<table>
<tr><td rowspan="10">공통</td><td rowspan="5">시설
기준</td><td>식품류는 공산품과 분리, 구획하여 보관하여야 한다. 다만, 분리, 구획보관이 어려울 경우 랩으로 감싸거나 별도 포장하여 다른 공산품 및 분진 등과 교차오염 우려가 없도록 관리하여야 하며, 인체에 유해한 물질과는 반드시 분리하여 보관하여야 한다.
※ 분리(별도의 방), 구획(칸막이, 커튼, Rack 등)</td></tr>
<tr><td>창고내부의 바닥은 콘크리트 등으로 내수처리를 하여야 하고, 물이 고이거나 습기가 차지 않도록 하여야 한다.</td></tr>
<tr><td>창고내부에는 쥐·바퀴 등 해충의 침입 방지를 위한 방충망, 쥐트랩 등 방충·방서 시설을 갖추어야 한다. 다만, 전문 방충·방서업소와 계약을 체결하여 주기적으로 관리할 경우에는 이를 인정할 수 있다.</td></tr>
<tr><td>창고내부에서 발생하는 악취·유해가스, 먼지, 매연 등을 배출시키는 환기시설을 갖추어야 한다.</td></tr>
<tr><td>보관온도를 측정할 수 있는 온도계를 비치하여야 한다.</td></tr>
<tr><td rowspan="5">관리
기준</td><td>창고 및 보관시설은 항상 청결하게 관리하여야 한다.</td></tr>
<tr><td>바닥, 벽면 및 천장과 일정한 거리를 두어 보관하여야 한다.
※ 바닥으로부터 4인치(10.16㎝) 이상, 벽으로부터는 18인치(45.72㎝) 이상, 천장으로부터 1m 이상 거리를 두고 보관하는 것이 바람직함.</td></tr>
<tr><td>온도 상승으로 부패 등 변질 우려가 있는 식품은 서늘한 곳에 보관하여야 한다.</td></tr>
<tr><td>유통기한이 경과되었거나 부적합 판정을 받은 식품류는 별도의 장소에 보관하거나 명확하게 식별되는 표시를 하여 일반물품과 구별되게 관리하여야 한다.</td></tr>
<tr><td>보세창고에 반입된 농산물은 검사가 완료될 때까지 병해충이 퍼지지 않도록 다음 어느 하나의 조치를 하여야 한다.(냉장, 냉동, 포장된 식물 제외)
– 컨테이너 또는 밀폐형 용기에 넣을 것
– 천막 또는 1.6mm 이하의 망 등으로 완전히 덮을 것
– 그 밖에 병해충이 퍼지는 것을 방지할 수 있는 조치</td></tr>
<tr><td>냉장
·
냉동</td><td>시설
기준</td><td>온도유지 및 습도조절을 위한 시설을 갖추어야 한다.
– 냉동보관 : 영하 18℃ 이하   – 냉장보관 : 영상 10℃ 이하</td></tr>
</table>

2. 보세공장

1) 보세공장의 의의

보세공장이란 외국물품 또는 외국물품과 내국물품을 원료로 사용하거나 재료로 하여 제조·가공 기타 이에 유사한 작업을 하기 위한 세관장특허구역이다.

보세공장은 가공무역진흥과 관련이 깊으며 외국의 원자재를 수입하여 관세를 납부하지 않은 상태에서 제조, 가공, 기타 비슷한 작업을 하여 다시 외국으로 수출할 때 수입시 관세를 납부하지 않음으로서 그만큼 관세부담 완화와 환급에 따른 복잡한 절차를 거치지 않으므로 업무 간소화의 효과가 크며 부가가치창출 및 외화획득 효과가 있다.

2) 보세공장의 종류

보세공장은 수출용 보세공장과 내수용 보세공장, 수출·내수겸용 보세공장 및 일반보세공장과 특별보세공장 등으로 나눌 수 있다.

(1) 수출용 보세공장

수출용 보세공장은 외국물품 또는 내·외국물품을 원재료로 하여 제조·가공한 물품을 외국에 수출하는 공장을 말한다.

(2) 내수용 보세공장

내수용 보세공장은 외국물품 또는 내·외국물품을 원재료로 하여 제조·가공한 물품을 국내에 수입하는 공장을 말한다.

(3) 내수·수출겸용 보세공장

내수·수출겸용 보세공장은 수출물품과 수입물품 모두를 제조·가공하는 것을 목적으로 하는 보세공장이다.

(4) 일반보세공장

후술할 특별보세공상이 아닌 보세공장을 일반보세공장이라 한다.

(5) 특별보세공장

특별보세공장이란 보세작업에 의하여 제조·가공되는 제품의 원재료로서 손모율이 안정되어 있고 감시상 곤란함이 없다고 인정하여 세관장이 지정하는 보세공장으로서 관세법에 의한 절차의 일부를 생략하고 간이한 방법에 의하여 통관하게 할 수 있는 보세공장을 말한다.

3) 특허기간

보세공장 특허기간은 10년의 범위 내에서 당해 보세공장의 운영특허 신청기간으로 하되, 갱신할 수 있다.

4) 장치기간

보세공장물품의 장치기 간은 보세공장 운영특허기간으로 한다.

5) 사용신고

운영인은 보세공장에 반입된 물품에 대하여 그 사용 전에 세관장에게 사용신고를 하여야 한다. 사용신고는 반입신고를 거쳐 공장안에 장치된 물품을 과세보류상태에서 작업에 사용한다는 사실을 신고하는 것으로서 수입신고와 동일한 기능을 하지만 물품사용이 승인되더라도 외국물품으로 남기 때문에 수입이라고 하지 않는다.

세관공무원은 사용신고를 한 물품에 대하여 검사할 수 있고 사용신고를 한자는 사용신고를 한 외국물품이 허가, 승인, 표시 기타 조건의 구비를 요하는 것인 때에는 이를 구비한 것임을 증명하여야 한다.

6) 보세공장의 작업허가

세관장은 가공무역의 진흥에 필요하고 물품관리에 지장이 없다고 인정한 때에는 보세공장에 있는 외국물품을 그 보세공장이 아닌 공장에 반출하여 보세작업을 할 수 있도록 허가할 수 있다. 또한 세관장은 보세공장외 작업허가를 하는 경우 필요하다고 인정하는 때에는 당해 물품의 관세에 상당한 담보를 제공하게 할 수 있으며, 세관공무원은 당해 물품이 보세공장에서 반출되는 때에 이를 검사할 수 있다.

공장 외 작업장에 반입된 외국물품은 지정된 기간이 만료될 때까지는 보세공장에 있는 것으로 보고 세관장은 허가를 받은 보세작업에 사용될 물품에 대하여는 관세청장이 정하는 바에 의하여 공장외 작업장에 직접 반입하게 할 수 있다.

지정된 기간이 경과한 경우 당해 공장외 작업장에 허가된 외국물품 또는 그 제품이 있는 때에는 당해 물품의 허가를 받은 보세공장의 운영인으로부터 그 관세를 즉시 징수한다.

7) 내국물품작업

보세공장에서 내국물품만을 원재료로 하여 제조·가공하는 작업을 내국물품작업이라고 한다. 보세공장에서 내국물품만을 원료로 하거나 재료로 하여 보세작업을 하는 경우에는 세관장의 허가를 받아야 한다.

8) 제품수입 시의 과세방법

(1) 제품과세

① 보세작업에 혼용된 내국물품의 외국물품의 의제보세공장에서 외국물품 또는 외국물품과 내국물품을 원료로 하거나 재료로 하여 작업을 한 때에는 그로써 생긴 물품은 외국으로부터 우리나라에 도착된 외국물품으로 본다. 따라서 내수용 보세공장에서 내외국물품을 혼용하여 만든 제품을 수입신고수리를 할 경우에는 수입신고 당시의 그 제품의 수량 또는 가격에 대한 세율과 과세가격에 의거 과세하게 되고 혼용된 내국물품부분에 대한 과세 가격을 공제하지 않는다.

② 내외국물품 혼용승인에 의한 비례과세

외국물품과 내국물품을 원료 또는 재료로 사용할 때 생긴 물품은 우리나라에 도착된 외국물품으로 본다. 다만, 세관장의 승인을 받고 외국물품과 내국물품을 혼용할 때에는 그로써 생긴 제품 중 당해 외국물품의 수량 또는 가격에 상응하는 것은 외국으로부터 우리나라에 도착한 외국물품으로 본다.

(2) 원료과세

보세공장에서 제조된 물품을 수입함에 있어 당해 물품의 원료인 외국물품에 대하여는 반입당시 원료의 성질 및 수량에 의하여 관세를 부과한다. 보세공장에서 제조. 가공한 제품을 수입하는 경우에는 과세물건확정시기 규정에 의하여 수입신고시의 물품의 성질과 수량, 즉 제품에 대하여 과세하는 것이 원칙이다. 그러나 특정 원재료의 경우에는 반입당시 원재료의 성질과 수량에 의하여 과세하는 것이 원료과세제도이다

3. 보세전시장

보세전시장은 박람회·전시회·견품시 등의 운영을 위하여 외국물품을 장치·전시 또는 사용하는 구역을 말한다. 여기서 박람회 등의 운영을 위한 외국물품은 전시, 박람회 등의 육성을 위하여 외국물품을 보세상태로 행사기간 동안 사용하고 행사 종료와 함께 재수출 신고 또는 수입신고절차를 진행한다.

1) 보세전시장 물품 반입 범위

(1) 건설용품

(2) 업무용품

(3) 오락용품

(4) 전시용품

(5) 판매용품

(6) 증여물품

① 광고용의 팸플릿(pamphlet), 카탈로그(catalog), 포스터(poster) 또는 이와 유사한 인쇄물

② 관세가 면제될 진정견본

③ 관세가 면제될 소액 증여품

2) 수입신고대상

보세전시장에 반입된 외국물품 중 수입신고 수리후 사용이 가능한 물품은 (1) 판매용품, (2) 오락용품, (3) 증여용품 등 각 호의 어느 하나에서 정하는 바와 같다.

3) 소액증여품의 면세

증여용품 중 관세가 면제되는 물품은 주최자 또는 출품자가 전시장에서 관람자에게 무상으로 제공할 목적으로 수입하고 관람자 1명당 증여품의 가액이 미화 5달러 상당액 이하인 소액물품으로서 세관장이 타당하다고 인정하는 물품에 한정한다. 이 경우 소액증여품이 전시된 기계류의 성능실연 과정에서 제조되는 것일 때에는 그 제조용 원료도 포함된다.

4) 보세전시장 반출입물품에 대한 세관 관리

(1) 물품의 반입신고

보세전시장에 외국물품을 반출입하고자 하는 자는 세관장에게 반출입 신고를 하여야 한다.

(2) 반입물품의 검사

보세전시장 운영인은 보세전시장에 외국물품을 반입하였을 때에는 그 물품에 대하여 세관공무원의 검사를 받아야 한다.

(3) 물품의 사용

박람회 등의 운영을 위한 외국물품의 사용에는 다음의 행위가 포함되는 것으로 한다.

① 당해 외국물품의 성질 또는 형상에 변경을 가하는 행위

② 당해 박람회의 주최자·출품자 및 관람자가 그 보세전시장안에서 소비하는 행위

(4) 장치장소의 제한

세관장은 필요하다고 인정할 때에는 장치물품에 대하여 장치할 장소를 제한하거나 그 사용상황을 조사하거나 운영인으로 하여금 필요한 보고를 하게 할 수 있다.

(5) 판매용품의 수입신고수리 전 사용금지

보세전시장에 장치된 판매용 외국물품은 수입신고가 수리되기 전에는 이를 사용하지 못한다.

(6) 직매된 전시용품의 통관 전 반출금지

보세전시장에 장치된 전시용 외국물품을 현장에서 직매하는 경우에도 수입신고가 수리되기 전에는 이를 인도하여서는 아니 된다.

4. 보세건설장

보세건설장이라 함은 산업시설의 건설에 소요될 외국물품인 기계류, 설비품 또는 공사용 장비를 장치, 사용하여 당해 건설공사를 하는 구역으로서 산업시설의 건설현장을 보세구역으로 세관장이 특허한 구역을 말한다.

이 제도는 1967년도 중화학 공업육성책에 따라 발전소, 석유화학공장 같은 대규모 산업시설을 건설하기 위해 대단위 설비, 기계류 등이 반복적으로 수입되는데 이들을 개별적으로 수입통관하여 공사에 사용하려면 과세상 복잡하고 번잡하기 때문에 외국물품 상태로 공사장에 반입하여 수입신고만 하고 공사 진행한 후 시설물이 완성되었을 때 일괄하여 수입통관을 받도록 하는 제도로서 우리나라에만 있는 독특한 제도이다. 건설업체에게 건설 및 과세상의 편의를 제공하고 건설공사 기간만큼 자금의 부담을 덜어주기 때문에 산업시설 건설 촉진에 기여하고 있다.

5. 보세판매장

보세판매장은 외국으로 반출하거나 관세의 면제를 받을 수 있는 자가 사용하는 것을

조건으로 외국물품을 판매하는 구역을 말하며 주로 해외여행자를 위한 면세 판매 장소이다. 보세판매장은 국제공항 및 항만 입.출국장에 있는 입.출국장 면세점과 시내면세점, 주한 외국공관의 외교관에게 외국물품을 판매하는 장소로서 외교관 면세매점 등이 있다.

이 중 출국장 면세점은 1962년 김포공항에서 최초로 시작되어 전국 각 공항만으로 점차 설치되었으며 시내면세점은 1979년 호텔롯데 및 동화면세점에서 개점되어 이후 서울 및 제주, 경주, 부산 지역 등 지방 에서도 시내면세점이 연이어 개점되었다.

당초 보세판매장이 설치될 때는 외국인 쇼핑편의라는 목적에서 외국인을 대상으로 시작되었으나 경제규모 변화와 1989년 여행자유화로 인한 해외여행자의 급격한 증가는 주 이용계층이 외국인에서 내국인으로 바뀌게 되는 양상을 나타내게 되었다. 이로 인해 출국장 면세점에서 구입한 면세물품을 해외여행 기간 내 외국에서 들고 다녀야 되는 불편을 해소하기 위해 2019년 5월 31일 부터 입국장면세점을 운영하고 있다.

1) 보세판매장 종류

(1) 외교관면세점이란 관세법에 따른 외교관면세 자격이 있는 자에게 판매하는 보세판매장을 말한다.

(2) 입·출국장면세점이란 입·출국장에서 입·출국인 및 통과여객기(선)에 의한 임시체류인에게 판매하는 보세판매장을 말한다.

(3) 시내면세점이란 출국장 이외의 장소에서 출국인 및 통과여객기(선)에 의한 임시체류인에게 판매하는 보세판매장을 말한다.

(4) 귀금속류면세매점

국내에서 제조·가공된 귀금속류를 출국장 이외의 장소에서 출국인 및 국내거주 외국인에게 판매하는 보세판매장을 말한다.

2) 구매자 및 구매총액

(1) 외교관면세점에서는 관세의 면제를 받을 수 있는 주한외교관 및 외국공관원에 한하여 물품을 판매할 수 있다.

(2) 출국장면세점과 시내면세점에서는 출국인 및 외국으로 출국하는 통과 여객기(선)에 의한 임시체류인에 한정하여 물품을 판매할 수 있다.

(3) 입국장면세점에서는 입국인에게 물품을 판매할 수 있다.

(4) 운영인이 물품을 판매하는 경우에는 규칙 제69조의4제2항 및 제3항에 따라야 한다.

(5) 운영인은 입국인에게 미화 800달러 이하의 구매한도 범위 내에서 물품을 판매하여야 한다. 이 경우 술·담배·향수는 면세범위 내에서만 판매할 수 있다.

(6) 운영인은 구매자의 출입국 여부 및 구매총액(입국장면세점 운영인에게만 적용한다)을 확인하여야 한다.

(7) 시내면세점 운영인은 구매자가 신용카드로 결제하는 경우 「여신전문금융업법」 제15조에 따라 본인 명의인지를 확인하여야 한다.

6. 종합보세구역

관세청장이 직권 또는 관계중앙행정기관의 장이나 지방자치단체의 장, 그 밖에 종합보세구역을 운영하고자 하는 자의 요청에 의하여 무역진흥에의 기여 정도 및 외국물품의 반출·입 물량 등을 고려하여 지정한 일정한 지역으로서 보세구역의 일종이다.

특허보세구역이 종류별로 각각 하나의 기능만을 수행하는데 비하여 종합보세구역은 보세상태에서 물품을 제조·보관·판매·전시 등의 업무를 종합적으로 수행할 수 있으며 이를 위해 한 번의 신고만으로 해결할 수 있다.

종합보세구역은 장치기간 및 설영기간의 제한이 없고, 기능 간 물품이동에 대한 세관신고가 생략되며, 지정 및 특허보세구역에서 승인 또는 허가를 받아야 하는 보수작업 및 역외작업이 신고로 가능하다는 점이 다른 보세구역과의 차이점이다.

제 4 절 보세구역 화물관리

1. 보세화물 장치장소 분류기준

입항전 또는 하선(기)전에 수입신고나 보세운송신고를 하지 않은 보세화물의 장치장소 결정을 위한 화물분류 기준은 다음 각 호에 따른다.

1) 화물 배정 원칙

선사는 화주 또는 그 위임을 받은 자가 운영인과 협의하여 정하는 장소에 보세화물을 장치하는 것을 원칙으로 한다.

2) 화물배정원칙 예외

화주 또는 그 위임을 받은 자가 장치장소에 대한 별도의 의사표시가 없는 경우에는 다음에서 정하는 바에 따른다.

(1) Master B/L화물은 선사가 선량한 관리자로서 장치장소를 결정한다.

(2) House B/L화물은 화물운송주선업자가 선량한 관리자로서 선사 및 보세구역 운영인과 협의하여 장치장소를 결정한다.

(3) 장치장소를 정할 때에 화물운송주선업자가 선량한 관리자로서의 의무를 다하지 못할 경우에는 다음의 어느 하나를 장치장소로 한다.

① 세관지정장치장

② 세관지정 보세창고

(4) 다음에 해당하는 물품은 해당 각 호에서 정하는 바에 따른다.

① 입항전 또는 하선(기)전에 수입신고가 되거나 보세운송신고가 된 물품은 보세구역에 반입함이 없이 부두 또는 공항 내에서 보세운송 또는 통관절차와 검사절차를 수행하도록 하여야 한다.(이 경우 본·부선통관 목적으로 입항전 수입신고를 한 물품은 본·부선 내에서 통관절차와 검사절차를 수행하도록 하여야 한다)

② 위험물, 보온·보냉물품, 검역대상물품, 귀금속 등은 해당 물품을 장치하기에 적합한 요건을 갖춘 보세구역에 장치하여야 하며, 식품류는 별표4의 보관기준을 갖춘 보세구역에 장치하여야 한다.

② 보세창고, 보세공장, 보세전시장, 보세판매장에 반입할 물품은 특허 시 세관장이 지정한 장치물품의 범위에 해당하는 물품만 해당 보세구역에 장치한다.

③ 보세구역외장치의 허가를 받은 물품은 그 허가를 받은 장소에 장치한다.

④ 관리대상화물은 「관리대상화물 관리에 관한 고시」 제6조 및 제7조에 따라 장치한다.

⑤ 수입고철(비금속설을 포함한다. 이하 같다)은 고철전용장치장에 장치하는 것을 원칙으로 한다.

(5) 제1항과 제2항은 화물에 대하여 「민법」 또는 「상법」 상의 권한이 있는 자의 보세구역 운영인 또는 화주에 대한 권리를 배제하지 아니한다.

(6) 컨테이너에 내장된 수입물품의 장치에 대하여는 「컨테이너관리에 관한 고시」를 준용한다.

(7) 세관장은 제1항부터 제4항까지의 규정의 운영과 관련하여 화물관리에 안전을 기하고 화물분류업무가 공정하게 이루어지도록 이해관계인을 감독하거나 조정할 수 있다.

3) 하선(기) 물품의 반입

화물분류기준에 따라 장치장소가 결정된 물품은 하선(기)절차가 완료된 후 해당 보세구역(동물검역소 구내계류장을 포함)에 물품을 반입하여야 한다.

보세구역운영인은 반입된 물품이 반입예정 정보와 품명·수량이 상이하거나 안보위해물품의 반입, 포장파손, 누출, 오염 등으로 이상이 있는 경우에는 즉시 반입물품 이상보고서를 전자문서로 세관장에게 제출하여야 한다. 다만, 전자문서로 제출할 수 없는 경우에는 서류로 제출할 수 있다.

4) 반출명령

세관장은 보세구역에 반입된 물품이 보세구역의 수용능력을 초과하여 추가로 물품반입이 곤란하거나, 태풍 등 재해로 인하여 보세화물에 피해의 우려가 있다고 인정될 때 해당 물품을 다른 보세구역으로 반출하도록 명령할 수 있으며 이를 이행하지 아니한 때에는 관세법 제277조(과태료) 규정을 적용한다.

반출명령 이행은 대상화물의 운송인, 보세구역의 운영인 또는 화물관리인이 반출대상 보세구역을 지정하여 자기 책임 하에 시행한다.

5) 수입신고수리물품의 반출의무

관세청장이 정하는 수입신고수리물품 반출의무 보세구역에 반입된 물품이 수입신고가 수리된 때에는 그 수리일로부터 15일 이내에 해당 보세구역에서 반출하여야 하며 이를 위반한 경우에는 해당 수입화주를 조사한 후 과태료를 부과한다. 다만, 다음 각 호의 어느 하나에 해당하는 경우로서 반출기간 연장승인을 받은 경우에는 그러하지 아니하다.

(1) 정부 또는 지방자치단체가 직접 수입하는 물품
(2) 정부 또는 지방자치단체에 기증되는 물품
(3) 외교관 면세물품 및 SOFA 적용 대상물품
(4) 「수입통관사무처리에 관한 고시」 제3장 제2절에 따른 간이한 신고대상 물품
(5) 원목, 양곡, 사료 등 벌크화물, 그 밖에 세관장이 반출기간연장승인이 필요하다고 인정하는 물품

6) 신고지연 가산세

다음의 물품은 반입일로부터 30일 이내에 수입 또는 반송신고 하여야 한다. 신고기한을 경과하여 수입 또는 반송신고를 한 때에는 가산세를 징수한다.

| 표 7-2 | 수입신고수리물품 반출의무대상 및 신고지연 가산세 대상 보세구역

지역	주요 보세구역
인천공항과 김해공항	하기장소 중 지정장치장 및 보세창고
부산항	하선장소 중 부두 내와 부두 밖의 컨테이너전용보세창고(CY)·컨테이너 전용지정장치장(CY)·컨테이너 화물조작장(CFS)·부두 내 지정장치장 및 보세창고
인천항	하선장소 중 부두 내와 부두 밖 컨테이너전용보세창고(CY)·컨테이너 화물조작장(CFS)

(1) 신고지연 가산세 제외대상

① 정부 또는 지방자치단체가 직접 수입하는 물품

② 정부 또는 지방장치단체에 기증되는 물품

③ 수출용원재료(신용장 등 관련서류에 의하여 수출용원재료로 확인되는 경우에만 해당된다)

④ 외교관 면세물품 및 SOFA적용 대상물품

⑤ 환적화물

⑥ 여행자휴대품

2. 보세구역 장치화물 보수작업 등

1) 보수작업

(1) 보수작업의 의의

세관장은 보세구역에 장치된 물품이 운송도중에 파손되거나 변질되어 시급히 보수하여야 할 필요가 있는 경우, 보세구역에 장치된 물품의 통관을 위하여 개장, 분할구분, 합병, 원산지표시, 그 밖에 이와 유사한 작업을 하려는 경우, 중계무역 물품을 수출하거나 보세판매장에서 판매할 물품을 공급하기 위하여 제품검사, 선별, 기능보완 등 이와 유사한 작업이 필요한 경우 보세화물의 현상을 보존, 유지하기 위하여 물품의 성질이 변하지 않는 범위 내에서 물품에 대하여 가하는 작업을 보수작업이라 한다.

(2) 보수작업의 한계

보수작업의 허용범위는 다음 각 호만 해당되며 관세율표(HSK 10단위)의 변화를 가져오는 것은 보수작업으로 인정할 수 없다. 다만, 수출이나 반송 과정에서 부패·변질의 우려가 있는 경우 등 세관장이 타당하다고 인정하는 경우에는 그러하지 아니하다.

① 물품의 보존을 위해 필요한 작업(부패, 손상 등을 방지하기 위한 보존 작업 등)
② 물품의 상품성 향상을 위한 개수작업(포장개선, 라벨표시, 단순절단 등)
③ 선적을 위한 준비작업(선별, 분류, 용기변경 등)
④ 단순한 조립작업(간단한 세팅, 완제품의 특성을 가진 구성요소의 조립 등)
⑤ 제1호부터 제4호까지와 유사한 작업

(3) 보수작업의 절차

보수작업을 하고자 하는 자는 보수작업승인신청서를 세관장에게 제출하여 승인을 받아야 하며 보수작업 신청인이 보수작업을 완료한 경우에는 보수작업 완료보고서를 세관장에게 제출하여 그 확인을 받아야 한다. 보수작업은 보세구역 내의 다른 보세화물에 장애되지 않는 범위에서 이루어져야 하며, 세관장은 필요한 경우에 화물관리 세관공무원으로 하여금 작업과정을 감독하게 할 수 있다.

화물관리 세관공무원은 보수작업내용이 포장수량의 분할이나 합병사항인 경우에는 보수작업 결과를 세관화물정보시스템에 등록하여야 한다.

2) 수입고철의 해체, 절단 등 작업

수입된 고철물품 중에는 실제 사용가능한 물품들이 있을 수 있으며 그런 물품 중에는 자동차엔진 고철이 대표적이다. 고철 중에서 이러한 사용가능한 물품을 선별하여 시중에 유통함으로써 사회적 물의를 일으킨 예가 다수 있다. 자동차 엔진을 고철로 통관하기 위해서는 고철 상태로 원형을 변경하거나 해체 또는 절단작업을 하여야 한다.

세관장은 수입고철의 부정유출을 방지하기 위하여 필요한 경우 해체, 절단 등 작업에 전문지식이 있는 자에게 협조를 의뢰할 수 있으며 작업 개시시와 종료시 화물관리 세관공무원으로 하여금 그 작업을 확인하기 위하여 수시로 현장을 순찰 감시하도록 하여야 한다.

수입고철의 해체, 절단 등의 작업을 하려는 자는 해체·절단작업허가(신청)서를 세관장에게 제출하여 허가를 받아야 한다.

작업완료 보고시는 작업개시 전, 작업 중, 작업종료 상태를 각각 사진으로 촬영하여 작업완료 보고서에 첨부하여야 한다.

3) 폐기

부패, 손상, 변질, 실용시효의 경과, 물성의 변화 등으로 상품가치를 상실한 경우, 상품가치는 있으나 용도가 한정되어 있어 실용가능성이 거의 없는 경우, 매각하려 하였으나 매각되지 아니하고 국고귀속의 실익이 없는 경우에는 경제적 손실에도 불구하고 불법 유통, 유출을 방지하기 위하야 폐기를 하도록 하고 있다.

보세구역에 장치된 물품을 폐기하려는 자는 별지 제26호서식의 폐기승인(신청)서를 세관장에게 제출하여 그 승인을 받아야 한다. 다만, 폐기 신청된 물품 중에서 폐기 후 공해 등을 유발하는 물품의 경우에는 공해방지 시설 등의 요건을 갖춘 후에 폐기하도록 하고, 그 요건을 갖추지 못한 경우에는 이를 반송하도록 하여야 한다.

세관장은 제26호에 따른 폐기승인신청이 있는 경우 폐기장소와 폐기방법 등이 적정한지를 심사하여야 한다. 세관장은 폐기대상물품 및 잔존물이 부정유출의 우려가 있거나 감시단속상 지장이 있는 경우에는 화물관리 세관공무원으로 하여금 이를 감독하게 할 수 있다. 다만, 화물관리 세관공무원은 수입화물정보시스템에서 검사·검역불합격 내역을 조회하여 검사·검역기관이 폐기입회를 요청하는 경우에는 검사·검역기관과 복수입회하도록 하여야 한다.

폐기승인 신청인은 폐기를 완료한 즉시 별지 제27호서식의 폐기완료보고서를 세관장에게 제출하여 그 확인을 받아야 한다.

4) 멸실

재해, 기타 부득이한 사유로 물품이 멸실된 때에는 세관장에게 멸실신고를 하고 그 확인을 받아야 한다. 여기서 멸실이라 함은 자연발생적으로 물품의 가치가 상실되거나 또는 잃어버린 상태를 말한다. 보세구역에 장치된 외국물품이 멸실된 때에는 운영인, 화물관리인 또는 보관인은 품명, 규격·수량 및 장치장소, 멸실 연월일과 멸실 원인 등을 기재한 신고서를 세관장에게 제출하여야 한다.

이 경우 관세는 보세구역에 장치된 물품이 멸실된 때에는 보세구역 운영인 또는 보관인(지정보세구역인 경우 화물관리인)으로부터 즉시 징수한다.

5) 견품 반출입

보세구역 등에 장치된 외국물품의 전부 또는 일부를 견품으로 반출하려는 자는 별지 제28호서식의 견품반출허가(신청)서를 제출하여 세관장의 허가를 받아야 한다.

세관장은 견품반출허가를 하는 경우에는 필요한 최소한의 수량으로 제한하여야 하며, 견품채취로 인하여 장치물품의 변질, 손상, 가치감소 등으로 관세채권의 확보가 어려운 경우에는 견품반출 허가를 하지 아니할 수 있다.

견품반출허가를 받은 자는 반출기간이 종료되기 전에 해당 물품이 장치되었던 보세구역에 반입하고 별지 제29호서식의 견품재반입보고서를 세관장에게 제출하여야 한다.

보세구역 운영인 또는 관리인은 제1항에 따라 견품반출 허가를 받은 물품이 해당 보세구역에서 반출입될 때에는 견품반출 허가사항을 확인하고, 견품반출입 사항을 별지 제30호서식의 견품반출입 대장에 기록관리 하여야 한다.

6) 유치 및 예치

(1) 유치

여행자 또는 우리나라와 외국 간을 왕래하는 운송수단에 종사하는 승무원의 휴대품으로서 필요한 허가·승인·표시 기타 조건이 구비되지 아니한 것은 세관장이 직권으로 유치할 수 있다. 여기서 유치란 휴대품의 수출입통관을 일시 보류하고 세관에서 관리하는 장소에 그 물품을 보관하는 것을 말한다.

(2) 예치

여행자 또는 우리나라와 외국 간을 왕래하는 운송수단에 종사하는 승무원의 휴대품으로서 수입할 의사가 없는 물품은 세관장에게 신고하여 일시 예치시킬 수 있다.

이 기간은 6월의 범위 안에서 관세청장이 정한다.

- **유치 및 예치물품의 매각통고**

  세관장은 유치 또는 예치된 물품의 원활한 통관을 위하여 필요하다고 인정할 때에는 당해 물품을 유치 또는 예치할 때 유치 또는 예치기간 내에 수출·수입 또는 반송하지 아니하면 매각한다는 통고를 할 수 있다.

3. 보세장치화물의 처분

1) 장치기간 의의

외국물품이 국내 보세창고에 반입하면 반입일로부터 일정한 장치기간 제한을 두고 있으며 장치기간이 경과되어도 통관이 이루어지지 않은 화물에 대해서는 강제적으로 매각하고 있다. 이는 수입업자가 무분별하게 물품을 수입하여 시장상황이 여의치 않으면 보세창고에 무작정 방치하는 것을 방지하고 관세의 적기 징수와 한정적인 보세구역의 적절한 활용을 위하여 수입화주로 하여금 조기에 화물을 통관하도록 함과 동시에 불요불급한 화물은 수입을 자제토록 하는데 있다.

장치기간이 경과되기 전부터 미리 보세창고업자는 체화화물의 근원이 되는 화물의 장치일수를 계산하여 장치기간 경과 1개월 전에 화주에게 반출통고를 안내하고 장치기간 경과목록을 작성하여 세관에 제출한다. 화주에게 전달된 반출통고서는 단지 화물반입기간으로부터 장치기일이 지났음으로 조기에 통관하라는 의사를 알리는 통지서일 뿐 그 자체가 통관보류물품의 통관을 허용한다는 의사표시가 아니다.

가끔 세관에서 통관불허된 물품이 보세창고에서는 반출촉구를 함으로써 화주는 통관을 허용한다는 오해를 하고 세관에 통관문의를 해 오는 경우가 있는데 이는 보세창고업자가 체화, 폐기 등 당해 화물에 대한 처리 변화가 발생할 때는 화주에게 그 내용을 알려야 하는 통고의무에 따라 단순히 화주에게 알림을 하는데 불과하다.

세관장은 장치기간 경과물품을 체화물품으로 등록, 관리하며 조기에 매각될 수 있도록 물품에 대한 인보이스와 기타 감정서를 근거로 물품매각 대금을 결정한다. 장치기간은 이처럼 화물의 조기반출 촉진과 체화화물 지정 및 강제매각을 위한 출발점이 된다.

(1) 장치기간의 기산

보세구역에 반입된 물품의 장치기간은 해당 보세구역 반입일을 기준으로 장치기간을 기산한다. 여기서 당해 보세구역 반입일이라 함은 물품이 최종적으로 반입된 보세구역의 반입일을 말한다.

다만, 다음의 어느 하나에 해당하는 물품은 종전에 산정한 장치기간을 합산한다.

① 장치장소의 특허변경으로 장치기간을 다시 기산하여야 하는 물품

② 보세운송 승인을 받아 다른 보세구역에 반입하거나 보세구역 간 장치물품을 이동함으로써 장치기간을 다시 기산하여야 하는 경우 중 제4조에 따른 장치기간이 이미 경과된 물품

③ 동일 B/L물품이 수차에 걸쳐 반입되는 경우에는 그 B/L물품의 반입이 완료된 날부터 장치기간을 기산한다.

(2) 체화기간 중 통관

장치기간이 경과한 물품은 체화화물로 세관은 특별 관리한다. 체화가 되었다고 하여 당장 매각이 되는 것은 아니다. 체화가 되면 관할 세관에서는 물품 감정을 위해 담당과에 체화목록을 넘기고 체화물품 관리 담당자는 과세가격 결정을 위해 수입부서로 인계

한다. 수입담당자는 인보이스와 기타 가격자료를 근거로 물품에 대한 과세가격을 산출하고 관세 및 제세, 그리고 기타 비용을 산출하여 다시 체화담당자에게 서류를 넘기면 체화담당자가 공매를 위한 준비를 비로소 시작한다.

이러한 매각 준비과정은 물품에 따라 대체로 2주 이상의 일정이 소요되며 많게는 수개월 이상이 걸리기도 한다. 이때 통관보류 해제사유가 발생하면 화주는 체화기간 중에도 불구하고 통관할 수 있다.

제5절 매각처분의 결정

1. 반출통고

1) 반출통고의 주체, 대상 및 내용

(1) 반출통고 주체

보세전시장, 보세건설장, 보세판매장, 보세공장, 보세구역외장치장, 자가용보세창고에 반입한 물품에 대해서는 관할세관장이 화주나 반입자 또는 그 위임을 받은 자에게 반출통고한다.

영업용보세창고에 반입한 물품의 반출통고는 보세구역운영인이 화주 등에게 하며, 지정장치장에 반입한 물품의 반출통고는 화물관리인이 화주 등에게 하여야 한다.

(2) 반출통고의 시기 및 방법

① 지정장치장, 보세창고에 반입한 물품에 대한 반출통고는 장치기간 만료 30일 전까지 하여야 한다.

② 보세공장, 보세판매장, 보세건설장, 보세전시장, 보세구역외장치장에 반입한 물품에 대한 반출통고는 보세구역 설영특허기간 만료시점에 반출통고하여야 한다.

③ 장치기간이 2개월 미만인 물품(유치·예치물품 등)의 반출통고는 장치기간 만료시점에 하여야 한다. 다만, 법 제207조제3항에 따라 유치 또는 예치할 때 매각한다는 것을 통고한 경우에는 생략할 수 있다.

④ 반출통고의 방법은 등기우편으로 송부하는 방법으로 하며, 다만, 화주 등이 분명

하지 않거나 그 소재가 분명하지 않아 반출통고를 할 수 없을 때에는 게시공고로 갈음할 수 있다.

(3) 반출통고 목록보고

보세구역 장치물품에 대해 반출통고를 한 보세구역운영인(지정장치장의 경우 화물관리인)은 반출통고 목록(화주내역과 화물관리번호를 포함한다)을 전자신고 등으로 관할 세관장에게 전송하여야 한다. 화주내역은 한글로 입력하여야 한다. 다만, 한글로 입력할 수 없는 불가피한 사유가 있는 경우에는 영문 등으로 입력할 수 있다.

보세구역운영인 또는 화물관리인은 여행자휴대품 등 화물관리번호가 생성되지 않는 보세화물에 대하여는 별지 제2호서식의 체화카드를 작성하여 장치기간 만료일부터 5일 이내에 세관장에게 제출하여야 하며, 세관장은 체화카드에 의하여 체화처리를 진행한다.

2. 매각처분의 대상 및 매각절차

1) 매각처분 대상

세관장은 보세구역에 반입한 외국물품이 장치기간을 경과한 때에는 이를 매각할 수 있다. 다만, 다음의 어느 하나에 해당하는 경우에는 매각처분을 보류할 수 있다.

(1) 법 위반으로 조사 중인 경우
(2) 이의신청, 심판청구, 소송 등 쟁송이 계류 중인 경우
(3) 화주의 의무는 다하였으나 통관지연의 귀책사유가 국가에 있는 경우
(4) 외자에 의한 도입물자로서 「공공차관의 도입 및 관리에 관한 법률 시행령」 제14조 및 「외국인투자 촉진법 시행령」 제37조에 따라 기획재정부장관 및 산업통상자원부장관의 매각처분 보류요청이 있는 경우
(5) 화주의 매각처분 보류요청이 있는 경우
(6) 그 밖에 세관장이 필요하다고 인정하는 경우

2) 매각절차

(1) 매각공고

매각공고는 제18조에 따른 공매예정가격산출서를 통보받은 날부터 60일의 기간 내(입찰 전일부터 10일 전)에 소관세관관서의 게시판과 인터넷의 관세청 및 본부세관 홈페이지에 공고하고 필요하면 일간신문에 게재할 수 있다.

(2) 긴급공매

세관장은 다음의 어느 하나에 해당하는 물품에 대하여는 장치기간 경과 전이라도 공고한 후 매각할 수 있으며, 급박하여 공고할 여유가 없다고 판단되는 경우에는 매각한 후 공고할 수 있다.

운영인 등은 부패, 변질, 타화물을 해할 우려가 있거나 실용가치가 현저히 감소하는 물품이 반입된 경우에는 특수시설 또는 환풍이 잘되는 장소에 장치하도록 하여 물품관리를 철저히 하여야 하며 보관관리상 문제가 있다고 판단되는 경우에는 화주나 반입자 또는 그 위임을 받은 자에게 적합한 시설을 갖춘 다른 보세구역으로 이고조치토록 요청하거나 세관장에게 장치기간 경과 전에 매각요청을 하여야 한다.

세관장은 지정장치장·보세창고·보세구역외장치장에 반입되어 반입일부터 30일 이내에 수입신고되지 못한 물품 중 화주가 통관 반출할 의사가 없는 것으로 판단되고 장치화물의 품명·수량·중량. 용적 등을 고려하여 화물관리의 합리적 운영상 신속히 처분할 필요가 있다고 인정되는 물품에 대하여는 반입일부터 30일이 경과하는 즉시 별지 제6-1호서식의 미신고물품 장치기간경과전 매각안내서를 화주에게 송부한다.

① 살아있는 동식물이나 부패하거나 부패할 우려가 있는 것
② 창고나 다른 외국물품을 해할 우려가 있는 것
③ 기간경과로 실용가치가 없어지거나 현저히 감소할 우려가 있는 것
④ 지정장치장·보세창고·보세구역외장치장에 반입되어 반입일부터 30일 이내에 수입신고되지 못한 물품으로서 화주의 요청이 있는 물품

(3) 유통기한 또는 유효기한 표시물품 신속 공매 등

공매예정가격산출서를 통보받은 공매담당과장은 유통기한 또는 유효기한 기재여부를 즉시 확인하고, 유통기한 또는 유효기한이 남아 있는 물품에 대하여는 그 기한 내에 매각될 수 있도록 신속하게 공매에 회부하여야 한다.

공매절차를 진행함에 있어 유통기한 또는 유효기한이 급박하여 공고할 여유가 없을 때에는 매각한 후 공고할 수 있다. 공매에서 유찰된 물품 중 유통기한 또는 유효기한이 남아 있는 물품은 즉시 제35조에 따라 국고귀속 예정통고를 하고, 검역·검사를 의뢰하여야 한다. 국고귀속예정 통고기한이 종료되고 검역·검사에 합격된 물품은 즉시 제39조에 따른 국고귀속 및 폐기심사위원회의 심사를 거쳐 국고귀속 여부를 결정하고, 국고귀속된 물품은 신속히 위탁판매 등의 조치를 하여야 한다.

(4) 매각처분의 방법

① 세관장은 이 고시에 따라 매각하려는 때에는 경쟁입찰에 의하는 것을 원칙으로 한다.

② 경쟁입찰로 매각하려는 경우 매각되지 아니한 때에는 5일 이상의 간격을 두어 다시 입찰에 붙일 수 있으며 그 예정가격은 최초 예정가격의 100분의 10 이내의 금액을 입찰시마다 체감할 수 있다.

③ 제2항에 따른 예정가격의 체감은 제2회 입찰 때부터 하되 그 체감한도액은 최초 예정가격의 100분의 50으로 한다. 다만, 최초예정가격을 기초로 산출한 세액 이하의 금액으로 체감할 수 없다.

(5) 공매예정가격의 산출

① 체화·공매담당과장은 체화발생일에 공매예정가격산출 담당과장에게 공매예정 가격산출을 의뢰하여야 한다.

② 공매예정가격산출을 담당하는 과장은 공매예정가격산출을 의뢰받은 날부터 1개월 이내에 공매예정가격을 산출하여 공매담당과장에게 통보하여야 한다. 다만, 공매예정가격산출 담당공무원이 화주불명·시가조사 불능 등의 사유로 공매예정가격산출이 지연되는 경우에는 그 지연사유를 담당과장에게 보고한다.

③ 공매예정가격산출 담당과장은 공매예정가격산출 미결점검을 매주 월요일 실시하여 예정가격 산출을 독려하고 특히, 1개월 이내에 처리하지 못할 건에 대하여는 지연사유를 확인하고 처리방법 및 처리기간을 지시하여야 한다. 이 경우 처리기간의 연장은 10일 이내 이어야 하며, 연장기간 내에 예정가격 산출이 곤란한 건에 대하여는 제19조에 따라 공매예정가격 산출 심사위원회에서 예정가격을 심의할 수 있다.

④ 공매예정가격의 산출은 「관세평가운영에 관한 고시」에서 정하는 바에 따라 산출하고, 공매예정가격산출서에는 공매대상물품의 품명, 세번(HSK), 규격, 수량, 원산지, 공매예정가격, 제세, 공매조건, 원산지 표시대상물품 및 표시방법, 유통기한 또는 유효기한(현품에 표시된 경우에만 해당한다)이 기재되어야 한다.

3. 낙찰자의 결정, 취소 등

1) 낙찰자 결정

(1) 낙찰자가 낙찰을 포기하거나 절차이행을 하지 않는 경우에 해당 입찰에서 예정가격

보다 높은 응찰자가 있는 때에는 차점자 순위에 따라 매각할 수 있다. 다만, 낙찰가격과 차순위의 응찰가격에 현저한 차이가 있는 때에는 매각하지 아니할 수 있다.

(2) 동일가격 입찰자가 2명 이상 있을 때에는 즉시 추첨하여 낙찰자를 결정한다.

2) 낙찰 취소

세관장은 다음의 어느 하나에 해당하는 사유가 발생한 때에는 해당 낙찰을 취소할 수 있다.

낙찰이 취소된 경우에는 해당 물품에 대한 입찰보증금은 환불하지 아니한다. 그러나 낙찰자의 책임으로 돌릴 수 없는 명백한 사유가 있는 경우에는 그러하지 아니하다.

(1) 낙찰자가 지정된 기일까지 대금잔액을 납입하지 않는 경우
(2) 낙찰자가 특별한 사유 없이 공매조건을 이행하지 않는 경우
(3) 공매낙찰 전에 해당 물품이 수출, 반송 또는 수입신고수리가 된 경우
(4) 착오로 인하여 예정가격, 공매조건 등의 결정에 중대하고 명백한 하자가 있는 경우

3) 수의계약

세관장은 다음의 어느 하나에 해당하는 경우에만 수의계약 할 수 있다.

수의계약을 할 수 있는 자로서 그 체결에 응하지 아니하는 자는 해당 물품에 대한 다음 회 이후의 경쟁입찰에 참가할 수 없다.

(1) 1회 이상 경쟁입찰에 붙여도 매각되지 아니한 경우(단독 응찰한 경우를 포함한다)로서 다음 회의 입찰에 체감될 예정가격 이상의 응찰자가 있을 때
(2) 공매절차가 종료된 물품을 국고귀속 예정통고 전에 최종예정가격 이상의 가격으로 매수하려는 자가 있을 때
(3) 부패, 손상, 변질 등의 우려가 있는 물품으로서 즉시 매각되지 아니하면 상품가치가 저하될 우려가 있을 때
(4) 1회 공매의 매각예정가격이 50만 원 미만인 때
(5) 경쟁입찰 방법으로 매각함이 공익에 반하는 때

4) 공매물품 잔금처리

(1) 세관장은 법 제210조에 따른 매각대금 중에서 그 물품 매각에 관한 비용, 관세, 각종 세금의 순으로 필요한 금액을 충당하고 잔금이 있을 때에는 화주에게 교부한다.
(2) 법 제208조에 따라 매각하는 물품에 대한 질권자 또는 유치권자는 그 물품을 매

각한 날부터 1개월 내에 그 권리를 증명하는 서류를 세관장에게 제출하여야 하며, 매각된 물품을 낙찰자에게 인도하여야 한다.

(3) 제2항에 따라 그 매각물품의 질권자 또는 유치권자가 그 권리를 증명하는 서류를 제출한 경우에는 세관장은 그 잔금을 화주에게 교부하기 전에 그 질권 또는 유치권에 따라 담보된 채권의 금액을 질권자 또는 유치권자에게 교부한다.

(4) 제3항에 따라 질권자 또는 유치권자에게 공매대금의 잔금을 교부할 경우 그 잔금액이 질권 또는 유치권에 의하여 담보된 채권액에 미달하고 교부받을 권리자가 2명 이상인 때에는 세관장은 「민법」 그 밖의 법령에 따라 배분할 순위와 금액을 정하여 배분하여야 한다.

5) 낙찰증명서의 발급

세관장은 낙찰자가 낙찰조건의 충족 등을 위하여 관련기관에 검사, 추천, 확인 등에 필요한 낙찰증명서의 발급을 요구할 경우 낙찰증명서를 발급하여야 한다.

6) 공매결과등록

세관장은 공매결과 낙찰이 된 경우 세관화물정보시스템의 공매결과등록 화면을 통하여 낙찰등록을 하여야 한다.

7) 매각절차의 중지

세관장은 다음 각 호의 어느 하나에 해당하는 사유가 발생된 때에는 매각절차를 중지할 수 있다.

(1) 매각처분이 공익에 반하는 경우라고 판단되는 경우
(2) 이의신청, 심판청구, 소송 등 쟁송이 제기된 경우
(3) 해당 물품이 이미 통관되었거나 예정가격, 공매조건 그 밖의 매각절차에 중대한 하자가 발생된 경우
(4) 공매공고에 의해 1차 매각절차가 완료된 후, 매각되지 아니한 물품으로서 화주의 요청이 있고, 1개월 내에 수출입 또는 반송할 것이 확실하다고 인정되는 경우
(5) 검사·검역기관에서 검사·검역기준 등에 부적합 물품으로 판명된 경우
(6) 그 밖에 세관장이 필요하다고 인정하는 경우

8) 세관공무원의 면책

세관공무원은 장치기간을 경과한 보세화물을 처리하기 위하여 공매예가 산출 및 매

각절차 진행 등 이 고시의 규정을 집행함에 있어 선의로 취해진 조치에 대해서는 고의 또는 중대한 과실이 없으면 책임을 지지 아니한다.

제6절 국고귀속

1. 국고귀속의 의의

국고귀속이란 물품의 소유권을 국가재산에 편입시키는 것을 말한다. 사유재산은 헌법상 보장된 권리로서 국가가 마음대로 국유화할 수 없다. 그러나 국민의 재산이 공공을 해치거나 방해가 될 경우 소유권자의 동의를 얻거나 연락을 하였으나 기간 내 응하지 않을 경우 국고에 귀속시켜 공공의 이익을 도모한다. 장치기간이 경과한 외국물품을 매각하려고 하여도 매각되지 않고 소유자에게 반출을 통지하였으나 반출하지 않거나 소유권을 포기할 경우 무한정 물품을 보세구역에 장치해 둘 수 없으므로 그 물품을 국고에 귀속시키는 것이다.

국고귀속과 구별되는 개념으로 관세법상 몰수가 있는데 몰수는 관세법을 위반하여 압수절차 등을 거쳐 관세범죄로 확정되는 시점에 몰수가 확정되기 때문에 몰수품은 몰수로 확정된 물품을 말한다. 이러한 몰수품은 국고귀속물품과 법률적 성격이 같고 처분절차도 동일하다.

1) 국고귀속절차

국고귀속은 사인의 재산권을 국가재산으로 정하는 일이다. 만약 국고귀속된 재산을 제3자에게 양도하거나 처분한 후에 국고귀속절차 하자가 발견되어 국고귀속 자체가 무효화된다면 국민의 재산권 보호에 심각한 문제가 발생함은 물론 손해배상 문제까지 대두된다. 이런 것을 방지하기 위해 국고귀속 절차는 보다 신중하며 그 절차에 하자가 없도록 법적 절차를 엄격히 관리하고 있다.

(1) 국고귀속 예정통고

세관장은 보세구역 장치기간 경과물품 국고귀속 예정통고서를 등기우편으로 발송하며 이때 수입, 수출 또는 반송통관의 기한은 발송일부터 1개월로 한다. 화주나 반입자 또는 그 위임을 받은 자가 분명하지 아니하거나 그 소재가 불명하여 국고귀속 예정통고를 할 수 없을 때(예: 여행자 휴대품으로서 유치된 물품)에는 세관게시판에 게시공고하여 이를 갈음할 수 있다.

(2) 국고귀속 대상물품의 재감정

화물담당과장은 국고귀속 예정통고를 한 물품 중 재감정이 필요하다고 인정되는 물품은 국고귀속예정통고 즉시 감정담당과로 재감정을 의뢰하여야 한다. 재감정 의뢰를 받은 감정담당과장은 의뢰일부터 15일 이내에 재감정 결과를 통보하여야 한다.

(3) 국고귀속

세관장은 경매 및 위탁판매의 방법으로 매각되지 아니한 물품을 국고귀속 처리할 수 있으며 보세구역에 장치된 물품으로서 화주가 그 소유권을 포기한 물품에 대하여도 국고귀속 처리할 수 있다. 다만, 동·식물검역대상이나 식품검사대상물품에 대하여는 국고귀속 심사하기 전에 세관에서는 직접 동·식물검역 또는 식품검사를 검역·검사기관에 의뢰하여 불합격된 물품은 국고귀속을 하지 아니한다.

2) 국고귀속의 보류

세관장은 다음의 어느 하나에 해당하는 물품에 대하여 국고귀속 조치를 보류할 수 있다.

(1) 국가기관(지방자치단체 포함)에서 수입하는 물품

(2) 「공공기관의 운영에 관한법률」 제5조에 따른 공기업, 준정부기관, 그 밖의 공공기관에서 수입하는 물품으로서 국고귀속 보류요청이 있는 물품

(3) 법 위반으로 조사 중인 물품

(4) 이의신청, 심판청구, 소송 등 쟁송이 제기된 물품

(5) 특수용도에만 한정되어 있는 물품으로서 국고귀속 조치 후에도 공매낙찰 가능성이 없는 물품

(6) 국고귀속 조치를 할 경우 인력과 예산부담을 초래하여 국고에 손실이 야기된다고 인정되는 물품

(7) 부패, 손상, 실용시효가 경과하는 등 국고귀속의 실익이 없다고 인정되는 물품

(8) 그 밖에 세관장이 국고귀속을 하지 아니하는 것이 타당하다고 인정되는 물품

2. 장치기간경과물품 폐기 등

1) 폐기명령 대상 등

세관장은 다음의 어느 하나에 해당하는 물품은 그 장치기간에 불구하고 화주, 반입자 또는 그 위임을 받은 자에게 1개월의 기간을 정하여 폐기 또는 반송을 명할 수 있다. 다만, 급박하게 통고할 여유가 없을 때에는 폐기한 후 즉시 통고하여야 한다.

(1) 사람의 생명이나 재산에 해를 끼칠 우려가 있는 물품

(2) 부패하거나 변질된 물품

(3) 유효기간이 지났거나 상품가치가 없어진 물품

(4) 의약품 등으로서 유효기간이 경과하였거나 성분이 불분명한 경우

(5) 위조상품, 모조품, 그 밖의 지식재산권 침해물품

(6) 품명미상의 물품으로서 1년이 경과된 물품

(7) 검사·검역기준 등에 부적합하여 검사·검역기관에서 폐기대상 물품으로 결정된 물품

2) 폐기비용 및 대집행

폐기 또는 반송명령을 받은 화주, 반입자 또는 그 위임을 받은 자는 동 물품을 자기비용으로 폐기 또는 반송하여야 한다.

폐기명령을 받은 자가 기간이 경과하여도 이를 폐기 또는 반송하지 아니한 물품 중 폐기하지 않고 방치할 경우 자연·생활환경 및 국민보건 등 공익을 해할 것으로 인정된 물품은 세관장이 「행정대집행법」에 따라 보세구역 운영인 또는 화물관리인 등에게 폐기하게 할 수 있다. 다만, 폐기대상물품의 종류, 수량, 폐기비용 등을 고려하여 세관 자체적으로 폐기가 가능하다고 인정되는 물품은 세관장이 폐기할 수 있다.

세관장이 제2항의 대집행을 하기 위하여는 대집행을 할 시기, 대집행을 하기 위하여 파견하는 집행책임자의 성명과 대집행에 소요되는 비용의 계산에 의한 견적가격 등이 기재된 별지 제9-1호서식의 폐기처분 대집행영장을 화주, 반입자 또는 그 위임을 받은 자에게 송부하여 대집행 사실을 통고하여야 한다.

세관장이 대집행을 하는 경우 해당 물품 장치 보세구역 운영인 또는 관리인을 대집행 책임자로 지정한다. 이 경우 대집행 책임자는 대집행책임자라는 것을 표시한 증표를 휴대하여 대집행 시에 이해관계인에게 제시하여야 한다.

「행정대집행법」에 따라 폐기대집행을 한 세관장은 별지 제9-2호 서식의 비용납부명령서를 화주, 반입자 또는 그 위임을 받은 자에게 송부하여 해당비용의 납부를 명하여

야 한다. 이 경우 납기는 15일로 한다.

비용납부명령서를 받은 자가 납기 내에 납부하지 아니하는 때에는 「국세징수법」에 따라 징수하며, 그 비용을 징수하였을 때에는 국고수입으로 한다. 명령과 통고는 관련 서류를 화주, 반입자 또는 그 위임을 받은 자의 주소지에 송달하되, 우편으로 송부할 때에는 등기우편으로 하여야 하고, 인편으로 보낼 때에는 수령증을 받아야 한다.

화주, 반입자, 그 위임을 받은 자의 주소 및 거소가 불분명하거나 그 밖의 부득이한 사유로 제7항에서 정한 송달방법으로 송달이 불가능할 때에는 별지 제9-3호 서식으로 공시송달하되 송달할 서류와 함께 세관게시판에 공고하여야 한다. 이 경우 공시송달은 공고한 날부터 7일을 경과함으로써 그 효력이 발생한다.

세관장은 예산편성 시 폐기처분 대집행에 소요되는 연간 예상비용을 예산에 계상하여야 하며, 제3항의 대집행에 소요되는 비용은 해당 예산과목에서 지출한다.

3) 폐기처분

폐기를 명할 때 화주나 반입자 또는 그 위임을 받은 자가 불분명하고, 그 물품의 폐기가 급박할 경우에는 세관장은 공고한 후 이를 폐기할 수 있다. 폐기처분은 소각(열에너지화 작업 등으로 소각하는 것을 포함한다) 또는 매몰 등의 방법으로 처리하여야 한다.

4) 폐기감독

세관장은 폐기대상물품이 부정유출될 우려가 있거나 감시단속이 필요하다고 판단되는 경우에는 세관공무원으로 하여금 이를 감독하게 할 수 있다. 폐기처분을 한 자는 그 즉시 별지 제10호 서식의 '보세구역 장치물품 폐기결과보고서'에 폐기사실을 증명할 수 있는 사진 등의 서류를 첨부하여 세관장에게 제출하여야 한다.

3. 폐기작업 절차

1) 폐기작업 신청 및 승인

체화를 폐기하려는 자는 폐기대상 체화의 품명, 규격, 수량, 중량과 장치장소, 폐기일자 및 폐기장소 등을 「보세화물관리에 관한 고시」 별지 제7호서식의 물품폐기승인신청서에 기재하고 다음 각 호의 서류를 구비하여 세관장에게 신청하여야 한다. 폐기작업신청서(① 폐기작업 사유서, ② 작업별 자격요건을 증명하는 서류, ③ 서약서)를 접수한 세관장은 폐기작업의 타당성, 작업시설의 적격성 여부 등을 검토하여 이를 승인할 수 있다.

폐기작업을 승인한 세관장은 폐기작업 중 물품의 불법유출 또는 무단전용의 우려가 있거나 감시단속에 지장이 있다고 판단되는 경우에는 화물담당공무원으로 하여금 감독하게 할 수 있다.

2) 폐기완료보고서의 제출

폐기작업을 종료한 자는 「보세화물관리에 관한 고시」 별지 제8호서식의 폐기완료보고서를 세관장에게 제출하여야 한다.

3) 잔존물에 대한 과세

폐기처분 후 잔존물에 대해서는 법 제160조에 따라 잔존물의 성질과 수량에 따라 관세 등 각종 세금을 부과한다.

4) 비용부담

폐기비용과 관세 등 각종 세금은 폐기처분을 신청한 자의 부담으로 한다.

5) 보고사항

세관장은 여행자휴대품 등 세관화물정보시스템으로 관리되지 않는 체화에 대하여는 체화의 발생 및 처리상황보고서를 월별로 작성하여 다음 달 10일까지 관세청장에게 보고하여야 한다.

제 7 절 보세운송

1. 보세운송의 개요

보세운송이란 외국물품을 보세상태로 운송하는 것을 말한다. 공항만에서 입항한 외국화물은 통관을 위해 수입신고수리절차를 거치지 않고 타 지역으로 이동할 수 있으며 이는 화주의 통관 편의제공과 밀접한 관련이 있다.

그러나 보세화물 이동 중의 화물유출, 밀수 및 불법행위의 개연성을 배제할 수 없으며 관세 등의 원활한 확보와 화물감시·감독을 위해 보세구역에서 정적인 상태로 관리하는 정도에 버금가는 각종 보완책을 두고 있다.

즉, 보세운송화물 세관장 신고 또는 승인, 세관장이 보세운송 물품에 대한 검사, 보세운송신고인 제한, 보세운송 도착보고, 보세운송 통로제한, 보세운송기간제한, 불법행위의 발생 시 관세 확보를 위한 관세의 담보제공, 보세운송업자에 대한 등록 등이 있다.

1) 보세운송신고

보세운송신고 또는 승인신청은 보세운송하려는 화물이 장치되어 있거나 입항예정인 보세구역을 관할하는 세관 또는 보세운송 물품의 도착지보세구역을 관할하는 세관의 장에게 한다.

(1) 신고인

① 화주, 다만 전매된 경우에는 그 취득자, 통과운송화물의 경우에는 그 화물에 대한 권리를 가진 자
② 등록된 보세운송업자
③ 관세사 등

(2) 보세운송절차를 요하지 않는 물품

① 우편법에 의거 체신관서의 관리 하에 운송되는 물품
② 검역법등에 의거 검역관서가 인수하여 검역소구내계류장 또는 검역시행 장소로 운송하는 검역대상물
③ 국가기관에 의해 운송되는 압수물품

(3) 신고시기

보세운송신고를 하려는 자는 「보세화물 입출항 하선 하기 및 적재에 관한 고시」에 따라 화물관리번호가 부여된 이후에 할 수 있다.

(4) 보세운송신고

보세운송신고는 원칙적으로 입항선박 또는 항공기별 House B/L 단위로 신고하여야 한다. 그러나 보세운송하려는 물품이 동일한 보세구역으로부터 동일한 도착지로 운송되는 경우에는 1건으로 일괄하여 신고할 수 있다. 다만, 관세청장이 정하는 기준에 따른 법규준수도가 높은 보세운송업자는 동일한 관할 세관 내 여러 도착지 보세구역으로 운송하는 경우에도 1건으로 일괄하여 신고할 수 있다.

그리고 단일화주의 FCL화물, LCL화물 중 컨테이너에서 적출하지 아니한 상태로 보

세운송하는 경우에는 Master B/L단위로 신고할 수 있으며 해상화물 중 하선장소에서 다음 입항지의 운송 구역 내 1개 이상의 영업용 보세구역으로 보세운송하는 경우에는 모선단위 1건으로 일괄하여 신고할 수 있다.

| 표 7-3 | 보세운송 구역

입항지	운송구역
부산항	부산세관, 용당세관, 양산세관 관할구역
인천항	인천세관, 안산세관 관할구역(인천광역시 지역에 한함)
마산항	마산세관, 창원세관 관할구역

(5) 보세운송기간

보세운송수리일로부터 해상화물은 10일, 항공화물은 5일(입항예정일 및 하선(기)장소 반입기간을 고려하여 5일 이내의 기간을 추가할 수 있다.)

(6) 보세운송목적지

국제항, 보세구역, 보세구역외장치허가지역, 세관관서, 통관역, 통관장, 통관우체국 또는 관세자유지역, 자유무역지역으로서 당해 물품을 장치할 수 있는 곳

(7) 물품검사

세관장은 보세운송 신고한 물품의 감시단속을 위하여 필요하다고 인정하면 다음 각 호에 해당하는 검사방법으로 화물관리공무원이 검사하게 할 수 있으며, 검사대상물품은 관세청장이 별도로 지시한 기준에 따라 선별한다.

(8) 보세운송신고 수리

화물관리공무원은 보세운송에 관한 고시 제27조에 따라 보세운송신고사항을 심사한 후 신고내용이 타당한 때에는 즉시 세관화물정보시스템에 수리등록을 하고 신고자, 발송지세관장 또는 도착지세관장, 발송지 및 도착지보세구역운영인에게 수리사실을 통보하여야 하고, 신고내용이 타당하지 아니한 경우에는 세관화물정보시스템에 타당하지 않은 사유와 함께 수리거부로 등록하고 신고자에게 통보하여야 한다.

세관장은 보세운송업무의 신속한 처리를 위하여 세관화물정보시스템에서 자동으로 신고내역을 확인하여 신고수리하고 제1항에 따른 통보를 하게 할 수 있다.

(9) 보세운송서류 보관

보세운송신고 수리통보를 받은 신고자는 신고에 관한 자료를 2년간 보관하여야 하고, 마이크로필름·광디스크 등 자료전달매체에 의하여 보관할 수 있다.

(10) 신고의 취하 등

취하(일괄 보세운송신고시)를 하려는 경우에는 보세운송신고(승인신청)항목 변경승인(신청)서를 작성하여 서류 또는 전자문서로 제출하여야 하며, 이 경우 화물관리공무원은 신고인에게 신청사유를 증명할 수 있는 자료를 요구할 수 있다.

화물관리공무원은 신청사유와 관련 증명자료내역 등을 심사 후 그 결과에 따라 세관화물정보시스템에 승인 또는 기각으로 등록하고, 보세운송신고인에게 그 내역을 전자문서로 통보하여야 한다. 보세운송신고서가 세관에 신고 또는 수리된 후, 화물관리공무원이 신고 또는 수리내용을 수정할 필요가 있는 경우에는 세관화물관리정보시스템에 수정내용을 등록하고 수정할 수 있으며, 이 경우 보세운송신고인에게 그 내역을 전자문서로 통보하여야 한다.

2) 보세운송 승인

물품의 감시 등을 위하여 필요하다고 인정하여 대통령령으로 정하는 경우에는 세관장의 승인을 받아야 한다. 승인을 얻고자 하는 자는 신청서를 세관장에게 제출하여야 한다. 다만, 외국무역선 또는 외국무역기에의 효율적인 하역을 위하여 필요하거나 세관의 감시단속상 애로가 없다고 인정하여 관세청장이 따로 정하는 경우에는 그 정하는 바에 의한다.

(1) 승인 대상물품

① 보세운송된 물품 중 다른 보세구역 등으로 재보세운송하려는 물품은 보세공장, 보세전시장, 보세건설장, 보세판매장, 자가용보세창고에 반입하여야 할 경우 등 세관장이 부득이 하다고 인정하는 경우에만 할 수 있다.

② 「검역법」·「식물방역법」·「가축전염병예방법」 등에 따라 검역이 필요한 물품은 정해진 조치를 마쳤거나 보세구역(보세구역외 장치 허가를 받은 장소를 포함한다)으로 지정받은 검역시행장으로 운송하는 경우에만 할 수 있다.

③ 「위험물안전관리법」에 따른 위험물, 「유해화학물질관리법」에 따른 유해화학물질은 도착지가 관계 법령에 따라 해당 물품을 취급할 수 있는 경우에만 할 수 있다.

④ 비금속설은 보세운송에 관한 고시 제31조 1항 제4호에 해당하는 경우에만 할 수 있다.
⑤ 화물이 국내에 도착된 후 최초로 보세구역에 반입된 날부터 30일이 경과한 물품
⑥ 통관이 보류되거나 수입신고 수리를 할 수 없는 물품
⑦ 보세구역 외 장치허가를 받은 장소로 운송하는 물품
⑧ 귀석·반귀석·귀금속·한약재·의약품·향료 등과 같이 부피가 작고 고가인 물품
⑨ 화주 또는 화물에 대한 권리를 가진 자가 직접 보세운송하는 물품
⑩ 관세법 제236조의 규정에 의하여 통관지가 제한되는 물품
⑪ 적하목록상 동일한 화주의 선하증권 단위의 물품을 분할하여 보세운송하는 경우 그 물품
⑫ 불법 수출입의 방지 등을 위하여 세관장이 지정한 물품
⑬ 관세법 및 관세법에 의한 세관장의 명령을 위반하여 관세범으로 조사를 받고 있거나 기소되어 확정판결을 기다리고 있는 보세운송업자등이 운송하는 물품

3) 담보제공

세관장은 관세채권 확보를 위하여 보세운송의 승인을 신청한 물품에 대하여는 관세 및 제세 상당액을 담보로 제공하게 하여야 한다. 다만, 다음의 어느 하나에 해당하는 경우에는 그러하지 아니하다.

(1) 무세 또는 관세가 면제될 것이 확실하다고 인정하는 물품
(2) 자율관리 보세구역으로 지정된 보세공장에 반입하는 물품
(3) 보세운송신고(승인신청)하는 화주가 「관세 등에 대한 담보제공과 정산제도 운영에 관한 고시」에 따른 담보제공 생략자, 담보제공 특례자 또는 포괄담보제공업체로서 담보한도액 범위인 경우이거나 이미 담보를 제공한 물품
(4) 간이보세운송업자가 보세운송의 승인을 신청한 물품

2. 보세운송 관리

1) 보세운송수단

보세운송 업자가 보세운송을 하려는 경우에는 제9조에 따라 등록된 자가 보유한 운송수단 또는 등록된 다른 보세운송업자의 운송수단(관련법령에 따라 화물자동차 운송사업 등의 자격을 갖춘 보세운송업자로 한정한다)으로 운송하여야 한다. 다만, 보세운

송 물품을 철도차량으로 운송하는 경우에는 그러하지 아니하다.

냉장 또는 냉동화물 등 특수한 경우에는 사전에 세관장의 승인을 얻어 일반업체의 운송수단으로 운송할 수 있으며, 일반업체의 운송수단으로 보세운송(이하 "임차보세운송"이라 한다)을 하려는 자(관계 법령에 의하여 화물운송 주선업 등의 자격을 갖춘 보세운송 업자에 한한다)는 1년의 임차기간 범위 내에서 별지 제17호 서식의 보세운송수단 임차승인(신청)서를 전자문서 또는 서류로 관할지 또는 신고지 세관장에게 제출하여야 한다. 출발지 보세구역 운영인 또는 화물관리인은 보세운송업자가 운송하는 경우 보세운송수단의 등록 여부를 확인한 후 물품을 반출하여야 한다.

2) 보세운송 목적지 등 변경

보세운송인이 보세운송목적지 또는 경유지를 변경하려는 경우 보세운송신고(승인신청) 항목변경승인(신청)서를 발송지 세관장 또는 도착지 세관장에게 전자서류 또는 서류로 제출하여 승인을 받아야 한다.

승인신청을 받은 세관장은 목적지 또는 경유지 변경사유가 부득이하고 변경하려는 목적지 또는 경유지가 보세운송에 관한 고시 제24조 및 제31조에 따른 장소에 합당할 때에 한하여 이를 승인하고 신청인, 발송지 세관장 또는 도착지 세관장, 출발지 및 도착지 보세구역 운영인에게 전자문서로 통보하여야 한다.

3) 보세운송기간 연장

재해, 차량사고, 도착지 창고사정 등 그 밖에 부득이한 사유로 보세운송기간을 연장할 필요가 있을 때에는 보세운송인은 발송지 세관장 또는 도착지 세관장에게 보세운송신고(승인신청) 항목변경승인(신청)서를 전자문서 또는 서류로 제출하여야 한다.

이 경우 세관장은 담당공무원으로 하여금 재해, 차량 사고 현장 또는 창고 사정 등을 확인하게 할 수 있다

4) 보세운송물품 도착 의무

보세운송인은 물품을 보세운송 기간 내에 도착지에 도착시켜야 한다.

보세운송인은 물품이 도착지에 도착한 때 지체 없이 B/L번호 및 컨테이너번호(컨테이너화물인 경우)를 보세구역 운영인 또는 화물관리인에게 제시하고 물품을 인계하여야 한다. 다만, 보세구역 운영인 또는 화물관리인이 요구하는 경우 보세운송신고필증(승인서)(사본 가능)을 제시하여야 한다.

도착지 보세구역 운영인 또는 화물관리인은 도착사항을 확인한 후 보세운송신고 또는 승인 건별로 도착일시, 인수자, 차량번호를 기록하여 장부 또는 자료보존매체(마이크로필름, 광디스크, 기타 전산매체)에 2년 간 보관하여야 한다. 그리고 보세운송된 물품을 인수하였을 때에는 즉시 세관화물정보시스템에 반입신고를 하여야 한다. 다만, 보세운송 도착과 동시에 수입신고가 수리된 물품은 보세구역에 입고시키지 않은 상태에서 물품을 화주에게 즉시 인도하고 반출입신고를 동시에 하여야 한다.

만약 도착된 보세운송 물품에 과부족이 있거나 컨테이너 또는 유개(有蓋)차의 봉인파손, 봉인번호 상이, 포장파손, 미등록 운송수단 확인 등 이상이 발견된 경우에는 지체 없이 세관장에게 보고하여야 한다. 보세운송 도착화물에 대한 이상보고를 받은 세관장은 담당공무원으로 하여금 그 실태를 조사하게 할 수 있다. 보세운송 물품 도착보고는 보세구역 운영인의 반입신고로 갈음한다.

(1) 도착관리

도착지 세관장은 보세운송에 관한 고시 제41조제6항에 따라 조사한 결과 도착물품에 이상이 있는 경우에는 즉시 신고지 세관장에게 이상 내역을 통보하여야 한다. 신고지 세관장은 매일 세관화물 정보시스템을 조회하여 보세운송 기간 내에 전량 반입신고가 없는 미착물품과 도착지 세관장으로 부터 이상내역을 통보받은 물품에 대하여는 사실을 확인하는 조사를 한 후 처벌, 관세추징 등의 조치를 취하고 그 결과를 세관화물정보시스템에 등록하여야 한다.

(2) 담보해제

보세운송 승인신청 시에 담보를 제공한 자가 보세운송을 완료한 때에는 세관장에게 담보해제 신청서를 제출하여 담보해제를 신청하여야 한다. 담보해제 신청을 받은 세관장은 도착이 되었는지를 조회하고 이상이 없을 때에는 즉시 제공된 담보를 해제한다.

3. 보세운송업자 등록 및 관리

1) 보세운송업자의 등록

보세운송업자란 보세운송을 업으로 하는 자를 말한다. 보세운송업자가 되기 위해서는 대통령령이 정하는 바에 의하여 관세청장 또는 세관장에게 등록하여야 한다.

(1) 등록요건

① 「화물자동차운수사업법」에 따른 화물자동차운송사업의 허가를 받은 자
② 「해운법」에 따른 해상화물운송사업의 등록을 마친 자
③ 「항공법」에 따른 항공운송사업의 면허를 받은 자

(2) 등록 결격사유

① 미성년자, 파산선고 후 복권되지 않은 자, 징역형의 집행유예를 선고받고 그 유예기간 중에 있는 자 등
② 보세운송업자의 등록이 취소된 자로서 취소일로부터 2년이 경과되지 아니한 자
③ 관세 및 국세의 체납이 있는 자

(3) 등록신청

보세운송업자의 등록을 하려는 자는 보세운송업자(영업소)등록(갱신, 설치) 신청서에 다음 각 호의 서류를 첨부하여 관세물류협회의 장에게 제출하여야 한다.

① 법인등기부 등본(개인사업자는 사업자등록증 사본)
② 제8조제1항 각 호의 어느 하나에 해당하는 허가증, 등록증 또는 면허증 사본
③ 보유장비 명세서 및 보유를 증명할 수 있는 서류
④ 납세증명서

(4) 등록상실

보세운송업자가 다음 각 호의 어느 하나에 해당하는 때에는 보세운송업자 등록의 효력이 상실된다.

① 보세운송업을 폐업한 때
② 보세운송업자가 사망하거나 법인이 해산된 때
③ 등록기간이 만료된 때
④ 등록이 취소된 때

2) 일반 간이보세운송업자

세관장은 보세운송을 하려는 물품의 성질과 형태, 보세운송업자의 신용도 등을 고려하여 관세청장이 정하는 바에 따라 보세운송업자나 물품을 지정하여 신고절차의 간소화, 검사의 생략, 담보 제공의 면제할 보세운송업자 또는 보세운송물품을 지정할 수 있다.

(1) 지정요건

세관장은 등록한 보세운송업자 중 다음 각 호의 요건을 모두 갖춘 자에 대하여는 보세운송 물품의 검사생략 및 담보제공의 면제를 받을 수 있는 자(이하 "일반 간이보세운송업자"라 한다)로 지정할 수 있다.

① 자본금이 1억 원 이상인 법인

② 5천만 원 이상의 인·허가 보증보험에 가입한 자이거나, 법 제24조에 따른 담보(부동산은 제외)를 5천만 원 이상 제공한 자. 다만, 다음 각 목의 요건을 모두 갖춘 일반간이보세운송업자 2인 이상의 연대보증으로 담보를 갈음할 수 있다.

ⓐ 일반간이보세운송업자로 지정된 날로부터 2년이 경과한 자

ⓑ 이 법의 규정 또는 명령을 위반하여 처벌받은 사실이 없거나, 위반사항이 경미하여 세관장이 감시단속상 문제가 없다고 인정하는 자

ⓒ 총 보증액이 1억5천만 원을 초과하지 않은 자

③ 「수출입 안전관리 우수업체 공인 및 관리업무에 관한 고시」에 따라 공인된 수출입 안전관리 우수업체(AEO : Authorized Economic Operator) 또는 직전 법규 수행능력평가 B등급 이상인 법인. 다만, 일반간이보세운송업자 지정 신청을 하려는 업체가 직전 연도 법규 수행능력 평가를 받지 않은 경우에는 지정신청 전에 세관장에게 법규 수행능력평가를 요청할 수 있다.

3) 지정의 소멸

간이보세운송업자에게 다음 각 호의 어느 하나에 해당하는 사유가 발생한 때에는 그 지정의 효력이 소멸된다.

(1) 지정기간이 만료되었을 때

(2) 지정이 취소되었을 때

(3) 제12조에 따라 보세운송업자의 등록이 상실되었을 때

4. 특정물품 간이보세운송업자

1) 지정요건

(1) 세관장은 제10조에 따라 등록한 보세운송업자 중 다음 각 호의 요건을 갖춘 자에 대하여는 법 제220조에 따라 「관리대상화물 관리에 관한 고시」 규정에 의한 검

사대상화물 등 특정 물품을 보세운송할 수 있는 자(이하 "특정물품 간이 보세운송업자"라 한다)로 지정할 수 있다.

① 자본금 3억 원 이상인 법인

② 2억 원 이상의 인·허가 보증보험에 가입한 자이거나 법 제24조에 따른 담보(부동산은 제외)를 2억 원 이상 제공한 자

③ 유개(有蓋)화물자동차 10대 이상과 트랙터 10대 이상 보유한 자

④ 임원 중 관세사 1명 이상 재직하고 있는 업체

(2) 익산시 소재 귀금속 보세공장에서 수출입하는 귀금속 등을 조합에서 직접 운송하려는 경우에는 금고 등을 시설한 특수제작 차량 1대 이상을 보유하여야 하며, 이 경우 세관장은 해당 조합을 법 제220조에 따라 특정물품 간이보세 운송업자로 지정할 수 있다.

2) 지정신청

특정물품 간이보세 운송업자로 지정을 받으려는 자는 별지 제6호 서식의 간이보세운송업자 지정(갱신)신청서에 다음 각 호의 서류를 첨부하여 본사소재지 관할세관장에게 제출하여야 한다.

① 민원인 제출서류

2억 원 상당액 이상의 담보제공서류(제18조제1항 해당자만 첨부한다)

② 담당공무원 확인사항(민원인 제출생략)

법인등기부 등본, 보유장비 현황, 관세사자격 현황

③ 특정물품 간이보세 운송업자의 지정기간은 3년으로 하되 갱신할 수 있다. 다만, 그 지정기간은 보세운송업자의 등록기간 범위에서 한다.

3) 갱신신청

특정물품 간이보세 운송업자가 그 지정을 갱신하려는 때에는 지정기간 만료 15일 전까지 별지 제6호 서식의 간이보세 운송업자 지정(갱신)신청서에 제19조제1항 각호에 따른 서류를 첨부하여 세관장에게 제출하여야 한다. 다만, 첨부서류 중 종전 지정(갱신)신청 시와 변동이 없는 서류는 제출을 생략할 수 있다.

4) 지정갱신

① 세관장은 간이보세 운송업자를 지정 또는 갱신하려는 때에는 지정요건과 그 밖에

필요한 사항을 종합 검토하여 밀수방지를 위한 감시단속상 문제점이 없다고 인정할 때에는 관세청장의 사전승인을 받아 특정물품 간이보세 운송업자로 지정할 수 있다.

② 세관장이 특정물품 간이보세 운송업자를 지정한 때에는 제16조를 준용하여 처리한다.

5) 지정의 소멸

특정물품 간이보세 운송업자에게 다음 각 호의 어느 하나에 해당하는 사유가 발생한 때에는 그 지정의 효력이 소멸된다.

(1) 지정기간이 만료되었을 때

(2) 지정이 취소되었을 때

(3) 제12조에 따라 보세운송업자의 등록이 상실되었을 때

6) 업무범위

특정물품 간이보세 운송업자가 보세운송할 수 있는 물품은 다음 각 호와 같다.

(1) 세관지정장치장 등 세관장이 지정한 보세구역으로 운송하는 물품

(2) 그 밖에 화주 또는 화물에 대하여 권리를 가진 자가 보세운송을 의뢰한 물품

(3) 특정물품 간이보세 운송업자가 제1항 제1호의 물품을 운송하려는 경우에는 유개(有蓋)차 또는 이에 준하는 시봉조치를 한 후 운송하여야 하며, 내국물품과 혼적하여 운송하여서는 아니 된다.

5. 보세운송업자의 의무

1) 명의대여 등의 금지

보세운송업자는 등록된 다른 보세운송업자 또는 등록되지 아니한 자로 하여금 유상 또는 무상으로 자기의 명의를 사용하여 영업소 설치 등 보세운송업을 경영하게 할 수 없다. 이 경우 보세운송업자가 다른 보세운송업자 또는 보세운송업자로 등록되지 아니한 자에 대하여 보세운송업과 관련되는 지시를 하는 경우에도 또한 같다. 보세운송업자는 유상 또는 무상으로 다른 보세운송업자의 명의를 사용하여 보세운송업을 경영할 수 없다. 이 경우 보세운송업자가 다른 보세운송업자로부터 보세운송업과 관련되는 지시를 받는 경우에도 또한 같다.

보세운송업자로 등록되지 아니한 자는 유상 또는 무상으로 보세운송업자의 명의를 사용하여 보세운송업을 경영할 수 없다. 이 경우 보세운송업자로 등록되지 아니한 자가 보세운송업자로부터 보세운송업과 관련되는 지시를 받는 경우에도 또한 같다.

2) 양도·양수와 법인의 합병등 등록사항 변경 신고의무

보세운송업자가 관계 법령에 따른 인가를 받아 운송사업을 양도·양수 하거나 법인을 합병한 때 또는 대표자 성명, 주소지 등이 변경된 때에는 즉시 관세물류협회의 장(간이보세운송업자로 지정한 세관장을 포함한다)에게 별지 제22호서식의 보세운송업자 등록사항 변경신고서에 따라 신고하여야 한다. 관세물류협회의 장은 보세운송업자의 대표자 또는 주소지 변경, 양도·양수 및 법인의 합병 등 등록사항에 변동이 발생하였을 때에는 그 사실을 즉시 관세청 보세운송시스템에 등록하여야 한다. 세관장은 간이보세운송업자 지정사항 변경신고를 받은 경우에는 즉시 세관화물정보시스템에 등록하여야 한다.

3) 영업소 설치 등 신고의무

보세운송업자가 본사 이외에 영업소를 설치한 때에는 관세물류협회의 장에게 별지 제3호서식의 보세운송업자(영업소)등록(갱신, 설치)신청서에 영업소 소재지, 책임자 등을 기재하여 영업소 설치신고를 하여야 한다. 보세운송업자는 영업소를 폐업하거나 휴업, 변경하였을 때에는 즉시 관세물류협회의 장에게 별지 제22호 서식의 보세운송업자 등록사항 변경신고서에 따라 신고하여야 한다.

6. 세관장의 관리 감독 등

세관장은 관할 내 보세운송업자의 본사 또는 영업소에 대하여 매 2년 단위로 정기점검을 통하여 업무에 대한 지도감독을 할 수 있다. 다만, 보세운송업자의 업무량을 고려하여 그 기간을 조정할 수 있으며 필요시에는 수시로 업무점검을 실시할 수 있다. 세관장이 보세운송업자에 대하여 업무점검을 실시한 때에는 매 월별로 취합하여 관세청장에게 보고하여야 한다.

1) 행정제재

세관장은 보세운송업자 또는 그 임원, 직원, 사용인이 업무와 관련하여 법 제223조의2 제269조, 제270조, 제271조 또는 제274조의 규정을 위반한 경우에는 별표1에 따라 행정제재를 할 수 있다. 다만, 관세행정 발전에 기여하였거나 관세행정 업무와 관련하여 관세청장 이상의 표창을 수상한 자로서 관세채권확보에 어려움이 없는 경우 기준일수의 50% 이내에서 업무정지 기간을 하향 조정(소수점 이하는 절사)할 수 있다(다만, 최소 업무정지기간은 5일 이상으로 한다).

세관장은 보세운송업자 또는 그 임원, 직원, 사용인이 관세행정 질서문란 행위를 한 경우 별표2에 따라 자동수리배제 및 검사강화 등의 조치를 하여야 한다. 세관장은 제1항에 따른 행정제재를 하려는 경우 세관장 또는 국장을 위원장으로 하는 5인 이상의 위원회를 구성하여 심의한 후 결정하여야 하며, 제1항 단서에 따라 업무정지 기간을 하향 조정한 경우에는 위원회의 심의결과를 첨부하여 관세청장에게 보고하여야 한다.

2) 보세운송업자의 등록취소

(1) 세관장은 보세운송업자가 나음의 어느 하나에 해당하는 때에는 그 등록을 취소할 수 있다.

① 보세운송업자 등록요건에 결격사유가 발생한 때

② 관세 등 국세를 체납하고 납부할 가능성이 없는 것으로 세관장이 인정하는 때

③ 보세운송업무 정지처분을 받은 지기 등록기간 중에 3회 이상 업무정지 처분을 받은 때

(2) 세관장이 보세운송업자의 등록을 취소한 때에는 즉시 세관화물정보시스템에 입력한 후 관세청장에게 보고하고 해당 보세운송업자 및 관세물류협회의 장에게 서류 또는 전자문서로 통보하여야 한다.

3) 간이보세운송업자 지정취소

세관장은 간이보세운송업자가 다음의 요건에 해당하는 때에는 그 지정을 취소할 수 있다.

(1) 간이보세운송업자의 지정요건에 결격사유가 발생한 때

(2) 간이보세운송업자 지정기간 중 업무정지 처분을 2회 이상 받은 때

(3) 간이보세운송업자 지정기간 중 영업실적이 극히 적어 간이보세운송업자 지정이 불필요하다고 세관장이 인정하는 때

4) 청문

세관장이 보세운송업자에 대하여 행정제재 등 처분을 하려는 때에는 이해관계자의 의견을 청취하여야 한다.

Chapter 08 수출통관 제도

제1절 수출통관

1. 수출통관의 개요

수출통관이란 내국물품을 외국으로 반출하는 것과 관련하여 관세법에 따른 세관절차를 거쳐 무역선(기)에 적재하기까지의 과정을 말한다.

수출은 수입과 달리 관세를 부과하지 않는다. 그러나 반드시 세관신고와 운송수단에 적재하는 것을 신고인의 의무로 규정하고 있다. 수출은 기업 입장에서 보면 그 진행과정이 수입보다도 더 복잡하고 어려울 수 있다. 수입은 대가를 주고 물품을 외국에서 구매하는 것이지만 수출은 외국으로 물품을 주고 대금을 받는 일이다. 판매가 구매보다 힘들고 외화를 버는 일인 만큼 장려와 지원이 필요함은 말할 필요가 없다. 그런데 다른 한편 국가의 입장에서 보면 수출은 외화를 획득하지만 우리나라 재화가 외국으로 빠져나가는 것을 말한다.

국부가 한쪽에서는 외국으로 나가고 다른 한편에서는 국내로 들어오는 것에 대해 당연히 국가적 차원에서 관리가 필요하다. 우리나라는 외국으로 나가는 수출물품에 대해 법률에 의해 종합적으로 관리하며 그 대표적인 법률이 대외무역법, 외국환거래법, 관세법이다. 대외무역법은 수출물품에 대한 승인을 외국환거래법은 대외지급과 영수를 담담하며 관세법은 국경을 통해 실물이 나가는 것을 최종적으로 관리한다.

정상적인 수출은 그 실적에 의해 금융지원, 포상, 수출용원재료에 대한 환급 등 적극적으로 장려를 하지만 고의로 해외 재산은닉, 부정 환급, 불법 재화의 반출은 강력 단속함으로써 대외수지와 건전한 국민경제의 발전을 도모한다.

뿐만 아니라 수출물품에 대해서도 물품의 성질과 필요에 따라 불법 수출을 방지하고 정상수출을 위한 관리를 하기 위해 법령에서 일정한 수출통관절차를 정해 운용하고 있다. 그리고 세관의 수출통관절차 이행은 부수적으로 국가경제, 산업 동향을 알기 위한 중요한 통계가 생산된다.

때때로 정부에서 발표하는 수출통계가 주무부처에 따라 다소 차이가 나는 것은 수출통계를 집계하는 방식의 차이에서 비롯된다. 대외무역법과 외국환거래법은 외화 반입을 기준으로 수출금액을 집계하지만 관세청은 실제 국경을 통해 이동한 수출금액을 그 근거로 삼는다. 실물의 국경이동을 기준으로 한 관세청의 수출통계가 비교적 명확하다고 할 수 있다. 수출통관은 우리나라 뿐 아니라 세계 모든 국가에서 위와 같은 이유에서 제도와 방법상의 차이는 있을지언정 대동소이하게 그 절차가 이루어진다.

2. 수출에 따른 통관상의 제 문제

'통과하다'의 어원을 갖고 있는 Port는 명사로는 '관문', 배를 타고 바다로 나가기 위한 관문으로 '항구'를 뜻하며 Port 앞에 밖을 뜻하는 Ex를 붙인 Export는 항구를 통해 해외로 보낸다는 뜻으로 수출이란 물품이 해외로 나간다는 의미이다.

수출은 선물이나 샘플 등 무환거래가 있을 수 있지만 본 교재에서 설명하는 수출은 외화획득을 목적으로 상품을 외국으로 내보내는 것을 말한다. 수출은 상품이 나가고 외화가 들어오는 일이기 때문에 우리나라는 적극 이를 장려하고 있는 만큼 수출통관에 대한 규제는 최소한에 그치며 수출세는 부과하지 않는다.

수출을 하는 방법은 여러 가지가 있다. 국내에서 수입국으로 직접 물품을 보낼 수도 있고 제3국간 중개수출을 할 수도 있으며 외국물품을 수입 후 원상태로 수출하거나 국내 수탁 후 가공수출, 임대방식 수출 등 다양한 방식이 있으나 수입과 마찬가지로 대외무역법에서 규정하고 있는 수출과 관세법상 수출은 차이가 있다. 외국에서 외국으로 인도하는 수출은 대외무역법상 수출로 인정하나 관세법상 수출은 우리나라 국경을 통과하여 외국으로 나가는 것만을 수출로 규정한다. 수출은 관세법상 절차를 대폭 완화하여 수출지원을 위한 여러 가지 간이한 통관절차를 두고 있다. 그럼에도 수출물품이 관세나 기타 제한 법령으로부터 완전히 자유롭지 않다.

이와 관련하여 수출 시 발생하는 관세와 통관상의 문제를 몇 가지 들어보면

첫째, 원자재를 수입하여 국내에서 제조 후 수출하는 경우 환급을 받게 되는데 이 때 규정 미숙 또는 고의로 관세를 과다 환급을 받거나 국내 제조시설이 없음에도 간이정액환급을 받는 경우가 있다.

둘째, 수출은 FOB로 신고하게 되어 있는데 이 금액을 현저하게 낮추거나 높게 신고함으로써 회사 장부상 허수가 발생하고 그 만큼의 금액을 탈세나 해외재산 도피로 이용하거나 제3자 거래를 통한 외화를 수수함으로써 외환거래상의 문제가 발생할 수 있다.

셋째, 수출금지물품의 품명을 허위로 기재하여 수출하거나, 문화재 또는 국내 도난자동차 등을 차량등록증을 위조하여 밀수출하는 경우가 있다.

넷째, 저개발 국가에서 물품을 수입하여 국내에서 원산지 라벨을 바꾸거나 상표권을 위조하여 국내산 물품으로 둔갑하여 수출하는 경우도 있으며

다섯째, 전략물자의 허가를 받지 않고 수출하는 경우 등이 있다.

여섯째, 신용장 사기 등을 통해 무역금융지원을 받는 등 수출통관절차의 느슨한 점을 이용하여 합법을 가장한 불법행위가 이루어지고 있다.

특히 최근에는 홍콩에서 금괴를 구매하여 인천 공항에서 환승하여 일본으로 합법가장 중계무역을 하다가 적발되어 거액의 추징금과 함께 구속하는 사례가 있을 만큼 수출에 대한 이러한 통관상의 제 문제는 수입통관 못지않은 세관검사의 정밀성을 요구하는 이유가 된다.

3. 수출통관절차

수출은 거래선의 발굴을 위한 해외시장조사 단계에서부터 수출계약의 체결과 수출대금이 회수되어 거래가 종료될 때까지 많은 절차가 필요하다.

일반적으로 수출계약의 체결, 신용장의 수취와 검토, 수출승인 및 요건확인, 수출물품의 운송, 보관, 하역, 통관, 보험, 선적, 대금회수, 관세환급 및 사후관리 등 이러한 제반 절차 중에서 수출통관은 실질적으로 수출계약 이행을 실물적으로 담보하는 역할을 한다. 즉, 아무리 계약이 잘 되고 운송이 원활해도 세관 통관에서 문제가 되어 통관보류가 되면 그 계약은 유효한 계약으로 성립이 안 된다.

수출통관의 첫 단계는 화물 소재시 관할 세관장에세 수출신고를 하는 일이다. 수출하고자 하는 당해 물품의 제조, 가공 물품에 대해 물품 소재지 관할 세관장에게 신고를 하면 세관에서는 자동수리, 서류제출과 더불어 검사여부를 확인 후 선적지 검사 등을 결정하는 한편 화주는 선박회사 부킹된 선적일정에 맞추어 화물 선적 준비와 선적을 한다.

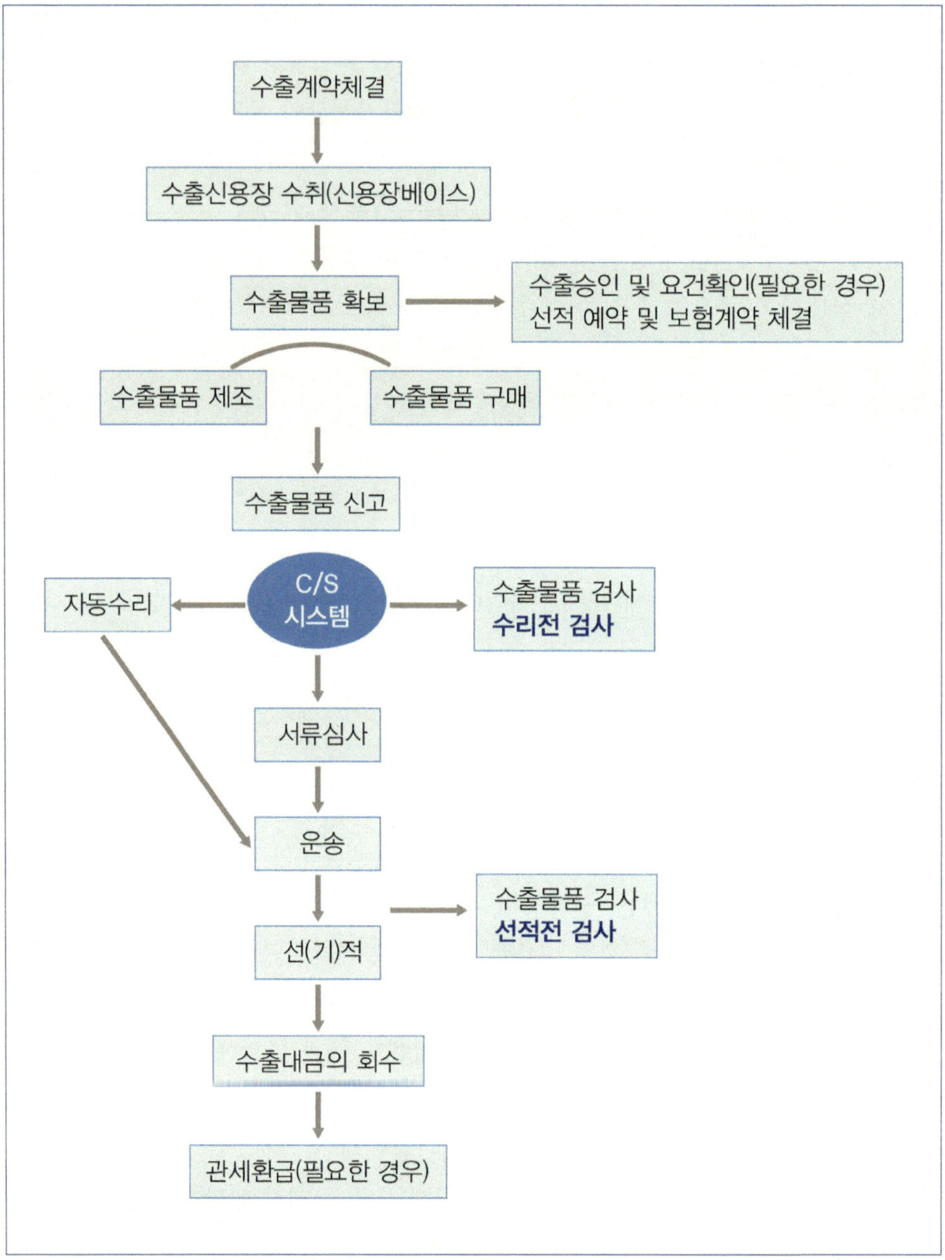

그림 8-1 수출절차의 흐름도

제2절 정식수출통관

1. 정식수출통관의 개요

수출통관은 절차적 측면에서 정식수출통관과 간이수출통관 그리고 목록수출통관제도를 두고 있다. 수출은 국내에서 외국으로 나가는 물품을 대상으로 하기 때문에 수입물품에 비해 관세 징수에 대한 절차가 없으며 환경, 위생, 안전 등 비관세분야에 대한 영향은 없고 오히려 국가경제의 부를 창출하는 행위이므로 적극 장려를 하고 있는 만큼 그 절차적인 면에서 수입통관보다 훨씬 간이한 방법으로 수출통관이 이루어진다.

그러나 수출통관도 세부적으로 보면 정상적인 교역에 따른 대금영수의 문제, 수출승인대상이나 요건확인문제, 지식재산권이나 원산지, 전략물자, 부정수출 등 여러 가지 확인과 서류 및 검사를 요하는 절차가 필요한 대상 물품들이 있다. 이러한 물품들에 대해서는 수출통관단계에서 최종적으로 검사와 확인, 그리고 서류제출이 필요하므로 그러한 절차를 이행하는 것을 정식수출통관이라고 한다. 그리고 간이수출통관과 목록수출통관은 용어의 정의에서 밝혀둔 내용 그대로이다.

1) 수출신고

(1) 수출신고서 제출

물품을 수출하고자 하는 자는 물품의 품명, 규격 및 수량 등의 사항을 기재한 신고서를 세관장에게 제출하여야 한다.

(2) 수출신고의 시기

수출하고자 하는 자는 당해 물품을 적재하기 전까지 당해물품이 장치된 물품소재지를 관할하는 세관장에게 수출신고를 하여야 한다.

(3) 수출신고인

수출신고는 관세사, 관세사법인, 통관취급법인 또는 수출화주(완제품공급자 포함)의 명의로 신고하여야 한다. 특히 완제품 공급자를 수출신고인으로 둔 것은 수출물품의 실제 생산(공급)자이므로 수출에 따른 관세환급을 수출자 대신 직접 받을 수 있게 하기 위함이다. 대체로 수출자가 직접 공장을 소유하고 제품을 생산하지만 수출자가 단순히 완제품을 구매하여 수출하는 경우도 있다.

이때 수출자가 관세환급을 받기 위해서는 완제품공급자로부터 기초원재료납세증명서 등 양도세액증명서를 교부받고 소요량 계산서 등을 구비하여 환급을 신청하여야 한다. 이럴 경우 그 절차가 다소 복잡하며 실제 물품을 생산한 완제품공급자로 하여금 관세환급을 받을 수 있도록 하기 위하여 수출신고인으로서 완제품공급자가 포함되었다.

(4) 수출신고의 방법

전자문서로 작성된 신고자료를 통관시스템에 전송, 수출신고서 작성 시 기재요령은 제4절의 '수출신고서 작성요령'에 의한다.

(5) 수출신고 기준

당해물품을 외국으로 반출하고자 하는 선박 또는 항공기기의 적재단위별로 신고한다. 다만, 부득이한 경우 분할 또는 동시포장 가능하다.

(6) 수출신고의 효력발생시점

수출신고의 효력발생시점은 통관시스템에서 신고번호가 부여된 시점으로 한다.

2) 신고서의 처리 및 심사

(1) 수출신고 제출서류

① 관세법 제226조의 규정에 의한 수출신고 수리 전 요건구비 증명이 필요한 물품
② 계약내용과 상이한 물품의 재수출
③ 재수출조건부로 수입통관된 물품의 수출
④ 수출자가 재수입시 관세 등의 감면, 환급 또는 사후관리 등을 위하여 서류심사 및 검사를 요청한 물품
⑤ 수출통관시스템에서 서류제출 및 검사대상으로 통보된 물품

(2) 수출신고서 심사

① 신고내용이 수출신고서 작성요령에 의하여 정확하게 작성되었는지 여부
② 서류제출대상 물품인지의 여부
③ 세번의 정확성 여부
④ 기타 수출물품 통관을 위하여 필요한 사항

2. 물품의 검사 및 방법

1) 물품검사

수출신고물품에 대한 검사는 원칙적으로 생략한다. 다만, 물품을 확인할 필요가 있는 경우에는 물품검사를 할 수 있다. 수출물품의 검사는 수출신고수리 후 적재지에서 검사하는 것을 원칙으로 한다. 적재지 검사가 부적절하다고 판단되는 물품이나 반송물품, 계약상이 물품, 재수출물품 및 원상태수출물품, 국제우편 운송 수출물품 등은 신고지 세관에서 물품검사를 실시할 수 있다.

적재전 검사대상으로 지정된 경우 신고인은 수출물품이 적재되기 24시간 전까지 적재지 보세구역 또는 적재지 세관장이 별도로 정하는 장소에 당해물품을 반입하고 적재지 관할 세관장에게 수출신고필증 및 첨부서류를 제시하여 물품검사를 요청하여야 한다. 다만 세관장은 항공화물 기타 신고인의 요청에 의하여 부득이 한 이유가 있다고 인정되는 때에는 물품검사 소요시간을 고려하여 반입완료 시점을 단축할 수 있다.

수출신고물품에 대한 검사는 해당 물품이 장치되어 있는 장소에서 행한다. 다만, 다음의 어느 하나에 해당하는 경우에는 물품을 보세구역에 반입하게 한 후 검사할 수 있다.

(1) 부정수출 또는 부정환급 등 우범성 정보가 있는 경우

(2) 물품의 성질, 업체의 성실도 등을 감안하여 물품의 효율적인 검사를 위하여 필요하다고 세관장이 인정하는 경우

(1) 검사방법

① 세관장은 효율적인 물품검사를 위하여 컨테이너검색기 또는 차량이동형검색기 등을 활용 하여 검사할 수 있다.

② 세관장은 물품확인이 필요한 경우 전량검사, 발췌검사 또는 분석검사 등을 실시한다.

(2) 검사대상 선별

검사대상 선별(수출C/S)은 '수출물품 선별검사에 관한 훈령'에서 정하는 바에 따라 운영, 즉 수출화물선별시스템에서 물품, 수출자 또는 제조자, 신고인 등의 우범성 및 신용도 등을 고려하여 통관시스템에서 선별한다.

(3) 검사장소

수출하고자 하는 당해물품이 장치되어 있는 장소에서 행하며 부정수출 또는 부정환급 등 우범성 정보가 있거나 물품의 효율적인 검사를 위하여 필요한 경우 보세구역에 반입하게 한 후 검사 실시 가능하다.

(4) 분석의뢰

수출업무담당과장은 신고물품을 물리적, 화학적 실험에 의하여 그 내용을 확인하여야 하는 등 전문적인 지식과 기술이 필요한 때에는 세관분석실에 분석의뢰하거나 해당물품에 관한 전문가의 의견을 받아 처리할 수 있다.

분석대상 시료는 세관담당직원이 직접 채취하고 봉인한 후 제출하도록 하여 시료의 임의교체 및 분실 등이 일어나지 않도록 하여야 한다.

분석 의뢰 시에는 분석의뢰 사실을 통관시스템에 입력하여야 하며, 분석한 물품의 분석결과 신고사항과 일치하지 아니하는 경우에는 이를 정정한다.

분석은 신고수리 후 분석을 원칙으로 한다. 다만, 다음의 어느 하나에 해당하는 경우에는 신고수리 전에 분석한다.

① 물품의 특성상 수출제한품목일 가능성이 있는 경우

② 계약상이 신고물품인 경우

(5) 보완요구

수출업무담당과장은 신고인이 제출한 서류 및 자료에 의하여 심사사항의 확인이 곤란한 경우에는 보완요구할 사항을 통관시스템에 입력하고 보완요구서를 신고인에게 통보하여야 한다.

보완요구를 하는 경우에는 보완요구서에 보완을 하여야 할 사항, 보완을 요구하는 이유 및 보완기간 등을 구체적으로 기재하여야 한다.

보완하여야 할 사항이 경미한 것으로서 사후에 이를 보완하더라도 신고수리를 할 수 있다고 세관장이 인정한 때에는 신고인 또는 수출화주의 신청을 받아 수리 후에 이를 보완하게 할 수 있으며, 이 경우 신고인 또는 수출화주는 세관장이 지정한 기간 내에 관련서류를 제출하여야 한다.

세관장은 신고인 또는 수출화주가 기간 내에 보완요구사항을 구비하지 아니하는 경우에는 통관을 보류하여야 한다.

(6) 통관보류

세관장은 심사결과 수출물품이 다음 어느 하나에 해당하는 경우에는 해당 물품의 통관을 보류할 수 있으며 통관을 보류한 경우 이를 통관시스템에 입력한다.

통관보류는 통관불허와는 개념이 다르다. 통관보류는 세관에서 검사, 심사 결과 현품과 서류상의 불일치, 제출서류의 미비나 또는 사전분석이 필요한 경우 일시적으로 통관진행을 중지하고 그 원인행위가 보완되면 정상적으로 통관진행을 하는 것이다.

그러나 통관불허는 불법이나 그에 준하는 사항으로 인하여 아예 통관자체를 봉쇄하는 것을 말한다.

① 신고서 기재사항 또는 신고 시 제출서류 등 중요한 사항이 미비되어 보완이 필요한 경우
② 법에 따른 의무사항을 위반하거나 국민보건 등을 위해할 우려가 있는 경우
③ 범칙혐의로 자체조사가 진행 중이거나 고발 의뢰한 경우
④ 그 밖에 통관심사결과 신고수리의 요건을 구비하는데 장시간이 소요되는 경우

3. 수출신고의 수리

1) 신고서의 처리방법

(1) 자동수리대상은 통관시스템에서 자동으로 신고수리
(2) 심사대상은 심사후 수리
(3) 검사대상은 검사후 수리. 다만, 적재지검사대상은 수출물품을 적재하기 전에 검사를 받는 조건으로 신고를 수리할 수 있다.

2) 수출신고필증의 교부

세관장은 수출신고를 수리한 때에는 세관특수청인을 전자적으로 날인한 수출신고필증을 교부한다.

3) 신고자료의 보관

신고인은 신고필증을 교부받은 경우에는 관계서류를 보관 관리하여야 하며, 다음 각 호의 서류를 해당 신고에 대한 수리일로부터 3년간 보관하여야 한다. 신고인 및 수출화주는 신고자료를 마이크로필름, 광디스크 등 전산매체에 보관할 수 있으며 세관장은 업무상 필요에 의하여 신고서류의 제출을 요구할 수 있다.

- 수출신고필증
- 수출물품 가격결정에 관한 자료
- 수출거래관련 계약서 또는 이에 갈음하는 서류

4) 신고자료 폐기

신고인은 보관하고 있는 서류가 법 제12조에 따른 보관기간이 경과하여 폐기하려는 때에는 그 폐기목록을 관할지세관장에게 제출하여야 한다.

4. 수출신고 정정 / 취하 / 각하

1) 신고사항의 정정

수출신고를 정정하려는 자는 정정신청내역을 기재한 수출신고정정신청서를 전자문서로 통관지 세관장 또는 신청인 소재지 관할 세관장에게 전송하고 표준증빙자료를 제출하여야 한다.

2) 수출물품의 정정 승인

(1) 현품확인으로 정정내용을 확인한 경우

(2) 품명·규격 및 세번부호 정정으로 환급액이 증가하는 경우는 계약서, 송품장, 해당 수출물품에 대한 품명·규격을 입증할 수 있는 객관적 자료(분석결과회보서 등)에 의하여 정정내용을 확인한 경우

(3) 단가, 신고가격의 정정으로 환급액이 증가하는 경우는 계약서, L/C, 외화입금증명서, P/O(Purchase Order) 등 거래관련 서류에 의하여 정정 내용을 확인한 경우

(4) 수량(중량)정정으로 수출금액이 증가하는 경우는 계약서, L/C, 선하증권, 상대국 해당물품 수입신고서 사본 등 거래관련 서류에 의하여 정정 내용을 확인한 경우

3) 거래구분 정정

거래구분 정정은 임가공계약서등 거래형태를 증빙하는 서류에 의하여 정정내용을 확인한 경우. 다만, 원상태수출 또는 계약상이 수출로의 거래구분 정정은 원칙적으로 전산시스템상 선적이 완료되기 전에만 허용하고, 선적이 완료된 이후에는 원상태 또는 계약상이 수출로 신고 되었다면 거쳤을 서류심사 및 물품검사를 완료하고 동시에 객관적 증빙서류에 의하여 정정내용을 확인할 수 있거나 이에 준하는 경우에 한하여 정정을 허용한다.

(1) 계산착오, 소수점기재착오 등 작성(전송)오류가 수출신고인의 명백한 과실로 인정될 경우
(2) 그 밖에 환급액 증가가 없는 경우로 관련증빙서류에 의하여 정정사유가 타당하다고 인정될 경우

4) 신고의 취하

수출신고를 취하하려는 자는 수출신고취하승인(신청)서에 신고취하 신청내역을 기재하여 통관지 세관장에게 전송하여야 한다.

(1) 수출신고취하신청(승인)서를 접수한 세관장은 정당한 이유가 있는 경우에 한정하여 수출신고 취하를 승인하여야 한다.
(2) 세관장이 수출신고 취하승인 하였을 때 수출신고 또는 수출신고수리의 효력은 상실된다.

5) 신고의 각하

세관장은 다음 각 호의 어느 하나에 해당하는 경우에는 수출신고를 각하할 수 있다. 이 경우 세관장은 즉시 통관시스템에 등록하고 그 사실을 신고인에게 통보하여야 한다(2001.1.12 개정).

(1) 거짓 또는 그 밖의 부정한 방법으로 신고한 경우
(2) 그 밖에 수출신고의 형식적 요건을 갖추지 못한 경우

6) 직권 정정

세관장은 다음의 어느 하나에 해당하는 경우에는 신고내역을 정정할 수 있다.

(1) 신고내역이 잘못된 경우
(2) 분석결과가 수출신고 내역과 다른 경우

제3절 반송신고

1. 반송신고의 의의

반송이란 외국으로부터 우리나라 보세구역에 들어온 물품을 수입하지 아니하고 외국으로 보내는 것을 말한다. 관세법상 반송신고는 당해 물품이 관세법에 규정된 장치장소, 즉 보세구역에 있는 경우에 한하여 할 수 있고 반송신고를 받은 세관공무원은 신고된 물품과 현품이 일치하는지 여부를 확인하기 위하여 관세법이 정하고 있는 장치장소인 보세구역에서 반송신고 물품을 검사할 수 있으며 반송신고를 한 자는 반송신고가 관세법의 규정에 따라 적법하고 정당하게 이루어져 신고를 수리한다.

2. 반송신고 대상

1) 단순반송물품

외국으로부터 보세구역에 반입된 물품으로서 주문이 취소되었거나 잘못 반입된 물품, 수입신고 전에 계약상이가 확인된 물품, 수입신고 전에 수입요건을 갖추지 않은 것이 확인된 물품, 선사(항공사)가 외국으로 반출하는 선(기)용품 또는 선(기)내 판매용품, 그 밖의 사유로 수입신고를 하지 아니한 상태에서 다시 외국으로 반출되는 물품을 말한다.

2) 통관보류 물품

외국으로부터 보세구역에 반입된 물품으로서 수입신고를 하였으나 수입신고 수리요건 등을 갖추지 못하여 통관이 보류된 물품을 말한다.

3) 위탁가공 물품

해외에서 위탁가공 후 보세구역에 반입된 물품으로서 외국으로 반출될 물품을 말한다.

4) 중계무역 물품

대외무역법령에 의하여 수출할 것을 목적으로 보세구역 또는「관세법」에 따라 세관장으로부터 보세구역 외 장치허가를 받은 장소에 반입하여 외국으로 반출하는 물품을 말한다.

5) 보세창고 반입물품

외국으로부터 보세창고에 반입된 물품으로서 국내 수입화주의 결정지연 등으로 수입하지 아니한 상태에서 다시 외국으로 반출될 물품을 말한다.

6) 장기비축 수출용원재료 및 수출물품 사후 보수용품

보세창고에 반입된 해외조립용 수출용원재료 또는 이미 수출한 물품의 사후 보수, 수리를 위한 물품을 말한다.

7) 보세전시장 반출물품

우리나라에서 개최하는 박람회 등을 위하여 보세전시장에 반입된 후 전시종료 후 외국으로 반출될 물품을 말한다.

8) 보세판매장 반출물품

보세판매장에 반입되어 판매중인 외국물품이 변질, 고장, 그 밖에 유행의 변화 등의 사유로 판매하지 못하여 운영인이 외국으로 반출하려는 물품을 말한다.

9) 수출조건부 미군불하물품

미군 교역처에서 수출조건부로 불하한 보세물품을 말한다.

3. 반송인 및 반송신고

1) 반송인

적하목록, 선하증권(B/L), 항공화물운송운송증(AWB) 상의 수하인 또는 해당 물품의 화주

2) 반송신고인

(1) 적하목록, B/L, AWB상의 수하인 또는 당해물품의 화주
(2) 당해물품을 운송한 선박(항공)회사 또는 선박(항공)회사로부터 물품 처리에 관한 동의를 받은 자
(3) 반송인으로부터 통관의뢰를 받은 관세사, 관세사법인, 통관취급법인

3) 반송신고

(1) 물품을 반송하는 때에는 당해물품의 품명, 규격, 수량 및 가격 등을 세관장에게 신고하여야 한다.

(2) 반송하고자 하는 물품을 지정장치장 또는 보세창고에 반입하거나 보세구역이 아닌 장소에 장치한 자는 그 반입일 또는 장치일로부터 30일(여행자 휴대품 중 관세청장이 정하는 물품은 반송신고를 할 수 있는 날부터 30일)이내에 반송신고를 하여야 한다.

(3) 반송신고를 하려는 자는 다음의 서류를 첨부한 반송신고서(수출신고서 서식을 반송신고서로 변경 사용)를 세관장에게 제출하여야 한다.
반송신고서를 전송할 때에는 서류제출대상(수출신고부호 M)임을 표시하고 첨부서류는 스캔 등의 방법으로 전자 이미지화하여 제출할 수 있다.
반송신고는 해당 물품을 외국으로 반출하고자 하는 선박 또는 항공기 적재단위(B/L 또는 AWB)별로 하여야 한다.
① 해당 물품의 선하증권(항공화물인 경우에는 AWB) 사본
② 수출송품장 및 포장명세서(필요한 경우에만 해당된다)
③ 대외무역법령 등 관련 법령에 따른 승인·추천·인증 등이 필요한 경우 관련서류

(4) 보세운송신고
① 반송물품에 대한 보세운송 신고는 보세운송업자의 명의로 하여야 한다.
② 반송물품의 보세운송은 이 고시에서 정하는 것을 제외하고는 「보세운송에 관한 고시」 제3장의 수입보세운송 규정을 준용한다.
③ 반송물품의 보세운송기간은 7일로 지정한다. 다만, 세관장은 부득이한 사유로 보세운송 신고인으로부터 보세운송기간 연장승인 신청이 있는 경우에는 물품의 성질, 중량, 운송 수단, 운송거리 등을 고려하여 보세운송 기간연장을 승인할 수 있다.
④ 활어, 냉장 또는 냉동화물 등 특수한 경우에는 사전에 세관장의 승인을 얻어 보세운송 업체가 아닌 일반업체의 운송수단으로 보세운송할 수 있다.

4. 세관장의 반송신고물품 관리

1) 반송물품 심사

세관장은 반송신고물품이 외국으로부터 도착되어 수입되지 아니하고 관세 등이 유보

된 상태로 외국으로 반출되어야 하는 물품인 것에 특히 유의하여 반송인, 품명 및 규격, 수량, 신고가격 등을 심사하며, 필요한 경우에는 신고인 등 이해관계자의 의견을 청취할 수 있다.

(1) 반송요건에 적합한지 여부
(2) 관세법 제234조 또는 동법 제235조에 따라 수출입이 금지되는지 여부
(3) 대외무역법령 및 그 밖의 법령에 따른 조건의 구비 여부
(4) 통관보류물품 등 수입신고된 물품의 경우 그 신고의 취하 여부
(5) 그 밖의 반송물품의 통관을 위하여 필요한 사항

2) 검사대상 선별 및 검사

반송신고물품에 대한 검사는 검사대상으로 선별되었거나 사회관심 품목 등 소비재와 정상 수출입을 가장한 부정무역의 우려가 있는 물품등 세관장이 필요하다고 인정하는 경우에는 검사할 수 있다.

검사담당세관공무원은 물품검사를 할 때에 반송신고물품이 당초 반입된 물품의 품명, 규격 등과 일치하는지 여부를 확인하여야 하며 마약류 등 불법부정 물품의 혼재 또는 은닉 여부에 특히 유의하여 검사를 하여야 한다.

3) 반송신고수리

세관장은 반송신고 물품에 대하여 신고사항 및 신고서류에 이상이 없는 때와 물품검사를 하는 경우 신고사항과 현품이 일치하는 등 이상이 없는 때에 검사결과 이상유무를 수출통관시스템에 등록하고 신고를 수리하여야 한다.

반송신고를 수리한 때에는 세관특수청인을 전자적으로 날인한 반송신고필증을 교부한다.

이 경우 보세운송을 요하지 아니하는 물품 중 검역 등 수입검사 불합격 물품과 부정유출우려가 많은 사회관심 품목 등 세관장이 필요하다고 인정하는 경우에는 반송신고필증 사본을 적재 확인업무 담당자에게 즉시 송부하여야 한다.

4) 반송신고의 취하 요건 및 제출서류

반송신고수리 세관장은 관할지 이외의 보세구역에 장치되어 있는 물품을 신고취하 승인을 하려는 경우에는 신고취하 대상물품이 장치된 보세구역을 관할하는 세관장에게 물품의 소재 여부를 확인한 후 승인하여야 한다.

(1) 해외공급자 또는 해외구매자가 반송을 거부한 때 : 해당 물품에 대한 반송거부를 증명할 수 있는 서류제출 및 처리계획
(2) 재해 기타 부득이한 사유로 반송대상 물품이 멸실되었거나 세관장의 승인을 얻어 폐기하고자 하는 경우 : 관세행정정보시스템의 멸실 또는 폐기 등록 여부
(3) 그 밖에 세관장이 타당하다고 인정하는 경우

5) 적재확인

반송신고수리 세관장은 반송신고수리물품이 수리일로부터 30일을 경과하였을 때에는 적재 여부를 확인하여 적재되지 아니한 경우에는 국외반출 또는 취하하도록 기간을 정하여 법 제263조에 따른 명령을 하여야 한다.

6) 자체조사 및 고발의뢰

반송물품에 대하여 검사, 심사 및 적재 확인 결과 다음의 어느 하나에 해당될 때에는 「관세법」 등 위반 혐의에 대하여 조사하여야 한다. 조사결과 「관세법」 위반 등의 확증을 얻은 때에는 통고처분, 고발(송치) 의뢰 등 필요한 처분을 하여야 한다.

세관장은 물품의 수출입 및 반송과 관련하여 관세법 등 위반 혐의로 통고처분 또는 고발의뢰한 경우 및 무혐의 등으로 조사가 종료된 경우에는 즉시 그 사실(수출입자, B/L번호, 품명, 수량, 규격, 가격 등을 기재함)을 당해 물품의 장치장소를 관할하는 세관장(반송신고수리 업무 담당과장)에게 통보하여야 한다.

(1) 수입금지물품이나 수입이 제한되는 물품을 수입하려다 수입이 불가능하여 반송되는 경우로서 수입하려고 하는 의사에 고의성이 있는 경우
(2) 반송신고에 있어 품명, 규격, 수량, 가격 등 주요사항을 정당한 사유 없이 허위로 신고한 경우
(3) 신고물품 이외의 물품을 반송하려고 하는 경우
(4) 선박(항공기) 사정 등 정당한 사유없이 적재되지 아니한 사실이 있는 경우
(5) 그 밖에 세관장이 범칙혐의가 있다고 인정하는 경우

[별지 제1호 서식]

UNI-PASS

수 출 신 고 서

※ 처리기간 : 즉시

①신고자	⑤신고번호	⑥세관.과	⑦신고일자	⑧신고구분	⑨C/S구분

②수 출 대 행 자 (통관고유부호)수출자구분 수출화주 (통관고유부호) (주소) (대표자) (소재지) (사업자등록번호)	⑩거래구분	⑪종류	⑫결제방법
	⑬목적국	⑭적재항	⑮선박회사(항공사)
	⑯선박명(항공편명)	⑰출항예정일자	⑱적재예정보세구역
	⑲운송형태		⑳검사희망일
	㉑물품소재지		
③세소사 (통관고유부호) 제조장소 산업단지부호	㉒I/C번호		㉓물품상태
	㉔사전임시개청통보여부		㉕반송 사유
④구매자 (구매자부호)	㉖환급신청인 (1:수출대행자/수출화주, 2:제조자) 자동간이정액환급		

품명 · 규격 (란번호/총란수: 999/999)	
㉗품명 ㉘거래품명	㉙상표명

㉚모델 · 규격	㉛성분	㉜수량	㉝단가(XXX)	㉞금액(XXX)

㉟세번부호		㊱순중량		㊲수량		㊳신고가격(FOB)	
㊴송품장번호		㊵수입신고번호		㊶원산지		㊷포장갯수(종류)	
㊸수출요건확인 (발급서류명)							

㊹총중량		㊺총포장갯수		㊻총신고가격(FOB)	
㊼운임(₩)		㊽보험료(₩)		㊾결제금액	
㊿수입화물관리번호				51컨테이너번호	

※신고인기재란	52세관기재란

53운송(신고)인 54기간부터	55적재의무기한		56담당자		57신고수리일자	

Chapter 09 관세환급 제도

제1절 관세환급

1. 관세환급의 개요

관세환급(Duty Drawback)이란 납세의무자가 세관당국에 이미 납세한 관세를 법령에서 정한 환급요건의 충족으로 납세의무자에게 되돌려 주는 것을 말한다. 관세환급에 대한 법령은 관세법과 수출용원재료에 대한 관세 등 환급에 관한 특례법(이하 관세환급 특례법)이 있다.

관세법에 의한 환급은 납세의무자가 관세·가산금·가산세 또는 체납처분비의 과오납금이 있는 경우 또는 수입신고가 수리된 물품이 계약 내용과 달라 반송 또는 세관장 승인 하에 폐기, 멸각한 경우 납부한 관세를 돌려받는 것을 말한다. 그러나 관세환급특례법에 의한 환급은 수출용원재료를 수입하는 때에 납부하였거나 납부할 관세 등을 관세법 등의 규정에도 불구하고 생산자에게 되돌려주는 것을 말한다. 환급이라는 결과는 같지만 환급사유와 적용 법령은 다르다. 관세법에 의한 환급은 관세환급 특례법에 의한 환급보다는 절차가 비교적 단순하다.

관세환급 특례법 환급은 원재료를 수입하여 제품을 제조한 후 완성품을 수출하면서 완성품에 내재되어 있는 원재료의 관세액을 산출하여 돌려받는 제도이다. 여러 단계의 제조가공을 거지면서 최초 납세사가 납부 세액 양도에 따른 기초납세증명서, 분납증명서 등 양도세액 증명과 소요량 등 납부세액 증명 산출과정이 다소 복잡하다.

반면에 중소기업의 자금 원활을 위해 절차를 간소화한 간이환급정액제도도 있다.

그러나 관세법상 환급은 수입신고 수리된 금액에 대해 과오납이나 계약상이 환급 요건만 충족하면 납부금액 전부 또는 일부를 돌려받는 제도이다. 즉, 관세법상 환급은 관세법에 근거한 환급 제도이며, 환급특례법상 환급은 별개의 독립된 법령으로서 시행령과 시행규칙, 고시 등으로 구성되어 있다.

2. 관세법에 의한 환급

관세법에 의한 환급은 관세법 제46조에 따른 관세환급금의 환급과 동법 제106조의 계약내용과 다른 물품 등에 대한 관세환급(이하 계약상이 환급)이 있다.

1) 관세환급금의 환급

(1) 관세환급금의 대상 및 세관장 의무

관세환급금의 환급 대상은 납세의무자가 납부한 관세, 가산금, 가산세, 체납처분비의 과오납금이다. 과오납금이란 과납금과 오납금을 줄인 말로서 과납금이란 관세를 납부할 때에 채무가 있었으나 불복청구에 대한 결정, 판결 등의 사유로 채무가 소멸한 세액을 말하며 오납금이란 관세채무를 초과한 세액을 말한다.

과오납은 부적법한 관세의 납부로서 납세자는 이를 반환해주도록 국가에 청구할 권리가 있으며 이 권리는 제3자에게 양도할 수도 있다.

세관장은 납세의무자가 환급을 청구할 때에는 지체 없이 이를 관세환급금으로 결정하고 30일 이내에 환급하여야 하며, 세관장이 확인한 관세환급금은 납세의무자가 환급을 청구하지 아니하더라도 환급하여야 한다. 세관장은 관세환급금을 환급하는 경우에 환급받을 자가 세관에 납부하여야 하는 관세와 그 밖의 세금, 가산금, 가산세 또는 체납처분비가 있을 때에는 환급하여야 하는 금액에서 이를 충당할 수 있다.

(2) 과다환급관세의 징수

세관장은 관세환급금의 환급에 있어서 그 환급액이 과다한 것을 알게 되었을 때에는 해당 관세환급금을 지급받은 자로부터 과다지급된 금액을 징수하여야 한다.

세관장은 관세환급금의 과다환급액을 징수할 때에는 과다환급을 한 날의 다음 날부터 징수결정을 하는 날까지의 기간에 대하여 대통령령으로 정하는 이율에 따라 계산한 금액을 과다환급액에 더하여야 한다.

(3) 관세환급가산금

세관장은 관세환급금을 환급하거나 충당할 때에는 대통령령으로 정하는 관세환급가산금 기산일부터 환급결정 또는 충당결정을 하는 날까지의 기간과 대통령령으로 정하는 이율에 따라 계산한 금액을 관세환급금에 더하여야 한다.

(4) 관세환급가산금 기산일

① 착오납부, 이중납부 또는 납부 후 그 납부의 기초가 된 신고 또는 부과를 경정하거나 취소함에 따라 발생한 관세환급금 : 납부일.
다만, 2회 이상 분할납부된 것인 경우에는 그 최종 납부일로 하되, 관세환급금액이 최종 납부된 금액을 초과하는 경우에는 관세환급 금액이 될 때까지 납부일의 순서로 소급하여 계산한 관세환급금의 각 납부일로 한다.

② 적법하게 납부된 관세의 감면으로 발생한 관세환급금 : 감면 결정일

③ 적법하게 납부된 후 법률이 개정되어 발생한 관세환급금 : 개정된 법률의 시행일

④ 이 법에 따라 신청한 환급세액(잘못 신청한 경우 이를 경정한 금액을 말한다)을 환급하는 경우 : 신청을 한 날부터 30일이 지난 날
다만, 환급세액을 신청하지 아니하였으나 세관장이 직권으로 결정한 환급세액을 환급하는 경우에는 해당 결정일로부터 30일이 지난 날로 한다.

⑤ 「자유무역협정의 이행을 위한 관세법의 특례에 관한 법률」 제9조제4항에 따른 관세환급금 : 같은 법 제9조제3항 후단에 따른 협정관세 적용 등의 통지일

3. 계약상이 환급

1) 계약 내용과 다른 물품 등에 대한 환급 대상 물품

계약 내용과 다른 환급대상 물품은 당초 수출자와의 계약과 다르게 반입된 물품으로 수입신고 당시의 성질이나 형태가 변경되지 아니한 물품 즉, 원상태물품을 말한다. 여기서 원상태란 사용이나 추가 가공 없이 수입된 상태 그대로의 물품을 말한다. 만일 해당물품을 사용, 소비하였거나 보관 중에 성질 또는 형태가 변경되었다면 환급 대상에서 제외된다.

예를 들어 기계나 장비류 등을 통관 후 성능 저하로 반품하는 경우가 있는데 해당 기계나 장비류를 테스트하는 수준 이상 사용하였거나, 식품을 수입신고수리 후 유통기한이 경과하였거나, 의류를 백화점에서 진열 판매하다가 유행변화로 인해 반품하는 경우는 계약상이 환급으로 인정되지 않는다.

2) 계약상이 환급 인정기간

해당 물품이 수입신고 수리일 부터 1년 이내에 다음 각 호의 어느 하나에 해당하면 그 관세를 환급한다.

① 외국으로부터 수입된 물품 : 보세구역에 이를 반입하였다가 다시 수출하였을 것. 이 경우 수출은 수입신고 수리일 부터 1년이 지난 후에도 할 수 있다.

② 보세공장에서 생산된 물품 : 보세공장에 이를 다시 반입하였을 것

③ ①항에 따른 수입물품으로서 세관장이 환급세액을 산출하는 데에 지장이 없다고 인정하여 승인한 경우에는 그 수입물품의 일부를 수출하였을 때에도 제①항에 따라 그 관세를 환급할 수 있다.

④ 수입물품의 수출을 갈음하여 이를 폐기하는 것이 부득이하다고 인정하여 그 물품을 수입 신고 수리일 부터 1년 내에 보세구역에 반입하여 미리 세관장의 승인을 받아 폐기하였을 때에는 그 관세를 환급한다.

⑤ 수입신고가 수리된 물품이 수입신고 수리 후에도 지정보세구역에 계속 장치되어 있는 중에 재해로 멸실되거나 변질 또는 손상되어 그 가치가 떨어졌을 때에는 대통령령으로 정하는 바에 따라 그 관세의 전부 또는 일부를 환급할 수 있다.

3) 수입한 상태 그대로 수출되는 자가사용물품 등에 대한 관세 환급

(1) 수입신고가 수리된 개인의 자가사용물품이 수입한 상태 그대로 수출되는 경우로서 다음 각 호의 어느 하나에 해당하는 경우에는 수입할 때 납부한 관세를 환급한다. 이 경우 수입한 상태 그대로 수출되는 경우의 기준은 대통령령으로 정한다.

① 수입신고 수리일 부터 6개월 이내에 보세구역에 반입하였다가 다시 수출하는 경우

② 수입신고 수리일 부터 6개월 이내에 관세청장이 정하는 바에 따라 세관장의 확인을 받고 다시 수출하는 경우

③ 수출신고가 생략되는 탁송품 또는 우편물로서 기획재정부령으로 정하는 금액 이하인 물품을 수입신고 수리일 부터 6개월 이내에 수출한 후 관세청장이 정하는 바에 따라 세관장의 확인을 받은 경우

(2) 여행자가 제96조제2항에 따라 자진신고한 물품이 다음 각 호의 어느 하나에 해당하게 된 경우에는 자진신고할 때 납부한 관세를 환급한다.

① 국제무역선 또는 국제무역기 안에서 구입한 물품이 환불된 경우

② 보세판매장에서 구입한 물품이 환불된 경우

4. 수입물품 폐기 환급 및 관세부과 취소

1) 수입물품 폐기 요건

(1) 수입신고가 수리된 물품이 계약내용과 다를 것
(2) 폐기승인 신청 시 수입신고 당시의 성질 또는 형태가 변경되지 아니한 물품일 것
(3) 수출 갈음한 폐기를 해야 할 부득이한 사유가 객관적으로 확인된 것
(4) 수입신고 수리일로부터 1년 이내에 보세구역(법 제156조의 보세구역 외 장치장소를 포함한다)에 반입하여 미리 세관장의 승인을 받아 폐기한 것

2) 환급신청기한

수출을 갈음한 폐기물품에 대한 환급청구권은 수입물품을 미리 세관장의 승인을 받아 폐기한 날부터 5년간 행사하지 아니하면 소멸시효가 완성된다.

3) 환급신청서류

수출을 갈음한 폐기물품에 대한 환급을 받으려는 자는 환급신청서에 다음 각 호의 서류를 첨부하여 세관장에게 제출하여야 한다.

① 폐기처분승인서(폐기증빙자료를 포함한다). 다만, 전산으로 확인 가능한 경우에는 제출을 생략할 수 있다.
② 폐기잔존물에 부과될 세액 계산서(잔존물이 발생한 경우에 한정한다)
③ 환급금수령예금통장 사본

4) 환급액

수출을 갈음한 폐기물품에 대한 환급액은 이미 납부한 관세 및 내국세 등의 전액으로 한다. 다만, 폐기에 따른 잔존물에 대하여는 그 폐기한 때의 해당 잔존물의 성질, 수량 및 가격에 따라 부과될 세액을 공제한 금액으로 한다.

5) 폐기승인신청

물품을 폐기하고자 하려면 ① 당해물품의 품명·규격·수량·수입신고수리연월일·수입신고번호 및 장치장소 ② 폐기예정연월일·폐기방법 ③ 폐기사유 등이 기재된 물품폐기승인신청서(보세화물관리에 관한 고시 별지 제26호 서식)에 당해 물품의 수입신고필증과 폐기가 부득이한 것을 증빙하는 서류를 첨부하여 물품과 사유에 대한 확인을 하여 사전에 세관장의 승인을 받아야 하며, 이 때에 계약상 처리방법 및 물품처리에 관

한 해외전문 등의 폐기사유를 확인할 자료가 필요하다.

6) 관세 부과 취소

계약상이 환급 규정을 적용할 때 해당 수입물품에 대한 관세의 납부기한이 종료되기 전이거나 징수유예 중 또는 분할납부기간이 끝나지 아니하여 해당 물품에 대한 관세가 징수되지 아니한 경우에는 세관장은 해당 관세의 부과를 취소할 수 있다.

제 2 절 수출용원재료에 대한 관세 등 환급에 관한 특례법(관세환급특례법)

1. 관세환급특례법

1) 관세환급특례법의 의의

수입물품에는 관세를 부과한다. 그런데 이 '관세'는 하나의 세금 종류일 뿐이다. 물품을 수입할 때 관세만 부과되는 게 아니다. 물품 종류와 소비 양태에 따라 추가적으로 부가되는 세종이 있다.

예를 들어 미가공식품인 양파, 배추, 고추, 감자 등을 수입할 때는 관세만 적용되고 다른 세금이 없다. 그러나 일반 공산품인 경우 관세와 함께 부가가치세가 있으며 모피의류 등 사치성물품의 경우 관세에 개별소비세와 교육세, 농어촌특별세가 더해진다. 휘발유를 수입할 때는 관세 이외에 부가세, 교육세, 교통·에너지·환경세가 더해진다.

그런데 물품을 수입할 때는 국내 소비를 목적으로 들어오지만 수출물품을 생산·제조·가공 등을 하기 위한 원재료로 수입하는 경우가 있다. 관세는 일종의 소비지세로서 국내에서 소비하는 것을 전제로 부과되는 세금인데 만약에 국내에서 소비하지 않고 그 물품을 외국으로 수출한다면 국내에서 관세를 부과해야 할 이유가 없어진다. 그렇다면 수입할 때부터 그러한 물품 즉, 수출용원재료임이 확인되면 관세를 면제하거나 아니면 징수한 후 수출한 사실이 확인되면 환급을 해야 한다.

관세환급 특례법(이하 환특법)은 물품이 수입될 때 관세와 임시수입부가세(임시적으로 수입물품에 대하여 부가하는 세금으로서 부가가치세와 다르며, 현재 우리나라는 적용하지 않고 있다), 개별소비세, 주세(酒稅), 교통·에너지·환경세, 농어촌특별세 및 교육세를 부과하였는데 이 물품이 수출용 원재료로 사용되어 제품을 완성 후 수출한 경우 미리 징수한 세금에 대해 환급을 규정한 법이다.

그래서 환특법은 관세법, 임시수입부가세법, 개별소비세법, 주세법, 교통·에너지·환경세법, 농어촌특별세법, 교육세법, 국세기본법 및 국세징수법에 대해 우선적으로 적용한다 하여 특례법으로 규정하고 있다.

오늘날 선·후진국을 막론하고 대부분 국가들이 수출용 원재료에 대한 환급제도를 운용하고 있다. 국제무역의 중심 규범이 되고 있는 WTO 협정은 수출과 관련하여 국가 또는 공공기관에 의한 보조금의 지급을 공정한 무역질서를 해치는 것으로 보아 엄격하게 제한하고 있다. 그러나 WTO 협정에도 수출에 따른 직접세의 환급은 금지하고 있지만 소비세의 환급은 원칙적으로 보조금에 해당되지 않는 것으로 보아 제한하지 않고 있다.

관세환급제도는 수출용원재료에 대한 관세부담을 완화시킴으로서 우리나라 수출물품의 가격경쟁력 강화에 기여하는 수출지원제도이다. 수출업체는 수입시 관세 등을 납부하고 수출 후 관세 등을 환급받을 때까지 납부세액에 대한 자금부담이 발생하므로 이러한 부담이 없는 국산원재료의 사용을 촉진시키는 효과가 있다.

2) 관세환급특례법의 환급결정 종류

환특법으로 환급을 결정하는 데는 간이정액환급과 개별환급 두 가지 방식이 있다.

간이정액환급은 중소기업의 자금지원을 위해 특정 수출물품별로 소요원자재에 대한 환급액을 미리 정하여 고시한 다음, 해당 물품을 수출한 환급권자가 신청을 하면 고시된 금액을 기준으로 계산한 금액을 환급하는 것을 말한다. 이에 반해 개별환급은 생산자가 완성한 제품에 투입된 소요 수입원재료의 납부 관세를 일일이 산출하여 환급을 받는 것을 말한다.

간이정액환급은 중소기업을 위해 만든 제도인 만큼 대기업은 간이정액환급제도를 이용할 수 없다. 그러나 개별환급은 대기업은 물론 중소기업도 환급을 받을 수 있다.

간이정액환급은 신청에 따른 추가서류가 없고 고시된 금액과 공식에 의해 간단히 환급액이 산출되고 특히 자동환급제도를 이용할 경우 환급신청 절차없이 자동으로 일정액을 지정계좌로 지급받는 등 장점이 있으나 환급산출이 부정확하여 실제 납부한 관세와 환급액과의 차이가 품목에 따라 많이 날 수 있다. 그러나 개별환급은 생산에 소요된 물품에 부과된 세액을 소요량 등으로 산출하여 정확히 환급을 받을 수 있는 장점이 있으나 절차가 까다롭고 구비서류가 많아 환급청구에 신중을 요한다.

2. 간이정액환급제도

1) 간이정액환급제도 의의

중소기업의 수출지원 및 환급절차 간소화를 위하여 간이정액환급 대상 중소기업이 생산하여 수출한 물품에 대하여는 수출물품 생산에 소요된 원재료의 납부세액 확인을 생략하고 수출사실만을 확인하여 간단하게 환급하는 제도로서, 환급액 산출시 관세청에서 책정·고시하는 일정금액(간이정액환급률표상의 금액)으로 환급액을 산출한다.

(1) 간이정액환급 적용대상

① 중소기업기본법 제2조의 규정에 의한 중소기업자로서 수출물품 생산자
② 환급신청일이 속하는 연도의 직전 2년간 매년도 환급실적(기납증 발급실적포함)이 6억 원 이하인 자
③ 매년 관세청에서 고시하는 간이정액환급률표에 게기된 물품

(2) 간이정액환급 적용제외물품

① 수입한 상태 그대로 수출하거나 내국신용장 등에 의하여 공급한 물품
② 간이정액환급 비적용 승인을 받은 자가 생산한 물품
③ 해외로부터 가공임을 받고 국내에서 가공할 목적으로 반입된 수입원재료의 가공물품
④ 수출물품이 수출 후 계약조건과 상이(하자)하여 반품된 물품의 대체수출물품
⑤ 수출(공급)물품의 생산자를 알 수 없는 물품
⑥ 하드웨어의 생산 없이 단순히 하드웨어에 소프트웨어를 결합하여 수출(공급)되는 물품

2) 간이정액환급 비적용 승인

중소기업자가 환급을 신청하거나 기납증 발급을 신청할 때에는 처음 수출한 날 또는 내국신용장등에 의하여 거래한 날부터 간이정액환급률표 적용승인을 받은 것으로 보아 간이정액환급률표를 우선 적용하여야 한다.

간이정액환급률표는 환급신청인이 간이정액환급률의 적용승인을 받은 이후 수출하거나 내국신용장등에 의하여 거래된 물품에 대하여 적용한다. 그러나 간이정액환급률표의 비적용승인을 받으려는 자는 관할지세관장에게 간이정액환급(적용·비적용) 승인신청서를 제출하여 승인을 받아야 한다. 간이정액환급 비적용 또는 적용 승인신청을

받은 세관장은 2년이 경과되었는지 여부를 관세환급시스템에서 조회한 후 이를 승인하여야 한다.

3) 간이정액환급액 산출

간이정액환급율표는 환급의 경우는 수출신고수리일, 기초원재료납세증명서 발급의 경우에는 국내거래일이 적용 기준일이다. 환급신청일이나 기초원재료납세증명서 발급신청일을 적용기준일로 하지 않는 것은 간이정액환급율표가 개정되었을 경우 신청일에 따라 환급액이 달라질 수 있는 문제점을 고려한 것이다. 간이정액환급율표에 의한 환급액 또는 양도세액의 계산은 다음 계산방식에 의하여 결정한다.

$$\text{환급액(양도세액)} = \frac{\text{FOB 원화 금액} \times \text{간이정액환급율표의 해당금액}}{10{,}000}$$

이 때 수출신고필증 등의 금액은 수출금액을 기준으로 하고, 기초원재료납세증명서를 발급할 때는 양도세액이 포함되지 아니한 물품대금만을 기준으로 한다. 만일 수출신고필증 등의 수출금액 또는 내국신용장 등의 공급금액이 FOB 조건이 아니거나, 내국신용장 등에 양도세액과 물품대금이 구분하여 기재되어 있지 않아 물품대금을 확인할 수 없는 때에는 다음 산식(算式)에 의하여 산출된 금액을 FOB 기준금액(물품대금)으로 결정한다.

$$\text{FOB 기준금액} = \text{원화표시 거래금액} \div \left(1 + \frac{\text{적용할 간이정액금액}}{10{,}000}\right)$$

3. 개별환급제도

개별환급이란 수출물품을 생산하는데 소요되는 각각의 원재료별 소요량을 산출하고 각 원재료를 수입하는 때에 납부하였거나 납부할 관세 등을 수입신고필증 등에 의해 세산하여 환급하는 방법으로 환급을 개별적으로 신청한다는 의미에서 개별환급이라 한다.

현행 관세환급제도는 이러한 개별환급을 기본으로 한다. 개별환급방법은 수출물품 생산에 어떤 원재료가 얼마만큼 소요되었는지를 먼저 파악한 다음, 이들 중 수입된 원재료에 대해 그 원재료가 수입될 때 납부한 관세가 얼마인가를 계산하는 방법으로 환급액을 산출하는 것이다.

1) 환급대상 수출용원재료의 적용범위

(1) 수출물품을 생산한 경우

① 해당 수출물품에 물리적 또는 화학적으로 결합되는 물품

② 해당 수출물품을 생산하는 공정에 투입되어 소모되는 물품. 다만, 수출물품 생산용 기계·기구 등의 작동 및 유지를 위한 물품 등 수출물품의 생산에 간접적으로 투입되어 소모되는 물품은 제외한다.

③ 해당 수출물품의 포장용품

(2) 수입한 상태 그대로 수출한 경우 해당 수출물품

(3) 국내에서 생산된 원재료와 수입된 원재료가 동일한 질(質)과 특성을 갖고 있어 상호 대체 사용이 가능하여 수출물품의 생산과정에서 이를 구분하지 아니하고 사용되는 경우에는 수출용원재료가 사용된 것으로 본다.

2) 환급요건

(1) 수출신고가 수리(受理)된 유상수출

(2) 수출신고가 수리된 무상수출

① 외국에서 개최되는 박람회·전시회·견본시장·영화제 등에 출품하기 위하여 무상으로 반출하는 물품의 수출. 다만, 외국에서 외화를 받고 판매된 경우에 한한다.

② 해외에서 투자·건설·용역·산업설비수출 기타 이에 준하는 사업에 종사하고 있는 우리나라의 국민(법인을 포함한다)에게 무상으로 송부하기 위하여 반출하는 기계·시설 자재 및 근로자용 생활필수품 기타 그 사업과 관련하여 사용하는 물품으로서 주무부장관이 지정한 기관의 장이 확인한 물품의 수출

③ 수출된 물품이 계약조건과 서로 달라서 반품된 물품에 대체하기 위한 물품의 수출

④ 해외구매자와의 수출계약을 위하여 무상으로 송부하는 견본용 물품의 수출

⑤ 외국으로부터 가공임 또는 수리비를 받고 국내에서 가공 또는 수리를 할 목적으로 수입된 원재료로 가공하거나 수리한 물품의 수출 또는 당해 원재료 중 가공하거나 수리 하는데 사용되지 아니한 물품의 반환을 위한 수출

⑥ 외국에서 위탁가공할 목적으로 반출하는 물품의 수출

⑦ 위탁판매를 위하여 무상으로 반출하는 물품의 수출(외국에서 외화를 받고 판매된

경우에 한한다)

(3) 우리나라 안에서 외화를 획득하는 판매 또는 공사 중 기획재정부령으로 정하는 것

① 우리나라 안에 주류하는 미합중국군대(이하 "주한미군"이라 한다)에 대한 물품의 판매

② 주한미군 또는 「관세법」 제88조 제1항 제1호 및 제3호의 규정에 의한 기관이 시행하는 공사

③ 「관세법」 제88조와 「대한민국과 아메리카합중국 간의 상호방위조약 제4조에 의한 시설과 구역 및 대한민국에서의 합중국군대의 지위에 관한 협정」에 의하여 수입하는 승용자동차에 대하여 관세 등의 면제를 받을 수 있는 자에 대한 국산승용자동차의 판매. 다만, 수부부장관의 면세추천서를 제출하는 경우에 한한다.

④ 「외국인투자촉진법」 제5조 내지 제8조의 규정에 의하여 외국인 투자 또는 출자의 신고를 한 자에 대한 자본재(우리나라에서 생산된 것에 한한다)의 판매. 다만, 당해 자본재가 수입되는 경우 「조세특례제한법」 제121조의3의 규정에 의하여 관세가 면세 되는 경우에 한한다.

⑤ 국제금융기구로부터 제공되는 차관자금에 의한 국제경쟁 입찰에서 낙찰(낙찰받은 자로부터 도급을 받는 경우를 포함한다)된 물품(우리나라에서 생산된 것에 한한다)의 판매. 다만, 당해 물품이 수입되는 경우 「관세법」에 의하여 관세가 감면되는 경우에 한한다.

(4) 「관세법」에 따른 보세구역 중 기획재정부령으로 정하는 구역 또는 「자유무역지역의 지정 및 운영에 관한 법률」에 따른 자유무역지역의 입주기업체에 대한 공급

① 「관세법」 제183조의 규정에 의한 보세창고. 다만, 수출한 물품에 대한 수리·보수 또는 해외 조립생산을 위하여 부품 등을 반입하는 경우에 한한다.

② 「관세법」 제185조의 규정에 의한 보세공장. 다만, 수출용원재료로 사용될 목적으로 공급되는 경우에 한한다.

③ 「관세법」 제196조의 규정에 의한 보세판매장

④ 「관세법」 제197조의 규정에 의한 종합보세구역(수출용원재료로 공급하거나 수출한 물품에 대한 수리·보수 또는 해외조립 생산을 위하여 부품 등을 반입하는 경

우 또는 보세구역에서 판매하기 위하여 반입하는 경우에 한한다)

(5) 그 밖에 수출로 인정되어 기획재정부령으로 정하는 것

① 우리나라와 외국 간을 왕래하는 선박 또는 항공기에 선용품 또는 기용품으로 사용되는 물품의 공급

② 「원양산업 발전법」 제6조제1항, 제17조제1항 및 제3항에 따라 해양수산부장관의 허가·승인 또는 지정을 받은 자가 그 원양어선에 무상으로 송부하기 위하여 반출하는 물품으로서 해양수산부장관 또는 해양수산부장관이 지정한 기관의 장이 확인한 물품의 수출

3) 환급 청구기간

세관장은 물품이 수출 등에 제공된 경우에는 대통령령으로 정하는 날부터 소급하여 2년 이내에 수입된 해당 물품의 수출용원재료에 대한 관세 등을 환급한다. 다만, 수출 등에 제공되는 데에 장기간이 소요되는 물품으로서 대통령령으로 정하는 물품에 대하여 대통령령으로 정하는 불가피한 수출 등의 지연사유가 있는 경우에는 소급하여 3년 이내에 수입된 해당 물품의 수출용원재료에 대한 관세 등을 환급한다.

수출용원재료가 내국신용장 등에 의하여 거래되고, 그 거래가 직전의 내국신용장 등에 의한 거래(직전의 내국신용장 등에 의한 거래가 없는 경우에는 수입을 말한다)가 있은 날부터 대통령령으로 정하는 기간에 이루어진 경우에는 해당 수출용원재료가 수입된 날부터 내국신용장 등에 의한 최후의 거래가 있은 날까지의 기간은 제1항에 따른 기간에 산입(算入)하지 아니한다. 다만, 수출용원재료가 수입된 상태 그대로 거래된 경우에는 그러하지 아니하다.

4. 관세납부증명

1) 평균세액증명서

(1) 평균세액증명서 의의

평균세액증명서란 매월 수입 또는 구매한 수출용원재료의 품목번호별 물량과 1단위당 평균세액을 증명한 서류를 말하며 세관장은 수출용원재료에 대한 관세 등의 환급업무를 간소화하기 위하여 필요하다고 인정하는 경우에는 대통령령으로 정하는 바에 따라 수출용원재료를 수입하는 자의 신청에 의하여 그가 매월 수입한 수출용원재료의 품

목별 물량과 단위당 평균세액을 증명하는 서류를 발행할 수 있다. 이 경우 해당 수출용원재료에 대하여는 수입한 날이 속하는 달의 1일에 수입된 것으로 보아 이 법을 적용한다.

(2) 평균세액증명서 발급

평균세액증명서를 발급받고자 하는 자는 관할지세관장으로부터 평균세액증명 대상물품의 지정을 받아야 한다. 이 경우 수출용원재료의 관세·통계통합품목분류표의 품목번호 또는 소요량이 달라지는 등 평균세액의 결정이 곤란하다고 인정하여 관세청장이 정하는 물품에 대하여는 평균세액증명서의 발급대상으로 지정을 받을 수 없다.

① 수출용원재료를 수입한 자

② 관세사(제1호에 해당하는 자로부터 위임받은 자로 한정한다)

2) 기초납세증명서

(1) 기초납세증명서 의의

내국신용장등에 의하여 공급된 수출용원재료의 납부세액을 증명한 서류로서 세관장은 수출용원재료가 내국신용장등에 의하여 거래된 경우 관세 등의 환급업무를 효율적으로 수행하기 위하여 대통령령으로 정하는 바에 따라 제조·가공 후 거래된 수출용원재료에 대한 납부세액을 증명하는 서류이다.

(2) 기초납세증명서 발급대상

① 수입원재료를 사용하여 생산한 물품을 해당 수입원재료의 수입신고 수리일부터 1년 이내에 수출물품을 생산하는 자에게 양도하거나 수출물품의 중간원재료를 생산하는 자에게 양도하는 경우

② 수입원재료와 중간원재료를 사용하여 생산한 물품을 수입신고수리일(중간원재료의 경우에는 구매일)부터 1년 이내에 수출물품을 생산하는 자에게 양도하거나 수출물품의 중간 원재료를 생산하는 자에게 양도하는 경우

③ 수출물품의 중간원재료를 사용하여 생산한 물품을 그 중간원재료의 구매일부터 1년 이내에 수출물품을 생산하는 자에게 양도하거나 수출물품의 중간원재료를 생산하는 자에게 양도하는 경우

④ 수입원재료 또는 중간원재료(수입원재료와 중간원재료 포함)를 사용하여 생산한 물품을 수입신고 수리일(중간원재료의 경우에는 구매일)로부터 1년 이내에 수출

하는 자에게 양도하는 것으로서 수출자가 환급받고자 하는 경우

(3) 기납증 발급신청 및 제출서류

① 기초원재료납세증명서 신청서류

② 국내거래 인정서류

③ 양도일자를 확인할 수 있는 서류

④ 소요량계산서류

⑤ 소요원재료에 대한 납부세액확인서류. 다만, 세관장이 전산으로 확인이 가능하여 제출할 필요가 없다고 인정하는 때에는 제출하지 아니할 수 있다.

(4) 기납증발급에 따른 국내거래 인정서류

① 내국신용장

② 구매확인서(제1호의 내국신용장에 준하여 외국환은행장이 발급한 것)

③ 수출신용장 또는 수출계약서(물품대금은 외화를 받고 물품은 외국인이 지정한 국내업체에 인도하는 경우로서 신용장 또는 수출계약서와 물품을 인도받은 자가 기재된 것. 다만, 수출계약서의 경우에는 거래명세표 등에 의하여 물품인도사실이 확인되고 인도물품이 수출 등에 제공할 것으로 인정되는 경우로 한정함)

④ 세관장이 수출물품의 생산 또는 수출 등에 제공하기 위하여 거래된 것임을 인정할 수 있는 서류로서 매매계약서 또는 이와 유사한 소유권 이전을 목적으로 하는 계약서

(5) 국내거래물품의 양도일자

① 신용장으로 거래된 경우에는 내국신용장 물품수령증상의 인수일

② 세금계산서가 발급된 경우 세금계산서상의 물품공급일

③ 「부가가치세법」 제33조제2항에 따라 세금계산서를 발급하지 않는 경우에는 신용카드 매출전표 등에 따른 거래일

④ 법인분할 등으로 세금계산서가 발급되지 않는 경우에는 법인등기부상 등기일

서류에 기재된 인수일 또는 물품공급일과 실제공급일이 다를 때에는 실제공급일을 양도일로 하며, 이 경우 물품수령증과 세금계산서 여백에 실제공급일과 확인자를 기재한 것이어야 한다.

표 9-1 내국신용장과 구매확인서 비교

구분	내국신용장	구매확인서
발급 목적	국산수출용 원자재 및 완제품의 구매(수출)	좌동(외화획득용)
발급 대상	국산원자재(완제품을 구매하거나, 수입원자재를 구매하는 수출기업	수입, 국산 원자재(완제품)를 구입하는 수출기업
금융혜택 및 지급보증	– 수출금융의 융자대상임 – 지정외국환은행이 대금지급보증	융자혜택·지급보증 없음
결제 방법	은행에서 개설관리 및 내국신용장 환어음 결제	당사자 간 협의에 따른 결정
발급신청시 첨부서류	1. 수출신용장 2. 수출계약서 3. 외화표시물품공급계약서 4. 내국신용장 5. 당해업체의 과거 수출실적	1. 수출신용장 2. 수출계약서 3. 외화표시물품공급계약서 4. 내국신용장 5. 구매확인서 6. 외화획득용 물품을 생산하기 위한 경우임을 입증하는 서류
발급제한	1차 내국신용장이 완제품내국신용장인 경우 3차까지 가능하고, 원자재내국 신용장인 경우 2차까지 가능함	발급횟수 제한 없음
부가가치세	영세율적용	영세율적용

3) 수입세액분할증명서

(1) 수입세액분할증명서의 의의

수입세액분할증명서란 수입 또는 구매한 상태 그대로 공급된 물품에 대한 납부세액을 증명하기 위하여 수입신고필증·평세증·기납증을 분할하여 증명한 서류이다.

(2) 수입세액분할증명서 발급대상

① 수입분증 또는 수입분증의 분증은 해당 수입(매입)원재료의 수입신고수리일부터 2년 이내에 수입(매입)한 상태 그대로 수출자 및 수출물품의 생산자 또는 수출물품을 생산하는데 사용할 중간원재료를 생산하는 자에게 양도한 경우

② 평세분증은 평세증이 발급된 물품의 전부 또는 일부를 제조·가공하지 아니하고 양도한 경우

③ 수입원재료만으로 평세증이 발급된 경우에는 수입한 날이 속하는 달의 초일부터 2년 이내에 거래된 경우
④ 국내생산원재료 또는 수입원재료와 국내생산원재료를 일괄하여 평세증이 발급된 경우에는 매입(수입)한 날이 속하는 달의 초일부터 1년 이내에 거래된 경우
⑤ 기납분증 또는 기납분증의 분증은 국내생산원재료를 매입한 날부터 1년 이내에 매입한 상태 그대로 양도한 경우

(3) 수입세액분할증명서 국내거래 인정서류

① 내국신용장
② 양도승인서
③ 구매확인서
④ 수출신용장 또는 수출계약서(물품대금은 외화를 받고 물품은 외국인이 지정한 국내업체에 인도하는 경우로서 신용장 또는 수출계약서와 물품을 인도받은 자가 기재된 것. 다만, 수출계약서의 경우에는 거래명세표 등에 의하여 물품인도사실이 확인되고 인도물품이 수출 등에 제공할 것으로 인정되는 경우로 한정함)
⑤ 세관장이 수출물품의 생산 또는 수출 등에 제공하기 위하여 거래된 것임을 인정할 수 있는 서류로서 매매계약서 또는 이와 유사한 소유권 이전을 목적으로 하는 계약서
⑥ 물품배정서(조합이 일괄 구매하여 실수요자에게 배정한 것으로서 조합장이 확인한 것)
⑦ 비축물자배정통지서(조달청장 및 조달청의 지청장이 발급한 것)

5. 소요량 제도

1) 소요량의 의의

소요량(所要量)이란 수출물품을 생산하는데 소요되는 원재료의 량으로서 생산과정에서 정상적으로 발생되는 손모량을 포함한 것을 말한다. 즉, 의류를 생산하기 위해서는 원재료인 원단이 들어간다. 이때 원단에 들어가는 실제 원재료의 량을 소요량이라 한다. 환특법에서 말하는 생산의 개념에는 수출물품의 가공·조립·수리·재생 또는 개조하는 것을 포함한다.

손모량(損耗量)이란 수출물품을 정상적으로 생산하는 과정에서 발생하는 원재료의

손실량이다. 이때의 원재료의 량에는 불량품 생산에 소요된 원재료의 량은 제외된다. 즉, 소요량이란 수출물품을 구성하고 있는 원자재의 실량(實量)에 당해 수출물품의 정상적인 생산과정에서 허비되는 손모량을 더하여 파악하는 것으로 수출물품 생산과정에서 소비된 원재료의 총량을 의미하게 된다.

개별환급 신청을 위한 환급액 산정에 소요량 산출은 반드시 필요하며 소요량 산정방법은 6가지가 있다.

2) 용어의 정의

(1) "단위실량"이란 수출물품 1단위를 형성하고 있는 원재료의 종류별 양을 말한다.

(2) "손모량"이란 수출물품을 정상적으로 생산하는 과정에서 발생하는 원재료의 손실량(불량품에 소요된 원재료 중 재활용이 가능한 원재료의 양은 제외한다)을 말한다.

(3) "손모율"이란 일정기간동안 발생한 손모량을 동 기간 중에 생산된 해당 수출물품을 원재료로 환산한 양으로 나누어 백분율로 표시한 값을 말한다.

(4) "단위소요량"이란 수출물품 1단위를 생산하는데 소요된 원재료별 양으로서 단위실량과 손모량을 합한 양을 말한다.

(5) "제조사양서(B.O.M(Bill of Material), 설계도면, 원재료 배합비율(수출물품 1단위 제조에 드는 원재료별 배합량), 제조표준서, 시방서, 그 밖에 수출물품 1단위를 생산하는데 기준이 되는 자료들을 말한다.

(6) "원재료별 환산량"이란 수출물품을 구성하고 있는 원재료의 종류별 총실량을 말한다.

(7) "부산물"이란 수출물품 생산공정 중에 수출물품 외에 발생하는 경제적인 가치를 가진 물품으로서 판매되거나 자가 사용되는 물품을 말한다.

(8) "연산품"이란 특수공정물품 중에서 원재료를 같은 생산공정으로 가공했을 때 주종(主從)의 관계를 구별할 수 없는 종류가 다른 두 가지 이상의 개별적인 기능과 경제적인 가치를 가진 제품들이 생산되는 경우에 이 제품들을 총칭하여 말한다. [예: 원유(원재료)를 상압증류하여 생산(같은 생산공정으로 가공)한 나프타, 등유, 경유, 중유, 아스팔트, 윤활유, LPG 등(주종 관계를 구별할 수 없는 제품)을 연산품이라고 함]

(9) "원재료수불대장"이란 원재료의 반출입 사항을 기록한 장부 또는 마이크로필름, 광디스크, 그 밖의 자료보존 매체를 말한다.

(10) "제품수불대장"이란 제품의 반출입 사항을 기록한 장부 또는 마이크로필름, 광

디스크, 그 밖의 자료보존 매체를 말한다.

(11) "부산물수불대장"이란 부산물의 반출입 사항을 기록한 장부 또는 마이크로필름, 광디스크, 그 밖의 자료보존 매체를 말한다.

(12) "자율소요량"이란 법 제10조제1항 및 영 제11조에 따라 소요량계산서 작성업체에서 산정한 소요량을 말한다.

(13) "표준소요량"이란 법 제10조제2항에 따라 관세청장이 수출물품별 평균소요량 등을 기준으로 정하여 고시한 소요량을 말한다.

3) 소요량 산정방식

소요량의 산정이란 수출물품을 형성하는데 소요되는 원재료의 종류와 원재료별 소요량을 확인하고 계산하는 것을 의미한다. 관세환급에 사용하기 위하여 소요량을 산정하는 방법은 단위실량, 단위설계소요량, 수출건별 등 총소요량, 일정기간별 단위소요량, 1회계년도 단위소요량, 위탁건별소요량의 6가지가 있다.

(1) 단위실량에 의한 소요량의 산정

단위실량(單位實量)이란 수출물품 1단위를 형성하고 있는 원재료의 종류별 량을 말한다. 단위실량에 의한 소요량의 산정은 비교적 간단한 방법이고 손모량의 범위와 관련한 논란이 발생할 소지가 없다는 점이 장점이다. 그러나 이 방법에 의해 소요량을 산정할 경우 손모량 부분에 대한 환급은 포기되어야 한다는 점이 단점이다. 이 방법에 의한 소요량의 산정은 전기·전자제품과 같이 손모량의 발생율이 낮은 조립물품의 생산업체에 적합하다.

(2) 단위설계소요량에 의한 소요량의 산정

단위설계소요량은 제조사양서상의 원재료 중 환급을 받고자 하는 원재료의 종류별 량으로 산정한다. 단위설계소요량은 수출물품을 생산하는데 가장 기본이 되는 자료인 제조사양서의 원재료 중 환급을 받고자 하는 원재료의 종류별 량이다. 단위설계소요량은 단위실량과 동일할 수도 있으나, 일반적으로 단위실량에 최적의 생산 상태에서 발생하는 최소의 손모량이 합하여진 소요량이다. 단위설계소요량에 의한 소요량의 산정은 비료·염료·페인트 등과 같이 원재료를 배합하여 완제품을 생산하는 업체와 같이 손모량의 발생이 적고 소요량이 안정적인 생산업체에 적합하다.

(3) 수출건별 등 총소요량에 의한 소요량의 산정

수출건별 등 총소요량은 수출신고필증, 기초원재료납세증명서, 수출계약서 또는 내국신용장상의 수출물품을 생산하는 과정에서 사용한 원재료의 종류별 총량으로 산정한다. 수출건별 총소요량에 의한 소요량의 산정은 소요량이 생산단위마다 달라질 수 있는 농림축수산물의 가공수출이나 시제품 생산단계인 품목, 특수 사양주문 등 수출 건별 관리가 용이한 품목에 적합하다.

(4) 일정기간별 단위소요량에 의한 소요량의 산정

일정기간별 단위소요량에 의한 소요량의 산정은 6월 이내의 범위에서 산정기간 초월(初月)의 초일(初日)부터 산정기간 말월(末月)의 말일(末日)까지의 기간 동안 제품 생산에 사용된 원재료를 소요량으로 산정하는 것이다. 일정기간별 단위소요량은 수출물품을 생산한 기간이 1년 미만인 업체나 상품의 수명이 비교적 짧은 업체 중 의류, 농약 등과 같이 손모율이 비교적 높은 상품을 생산하는 업체의 소요량 산정에 적합하다.

(5) 1회계년도 단위소요량에 의한 소요량의 산정

1회계년도 단위소요량은 1회계년도 동안 제품생산에 사용된 원재료의 종류별 총량을 그 회계년도 동안 생산된 제품의 원재료별 환산량으로 나눈 값에 단위실량을 곱한 량으로 산정한다. 1회계년도 단위소요량은 일정기간별 단위소요량의 경우와 마찬가지로 제품을 생산하는 과정에서 원재료가 물리적으로 결합되는 경우와, 화학적으로 통합되는 경우로 나누어 그 산정 방법에 차이를 두고 있다.

(6) 위탁건별 총소요량에 의한 소요량의 산정

위탁건별 총소요량은 위탁가공계약서등에 의하여 수출물품을 위탁생산하는 경우 수출물품의 생산을 위탁한 업체에서 수출물품의 생산을 수탁한 업체에 공급한 원재료중 수탁업체가 당해 위탁생산물품을 생산하는 과정에서 사용한 원재료의 종류별 총량으로 산정한다.

4) 소요량의 계산방법

소요량계산이란 환급신청 단위별로 이미 신고된 소요량산정방법에 의하여 해당 환급신청건의 수출물품 생산에 소요된 원재료의 량을 계산하는 것을 말한다. 단위실량, 단위설계소요량, 일정기간별 단위소요량, 1회계년도 단위소요량 산정 방법에 의한 소요량의 계산방법은 다음과 같다.

> 소요량 = 수출물품의 수량 × 단위실량 또는 단위설계소요량, 일정기간별단위 소요량, 1회계년도 단위소요량

수출건별 등 총소요량과 위탁건별 총소요량은 당해 건별 총소요량이 곧 소요량이므로 따로 소요량을 계산할 필요가 없다.

한편, 연산품(連産品)은 일반적인 공산품의 생산과는 다른 특징이 있으므로 소요량의 계산방법에도 차이를 두고 있다. 연산품에 대한 소요량을 계산하기 위해서는 먼저 연산품의 생산비율과 연산품의 가치비율을 정확히 산출하여야 한다.

5) 소요량 산정

(1) 소요량 산정방법 신고

소요량계산서 작성업체는 환급신청 전에 환급신청세관장에게 수출품명, 소요량산정방법, 소요량 산정의 기준이 되는 기간 및 적용기간, 수출물품의 제조공정 및 공정설명서, 그 밖의 소요량계산과 관련된 사항을 신고하고 그 신고된 바에 따라 소요량을 계산하여야 한다. 신고한 내용이 변경된 경우 변경 신고하여야 한다.

환급신청기관의 변경을 승인한 환급신청을 접수·관리하는 세관장은 신고관련 일체의 자료를 변경 후 세관장에게 인계하여야 한다.

소요량 산정 방법 신고 시 동종의 물품이란 HSK 10단위 와 품명이 같고 소요원재료의 차이가 없으며 상거래 상 서로 대체 사용할 수 있는 물품을 말한다. HSK 10단위가 같은 동종의 물품이 다수인 경우 대표물품만 신고할 수 있으며, 이 경우 동종의 HSK 10단위에 속하는 개별물품의 산정방법은 동일하여야 한다.

이미 신고된 산정방법의 HSK 10단위와 HSK 10단위가 같은 신규 생산물품이 수출될 경우 산정방법을 달리하여 신고할 수 있으며, 환급신청서 작성 시 신고한 소요량산정방법을 갑지 ⑫란(부호란)에 신고한다.

일정기간별 단위소요량 산정방법으로 산정방법을 신고한 경우 적용기간이 후에 수출된 물품의 환급신청 전까지 산정 방법(산정 대상기간, 적용기간)을 별도 신고하여야 하며, 단위실량, 단위설계소요량, 수출건별(위탁건별) 총소요량은 적용기간의 말일을 신고하지 않는 경우, 변경된 산정방법이 신고되지 않는 한 계속 유효하다.

(2) 소요량 산정방법의 선택제한

① 소요량계산서 작성업체는 동종의 수출물품별로 소요량산정방법 중 한 가지 방법을 임의로 선택하여 소요량을 산정해야하나 소요원재료의 등급이 다른 이유 등으로 소요량이 불안정한 농림수축산물을 원재료로 생산되는 수출물품은 수출건별 등 또는 위탁건별 총소요량 산정방법으로 소요량을 산정해야 한다.

② 시제품 생산단계로 손모율이 불안정한 수출물품은 일정기간별 또는 1회계년도 단위소요량 산정방법으로 산정할 수 없으며 연산품은 제조공정상 원재료는 각 연산품의 생산에 소요된 것 이어서 1회계년도(일정기간) 동안 생산비율과 가치비율을 기준으로 소요량계산을 해야 하므로 일정기간별 또는 1회계년도 단위소요량 산정방법으로 소요량을 산정해야 한다.

③ 1회계년도 단위소요량 산정방법을 적용하는 업체는 매월 1회 이상 또는 연간 6개월 이상 생산활동을 하는 업체에 한한다. 다만, 천재지변, 노사분규, 설비의 수리 등 불가항력적 사유에 의하여 생산활동을 할 수 없는 경우에는 예외

(3) 소요량의 적용기간

① 단위실량 및 단위설계소요량은 단위실량 및 단위설계소요량이 변경되기 전까지 생산된 수출물품의 소요량계산에 적용한다.

② 수출건별 등 총소요량 및 위탁건별 총소요량은 산정대상기간(수출건별이나 위탁건별 수출물품을 생산한 기간) 동안 생산된 수출물품의 소요량계산에 적용한다.

③ 일정기간별 단위소요량은 산정대상기간 말일 이후 다음 달의 첫날부터 산정대상기간에 해당하는 기간 동안 수출신고 수리되거나 내국신용장 등에 의하여 공급된 수출물품의 소요량계산에 적용한다. 다만, 일정기간별 단위 소요량이 산정되지 않은 소요원재료에 대하여는 단위실량 또는 단위설계소요량으로 소요량계산을 할 수 있다.

④ 1회계년도 단위소요량은 1회계년도 말일 이후 3개월이 지난달의 첫날부터 1년간 수출신고 수리되거나 내국신용장 등에 의하여 공급된 수출물품의 소요량 계산에 적용한다. 다만, 1회계년도 단위소요량이 산정되지 않은 소요원재료에 대하여는 단위실량 또는 단위설계소요량으로 소요량계산을 할 수 있다.

(4) 소요량 산정 및 계산의 기준

수출물품과 소요원재료는 품명·규격(특성, 함량, 중량, 두께 등)별로 분류하여 소요

량 산정 및 계산을 하여야 한다. 그러나 1회계년도 단위소요량(일정기간별 단위소요량 포함)을 산정할 때에는 상거래 상 동종의 물품으로 인정되고 손모율의 차이가 없다고 인정되는 경우 수출물품 또는 소요원재료를 통합하여 손모율을 산정할 수 있다.

동일업체 제조장간에 손모율의 차이가 있는 경우 제조장별로 소요량을 각각 산정하여야 한다.

(5) 소요량 계산의 근거자료

환급신청인이 보관·관리하여야 할 자료는 제조사양서 및 제조공정도, 원재료수불대장, 제품수불대장, 부산물수불대장, 소요량계산서철 등이다.

1회계 년도단위 소요량 산정방법으로 소요량을 산정한 경우에는 결산보고서(제품 및 자재수불관련 부속서류 포함)를 보관하여야 하며, 위탁건별 총소요량 산정방법으로 소요량을 산정한 경우에 위탁가공계약서를 추가로 보관·관리하여야 한다.

상기서류를 마이크로필름, 광디스크, 그 밖의 자료보존매체로 보관·관리하려는 자는 확인, 조회 또는 출력장치와 일체로 보관·관리하여야 한다.

(6) 소요량 계산

① 단위실량, 단위설계소요량, 일정기간별단위소요량, 1회계년도단위소요량을 적용한 소요량 = 수출물품의 수량 × 단위실량 또는 단위설계소요량, 일정 기간별단위소요량, 1회계년도단위 소요량

② 수출건별등 총소요량과 위탁건별총소요량 = 해당건별총소요량

③ 단위실량, 단위설계소요량, 일정기간별단위소요량, 1회계년도단위소요량, 수출건별등 총소요량과 위탁건별 총소요량으로 계산된 소요량은 산정대상기간동안 수출물품을 생산하는데 실제 사용한 원재료의 양을 초과할 수 없다.

④ 소요량을 계산할 때 순도나 함량 등에 따라 비례환산하여야 할 경우에는 비례환산하여야 하며, 소요량은 소수점 이하 3자리까지 계산하되 4자리 이하는 반올림한다. 다만, 소요원재료가 개수 등으로 표기되어 소수점 이하로 구분할 수 없을 때에는 소수점 이하는 절사한다.

6. 환급신청

1) 환급신청의 개요

(1) 환급신청 기간(2년)

① 물품을 수출한 경우 수출신고 수리일부터 2년 이내에 환급신청

② 관세법에 의한 보정, 수정, 경정 또는 환급특례법 제21조에 따른 환급금액이나 과다환급 금액의 징수, 자진신고 납부 등을 한 날부터 2년 이내에 환급신청

(2) 환급신청 세관

제조장 관할세관에 환급 신청함을 원칙으로 하고, 본사에서 환급업무를 취급하는 경우에는 본사 관할세관에 환급신청 가능

(3) 환급신청인

수출자 또는 수출물품 제조자 중 수출신고필증에 환급신청인으로 기재된 자

(4) 환급신청시 제출서류

① 환급신청서(소정 서식)

② 수출사실 확인서류(수출신고필증)

③ 소요량계산서류

④ 원재료 납부세액 확인서류(수입신고필증)

※ 간이정액환급신청 시에는 ①, ② 서류만 제출

(5) 환급신청서 처리절차

① 업체(관세사)가 전산으로 환급신청서를 작성, 관세환급 시스템에 전송

② 관세환급 시스템에서 환급신청인, 수출사실, 수출이행기간 등을 전산으로 확인

③ 전산확인 결과 이상이 없으면 환급신청서류를 접수하고 신청인에게 접수 통지

ⓐ 전산시스템에 서류제출대상으로 등록된 기준에 해당하면 서류제출로, 기타는 P/L로 접수 통지

ⓑ 서류제출대상 기준

- 최초 환급신청 건으로 환급금의 정확성이 검증되지 아니한 것
- 과다환급으로 추징 업체 및 체납업체가 환급신청하는 것 등

④ 환급신청서 처리

ⓐ P/L 접수건은 전산화면에 의해 심사 후 환급금 지급 결정

ⓑ 서류제출 건은 업체가 환급신청 관련서류를 제출하면 서류 확인 후 환급금 지급 결정

⑤ 환급금 지급

ⓐ 환급금은 당해 세관장의 세입금에서 이체하여 신청인의 계좌에 입금하는 방법으로 지급

ⓑ 환급금이 결정되면 관세환급시스템에서 자동으로 한국은행에 이체 및 지급요구서를 전송

■ 소요량의 산정 및 관리와 심사에 관한 고시 [별지 제2호서식]

소요량계산서

①관련 자료제출요구 문서번호(연번) :

②제출번호	(제출일자:)	④제출자	상호(통관고유부호) :
③관련 신청건(접수번호)	(신청구분: ◉ 환급, ○ 기납증)	⑤관세사	관세사부호 :

⑥ 란/총]란	⑦물품식별번호:			⑧상세물품식별번호:
⑨품명		⑩생산수량(단위)		⑪품목번호 :
		⑫금액(FOB)		⑬소요량산정방법 :

ⓐ연번	ⓑ상위 원재료식별번호	ⓒ원재료식별번호	ⓓ품명 및 규격	ⓔ단위소요량(단위)	ⓕ총 소요물량	ⓖ부산물 발생율(%)	
						내역작성분(B)	내수용(C)

제출번호 :

(별표 2) 소요량계산서 작성요령

Ⅰ 개요

ㅇ 수출제품(개별 기납증상 양도물품)에 대한 원재료의 소요량을 계산한 근거 서류

ㅇ 개별환급(개별 기납증) 건에 대한 소요량 심사시 제출하는 서류

Ⅱ 작성방법

ㅇ 환급신청서 수출물품(을) 또는 기납증 양도물품(을)의 물품식별번호 영역 안의 상세물품 식별번호를 기준으로 작성

ㅇ 회사 내 자재관리시스템(ERP) 등으로 소요량 정보를 관리하는 수준이 환급신청서 및 제증명서보다 상세하게 관리하는 경우, ERP 등의 상세물품식별번호를 기준으로 해당 서식을 작성할 수 있음.

☞ 예: 환급신청서상 물품식별번호는 'P'이나 회사 내 자재관리시스템(ERP)상 소요량 관리수준이 'P'의 하위의 'p1'이라면, 'p1'을 상세물품식별번호로 기재하고 이를 기준으로 소요량계산서를 작성

ㅇ 상세물품 식별번호가 여러 건인 경우에는 란을 추가 후 작성할 수 있음.

Ⅲ 항목별 기재요령

가. 물품 사항

① 관련 자료제출요구 문서번호(연번): 세관의 자료제출 요구 해당 문서번호 및 해당 요구 건의 연번을 기재

② 제출번호 및 제출일자: 제출자가 중복되지 않도록 부여한 제출번호 및 제출일자 기재 [제출번호: 신고인부호(5)-년도(2)-일련번호(6)]

③ 관련 신청건(접수번호) 및 신청구분: 세관의 자료제출 요구 해당 환급신청 및 제증명의 접수번호를 기재(신청구분은 환급신청 및 기납증 구분)

④ 제출자: ③의 신청건의 제출자 통관고유부호를 기재

⑤ 관세사: 관세사가 대행하는 경우 해당 관세사 정보를 기재

⑥ [XXXX]란/총[XXXX]수: 앞쪽 대괄호에는 상세물품식별번호의 일련번호를 기재하고, 뒤쪽 대괄호에는 총 일련번호를 기재

⑦ 물품식별번호: 환급신청서 수출물품(을) 또는 기납증 양도물품(을)에 기재한 식별번호

⑧ 상세물품식별번호: 회사 자재관리시스템(ERP)에서 관리하는 물품식별번호로서, 물품식별번호(⑦)와 동일한 경우 같은 값을 기재하며, ⑦과 상이한 경우 해당 물품식별번호를 기재 (⑥의 란수 증가의 기준이 됨)

⑨ 품명: 상세물품식별번호(⑧)의 품명을 기재

⑩ 생산수량(단위): 상세물품식별번호(⑧) 기준으로 환급신청서 상 수출물품이 생산된 날이 속하는 달의 월간 생산수량 및 단위를 기재 (기납증의 경우에는 양도물품이 생산된 날이 속하는 달의 월간 생산수량 및 단위)

⑪ 품목번호(HSK): 상세물품식별번호(⑧) 기준의 품목번호(HSK)를 기재

⑫ 금액: 상세물품식별번호(⑧) 기준의 생산수량에 해당하는 FOB 금액을 원화로 기재

⑬ 소요량산정방법: ⑧상세물품식별번호 기준의 소요량산정방법 기재

나. 원재료 사항

ⓐ 연번: 행 일련번호

ⓑ 상위 원재료식별번호: 원재료식별번호(ⓒ)의 상위 원재료식별번호를 기재

ⓒ 원재료식별번호: 상세물품식별번호(⑧)에 해당하는 수출물품 또는 양도물품의 제조에 소요된 원재료를 식별하는 번호로서, 업체에서 자율적으로 부여한 번호를 기재하며 연번에 관계없이 동일한 원재료이면 동일한 식별번호를 사용함(업체에 따라 파트번호, 자재번호, 물품식별번호, 관리번호 등으로 다양하게 사용, 모델규격번호도 가능)

ⓓ 품명 및 규격: 원재료식별번호(ⓒ)에 해당하는 원재료의 품명 규격을 기재

ⓔ 단위소요량(단위): 상세물품식별번호(⑧)에 해당하는 수출물품 또는 양도물품 1단위 생산에 소요된 원재료의 물량 및 단위를 기재
- 소요량의 산정 및 관리와 심사에 관한 고시 제3조부터 제8조까지 규정에 따른 산정방법으로 계산

ⓕ 총 소요물량: 상세물품식별번호(⑧)에 해당하는 수출물품 또는 양도물품의 생산에 소요된 원재료의 총 물량을 기재

ⓖ 부산물 발생율(%): 원재료가 수출물품 또는 양도물품 생산에 투입되는 과정에서 부산물로 소요된 비율을 기재
- 향후 내역 작성분(B)과 내수용(C)을 구분하여 기재

Chapter 10 원산지 표시, 지식재산권 제도

제1절 원산지 표시 제도

1. 원산지의 의의

물품의 원산지란 물품이 생산 또는 제조된 국가를 말한다. 자급자족하던 과거 농경시대와는 달리 국가 간 경제적 상호의존도가 심화되고 생산 공정이 세계화됨에 따라 물품의 생산·제조에 여러 나라가 관련된 경우가 많다.

이런 경우 물품의 원산지를 어느 나라로 할 것인가의 문제가 발생할 수 있다. 특히 국제무역에서 원산지 문제는 산업 정책과 관련되어 협정체결 국가간 관세특혜를 제공하고 비회원국에는 관세차별 등 불리한 대우를 하며 원산지표시, 수입제한, 덤핑방지관세부과, 상계관세부과, 무역통계 작성 등과 같이 관세율상의 특혜와 관련이 없으면서도 관세행정 또는 무역정책상의 물품의 원산지를 식별할 필요가 있는 경우가 있다.

원산지에 대해서는 WTO의 원산지규정에 관한 협정이 있고 세관절차의 간소화 및 조화에 관한 국제협약(교토협약) 부속서에도 원산지에 관한 규정이 있으나 모두 기본원칙 정도만을 규정하고 있을 뿐이다. 구체적인 기준, 특히 특혜관세 적용과 관련한 원산지제도는 각국의 법령 또는 조약에 의해 정해진다.

1) 원산지표시제도

원산지표시제도는 수입물품에 당해 물품의 생산국을 부착내지 표시할 것을 의무화함으로써 소비자에게 원산지에 대한 정확한 정보를 알려주어 물품구매시 공정한 선택의 기회를 제공함으로써 소비자와 생산자를 보호하기 위한 제도이다.

이와 관련하여 대외무역법에서는 원산지의 표시방법·확인, 그 밖에 표시에 필요한 사항을 정하여 시행하고 있으며 원산지표시의무의 위반에 대하여는 대외무역법, 농산물품질관리법, 표시광고의 공정화에 관한 법률, 부정경쟁방지 및 영업비밀보호에 관한 법률 등에 벌칙이 규정되어 있으며 특히, 외국으로부터 수입된 물품에 대하여는 관세법령에 따라 통관단계에서 조치를 하고 위반물품에 대하여는 통관을 허용하지 않음을 원칙으로 하고 있다.

2) 원산지표시제도 용어의 이해

(1) 원산지 허위표시

원산지가 아닌 국가명을「대외무역관리규정」제76조에 따른 원산지 표시의 일반원칙에 따라 수출입물품 등에 표시하는 행위를 말한다.

(2) 원산지 오인표시

현품 또는 포장에 표시된 언어, 문자, 상표, 표장 등을 표시하면서 일반적인 주의에 비추어 원산지를 오인하게 표시하는 행위를 말한다.

(3) 원산지 부적정표시

원산지의 표시위치, 표시의 견고성, 활자의 크기·색상·선명도·글씨체·국가명의 약어표시 등을 부적정하게 하여 구매자가 원산지를 식별하기가 용이하지 않도록 하는 행위를 말한다.

(4) 원산지 미표시

원산지표시 대상물품에 원산지를 표시하지 아니하였거나, 전시 및 판매 시 구매자에게 보여지지 않는 겉포장에만 표시하는 행위를 말한다.

(5) 원산지표시 손상·변경

원산지표시 일반원칙에 따라 적정하게 표시한 원산지를 손상·제거하거나 종전의 표시내용과 다른 내용으로 변경하는 행위를 말한다.

(6) 표시확인

법령으로 정하는 바에 따라 수입물품에 적정하게 원산지표시가 되어 있는지를 세관장이 현품검사 또는 사진자료 등을 통하여 확인하는 것을 말한다.

(7) 원산지 판정

관세청장이 수출입물품의 원산지가 어느 국가인지를 판정하는 것을 말한다.

(8) 최종구매자

일반적으로 외국물품이 수입된 그대로의 형태를 유지한 상태에서 그 물품을 우리나라 안에서 최종적으로 취득한 사람을 말하며, 다음 각 목의 어느 하나에 해당하는 자를 포함한다.

① 수입물품이 제조에 사용될 경우에는 해당 물품의 실질적 변형을 발생시키는 제조업자
② 수입물품이 본래의 성질을 유지하는 범위 내에서 단순 가공공정을 거칠 경우에는 그 가공공정을 마친 제품의 사용자 또는 소비자
③ 수입물품이 수입 당시의 성질을 유지한 상태로 국내 판매될 경우에는 해당 물품을 최종 구입하는 사람
④ 수입물품이 기증될 경우에는 해당 물품을 증여받은 사람

(9) 실수요자

해당 제품을 직접 제조·가공·사용하는 개인, 단체, 기업 등으로서, 기업인 경우에는 사업자등록번호 상 사업자 단위를 원칙으로 한다.

(10) 주문자상표부착생산(OEM, Original Equipment Manufacturing) 수입

상표 사용권한을 가진 수입자가 계약에 따라 해외공급자에게 자신의 상표를 붙여서 생산하도록 한 물품을 수입하는 것을 말한다.

(11) 1회용 포장용기

종이박스, 쇼핑백, PET병, 화장품 용기 등 1회 사용으로 폐기되는 물품을 말한다.

(12) 소매용 최소포장

현품에 직접 원산지를 표시할 수 없는 등 물품의 특성에 따라 상거래 관행상 해당 물품의 포장에 적합한 상자, 봉지, 병, 통, 캔, 케이스, 튜브, 갑, 다스(DZ), 랩 포장 등으로 포장된 최소단위를 말한다.

(13) 원산지확인

세관공무원이 법령으로 정하는 기준 및 절차에 따라 물품의 원산지 국가를 확인하고 인정하는 것을 말한다.

(14) 원산지증명서 확인서류

세관장이 원산지증명서의 내용을 확인하기 위하여 필요한 자료를 말한다.

(15) 원산지증빙서류

원산지증명서와 그 밖에 원산지 확인을 위하여 필요한 서류·정보 등을 말한다.

(16) 원산지증명서 발급기관

협정 및 법령이 정하는 방법과 절차에 따라 원산지 국가의 수출물품에 대하여 해당 물품의 원산지를 확인하고 원산지증명서를 발급하는 권한을 부여받은 기관을 말한다.

2. 원산지표시 원칙

1) 원산지표시 글자크기

수입물품의 원산지표시는 판독이 용이한 크기의 활자체로 표시하여야 한다. 다만, 농수산물 및 그 가공품(관세·통계통합품목분류표상 제1류부터 제24류 및 제25류의 식용소금으로 분류되는 물품)은 포장 또는 원산지가 표시된 표시면의 크기에 따라 다음 각 호를 기준으로 원산지를 표시하여야 한다.

① 50㎠ 미만 : 8포인트 이상

② 50㎠ 이상 3,000㎠ 미만 : 12포인트 이상

③ 3,000㎠ 이상 : 20포인트 이상

(2) 원산지표시의 위치

식별하기 용이한 곳에 표시하여야 한다.

① 해당 물품의 원산지표시 위치를 특별히 지정하지 않은 경우에는 소비자가 쉽게 알아볼 수 있는 곳에 표시

② 주문자상표부착생산(이하 "OEM"이라 한다) 방식으로 수입되는 물품으로서 최종 구매자가 원산지를 오인할 우려가 있는 물품은 원산지표시를 해당 물품 또는 포장·용기의 전면에 표시

2) 원칙적인 원산지표시 방법

(1) 수입물품의 원산지는 제조단계에서 인쇄(printing), 등사(stenciling), 낙인(branding), 주조(molding), 식각(etching), 박음질(stitching) 또는 이와 유사한 방식으로 원산지를 표시하는 것을 원칙으로 한다. 다만, 물품의 특성상 위와 같은 방식으로 표시하는 것이 부적합 또는 곤란하거나 물품을 훼손할 우려가 있는 경우에는 날인(stamping), 라벨(label), 스티커(sticker), 꼬리표(tag)를 사용하여 표시할 수 있다.

(2) 세관장은 인쇄(printing), 등사(stenciling) 방식에 의한 표시로써 스탬프잉크 등과 같이 대상물품의 재질에 따라 쉽게 제거될 수 있는 경우에는 그 견고성을 심사하여야 한다.

(3) 현품 또는 최소포장에 원산지표시를 하여야 하는 물품을 포장단위로 판매하는 경우에는 그 판매포장에도 원산지표시를 하여야 한다. 다만, 소비자가 수입 후 거래 또는 판매 시에 현품 또는 최소포장 그대로 원산지를 확인할 수 있는 물품(예: 안경, 신발, 가방, 의류 등)은 판매포장에 원산지를 표시하지 아니할 수 있다.

(4) 최소포장, 용기 등에 수입물품의 원산지를 표시할 수 있는 경우

① 해당 물품에 원산지를 표시하는 것이 불가능한 경우

② 원산지 표시로 인하여 해당 물품이 크게 훼손되는 경우(예: 당구공, 콘택트렌즈, 포장하지 않은 집적회로 등)

③ 원산지 표시로 인하여 해당 물품의 가치가 실질적으로 저하되는 경우

④ 원산지 표시의 비용이 해당 물품의 수입을 막을 정도로 과도한 경우(예: 물품값보다 표시비용이 더 많이 드는 경우 등)

⑤ 상거래 관행상 최종구매자에게 포장, 용기에 봉인되어 판매되는 물품 또는 봉인되지는 않았으나 포장, 용기를 뜯지 않고 판매되는 물품(예: 비누, 칫솔, VIDEO TAPE 등)

⑥ 실질적 변형을 일으키는 제조공정에 투입되는 부품 및 원재료를 수입 후 실수요자에게 직접 공급하는 경우

⑦ 물품의 외관상 원산지의 오인 가능성이 적은 경우(예: 두리안, 오렌지, 바나나와 같은 과일·채소 등)

⑧ 관세청장이 산업통상자원부장관과 협의하여 타당하다고 인정하는 물품

3) 예외적인 원산지표시 방법

「식품위생법」·「농수산물의 원산지 표시에 관한 법률」·「품질경영 및 공산품안전관

리법」 등 다른 법령에 따른 표시사항의 원산지(또는 제조국) 표시는 대외무역법령의 원산지와 동일한 경우에만 적정한 것으로 인정한다. 다만, 다음의 어느 하나에 해당하는 경우는 제외한다.

(1) OEM 수입식품류와 같이 원산지오인을 초래할 우려가 있는 경우
(2) 원산지표시가 견고하지 않거나 쉽게 제거가 가능한 경우
(3) 수입자·주소·연락처 등의 표시사항이 수입신고서류와 일치하지 않는 경우
(4) 예외적인 원산지 표시방법을 인정하지 않은 경우
(5) 원산지표시제도 운영에 관한 고시 제4조에 따른 최소 글자 크기보다 작은 경우

4) 1회용 포장용기의 원산지표시

1회용 포장용기는 다음 각 호의 방법으로 원산지를 표시하여야 한다.

(1) 수입 후 시중에 판매되는 경우에는 최소 판매단위 포장에 원산지를 표시할 수 있으며, 실수요자가 수입하는 경우에는 원산지표시를 생략할 수 있다.
(2) 수입 후 생산물품의 포장을 위해 사용하는 것이 명백한 경우로서 해당 생산물품이 원산지가 우리나라이거나 국내에서 완전생산된 물품으로 확인되는 경우는 수입 시 우리나라를 원산지로 표시할 수 있다. 이 경우 세관장은 사실 확인을 위해 제조업 증명서류 (사업자등록증 또는 공장등록증) 및 해당 국내 생산물품의 원산지가 우리나라임을 증빙하는 서류(공정내역서, 제조원가계산서 등) 등을 징구하여 심사할 수 있다.

5) 원산지 국가명 표기

(1) 영문으로 국가명을 표시하는 경우에는 약어(예: Great Britain을 "Gt Britain"으로 표기) 또는 변형된 표기(예: Italy를 "Italie"로 표기)를 표시할 수 있으나, 국가명 또는 국가명의 형용사적 표현이 다른 단어와 결합되어 특정상품의 상표로 최종구매자에게 오인될 우려가 있는 경우(예: Brazil Nuts)에는 원산지표시로 인정하지 아니한다.
(2) 식민지 및 국가로부터 자치권을 행사하는 특별구역은 별도의 원산지 국가로 표시하여야 한다.(예: Hong Kong, Macao, Guam, Samoa Islands, Virgin Islands)
(3) 각각의 개별 국가가 아닌 지역·경제적 연합체는 이를 원산지로 표시할 수 없다. (예: EU, NAFTA, ASEAN, MERCOSUR, COMESA)
(4) 최종구매자가 수입 물품의 원산지를 오인할 우려가 없는 경우에는 통상적으로

널리 사용되고 있는 국가명이나 지역명 등을 사용하여 원산지를 표시할 수 있다.(예: United States of America를 USA 또는 US 또는 America로, Switzerland를 Swiss로, Netherlands를 Holland로, United Kingdom of Great Britain and Northern Ireland를 UK 또는 GB로, UK의 England, Scotland, Wales, Northern Ireland)

(5) 국제관행상 국가명만 표시하는 것으로 인정되는 물품의 경우에는 국가명만 표시할 수 있다.(예: 시계, 볼펜, 사인펜, 연필, 색연필 등)

(6) 국제상거래 관행상 정착된 표시방법은 적정한 원산지표시로 인정할 수 있다.(예: "Manufactured by 물품 제조자 회사명, 주소, 국가명", "Manufactured in 국가명", "Produced in 국가명", "국가명 Made", "Country of Origin : 국가명")

3. 원산지표시 면제

세관장은 다음의 어느 하나에 해당하는 물품에 대하여 원산지표시를 면제할 수 있다.

(1) 판매목적이 아닌 자선목적의 기부물품

(2) 우리나라로 수입되기 20년 이전에 생산된 물품

(3) 보세구역에서 국내로 반입되지 않고 외국으로 반송(중계무역 및 환적 포함)되는 물품

(4) 개인이 자가소비용으로 수입하는 물품으로서 세관장이 타당하다고 인정하는 물품

(5) 수입자의 상호·상표 등이 인쇄되어 전시용으로만 사용하는 물품

(6) 기계류 등의 본 제품과 같이 세트로 포장되어 수입되는 부분품·부속품 및 공구

제 2 절 원산지표시 위반

1. 원산지표시 위반물품의 통관제한

1) 위반물품의 통관제한

(1) 원산지표시를 위반한 물품의 통관을 허용하여서는 아니 된다.

(2) 세관장은 표시위반물품을 수입한 자가 수입신고 후 적발된 때에는 법령에서 정

하는 원산지표시방법에 따라 이를 보완·정정하도록 한 뒤 통관을 허용할 수 있다. 다만, 허위표시 등 고의가 있다고 판단되는 경우는 제외 한다.

(3) 관리대상화물 등 수입신고 전에 표시위반물품이 적발된 경우는 적발된 내용을 전자통관 시스템에 입력하여 통관부서에서 이를 확인할 수 있도록 한다. 다만, 허위표시 등 고의가 있다고 판단되는 경우에는 고발(송치) 의뢰할 수 있다.

2) 원산지 허위표시 환적물품 등의 처리

(1) 세관장은 법 제231조에 따라 일시적으로 육지에 내려지거나 다른 운송수단으로 환적 또는 복합환적되는 외국물품 중 원산지를 우리나라로 허위표시한 물품을 유치하고, 「대외무역법」 제38조 등의 위반혐의로 고발(송치)의뢰하여야 한다.

(2) 고발(송치)·조사종결 또는 조사부서의 통관허용요구가 있는 경우에는 환적물품 유치 및 수정명령서를 화주 또는 운송인에게 교부하고 원산지표시가 시정된 뒤 선적을 허용한다.

(3) 원산지표시 수정이행기간은 유치물품의 수량, 성질 등 수정작업의 난이도를 고려하여 세관장이 부여한다.

3) 수입통관 후 원산지표시 위반물품의 처리

(1) 세관장은 원산지표시대상물품이 수입신고 수리 후 3개월 이내에 다음 각 호의 어느 하나에 해당되는 것을 안 때에는 보세구역 반입 및 시정조치명령서를 발급하여 시정하도록 조치한다. 다만, 관계행정기관의 시정명령이 있는 경우는 제외하며, 수입신고 수리 후 3개월 경과 시에는 자체 보관창고에서 시정하도록 할 수 있다.

① 원산지표시규정을 위반한 것으로 확인된 때

② 원산지표시의무가 부여된 물품이 수입신고수리 후 해당 의무를 불이행한 때

(2) 세관장은 반입 및 시정명령 시 위반사항과 시정할 사항을 화주에게 알리고 보세창고 관할 세관장(화물관리부서)에게도 알려야 한다.

2. 시정명령

세관장이 원산지표시 시정명령을 할 수 있는 물품은 관련 규정에 적합하게 원산지표시를 정정할 수 있는 경우로 한정하며, 다음의 어느 하나에 해당하는 경우에는 반송조치 하여야 한다. 다만, 반송이 곤란하거나 또는 수입화주의 요청이 있는 때에는 폐기

등의 조치를 할 수 있다.

(1) 원산지표시를 시정하는 것이 현실적으로 불가능한 경우

(2) 원산지표시의 보완·정정이 상품가치를 현저히 손상시키는 경우

(3) 그 밖에 원산지표시의 시정이 적합하지 아니한 경우

3. 원산지표시 보수작업

1) 보수작업 신청

수입물품이 보세구역에서 원산지표시가 규정과 다를 때에는 세관장에게 보수작업승인(신청)서를 제출 후 보수작업을 해야 한다.

(1) 수입신고 전 : 관세법 제158조에 따른 원산지표시 보수작업

(2) 수입신고 후 : 관세법 제230조 단서에 따른 원산지표시 시정명령

(3) 환적물품 및 복합환적물품 : 관세법 제231조에 따른 원산지표시 수정명령

2) 보수작업 승인

세관장은 원산지가 표시되지 않은 물품이거나 표시된 원산지와 다르게 수입자가 원산지표시 보수작업을 신청하는 경우에는 원산지증명서 또는 원산지증빙서류에 의하여 원산지를 확인한 뒤 이를 승인하여야 한다.

3) 보수작업을 완료한 경우 세관공무원 또는 보세사의 확인

수입자 등은 보수작업을 완료한 경우 세관공무원 또는 보세사의 확인을 받아야 한다. 보수작업을 확인한 세관공무원 등은 보수작업 완료 후의 상태를 촬영하여 전자통관시스템에 등록하고 통보하여야 한다. 다만 보세사가 보수작업 완료 확인내역을 등록 및 통보한 경우 세관공무원은 보세사 확인내역의 적정성을 재확인할 수 있다.

보수작업신청, 승인, 작업완료 확인내역 등록 및 통보는 전자통관시스템에 의하여야 한다.

4. 벌칙, 과징금

1) 고발 의뢰

세관공무원은 무역거래자 또는 물품 등의 판매업자 등이 다음 각 호의 어느 하나에 해당하는 행위를 한 때에는 조사부서에 고발 의뢰하여야 한다.

(1) 원산지를 허위로 표시하거나 손상·변경한 경우
(2) 오인표시를 하는 경우
(3) 고의로 원산지를 미표시하였거나 제2호 외의 오인표시를 하였다고 판단할 만한 객관적인 자료가 있는 경우
(4) 세관장의 원산지표시 보완·정정의 시정명령을 따르지 아니한 경우
(5) 원산지증명서 및 관계서류를 거짓이나 그 밖에 부정한 방법으로 작성하거나 제출한 경우

2) 과징금 부과

(1) 과징금 부과기준은「대외무역법 시행령」별표 2에 따른다. 이 경우 위반물품의 수출입신고 금액은 수입물품은 과세가격(CIF), 수출물품은 신고가격(FOB)으로 한다.
(2) 세관장은 과징금 부과대상자에게 별지 제7호서식의 과징금 부과예정 통지서를 교부하여야 하며, 통지서를 받은 날부터 2주간 의견진술할 수 있는 기회를 제공하여야 한다. 다만, 과징금 부과대상자가 과징금 부과에 동의하여 의견진술을 포기하는 경우에는 별지 제8호서식의 의견진술 포기서를 받아 의견청취를 생략할 수 있다.
(3) 세관장은 과징금 부과대상자로부터 의견을 청취하고 필요한 조정을 한 뒤 별지 제9호서식의 과징금부과통지서를 교부하여야 한다.

3) 원산지표시 관련 세관장 처분에 대한 이의신청

(1) 통관제한 등 이 법과 관련한 세관장의 처분에 대하여 이의신청을 하고자 하는 자는 이의신청서를 당해 처분을 하였거나 하여야 할 세관장에게 제출하여야 하며, 신청서류는 우편, FAX, 전자우편으로 제출할 수 있다.
(2) 이의신청서를 접수한 세관장은 법 제132조에 따라 이를 처리한다.
(3)「대외무역법」에 따른 원산지표시와 관련한 세관장의 시정명령, 과징금 등 처분에 대하여 이의를 제기하고자 하는 자는 중앙행정심판위원회에 행정심판을 청구하여야 한다.

표 10-1 원산지표시 질의회신

[질의] : 수입물품이 선글라스인 경우 A국이 원산지인 안경테와 B국이 원산지인 렌즈를 C국에서 결합하여 선글라스를 제조한 경우 원산지 판정기준? (갑론) 안경테의 원산지인 A국을 선글라스의 원산지로 ○ 안경테와 렌즈를 결합하여 선글라스를 생산하는 것은 관세법시행규칙 제74조 제4항, 대외무역관리규정 85조 제8항의 단순 가공활동에 해당하고, 시력교정용이 아닌 이상 렌즈보다 테의 부가가치가 높으므로 테를 생산한 A국이 원산지가 되어야 함. (을론) 테와 렌즈를 결합하여 선글라스를 생산한 C국을 원산지로 ○ 관세법 시행규칙 제74조 제2항 및 대외무역관리규정 제85조 제3항에서 HS6단위의 물품을 최종적으로 생산한 국가를 원산지로 하고, 렌즈는 9001, 테는 9003, 선글라스는 9004에 분류되므로 선글라스를 조립하여 HS가 최종적으로 변경된 C국이 원산지가 되어야 함. **[회신] (공정무역과-2496, 2006.7.4)** ○ 대외무역관리규정 제85조 제3항에서 물품의 원산지는 별도 규정이 없는 한 HS 6단위가 변경된 국가를 원칙으로 하며, 같은 조 제7항에서 단순한 가공활동을 수행한 국가를 원산지로 규정하고 있지 않음. ○ 따라서, A국산 안경테와 B국산 렌즈를 C국에서 조립한 경우로서 그 과정이 단순하다면 'Frame made in A국, Assembled in C국'로 해야 할 것으로 판단되며, 렌즈를 안경테에 조립하는 과정에서 깍고 다듬는 공정을 거쳐 선글라스로 실질적 변형이 이루어진다면 'Made in C국'의 방식으로 표시하여야 할 것으로 판단됨.(안경의 변형을 방지하기 위해 임시로 렌즈를 조립한 경우는 제외)

제3절 지식재산권 제도

1. 지식재산권의 의의

지식재산권은 지적능력을 가지고 만들어낸 창작물에 대한 권리를 말하는데, 크게 저작권과 산업재산권으로 나누어진다.

미술, 음악, 영화, 시, 소설, 소프트웨어, 게임 등 문화예술 분야의 창작물에 부여되는 것이 저작권이고, 산업과 경제활동 분야의 창작물에 부여되는 발명품, 상표, 디자인, 특허권, 상표권과 같은 것들이 산업재산권에 포함된다.

지식재산권에 대한 통관상의 문제는 전통적으로 각국에 일임되어 운영하여 왔으나 WTO 발효와 함께 WTO에서 관여하도록 협정을 체결함에 따라 지식재산권 침해물품에 대해서는 수출입단계인 국경에서 통관보류를 시킬 수 있도록 하였으며 우리나라는 관세법 제235조 규정에 의해 지식재산권을 침해하는 물품은 수출하거나 수입할 수 없도록 하고 있다.

1) 지식재산권 보호

(1) 지식재산권 보호대상 및 침해행위 법령

| 표 10-2 | 지식재산권 보호대상 및 법령

지식재산권	침해행위 법령
상표권	상표법
저작권, 저작인접권	저작권법
품종보호권	식물신품종 보호법
지리적 표시권, 지리적 표시	농산물품질관리법, 수산물품질관리법
특허권	특허법
디자인권	디자인보호법

(2) 침해의심 물품

물품의 성상, 디자인, 포장상태 등을 고려하여 침해물품이라고 인정할 만한 합리적인 의심이 있는 물품

(3) 수출입 등 당사자 : 실제 화주

① 수입신고전 물품에 있어서는 B/L상의 수하인
(실화주를 알 수 있는 경우에는 실화주)

② 수입신고된 물품에 있어서는 납세의무자

③ 수출신고 물품에 있어서는 수출자 또는 제조자. 다만, 수출입자 등을 대리하는 경우에는 대리인 포함

(4) 지식재산권 적용의 배제 : 품목당 1개, 전체 2개

(5) 지식재산권 보호절차의 대리

① 지식재산권 권리자 또는 수출입자 등으로부터 권한을 위임받은 대리인은 권리 보호 신고·변경·갱신, 통관보류 또는 유치(통관보류 등) 요청, 담보제공, 검사 및 견품채취, 수출입신고수리 요청 등 지식재산권 보호절차와 관련된 업무를 대리할 수 있다.

② 대리업무를 수행하려는 자는 세관장에게 지식재산권 권리자 또는 수출입자 등으로부터 정당하게 권한을 위임받았음을 입증하는 위임장을 제출하여야 한다.

2) 지식재산권 권리보호 신고

(1) 신고기관 접수 및 업무위탁

지식재산권 신고는 관세청에서 ㈜무역관련 사단법인 지식재산권 보호 협회(TIPA)로 위탁되었으며 신고방법은 인터넷신고와 방문(우편)신고가 있다.

(2) 신고유효기간

① 권리보호 신고는 통보를 한 날로부터 효력이 발생

② 권리보호 신고 유효기간 : 3년

다만, 지식재산권의 존속기간이 3년 이내에 만료되는 경우에는 존속기간 만료일까지

- 지식재산권의 침해 가능성이 있는 수출입자등에 대한 신고의 유효기간 : 1년. 다만, 지식재산권보호협회장에게 지식재산권 신고서를 제출하여 연장 신청할 수 있으며 연장기간은 1년씩 연장하되 최대 연장기간은 신고서 유효기간 이내

(3) 유효기간 갱신

① 갱신기간 : 유효기간 만료일 2개월 전부터 10일 전까지

② 갱신신청기관 : 지식재산권보호협회장

③ 갱신효력 : 갱신 전 효력 만료일의 다음날부터 발생

(4) 지식재산권 신고내용 변경

① 신고내용 변경기간 : 변경일로부터 30일 이내

② 변경내용 제출 : 지식재산권보호협회장

(5) 신고효력의 상실

① 관련 법령에 따라 등록된 권리가 취소 또는 무효, 말소가 확정된 때
② 권리보호 신고서 내용이 사실과 다르게 신고되었음이 확인되었을 때
③ 권리보호 신고자가 신고 철회를 신청하여 수리된 때
④ 그 밖에 관련 법령에 따라 신고자의 지식재산권 권리자로서의 자격이 상실될 때

(5) 지식재산권 신고내용 심사

① 신고심사 : 세관장
② 심사사항
가. 상표권 신고 중 상표권 침해여부 판단 관련 사항
나. 품종보호권 신고 중 권리를 침해하였음을 증명하는 DNA 분석 등 자료
다. 특허권 신고 중 권리를 침해하였음을 증명하기 위해 제출한 자료
라. 디자인권 신고 중 권리를 침해하였음을 증명하기 위해 제출한 자료
③ 조치절차 : 세관장 수출입 신고수리 등 필요한 조치 → 관세청장 및 지식재산권보호협회장에게 그 사실을 보고(통보) → 지식재산권보호협회장은 권리보호 신고효력 중지 등 필요한 조치

2. 상표권

상표권이란 상품을 생산·가공 또는 판매하는 것을 업으로 영위하는 자가 자기의 업무에 관련된 상품을 타인의 상품과 식별되도록 하기 위하여 사용하는 표장에 대한 권리를 말한다.

상표권을 침해하는 물품의 효율적인 단속을 위하여 상표권자 등으로 하여금 상표권(전용사용권)에 관한 사항을 세관에 신고하도록 하고 있다.

1) 수출입신고시 상표신고 의무화

관세법 제241조에 의거 상표가 부착된 물품의 수출입신고시 상표신고를 의무화하고, 상표를 신고하지 않거나 허위신고할 경우 관세법 제276조에 의해 처벌이 가능하다.

□ **상표신고 요령**
o 세관에 등록된 상표인 경우
– 등록상표인 경우에는 화면상 표시된 대표상표코드(4자리)를 전송하고 상표명을 신고

서에 기입해야 하며,

- 도형상표만 부착된 경우 도형이 지칭하는 상표명과 도형임을 괄호 안에 기재
  [예) 대표상표코드 : 0002상표명 : NIKE(도형)]

o 세관에 등록되지 아니한 상표인 경우

- 문자로 된 상표를 부착한 경우
  • 상표코드 "ZZZZ"을 송신하고 당해 문자상표를 신고서에 기재

예) 상표코드 : ZZZZ, 상표명 : MONAMI, INTEL 등

- 문자로 된 상표와 도형으로 된 상표가 같이 부착된 경우
  • 문자상표를 기재(위와 같음)
- 도형으로 된 상표만 부착된 경우
  • 상표코드 "ZZZZ"을 송신하고 도형이 지칭하는 상표와 도형임을 신고서에 기재하여야 함.

예) 상표코드: ZZZZ, 상표명: VIVACHE(도형), NALCO(도형)

□ **상표권 세관신고 정보조회**

관세청(http://potal.customs.go.kr) ⇒ UNI-PASS 전자통관 ⇒ 상표권 세관신고 정보

2) 상표권 침해

(1) 상표권 침해로 보지 아니하는 경우(병행수입 가능)

① 국내외 상표권자(전용사용권자)가 동일인이거나 계열회사 관계(주식의 30% 이상을 소유, 최다 출자자), 수입대리점 관계 등 동일인인 경우

② 국내외 상표권자가 동일인 관계가 아니면서 국내 상표권자가 외국에서 생산된 진정상품(외국 상표권자의 허락을 받아 생산된 진정상품을 포함)을 수입하거나 판매하는 경우

③ 국내 상표권자가 수출한 물품을 국내로 다시 수입

④ 외국 상표권자의 요청에 따라 주문제작하기 위하여 견본품을 수입하면서 그에 관한 입증자료를 제출하는 경우

⑤ 상표권자가 처분제한 없는 조건으로 양도담보 제공한 물품을 해당 상표에 대한 권리 없는 자가 수입하는 경우

(2) 상표권 침해(병행수입 불가)

① 국내외 상표권자가 동일인이 아니면서 국내 상표권자가 해당 상표가 부착된 지정상품을 다음의 어느 하나와 같이 제조만 하는 때

ⓐ 전량 국내에서 제조(국내 주문자상표 부착방식 제조 포함)만 하는 경우

ⓑ 해외에서 주문자상표 부착방식으로 제조하여 수입하는 경우. 다만, 주문자상표 부착방식으로 제조하는 외국 제조자가 국외 상표권자로부터 해당 상표의 사용허락을 받은 경우에는 제외

ⓒ 국내 상표권자가 해당 상표가 부착된 부분품을 수입하여 조립하거나 일부 가공한 뒤 수입된 부분품과 HS 6단위 세번이 다른 완제품을 생산하는 경우

② 국내 상표권자가 해당 상표가 부착된 지정상품을 수입하다가 수입을 중단하고 제조만 하는 경우 아래의 어느 하나에 해당하는 때

ⓐ 과거에는 수입만 하였으나 수입을 중단하고 제조만 하는 경우에는 제조시설을 갖추어 제조를 시작한 사실을 지식재산권 보호협회장에게 신고한 때

ⓑ 과거에는 수입과 제조를 병행하였으나 수입을 중단하고 제조만 하는 경우에는 수입을 중단한 사실을 지식재산권 보호협회장에게 신고한 때

(3) 상표권 침해 예외

국내 상표권자가 통상사용권자 등 해당 상표사용 계약을 한 자가 수입하는 진정상품의 수입을 허락하거나 동의하여 수입자가 상표사용 허락사항 신고서 또는 수입통관 동의서를 세관장에게 제출한 때에는 상표권을 침해하지 아니한 것으로 본다.

| 표 10-3 | 병행수입 주요 판례

(주)유로통상이 1986 영국 버버리사의 국내 독점판매대리점(전용사용권자)을 취득하였으나 (주)EMC가 버버리상표 제품을 수입하여 옥외광고 및 전시판매하여 소비자가 유로통상에 반품요구사례 발생 법원은 국내외 상품의 출처 또는 품질이 동일한 때 병행수입 그 자체는 소비자보호를 위한 고제적 수세이고 위법성이 없는 행위로서 상표권 침해를 구성하지 아니하며 광고도 가능하나 상표권자(전용사용권자)를 오인하게 하는 행위는 불가하다고 판결 대법원 99다42322, 2002.9.24. 판결
(주)일경물산은 미국 POLO사와 전용사용권계약을 맺고 국내에서 물품을 제조하여 판매하였으나, 제3자가 미국에서 동 상표 부착물품을 수입하여 판매 법원은 국외에서 제조·판매되는 상품과 국내 전용사용권자가 제조·판매하는 상품 사이에 품질상의 차이가 없다거나 출처가 동일하다고 볼 수 없고 국내·외 상표권자가 공동지배 통제관계에 있지도 아니한 경우 진정상품의 병행수입이 허용되지 않으며, 위조상품을 진정상품이라고 오인하였다고 할지라도 위법성이 조각되지 않음 대법원 96도2191, 1997.10.10. 판결

(4) 침해의심물품 수출입신고 등 사실 통보

① 세관장은 신고된 지식재산권을 침해할 의심이 있는 때에는 해당 물품의 수출입, 환적, 복합환적, 보세구역 반입, 보세운송 또는 일시양륙의 신고사실을 지식재산권을 신고한 자 및 수출입자 등에게 세관신고권리 침해의심물품 수출입 등 사실 통보서로 각각 통보할 수 있다.

② 세관장은 지식재산권 권리자가 관세청장에게 지식재산권을 신고하지 아니한 경우에도 수출입 등 신고된 물품이 관련 법령에 따라 적법하게 등록된 권리를 침해하였다고 의심되는 때에는 수출입 등 사실을 수출입자 등 및 지식재산권 권리자에게 지식재산권 침해의심물품 수출입 등 사실 통보서로 각각 통보할 수 있다.

3) 지식재산권 권리자 통관보류 등 요청

침해의심물품 수출입신고 등 사실 통보를 받은 지식재산권 권리자 등은 지식재산권 침해물품 통관보류 등 요청서에 침해 증빙자료 등을 첨부하여 통관보류 등을 요청할 수 있다.

(1) 통관보류 요청서 제출 기한

① 지식재산권 침해우려 수출입물품 수출입사실을 통보받은 지식재산권자 : 통보받은 날부터 7일 이내(부패하기 쉬운 물품 등 세관장이 긴급하다고 인정하는 물품은 5일 이내)

② 침해의심물품 : 통보받은 날부터 5일 이내

(2) 담보제공

지식재산권 권리자 등은 제1항에 따른 통관보류 요청 시 세관장에게 과세가격의 100분의 120에 상당하는 금액(｢조세특례제한법｣ 제5조 제1항에 따른 중소기업인 경우에는 100분의 60)을 담보로 제공한다.

(3) 수출입자 등 의견 제출

통보를 받은 수출입자 등은 세관장에게 해당 지식재산권을 침해하지 않았음을 소명하는 증거나 자료를 제출할 수 있다.

- 제출 기한

① 침해우려물품 : 통보받은 날부터 7일 이내(부패하기 쉬운 물품 등 세관장이 긴급하다고 인정하는 물품은 5일 이내)

② 침해의심물품 : 통보받은 날부터 5일 이내

(4) 통관예정 물품의 권리침해 예방을 위한 통관보류 등 요청

지식재산권을 보호받으려는 지식재산권 권리자 등이 침해의심 물품의 통관으로부터 자신의 권리를 보호받기 위하여 사전에 세관장에게 통관보류 등을 요청하려는 경우에는 지식재산권 침해물품 통관보류 등 요청서에 침해 증빙자료를 첨부하여 침해의심 물품 수출입 등 신고 예정지 세관장에게 제출한다. 이 경우 신고 예정지 세관이 여러 곳일 때에는 그 요청서에 해당 세관을 함께 기재하여 제출 가능하다.

① 담보제공 : 지식재산권 권리자 등은 통관보류 요청시 과세가격의 100분의 120에 상당하는 금액(「조세특례제한법」 제5조 제1항에 따른 중소기업인 경우에는 100분의 60)을 담보로 제공한다.

② 세관장은 통관보류 등을 할 세관과 담보를 제공받은 세관이 다른 때에는 통관보류 등을 하기 전에 해당 세관에 담보를 제공하도록 조치한다. 이 경우 당초 제공한 담보는 해제할 수 있다.

③ 세관장은 통관보류 요청서를 접수하여 지식재산권 권리자 등의 침해 주장이 타당한지 여부 등을 심사한 후 타당하다고 인정되는 경우에는 해당 요청 사실을 지식재산권 정보시스템에 입력하고 수출입 등 C/S 등록 관리, 신고 예정지 세관이 여러 곳인 경우에는 그 요청 사실을 해당 세관에도 통보하여야 하며, 통보를 받은 세관장은 수출입 등 C/S 등록하여 관리

④ 통관보류 요청은 해당 물품이 아래의 어느 하나에 해당되는 날의 20일 이전부터 수입신고 수리 등의 조치를 하기 전까지 하여야 한다.

ⓐ 수입물품의 경우 국내반입 예정일

ⓑ 수출물품의 경우 수출신고 예정일

ⓒ 환적, 복합환적 및 보세구역 반입물품의 경우 보세구역 반입 예정일

ⓓ 보세운송물품의 경우 보세운송신고 예정일

ⓔ 일시양륙물품의 경우 일시양륙신고 예정일

⑤ 세관장은 요청서를 접수하고 예정일까지 수출입 등 신고가 이루어지지 않은 때에는 통관보류 등 요청인에게 담보해제 신청 등 필요한 조치를 하도록 통보

3. 통관보류 등

1) 통관보류 등 조치

(1) 세관장은 통관보류 등의 요청이 있고 특별한 사유가 없으면 해당 물품에 대해 통관보류 등을 하여야 한다.

(2) 세관장은 수출입 등 물품에 대해 통관보류 등을 한 때에는 즉시 그 사실을 지식재산권 침해물품 통관보류 등 통보서로 지식재산권 권리자 및 수출입자 등에게 각각 통보하여야 한다.

2) 침해가 명백한 물품 통관보류

세관장은 수출입 등 신고된 물품이 아래의 어느 하나에 해당되어 지식재산권을 침해하였음이 명백한 경우에는 통관보류 등을 하고, 지식재산권 권리자와 수출입자등에게 지식재산권 침해물품 직권통관 보류 등 통보서로 즉시 통보

(1) 법원의 확정판결이 있는 경우

(2) 권한 있는 기관(저작권위원회, 무역위원회 등)의 침해여부에 대한 감정, 판정, 결정이 있는 경우

(3) 수출입자 등이 침해물품임을 서면으로 제출한 경우

(4) 물품의 성상, 포장상태, 원산지, 적출국, 신고금액 등을 종합적으로 판단하여 해당 물품이 지식재산권을 침해하였음이 명백하다고 세관장이 인정하는 경우

3) 위조부분품에 대한 통관보류 등

(1) 진정상품에 부착된 위조부분품에 대해서는 침해의심 물품에 준하여 적용

(2) 통관보류 등이 된 물품은 수출입자 등이 해당 위조부분품을 제거하거나 진품으로 교체한 경우 또는 지식재산권 권리자 등이 동의한 경우에는 통관보류 등을 해제하고 통관을 허용 가능

4) 수입신고 수리 등 조치

(1) 수입신고 수리

① 관련 법령에 의해 권리가 없음으로 판결되거나 소멸되는 경우

② 통관보류 등의 요청이 없는 경우

③ 지식재산권 권리자 등이 소재불명, 수취거절 등으로 연락이 불가능한 경우

④ 법원에서 침해하지 않았다고 판결이 확정되거나, 지식재산권 권리자가 소송을 취하한 경우

⑤ 부패, 변질 등의 사유로 통관보류 등 해제에 대한 법원의 결정이 있는 경우

⑥ 담보제공 시 명시된 제공기간 내에 갱신 또는 연장하지 아니한 경우

⑦ 송치 의뢰한 결과 무혐의로 결정된 경우. 다만, 해당 물품이 침해가 명백한 것으로 명시된 것은 제외한다.

(2) 수출입자 등에 의한 수출입신고 수리 등 요청

① 수출입자 등이 수출입신고 수리 또는 유치해제를 요청하려는 경우에는 과세가격의 100분의 120에 상당하는 금액(「조세특례제한법」 제5조 제1항에 따른 중소기업인 경우에는 100분의 60)의 담보를 제공하고 수출입신고 수리 등 요청서로 세관장에게 요청

② 요청을 받은 세관장은 그 사실을 관세청장과 통관보류 등 요청인에게 수출입신고 수리 등 요청사실 통보서로 즉시 보고(통보)하고, 요청을 받은 날로부터 7일 이내에 수출입신고 수리 등 여부를 결정

③ 통보를 받은 지식재산권 권리자 등은 통관보류 등이 된 물품의 침해사실과 관련된 입증자료 등을 세관장에게 제출

④ 세관장은 수출입신고 수리 등 여부에 대한 결정을 한 때에는 즉시 그 사실을 지식재산권 권리자 등과 수출입신고 수리 등 요청인에게 통보

(3) 검사 및 견품채취

① 세관장은 수출입등 사실을 통보한 물품 또는 통관보류 등이 된 물품에 대하여 지식재산권 권리자 등 또는 수출입자 등으로부터 지식재산권 침해 여부를 확인하기 위한 검사 및 견품채취 요청이 있는 경우에는 영업비밀보호 등 특별한 사유가 없는 한 이를 허용

② 세관장은 지식재산권 권리자 등으로부터 지식재산권 침해여부를 확인하기 위한 디지털사진 제공요청이 있는 경우 영업비밀보호 등 특별한 사유가 없고 세관장이 필요하다고 인정하는 경우에는 디지털사진을 제공할 수 있다.

(4) 침해물품의 반송 및 신고취하의 제한

① 수출입 등 신고된 물품이 침해물품인지 여부를 확인하는 중이거나 침해물품인 경우에는 반송 또는 신고취하 할 수 없다. 다만, 수출입자 등이 침해물품을 국내에 반

입하려는 의도가 없었음을 증명하고 해당 침해부분을 제거한 경우에는 예외이다.

② 조사부서에 송치 의뢰된 경우에는 사건이 종결될 때까지 반송 또는 신고취하 할 수 없다.

(5) 수출입자 등의 요청에 의한 폐기

세관장은 수출입자 등이 별지 제19호서식의 지식재산권 침해물품 폐기동의서를 제출하는 경우에는 해당 침해물품을 폐기할 수 있다. 다만, 조사부서에 송치의뢰된 경우에는 사건이 종결될 때까지 폐기할 수 없다.

5) 담보관리

(1) 담보 제공

① 세관장은 세공받은 담보가 산징한 금액에 미달하는 경우에는 즉시 그 부족액을 추가로 제공하게 하고 초과하는 경우에는 즉시 그 초과 금액을 반환하여야 한다.

② 담보제공자는 담보제공 당시에 해당 수출입 등 신고된 물품의 과세가격을 알 수 없는 경우에는 추정금액을 담보로 제공할 수 있다.

(2) 담보기간 연장

① 세관장은 제공받은 담보의 담보기간 만료일 20일 전까지 담보제공자와 상대방 관련 당사자에게 담보물 갱신·연장안내서로 담보기간 만료 사실과 담보기간을 연장하지 않을 경우 통관보류 해제 등의 조치를 한다는 사실을 통보한다.

② 담보를 갱신·연장하려는 자는 담보물 갱신·연장 신청서를 제출하여야 하며, 신청서류는 우편으로 제출할 수 있다. 다만, 현금담보를 제공한 경우에는 담보기간은 계속 갱신 연장된 것으로 본다.

(3) 담보해제

① 세관장은 담보제공자가 영 제241조제5항에 따라 별지 제22호서식의 담보해제 신청서를 제출하거나, 같은 조 제4항에 따른 사실이 있는 때에는 제공된 담보를 담보제공자에게 반환하여야 한다. 이때 담보해제 신청서는 우편으로 제출할 수 있다.

② 세관장은 담보해제 신청이 있는 경우에는 상대방 관련 당사자에게 담보해제 신청사실 통보서로 통보한다.

③ 세관장은 통보를 받은 지식재산권 권리자 등 또는 수출입자 등이 통보를 받은 날

부터 10일 이내에 담보제공자를 상대로 손해배상청구에 관한 소송을 법원에 제기하였다는 사실을 입증하는 자료를 세관장에게 제출하는 경우에는 제공받은 담보를 반환할 수 없다. 다만, 부득이한 사유로 세관장에게 기간연장 요청을 한 경우 세관장은 10일 이내의 기간을 정하여 제출기간을 연장할 수 있다.

(4) 각종 통보서 통보방법

① 세관장이 지식재산권 권리자 등과 수출입자 등에게 교부하는 각종 통보서는 모사전송하고 그 사실을 별지 제24호 서식의 지식재산권 침해여부확인 수출입등 사실통보서 발송대장에 기록 관리하여야 한다. 다만, 모사전송 등이 불가능할 경우에는 전자메일 또는 배달증명 우편으로 발송하고 그 사실을 위 대장에 기록 관리한다.

② 지식재산권 권리자가 지식재산권 정보시스템을 이용하는 경우에는 각종 통보서를 지식재산권 정보시스템을 이용하여 전송한다.

참고

가장 많이 적발된 '짝퉁' 명품 1위는 루이비통 … 89% 중국산

(인천=연합뉴스) 손현규 기자 = 최근 5년간 적발된 이른바 '짝퉁' 명품 중 루이비통이 가장 많았으며 위조품 가운데 90% 가량은 중국에서 들어온 것으로 나타났다.

23일 국회 기획재정위원회 소속 자유한국당 홍일표(인천 미추홀갑) 의원이 관세청으로부터 받은 국정감사 자료에 따르면 2015년부터 올해 8월까지 5년가량 세관 당국에 적발된 짝퉁 물품 규모는 모두 1조8천600억 원에 달했다.

적발된 가짜 브랜드 물품 가운데 89%(1조6천500억 원)는 중국에서 국내로 밀수된 것으로 파악됐다.

가장 많은 짝퉁 물품이 적발된 명품 브랜드는 루이비통으로 5년가량 총 2천80억 원어치가 세관당국에 적발됐다. 특히 올해에는 8월까지 그 규모가 1천11억 원을 기록해 지난해 1년간 적발된 물품 금액 116억 원보다 9배가량 많았다.

홍 의원은 "올해 짝퉁 루이비통 적발이 급증한 이유는 4월 2천200억 원 상당의 중국산 명품 브랜드 위조품 15만4천점을 밀수한 일당이 붙잡혔기 때문"이라며 "당시 가짜 루이비통만 600억 원어치였다"고 분석했다.

루이비통에 이어 롤렉스(1천198억 원), 샤넬(1천122억 원), 카르티에(625억 원), 구찌(371억 원), 프라다(272억 원), 에르메스(227억 원) 등의 순으로 위조한 명품이 적발됐다.

품목별로는 시계류가 6천650억 원으로 가장 많았고, 가방(5천74억 원), 의류(3천33억 원) 등이 뒤를 이었다. 2017년 108억 원에 불과했던 짝퉁 시계 적발 규모는 지난해 33배 급증해 3천566억 원어치에 달했다.

홍 의원은 "짝퉁 밀수는 국가 이미지에 부정적인 영향을 미칠 뿐 아니라 중대한 범죄 행위"라며 "지능화한 짝퉁 밀수에 대처하기 위해서는 일회성 조사를 지양하고 통관 단계에서 검색 장비를 활용한 화물 검사를 강화해야 한다"고 지적했다.

출처: 연합뉴스(2019.9.23.)

Chapter

11

간이통관 제도

제1절 전자상거래 통관

1. 전자상거래의 의의

전자상거래(E-Commerce)란 인터넷을 통해 비대면 가상 영업장인 사이버몰에 접근하여 물품 등을 온라인 거래하는 것을 말한다. 전자상거래는 1989년 미국의 Lawrence National Laboratory에서 국방성의 프로젝트를 수행하면서 이 용어를 사용함에 따라 확산된 것으로 알려지고 있으며 상거래에 따른 정보수집, 협상, 계약 및 주문, 납품, 대금지불 등 시장에서의 상품 및 서비스의 거래와 관련한 모든 절차를 디지털 데이터의 처리와 전송에 기초하여 거래하는 개념으로 이해할 수 있다.

공정거래위원회에서는 전자상거래를 재화 또는 용역의 거래에 있어서 그 전부 또는 일부가 전자문서에 의하여 처리되는 방법으로 이루어지는 상행위라고 정의하고 있으나 관세청에서는 통관과 관련하여 물품의 주문, 대금결제 등 거래의 전부 또는 일부가 전자문서에 의하여 처리되는 상거래로 규정함에 따라 물품의 거래에 한정하고 있다.

전자상거래와 관련된 경제 주체는 기업, 개인, 정부 등이 있고 이들 간의 거래 유형을 일반적으로 기업과 기업(Business to Business), 기업과 개인(Business to Consumer), 기업과 정부(Business to Adminstration), 개인과 정부(Consumer to Adminstration) 등으로 분류하고 있으나 본 교재에서는 실제로 자가 사용을 위주로 개인의 소량, 소액 물품 구매를 위주로 그 반출입 경로가 특급탁송화물((이하 특송)을 통해 이루어지는 거래로 설명한다.

1) 특송을 통한 국내 전자상거래 시장의 발전과 통관 관리

1990년대 중반까지만 해도 국제간 전자상거래로 거래되어 국내에 반입되는 물품은 드물었으며 특급 탁송 화물로 항공기를 이용하여 수배송하는 서비스의 물품은 샘플, 서류, 의약품, 긴급 물품 등이 주를 이루었다.

그런데 1990년대 후반부터 인터넷의 발달과 함께 국내 소비자들이 온라인상에서 외국 제품들을 구매 후 국제 글로벌 특송업체인 DHL, FedEX, UPS, TNT 등을 이용하여 국내 배송 후 통관할 수 있는 편의성을 알게 되었고 이런 구매 방식이 국내에서 구매하는 것보다 훨씬 저렴하고 제품도 믿을 수 있음을 알게 된 소비자들이 점차 늘게 되었다.

특히 이러한 이점과 구매를 원하는 사람들의 구매에 대한 니즈를 파악한 구매대행, 배송대행, 결제대행 업체가 점차 생겨나고 언론과 커뮤니티 등을 통해 직구 형태의 전자상거래 구매가 일반인들에게 알려지면서 이런 방식의 거래가 폭발적으로 확산되기 시작하였다

해외 전자상거래가 국내에 시작될 초기에는 수입 업체가 미국 현지의 창고를 확보하여 세일 등 할인된 가격으로 대량 매입된 물품을 보관하면서 쇼핑사이트를 통해 구매대행업체가 구매한 것처럼 하고, 제3자의 명의를 도용하여 목록 통관으로 면세 통관을 한 후 국내 특정 장소로 배송한 후 일괄 수집하는 사실상 쇼핑몰 업체의 편법 영업이 많았다.

그리고 이때만 해도 이러한 전자상거래의 비즈니스가 초기였고 그만큼 제도적으로 정비되지 않아 자가 사용을 빙자한 위장 거래, 건강위해식품, 마약, 저가신고 등 불법, 탈법이 특송 시스템을 통해 쉽게 이루어진 측면이 있었다.

이에 대해 세관 당국은 전자상거래 통관의 문제점을 인식하고 전자상거래 통관 관리를 위해 자가사용형, 배송/결제 대행형, 수입대행형, 쇼핑몰형으로 구분하여 전자상거래물품 통관에 관한 고시를 제정하여 운영하였으며 구매 단계부터 최종 구매자에게 전달하기 까지 추적이 가능하도록 목록통관 양식을 개정하여 해외판매처 직접 구매와 구매대행과 배송대행에 대한 상세 정보, 구매자의 인적사항, 연락처, 판매처의 구매 사이트를 목록양식에 기재하게 하는 등 개인의 자가 사용 물품에 대한 불법 통관 방지를 위해 관리를 강화하게 되었다.

현재 세관 당국은 해외 직구 유형을 직접 구매, 배송대행, 구매대행의 3가지의 유형으로 구분하여 관리하고 있다.

직접구매는 소비자가 해외 쇼핑몰에서 직접 주문 결제하고 직접 배송 받는 방식을 말하며, 배송대행은 소비자가 해외 쇼핑몰에서 직접 주문 결제 및 배송대행지를 입력하고 배송대행업체가 현지 물류창고에서 주문물품을 대신 수령한 후 배송대행 서비스를 이용하여 제품을 배송 받는 방식을 말하며, 구매대행이란 소비자가 구매대행업체에 물품가격, 물류비, 수수료 등을 지불하고 구매부터 배송까지 모든 절차를 위임하는 형태를 말한다.

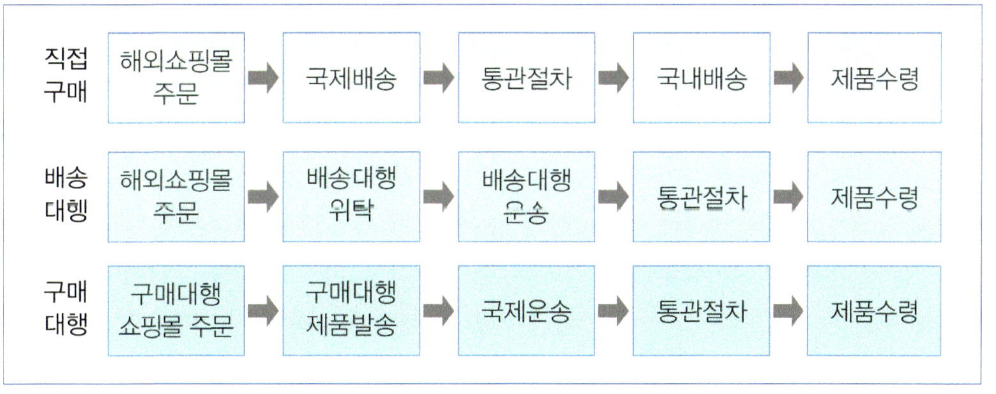

그림 11-1 **해외직구 형태 및 과정**

2. 전자상거래 통관

전자상거래 통관이란 말 그대로 전자상거래를 통해 우리나라에 반입되는 물품의 통관을 말한다. 그런데 관세청에서 전자상거래 또는 직구통관이라고 명시하여 별도로 과세, 면세 규정을 정해 둔 것은 없다. 그 대신에 특송물품 수입통관 사무처리 고시에 따라 전자상거래 물품을 특송물품과 동일하게 적용하고 있다.

즉, 전자상거래 물품은 E-Commerce Cargo로써 특송업체가 운송하는 특송물품(Express Cargo)과는 다른 성격의 물품으로 이해할 수 있으나 통관을 할 때는 세관장에게 등록된 특송업체를 통해 반입됨으로써 특송 물품에 대한 법 적용을 받는다.

전자상거래 통관은 직구 형태의 수입이 대종을 이루었으나 한류에 따른 해외 구매고객의 증가와 정부의 적극적인 수출지원 정책으로 해외 역직구의 전자상거래 수출도 매년 증가하고 있다.

1) 전자상거래 수출통관

전자상거래 수출 통관은 정식수출신고, 간이수출신고, 목록수출신고로 구분된다. 정식 수출신고는 본 교재 수출통관제도에서 이미 설명하였음으로 생략하고 전자상거래의 특징인 간이 수출신고와 목록수출신고에 대해서 기술한다.

(1) 수출 목록통관

개인용품, 무역통계에 반영되지 않는 물품 또는 관세환급대상이 아닌 물품으로서 정식통관절차를 필요로 하지 않는 물품의 수출통관에 적용하는 예외적인 절차를 말한다.

정식 수출통관의 경우 화주나 관세사가 신고할 수 있으나 목록통관 신고의 주체는 특송물류 회사이다. 목록통관은 그동안 인천, 평택, 김포 등 일부 세관에서만 허용해 왔으나 전자상거래 관련 국민편의 및 수출제고 방안으로 2023년 2월부터 전국 34개 세관으로 확대되어 어느 세관에서나 목록통관을 할 수 있게 되었다. 다만 이 경우에도 특송물류회사는 수출하고자 하는 관할 세관에 등록을 하여야 비로소 목록 통관이 가능하다.

목록 통관은 신고 세관의 확대로 물품 운송에 따른 물류비용 절감과 통관시간의 단축 등 수출자의 입장에서 많은 이점이 있으나 전자상거래 수출에 따른 관세 환급이나 재수입면세 등 수출기업을 대상으로 하는 각종 혜택에는 제한이 있다.

(2) 전자상거래 수출목록 신고

① 통관목록 자료 전송

특송업체는 통관목록전송 대상물품에 대하여 통관목록을 전자문서로 통관시스템에 전송할 수 있다. 다만, 수출실적 인정 등을 위해 필요한 경우에는 통관목록 자료 기재항목 중 사업자등록번호, 세번부호(HSK 10단위)를 추가로 기재할 수 있다.

통관목록자료는 운송수단이 출발시간 및 세관검사 소요시간을 고려하여 적재하기 전까지 통관시스템에 전송하여야 한다.

② 목록통관 신고물품의 심사

세관장은 목록통관 신고물품에 대하여 통관목록 등 신고내용의 적정성을 심사해야 한다. 다만, 통관목록 등을 전자문서로 신고하는 물품은 검사대상으로 선별된 경우를 제외하고는 별도의 심사를 생략할 수 있다.

③ 목록통관 신고물품의 검사

세관장은 검사대상으로 선별된 물품에 대하여 통관목록 등 서류에 의하여 현품 검사를 할 수 있다. 다만, 통관목록 등을 전자문서로 신고하는 물품은 신고자료를 전산출력하여 현품검사를 할 수 있다.

목록통관 신고물품의 검사는 적재지검사를 원칙으로 한다. 다만, 세관장이 적재지 검사가 부적절하다고 판단하는 물품은 해당 물품이 장치된 소재지에서 검사를 실시할 수 있다.

세관장은 검사대상으로 선별된 물품에 대하여 검사생략의 필요성이 인정되고 범칙의 우려가 없는 경우 검사를 생략할 수 있다. 이 경우, 검사담당 직원은 통관시스템에 검사생략 사실을 등록하여야 한다.

④ 목록통관 신고물품의 심사. 검사결과 등록 등

세관장은 목록통관 신고물품에 대한 심사. 검사 결과 목록통관 대상물품에 해당하지 않거나 이상이 있는 경우 통관목록 등 서류에 신고취하 표시를 하거나 전산 등록하여 직권 신고취소 등 조치를 하여야 한다.

신고취하 또는 직권 신고취소 등의 조치를 한 세관장은 이를 즉시 특송업체 등에게 서면 또는 전산에 의한 방식으로 통지하여야 한다.

세관장은 목록통관 신고물품을 심사. 검사한 결과 이상이 없는 물품에 대하여는 통관목록 등에 고무도장을 날인하거나 전산등록하여 신고 수리할 수 있다.

⑤ 적제화물 목록의 갈음 등

통관목록 등을 전자문서로 전송하여 신고수리된 물품에 대하여 출항 적재화물 목록의 제출을 생략할 수 있다. 다만, 통관목록 등을 서류로 제출하여 신고수리된 물품에 대하여는 그렇지 않다.

(3) 전자상거래 간이수출신고

간이수출신고는 전자상거래 기업의 수출신고를 유도하고 관세환급, 부가세 영세율, 무역금융 등 수출지원제도를 활용할 수 있도록 수출신고를 간소화한 제도이다.

수출하려는 물품가격이 200만원(FOB 기준) 이하이면서 세관장확인대상물품, 계약상이 및 재수출조건부 수출물품이 아니고 수출신고서상 신고구분을 전자상거래 간이수출신고(거래구분 '15')로 신고하거나, '전자상거래 간이신고 시스템'으로 신고하는 수출물품, '수출목록 변환신고 시스템'을 통해 신고하는 수출물품에 대해서는 간이수출신고를 할 수 있다.

(4) 잠정가격 신고

전자상거래 수출의 경우 수출신고시에 매매 계약이 확정되지 않을 수 있다. 예를 들어 이벤트 할인, 구매자의 쿠폰, 적립금 사용 등으로 수출시 물품가격과 실제 판매가격이 상이하거나 해외 판매가 확정되지 않은 상태에서 국외 반출하여 업체가 지정한 물류센터에 선(先) 입고 후, 주문, 배송하는 경우에는 수출신고 시에 실제 공급 가액을 알 수 없다.

이러한 문제점과 관련하여 확정되지 않은 금액에 대해 수출신고 시에 적재예정금액을 먼저 신고하고 사후에 판매 금액이 확정되면 그 때 확정신고를 할 수 있다. 이 경우 판매금액 확정일 또는 판매대금 입금일로부터 60일이 경과하기 전까지 수출신고가격을 정정할 수 있다.

종전에는 잠정가격 신고기간이 30일로 되어 있었으나 다품종 소량 판매로 가격자료 정리가 복잡하고 회계처리에 상당 시일이 소요되는 전자상거래 업계의 현실적인 어려움을 반영하여 2023.2.1.일부터 잠정가격 신고 기간을 업계 요구에 맞춰 60일로 연장하였다.

[별지 제6호 서식]

(검사대상)통관목록

대 한 민 국 세 관
KOREA CUSTOMS SERVICE

세관/과 PAGE :
특송업체명 출항일시 :
적 재 항 :
항공편명 :
물품소재지 : (기재요령) 우편번호, 주소(도로명까지), 소재지 명칭 기재
물픔소재지검사 신청 :
물품소재지검사 신청사유 :
검 사 자 :

신 고 번 호	HOUSE AWB No.	수 출 자 상 호	품 명 / 규 격 / 수 량		
반 출 사 유	목 적 국	수 취 인 상 호	포장개수(CT)	중량(Kg)	가격(FOB₩)
거래코드(01:전자상거래, 02:기업견품, 99:기타)		사업자등록번호	세번부호(HSK 10단위)		

210㎜×297㎜(일반용지 60g/㎡(재활용품))

2) 전자상거래 수입통관 개요

일반 수입물품은 부두직통관 제도를 이용하여 부두에서 곧바로 통관하거나 화주 또는 운송사가 선택하는 특허 보세창고 또는 세관 지정장치장에서 수입통관 과정을 이행할 수 있다.

그러나 전자상거래로써 자가사용을 위해 수입하는 물품은 반드시 특송물품으로 세관장이 따로 지정한 세관지정장치장 또는 세관장이 인정한 운송업자 보세창고 또는 자체시설에 반입하여 통관하여야 한다.

이러한 장소는 컬러로 정확히 내용물을 판독할 수 있는 양방향 X-Ray 검색기 및 실시간 X-Ray 정밀판독시스템, 자동분류기 등의 검색 및 검사시설을 구비하여야 한다.

이는 목록상의 품명과 실제 현품과의 일치 여부를 통관 단계에서 파악하여 허위신고나 마약 등 안전 위해물품을 과학 장비를 이용하여 걸러 낼 수 있도록 하기 위함이다.

인천공항에는 지정장치장인 인천공항특송물류센터와 자체시설 운영 특송장인 CJ, DHL, FEDEX, UPS, 롯데글로벌로지스, 성원글로벌카고, 한진 등이 있다.

(1) 전자상거래물품 수입 통관

① 목록통관

전자상거래물품 통관의 가장 큰 장점은 목록통관에서 찾을 수 있다. 목록통관이란 정식수입신고 절차와 달리 목록에서 정하는 32개 항목의 신고만으로 간편하게 통관할 수 있다.

즉, 정식수입신고는 수입신고서 외에도 그 내용을 확인할 수 있는 송장(invoice)과 운송증빙 B/L이나 항공화물운송장(AWB), 원산지증명서, 요건확인서 기타 필요 서류들이 첨부되어야 하지만 목록통관은 법령에서 정한 항목만 기재하면 별다른 첨부 서류 없이 간편하게 통관이 가능하다. 특히 목록통관은 특송회사에서 신고를 하기 때문에 화주가 신고하지 않아도 된다.

과거에는 목록통관의 대상 품목이 의류, 신발, 화장지, CD, 조명기기, 인쇄물 등 6개 품목으로 한정되었으나 규제완화 차원에서 2014년 하반기부터 목록 배제대상 품목을 제외한 품목은 목록통관으로 통관할 수 있도록 확대되었다.

목록통관 대상물품은 검사와 비검사대상 물품으로 나누어지며 검사대상 물품은 4단계의 검사과정을 거쳐 비검사 대상물품으로 결정된다.

첫째는 X-Ray 판독과정에서 판독자가 검사대상 물품으로 지정하는 물품, 둘째는 우범화물 선별기준에 의해 전산 등록된 C/S(Cargo Selectivity)에 의해 검사로 지정되는 물품, 셋째는 특송업체에서 검사 요청하는 물품, 넷째는 세관직원이 통관목록 화면에서 신고사항을 심사하여 검사로 선별하는 물품이다.

검사결과에 따라 목록통관, 간이통관, 일반수입 신고물품으로 구분되며 비검사대상 물품은 X-Ray 통과만으로 목록통관 물품은 통관 완료된다.

참고

목록통관 배제대상 품목

번호	배제 대상	예시(빈번 반입품)
1	의약품	파스, 반창고, 거즈, 붕대, 항생물질 의약품, 아스피린제제, 소화제, 두통약, 해열제, 감기약, 발모제 등
2	의료기기	임신테스터기, 주사기, 전자체온계, 혈압측정기, 혈당측정기, 콘택트 렌즈, 문신용기기, 코세정기, 귀세정기, 콘돔 등
3	한약재	인삼, 홍삼, 상황버섯, 녹용 등
4	야생동물 관련제품	멸종 위기에 처한 야생 동·식물의 국제거래에 관한 협약(CI TES)에 따라 국제거래가 규제된 물품 (예) 상아제품, 악어가죽 제품, 뱀피 제품 등
5	농림축수산물 등 검역대상물품	커피(원두 등), 차, 견과류, 씨앗, 원목, 조제분유, 고양이·개 사료, 햄류, 치즈류 등
6	건강기능식품	비타민 제품, 오메가3제품, 프로폴리스 제품, 글로코사민 제품, 엽산 제품, 로얄젤리 등
7	지식재산권 위반 의심물품	짝퉁 가방, 신발, 의류, 악세사리 등
8	식품류, 주류, 담배	비스킷, 베이커리, 조제커피, 차, 조제과실, 견과류, 설탕과자, 초콜릿식품, 소스, 혼합조미료, 주류, 담배
9	기능성 화장품(미백, 주름개선, 자외선 차단 등), 태반 화장품, 스테로이드 제 함유 화장품 및 성분 미상 등 유해화장품	
10	적하목록 정정에 따라 선하증권 또는 항공화물운송장 내용이 추가로 제출된 물품	
11	통관목록 중 품명, 규격, 수량, 가격, 수하인 주소지, 수하인 전화번호 등이 부정확하게 기재된 물품	
12	전파법 시행령 제77조의 2제1항에 따른 방송통신기자재등으로서 같은 영 별표 6의 제1호 자목에 해당하는 물품	
13	기타 세관장 확인대상 물품	총포, 도검, 화약류, 마약류 등

② 면세통관 대상

목록통관 대상 물품을 달리 설명하면 면세 대상물품을 말한다. 국내거주자가 수취하는 자가사용물품 또는 면세되는 상업용 견본품 중 물품가격이 미화 150달러 또는 한미 FTA 특송물품 통관 특례에 따라 미국에서 반입하는 미화 200달러 이하에 해당하는 물품이다.

해외에서 반입되는 전자상거래물품이 상기 금액에 해당되면서 목록통관 배제 대상에 해당되지 않으면 목록통관 완료와 동시에 면세처리 된 것으로 본다.

목록통관 기준 금액 초과시에는 일반수입신고 절차를 이행하여야 하며 이 경우 관, 부가세가 부과된다.

③ 자가사용 인정 범위

전자상거래 면세 범위에서 중요한 것은 금액뿐만 아니라 품목과 수량이 적정하여야 한다. 상기 표의 목록통관 배제대상은 품목의 제한을 의미한다. 그런데 품목이 허용되어도 수량의 한도를 넘지 않아야 하는 물품이 있다.

Ⓐ 의약품과 건강기능식품

의약품 및 건강기능식품이 해외직구를 통해 우리나라에서 반입될 때 국민건강 안전과 오·남용을 막기 위해 면세 이하의 금액이라도 6병까지만 요건확인 없이 통관이 가능하다.

이마저도 CITES규제(예: 사향 등) 성분이 함유된 물품, 식품의약품안전청장의 수입불허 또는 유해 통보를 받은 품목(예: 비만치료제 성분인 시부트라민, 데스메틸시부트라민 등, 발기부전치료제 성분인 실데나필, 타다라필 등, 기타 의약품 성분인 센노사이드, 단백동화 스테로이드 등) 이거나 외포장상 성분표시가 불명확한 물품 등은 통관이 불가하다.

의약품의 경우 환자가 질병치료를 위해 수입하는 건강기능식품은 국내의사의 소견서 등에 의거 타당한 범위 내에서 요건확인이 면제된다.

Ⓑ 전자제품(TV, 휴대폰 등)

TV 등 전자제품은 「전기용품 및 생활용품 안전관리법」 대상이며 스마트폰 등 통신용품은 「전파법」에 따라 수입승인을 받고 수입하여야 한다. 그러나 판매를 목적으로 하지 않고 개인이 사용하기 위해 반입하는 모델별 각 1개의 제품은 요건확인이 면제된다.

Ⓒ 총포, 도검류

총포·도검류, 기타 안전위해물품에 해당하는 경우 경찰청장 및 지방경찰청장의 허가를 받아야 통관이 가능하다. 다만, 주방용 칼, 날이 서있지 않은 칼 등은 허가를 받지 않아도 통관이 가능한 것으로 알려지고 있으나 장식도검이나 기타 안전과 관련된 물품은 반입전 「총포·도검·화약류 등의 안전관리에 관한 법률」에 따라 경찰청에 문의가 필요할 것으로 보인다.

Ⓓ 향수

향수의 자가사용 인정기준은 60ml 이하(병수 제한 없음)이며 관세 및 부가세가 면제된다. 향수의 부피 또는 중량 표시단위가 다른 경우(예: 60mg, 2oz 등) ml로 환산한 용량이 60ml 이하이면 자가 사용으로 인정될 수 있다.

Ⓔ 화장품

화장품은 기능성화장품, 태반함유화장품, 스테로이드제 함유화장품 및 성분미상 등 유해화장품을 제외하고는 목록통관이 가능하다.

화장품의 자가사용 인정기준은 정해져 있지 않으며 세관장이 판단하여 결정한다. 기능성화장품이란 「화장품법」에 따라 피부의 미백에 도움을 주는 제품, 피부의 주름개선에 도움을 주는 제품, 피부를 곱게 태워주거나 자외선으로부터 피부를 보호하는 데에 도움을 주는 제품, 모발의 색상 변화·제거 또는 영양공급에 도움을 주는 제품, 피부나 모발의 기능 약화로 인한 건조함, 갈라짐, 빠짐, 각질화 등을 방지하거나 개선하는 데에 도움을 주는 제품을 말한다.

기능성화장품 여부를 확인할 수 있도록 기능성화장품이 아닌 경우에는 통관목록 품명·규격 항목에 "기능성 없음" 표시를 권고한다.

(예 : non-functional cosmetic, cosmetic without function 등)

목록통관에서 제외되는 화장품은 미국에서 발송되어도 물품가격 미화 150불 이하만 관세 및 부가세가 면제된다.

Ⓕ 아기 분유

분유는 검역대상 물품으로 목록통관에서 제외되고 일반수입신고를 통해 통관을 하여야 한다. 분유의 자가사용 인정기준은 5kg 이하이며, 물품가격이 미화 150불 이하인 때에만 관세 및 부가세가 면제된다.

Ⓖ 담배

담배는 물품가격 미화 150불 이하로 궐련 200개비, 엽궐련 50개비, 전자담배 니코틴 용액 20ml 이하인 경우 관세와 부가가치세는 면제된다. 다만, 개별소비세와 담배소비세 등 지방세를 납부해야 하고 일반수입신고로 통관을 하여야 한다.

Ⓗ 주류

주류는 물품가격 미화 150불 이하로 1L이하(1병)인 경우 관세와 부가가치세가 면제된다. 다만, 주류는 주세·교육세 납부 대상으로 물품가격과 관계없이 일반 수입신고 대상이다.

④ 합산과세

합산과세는 전자상거래의 면세 규정을 이용하여 동일 구매자가 중복 면세 혜택을 받는 것을 방지하기 위하여 만든 규정이다. 아래의 경우 면세한도 내로 구입해도 합산과세 처리되면 관세와 부가세가 부과될 수 있다.

Ⓐ 하나의 선하증권(B/L)이나 항공화물운송장(AWB)으로 반입된 과세대상물품을 면세범위 내로 분할하여 수입 통관하는 경우

Ⓑ 같은 해외공급자로부터 같은 날짜에 구매한 과세대상물품을 면세범위내로 분할 반입하여 수입 통관하는 경우

합산과세와 관련하여 종전에는 입항일이 같은 2개 이상의 해외직구 물품에 대해서도 합산과세를 적용하였으나 각각 다른 날에 구매한 2개 이상의 물품이 해외 배송 또는 운송사 문제로 구매자의 의사와 관계없이 입항일이 같다는 이유로 과세되는 불합리한 문제가 제기되어 2022. 11월 17일부터 '입항일이 같은 2개 이상의 해외직구 물품'에 대해서는 합산과세를 제외하게 되었다.

(2) 간이신고물품

물품가격이 미화 150달러 또는 한미 FTA 특송물품 통관 특례에 따라 미국에서 반입하는 미화 200달러를 초과하고 2,000달러 이하에 해당하는 물품으로 이러한 물품은 간이신고에 의해 간소한 수입절차와 함께 과세 통관된다.

그러나 아래의 간이신고 배제대상 물품은 일반수입신고 절차를 이행하여야 한다.

간이신고 배제대상물품

1. 목록통관 배제대상에 해당하는 물품
2. 「수입통관 사무처리에 관한 고시」 제13조제1항제1호, 제3호, 제6호, 제12호에 해당하는 물품
3. 할당·양허관세율의 적용을 신청한 물품 중 세율추천이 필요한 물품
4. 「관세법」 제83조에 따른 용도세율의 적용을 신청한 물품 중 사후관리 대상물품

5. 「관세법」 제226조에 따른 세관장 확인대상물품
6. 「관세법」 제250조에 따라 신고취하 또는 신고각하된 후 다시 수입신고하는 물품
7. 해체·절단 또는 손상·변질 등에 의해 물품의 성상이 변한 물품
8. 「이사물품 수입통관 사무처리에 관한 고시」 적용대상 물품
9. 품명·규격·수량·가격 등이 부정확하여 세관장이 간이신고가 부적당하다고 인정하는 물품
10. FTA 협정관세의 적용을 신청한 물품
11. 「관세법」 제240조의2에 따른 유통이력 신고대상 물품

(3) 정식수입신고

물품가격이 미화 2,000달러를 초과하거나 목록통관배제대상물품 또는 간이신고배제대상으로 적용되는 물품이다. 이러한 물품은 인보이스, B/L 등 제반 서류를 갖추어 정식 수입 통관 절차를 진행하게 된다. 이 경우 수입신고인은 화주 또는 관세사가 되며 일반수입물품과 동일한 통관 과정을 거치게 된다.

| 표 11-1 | 특송물품 통관유형

구분		내용	비고
1	목록통관 특송물품	국내거주자가 수취하는 자가사용물품 또는 면세되는 상용견품 중 물품가격이 미화 150불 이하(한·미 FTA 200불)로서 특송통관 고시 별표1에 해당되지 않는 물품	통관목록제출
2	간이신고 특송물품	물품가격이 미화 150불(한·미 FTA 200불) 초과 2,000불 이하물품으로 로서 특송통관고시 별표 2에 해당되지 않는 물품	P/L 신고원칙 예외 일반수입신고
3	일반신고 특송물품	물품가격이 미화 2,000불을 초과하는 물품과 목록통관, 간이신고 대상 제외물품	P/L 또는 일반수입신고

(4) 수입한 원상태 수출물품 환급

해외 직구 물품을 반품하는 경우 수입신고 수리 후 6개월 이내에 수입신고 한 상태 그대로 해외 판매자에게 반송(또는 수출신고)하고, 관세 환급신청을 하면 수입할 때 납부하였던 관세를 환급 받을 수 있다.

단, 이 경우 수입신고가 수리된 개인의 자가사용물품이 수입한 상태 그대로 수출되어야 하며 수입신고 수리일부터 6개월 이내에 보세구역 또는 「자유무역지역의 지정 및 운영에 관한 법률」에 따른 자유무역지역 중 관세청장이 수출물품을 일정기간 보관하기

위하여 필요하다고 인정하여 고시하는 장소에 반입하였다가 다시 수출하는 경우, 수입신고 수리일부터 6개월 이내에 관세청장이 정하는 바에 따라 세관장의 확인을 받고 다시 수출하는 경우, 수출신고가 생략되는 탁송품 또는 우편물로서 수출가격 200만 원 이하인 물품을 수입신고 수리일부터 6개월 이내에 수출한 후 관세청장이 정하는 바에 따라 세관장의 확인을 받은 경우에는 수입할 때 납부한 관세를 환급한다.

(별지 제4호 서식)

통 관 목 록

제출일자 : 제출일련번호

1. 특송업체명 2. 선박편명(항공편명) 3. 적출국(항)(Port of loading)
4. Master B/L № 5. 입항일자(Date of arrival)

20. 거래코드 (A 개인 전자상거래물품)	9.물품수신인 성명 Consignee Name	11. 물품 수신인 주소 Address	12. 품 명 Description	14.포장갯수 carton	16.중 량 kgs	18.발송국 Origin	21.전자상거래 사이트 주소	23.화물운송주선업자부호
			13. 규 격 standards	15.수 량 piece	17.물품가격 (US$)	19.용도구분 (1: 개인, 2: 회사)	22.전자상거래 유형	24.세관 기재란
6.House B/L №	10.물품수신인 전화번호 Phone No.	25.물품수신인 우편번호 Zip Code		26. HS Code		27.물품수신인 식별부호 (가 : 개인통관고유부호, 나 : 생년월일, 다 : 통관고유부호, 라 : 사업자번호, 마 : 외국인등록번호, 바 : 여권번호)	29.해외판매자	
							30.구매·배송 대행업자	
							31.판매중개자	
							32.주문번호	

참고

3천명 명의 도용해 138억 원 상당 짝퉁 밀수 … 온라인 판매도

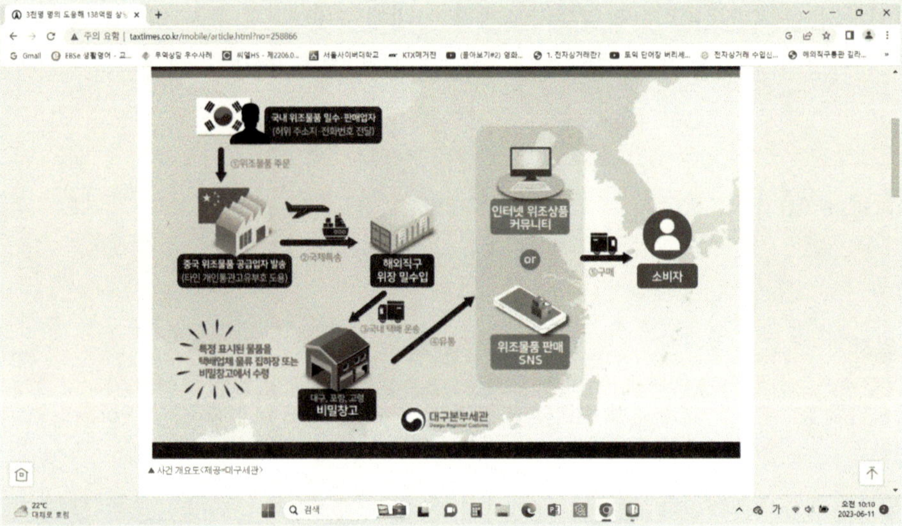

해외 유명상표를 위조한 중국산 제품을 대량으로 들여와 판매한 일당이 관세 당국에 적발됐다. 20일 대구세관에 따르면 유통판매업자 A 씨 등 7명은 지난 2019년 5월부터 지난해 11월까지 3년 6개월 동안 해외 유명상표가 부착된 중국산 위조 신발과 의류 등 시가 138억원 상당의 제품 2만6천여 점을 밀수·유통한 혐의(관세법 및 상표법 위반)를 받고 있다.

이번에 적발된 위조상품 밀수·판매업자들은 세관의 단속을 피하려고 타인의 명의를 도용해 위조상품을 분산 반입하는 수법을 사용했다.

이들은 최근 4년간 약 2만회에 걸쳐 위조상품을 불법 반입하는 과정에서 3천여 명의 개인 통관고유부호를 도용해 해외직구 물품인 것처럼 세관에 신고했다.

또한 국내 수취인 주소를 허위 주소지로 기재해 물품을 받는 치밀함을 보였고, 이렇게 밀수입한 위조상품을 온라인을 통해 판매한 것으로 드러났다고 밝혔다.

출처 : 한국세정신문2023.03.20 16:29:17 (http://www.taxtimes.co.kr)

3. 국내 특송업체 등록 및 효력상실

1) 특송업체 등록

특송업체로 등록하려는 자는 자본금 3억원 이상의 법인으로서 관세법 제223조 및 「관세법 시행령」 제231조제3항에 따른 등록요건을 갖추고 아래의 어느 하나에 해당하여야 한다.

① 「항공사업법」 제52조제1항에 따른 상업서류송달업의 신고를 필한 자(외국 무역기를 이용하는 업체)
② 관세법 제222조제1항제2호에 따른 화물운송주선업자의 등록을 필한 자 (외국무역기 또는 외국무역선을 이용하는 업체)

2) 특송업체 등록 신청

특송업체로 등록을 하려는 자는 아래의 서류를 첨부하여 특송업체 등록신청서를 통관지 세관장에게 제출하여야 하며, 신청서류는 우편, 팩스, 전자우편으로 제출할 수 있다. 세관장은 제1항에 따라 등록신청을 한 업체가 제3조에 따른 등록요건을 갖춘 때에는 별지 제2호서식의 특송업체등록증을 신청인에게 교부하여야 한다.

① 제3조제2호의 상업서류송달업신고증명서 또는 화물운송주선업자등록증 사본
② 법인등기사항선부증명서, 주민등록증 또는 여권 사본 등 결격사유를 확인 할 수 있는 서류
③ 「국세징수법」 제107조제2항에 따른 납세증명서

3) 특송업체 등록 갱신

특송업체 등록을 갱신하려는 자는 법정 서식 특송업체 등록갱신신청서에 필요 서류를 첨부하여 유효기간 만료 1개월 전까지 등록지를 관할하는 세관장에게 제출하여야 한다.

4) 특송업체 등록의 효력상실

특송업체가 다음 각 호의 어느 하나에 해당하는 때에는 그 등록의 효력이 상실된다.

(1) 관세법 제224조의2 각 호에 해당하는 경우
(2) 영업중단 등의 사유로 특송업체 등록증을 반납한 때

제2절 국제 우편물 수입 통관

1. 국제우편물 통관 개요

국제우편이란 봉투와 조그마한 꾸러미로 봉합된 기록 문서, 소포장된 물건들을 전 세계의 어느 곳이든 배달하는 제도 또는 업무를 말한다.

우리나라는 1884년 우정총국을 설치하면서 도입했고, 1898년 전국에 임시우체사를 설치하여 전국 우편망을 갖추었으며 1900년 1월 1일부터 국제우편업무를 개시하였다.

국제 우편물 수입은 외국으로부터 국제우편을 통해 반입되는 물품을 그 대상으로 한다. 이러한 물품은 서신을 제외하고 반드시 통관우체국을 경유하여야 하며 통관우체국의 장은 수입하려는 우편물의 발송국 으로 부터 해당 우편물이 발송되기 전에 세관 신고정보를 포함하여 사전전자정보를 제공받은 경우 그 제공받은 정보를 해당 우편물이 발송국에서 출항하는 운송수단에 적재되기 전까지 세관장에게 제출하여야 한다.

세관장은 관세청장이 우정사업본부장과 협의하여 사전전자정보 제출대상으로 정한 국가에서 발송한 우편물 중 사전전자정보가 제출되지 아니한 우편물에 대해서는 통관우체국의 장으로 하여금 반송하도록 할 수 있다.

통관우체국의 장은 사전전자정보가 제출된 우편물에 대해서는 우편물목록의 제출을 생략하고 세관장에게 검사를 받을 수 있다. 다만, 통관우체국의 장은 세관장이 통관절차의 이행과 효율적인 감시·단속을 위하여 대통령령으로 정하는 사유에 해당하여 우편통관우체국의 장은 세관장이 우편물에 대하여 수출·수입 또는 반송을 할 수 없다고 결정하였을 때에는 그 우편물을 발송하거나 수취인에게 내줄 수 없다.

2. 국제우편물 통관

1) 간이통관

수입신고를 생략하고, 별지 제3호서식의 국제우편물 간이통관 신청서 및 가격자료 등 통관에 필요한 자료를 제출하고 세관장으로부터 부과고지 받아 통관하는 것을 말한다.

(1) 간이통관대상 우편물

수입신고대상 우편물을 제외한 아래의 어느 하나에 해당하는 우편물을 말한다.

① 판매목적이 아닌 다른 목적으로 수입하는 물품으로서 대가를 지급하였거나 지급

하여 야 할 물품 중 물품가격 미화 1,000달러 이하의 물품

② 선물 등 판매목적이 아닌 다른 목적으로 수입하면서 대가를 지급하지 않는 물품 중 과세가격 5백만 원 이하의 물품

2) 현장과세통관

수입신고를 생략하고, 간이통관 신청여부와 관계없이 곧바로 세관장으로부터 부과고지 받아 통관하는 것을 말한다.

(1) 현장과세통관대상 우편물

간이통관대상 우편물 중 아래의 요건을 모두 갖춘 물품을 말한다.

① 현품, 만국우편연합 세관신고서, 우편물목록 등을 확인하여 과세가격 결정에 어려움이 없는 물품

② 수취인의 주소·성명이 명확한 물품

3) 현장면세통관

우편물에 대하여 수입신고를 생략하고, 관세 및 내국세 등의 부과·징수없이 곧바로 면세로 통관하는 것을 말한다.

(1) 현장면세통관대상 우편물

수입신고대상 우편물을 제외한 아래의 어느 하나에 해당하는 우편물을 말한다.

① 150불 이하 관세가 면제되는 소액물품 등 관세 및 내국세 등 각종 세금이 부과되지 아니하는 물품

② 세액을 징수하지 않는 물품

3. 수입신고대상 우편물

수입신고를 하여야 하는 우편물은 아래와 같다.

(1) 「대외무역법」 제11조에 따른 수입의 승인을 받은 물품

(2) 법령에 따라 수출입이 제한되거나 금지되는 물품

(3) 법 제226조에 따라 세관장의 확인이 필요한 물품

(4) 가공무역을 위하여 우리나라와 외국간에 무상으로 수입하는 물품 및 그 물품의 원·자재

(5) 판매를 목적으로 반입하는 물품
(6) 대가를 지급하였거나 지급하여야 할 물품 중 물품가격이 미화 1,000달러를 초과하는 물품
(7) 선물 등 판매목적이 아닌 다른 목적으로 수입하면서 대가를 지급하지 않는 물품으로서 과세가격 5백만 원 초과 물품
(8) 수취인이 수입신고하려는 물품

1) 신고의 시기

우편물을 수입신고하려는 자는 도착후신고를 한다. 다만, 우편물의 겉포장에 바코드가 부착되어 통관우체국에서 바코드 스캔으로 우편물 번호를 인식할 수 있는 우편물의 경우 통관지세관 관할 통관우체국에 도착하기 5일 전부터 도착전신고를 할 수 있다.

(1) 도착후신고 대상물품

① 세율이 인상되거나 새로운 수입요건을 갖추도록 요구하는 법령이 적용되거나 적용될 예정인 물품
② 농·수·축산물 또는 그 가공품으로서 수입신고하는 때와 입항하는 때의 물품의 관세율표 번호 10단위가 변경되는 물품
③ 농·수·축산물 또는 그 가공품으로서 수입신고하는 때와 입항하는 때의 과세단위(수량 또는 중량)가 변경되는 물품

2) 신고세관

우편물의 수입신고는 제4조에 따른 통관지세관장에게 하여야 한다.

3) 신고인

우편물의 수입신고는 우편물의 수취인 또는 발송인이 한다. 다만, 「관세사법」에 따른 관세사, 관세법인, 통관취급법인(이하 "관세사 등"이라 한다)의 명의로 할 수 있다.

제3절 여행자휴대품 통관

1. 세관입국 절차

항공기가 입항하면 기장은 세관장에게 입항보고를 하며 입항보고시 승무원 여객명부 및 적재화물목록을 제출한다. 세관장은 특이사항이 없으면 입항수속을 종료하고 기장은 화물과 수화물, 여객을 하기(下機)한다.

여객은 입국검사를 위해 입국장으로 이동하고 화물은 화물창고로 이동하여 별도의 절차를 밟으며 수화물은 입국장 컨베이어 시스템을 통해 X-Ray 검사를 받는다. X-Ray 담당자는 수화물 판독시 이상화물이 발견되면 SEAL을 부착하며 입국장 세관 휴대품 검사요원으로 하여금 검사를 받게 한다.

무주물, 습득물, 미검화물은 입국검사가 종료되면 최종적으로 별도 검사하며 이상 있는 화물은 별도 조치하고 나머지 물품은 목록을 작성하여 세관검사장으로 인계한다.

여객검사는 출발지와 여행자에 따라서 일제검사와 발췌검사로 이루어지며 신고물품은 과세 처리되고 검역대상 물품 등은 검역부서에 인계 후 검역 결과에 따라 통관여부가 결정된다.

종전에는 해외에서 입국하는 모든 여행자가 입국 신고서를 작성하여 세관에 제출하였지만 2023년 7월부터 국내 입국하는 해외여행객의 여행자휴대품 신고서 작성의무가 폐지되었다. 이에 따라 입국장은 '신고 있음' 통로와 '신고 없음' 통로로 구분하여 운영되고 있다. 세관 신고 필요나 면세한도를 초과하여 휴대하는 입국자는 입국신고서를 작성을 하여 '신고 있음' 통로로 진입하여 세관에 신고하고, 신고물품 없는 경우에는 신고서 작성 없이 '신고 없음' 통로로 진입하여 세관 입국 통관절차를 마치게 된다.

2. 여행자 휴대품

1) 여행자 휴대품의 인정범위

여행자의 여행(입국)목적, 여행(체류)기간, 직업, 연령과 반입물품의 성질, 수량, 가격, 용도, 반입사유 등을 고려하여 여행자가 통상적으로 휴대하는 것이 타당하다고 세관장이 인정하는 물품이다.

(1) 여행자가 통상적으로 휴대하는 것이 타당하다고 세관장이 인정하는 물품

① 여행자 개인용의 자가 사용물품

② 선물용으로 타당하다고 인정되는 수량 또는 가격의 물품

③ 여행자가 현재 사용 중이거나 명확하게 여행 중에 사용한 것으로 인정되는 의류, 화장품 등의 신변용품 및 신변장식용품

④ 비거주자인 여행자 본인의 직업상 필요하다고 세관장이 인정하는 직업용구

⑤ 그 밖에 여행자의 신분, 직업, 연령 등을 고려하여 관세청장이 지정한 기준에 적합한 물품

⑥ 여행자가 회사용으로 휴대반입하는 미화 1만 불 이하의 수리용 물품·견본품 및 원·부자재 등은 인정범위에 해당되지 아니하는 경우라 하더라도 신속·편리한 통관을 위하여 여행자 휴대품의 간이한 현장 통관절차를 준용한다.

2) 휴대반입신고

우리나라에 입국하는 여행자와 승무원은 인적사항과 신고대상물품의 소지유무 및 취득가격, 가축전염병 발생국 축산농가 방문 유무를 신고서에 기재하고 여행자 서명란에 반드시 스스로 서명한 후 세관장에게 제출하도록 하였으나 2023년 7월부터 모든 여행자에 대한 신고서 작성 의무가 폐지되고 신고대상 물품이 없는 해외여행객은 신고가 생략되며, 신고대상 물품이 있는 여행객만 모바일 또는 종이신고서를 작성해 제출하면 된다.

(1) 신고대상 물품

| 표 11-2 | 신고대상 물품

구분	신고대상 물품
과세대상물품	해외에서 취득한 물품(선물 등 무상물품 및 국내면세점에서 취득 후 재반입하는 물품 포함)으로서 전체 취득가격 합계액이 US$800을 초과하는 물품
주류, 담배	1인당 면세기준을 초과하는 주류, 담배, 향수. 다만, 만 19세 미만인 자(출생년도 기준)가 반입하는 주류 및 담배는 모두 신고
회사용품	상용물품과 수리용품, 견본품 등 회사용품
수입제한물품	총포·도검·화약류·분사기·전자충격기·석궁(부분품, 모의 또는 장식용 포함), 유독성 또는 방사성물질류 및 감청설비
	앵속·아편·코카잎 등 마약류, 향정신성 의약품류, 대마류 및 이들의 제품, 오·남용 우려 의약품류

구분	신고대상 물품
수출입금지물품	국헌·공안·풍속을 저해하는 서적·사진·비디오테이프·필름·LD·CD·CD-ROM 등의 물품. 정부의 기밀을 누설하거나 첩보에 사용되는 물품 위조·변조·모조의 화폐·지폐·은행권·채권·그 밖의 유가증권
검역대상물품	동물(고기·가죽·털 포함), 식물, 과일, 채소류, 살아있는 수산동물, 그 밖의 식품류, 농림축수산물(가공품 포함)
CITES 대상물품	「멸종위기에 처한 야생동·식물종의 국제거래에 관한 협약(CITES)」에서 보호하는 살아있는 야생 동·식물 및 이들을 사용하여 만든 제품·가공품 예시: ㉠ 호랑이·표범·코끼리·타조·매·올빼미·코브라·거북·악어·철갑상어·산호·난·선인장·알로에 등과 이들의 박제·모피·상아·핸드백·지갑·악세사리 등 ㉡ 웅담·사향 등의 동물한약 등 ㉢ 목향·구척·천마 등과 이들을 사용하여 제조한 식물한약 또는 의약품 등
지식재산권 대상물품	상표권 등 지식재산권 침해물품
재반입물품	일시 출국하는 여행자 및 승무원이 출국시 휴대반출 신고하여 반출했다가 재반입하는 물품
재반출물품	일시입국하는 여행자가 체류기간동안 사용하다가 출국시 재반출할 신변용품, 신변장식용품 및 직업용품
예치물품	우리나라에 반입할 의사가 없어 세관에 보관했다가 출국시 반출할 물품

(2) 면세와 과세

① 면세

Ⓐ 여행자휴대품의 전체과세가격에서 여행자 1명당 US$800을 면제한다. 이 경우 농림축수산물 및 한약의 면세범위는 1명당 면제금액에 포함한다.

Ⓑ 두 개 이상의 휴대품 취득가액 합계가 US$800을 초과하는 경우에 1명당 면제금액은 고세율 품목부터 적용한다.

Ⓒ 아래의 어느 하나에 해당하는 물품은 1명당 면제금액을 적용하지 아니한다. 주류, 담배, 향수, 상용물품, 수리용품·견본품 등 회사용품

Ⓓ 쿠리어 1명당 면세금액 US$150 이하

Ⓔ 여행자가 휴대품 또는 별송품을 자진신고하는 경우에는 15만 원을 넘지 않는 범위에서 해당물품에 부과될 관세의 100분의 30에 상당하는 금액을 경감할 수 있다.

| 표 11-3 | 휴대품면세범위

<table>
<tr><th colspan="2">구분</th><th>일반여행자</th><th>비고</th></tr>
<tr><td colspan="2">1인당 관세면제 범위</td><td>► 총 구입가격 US$800 상당
※ 선물 등 무상물품, 국내면세점 구입 후 재반입물품 포함</td><td>신변용품 및 신변장식용품으로서 1명당 면세금액 이내의 물품</td></tr>
<tr><td rowspan="7">추가 면세</td><td>주류</td><td>► 2병(2L 이하로서 US$400이하)</td><td>술 2병의 합계 용량 또는 총 가격이 면세범위를 초과한 경우라도 면세범위 내의 1병은 면세할 수 있으며 그 외 면세범위를 초과하는 구간에 있는 술은 전체 취득가격에 대하여 과세한다.</td></tr>
<tr><td>담배</td><td colspan="2">► 궐련 : 200개비(1보루), 엽궐련 50개비, 전자담배(궐련형 200개비, 니코틴 용액 20밀리리터, 기타유형 110g), 그 밖의 담배 250g,</td></tr>
<tr><td>향수</td><td colspan="2">► 60㎖ 또는 이에 준하는 부피 또는 중량 이내의 것(예: 60g, 2oz 등)</td></tr>
<tr><td>재반입물품</td><td colspan="2">세관장이 반출확인한 물품으로서 본인이 재반입하는 물품</td></tr>
<tr><td>재반출물품</td><td colspan="2">일시 입국하는 자가 본인이 사용하고 재수출할 목적으로 직접 휴대하여 수입하거나 별도 수입하는 신변용품, 신변장식용품 및 직업용품으로서 세관장이 재반출 조건부로 일시반입을 허용하는 경우</td></tr>
<tr><td>기증물품</td><td colspan="2">정부, 지방자치단체, 국제기구 간에 기증되었거나 기증될 통상적인 선물용품으로 세관장이 타당하다고 인정하는 물품</td></tr>
<tr><td>비거주자 직접 휴대</td><td colspan="2">스틸 및 활동사진 카메라, 슬라이드 또는 필름 프로젝터와 그 부속품, 망원경, 휴대용 테이프녹음기 및 CD재생기, 휴대용 라디오수신기, 휴대폰, 휴대용 TV세트, 휴대용 타자기, 휴대용 개인용 컴퓨터와 그 부분품, 휴대용 전자계산기, 유모차, 장애자용 휠체어</td></tr>
</table>

② 농림축수산물 및 한약재 등의 면세통관범위

농림축수산물 및 한약재 등의 면세통관 범위는 총량 40kg 이내, 전체 해외취득가격 10만원 이내. 단, 면세통관 범위내라 하더라도 「식물방역법」, 「가축전염병예방법」, 「수산동물 질병관리법」에 따른 검역대상물품은 검역에 합격된 경우에 한하여 면세통관 가능하다.

| 표 11-4 | 농림축수산물의 면세통관범위

품목	면세통관범위	품목	면세통관범위	기타
참기름, 참깨, 꿀, 고사리, 더덕	품목당 5kg	잣 쇠고기 돼지고기 기타	1kg 10kg 10kg 품목당 5kg	검역법 등 합격

| 표 11-5 | 한약재의 면세통관범위

품목	면세통관범위	기타
인삼(수삼, 백삼, 홍삼 등 포함), 상황버섯	300g	검역법 등 합격
녹용	150g	
기타 한약재	품목당3kg	

※ 단위당 용량 또는 중량이 면세기준을 초과하는 경우에는 면세통관범위를 인정치 아니한다.
(예 : 6kg들이 참기름 1병 휴대반입 시에는 모두 과세한다.)

| 표 11-6 | 한약의 면세통관범위(전체 해외취득가격 10만원 이내(10품목 이내)

품명	규격	단위	면세통관기준
모발 재생제	100ml	병	2
제 조 환	8g	병	20
녹용복용액	12앰플入	갑	3
활 락 환		알	10
다 편 환	10T入	갑	3
소 염 제	50T入	병	3
구 심 환	400T入	병	3
소 갈 한	30T入	병	3
인삼봉황	10T入	갑	3
삼 편 환		알	10
백 봉 환		알	30

※ 그 밖의 한약은 CITES 등 관련법령에서 반입을 제한하지 아니한 것으로 세관장이 타당하다고 인정하는 범위 내에서 면세통관을 허용한다.

③ 과세통관

녹용의 과세통관범위는 면세통관분을 포함하여 500g이다. 모시와 삼베는 면세통관을 불허하고 각 3필(규격 : 50cm × 6m)까지 과세통관을 허용한다.

2명 이상의 동반가족이 US$800을 초과하는 물품 1개 또는 1세트를 휴대반입할 경우 1명이 반입하는 것으로 간수한다. 자진신고한 여행자·승무원이 제시한 영수증 가격은 특별한 사유가 없으면 구입가격으로 인정하며, 영수증이 없는 경우에도 신고한 가격이 세관장이 특별히 낮은 가격이 아니라고 판단한 경우에는 이를 인정한다.

1명당 과세대상 물품 가격의 합계가 미화 1천 불 이하인 경우 단일간이세율 20% 적용한다. 1명당 과세대상 물품 가격의 합산총액이 미화 1천 불을 초과할 경우에는 초과분에 해당하는 물품의 전체가격에 대하여 물품별 간이세율을 적용하되, 여행자에게 유리한 품목부터 적용하며, 물품 1개 또는 1세트가 미화 1천 불을 초과할 경우에는 전체 가격 중 1명당 면세금액을 공제한 금액을 기준으로 물품별 간이세율을 적용한다.

협정관세를 적용할 때에는 협정문에서 정한 직접운송원칙에 따른 협정 당사국의 원산지 표시, 구매영수증 등을 확인할 수 있다.

(3) 미신고 가산세

모든 입국여행자 및 승무원이 신고 물품을 신고하지 아니한 경우 해당물품에 대하여 납부할 세액의 100분의 40에 해당하는 금액을 가산세로 징수한다. 반복적으로 자진신고를 하지 아니하는 경우 등 대통령령으로 정하는 사유에 해당하는 경우에는 100분의 60에 상당하는 금액을 가산세로 징수한다. 다만, 신고서를 작성하여 세관공무원에게 자진신고한 여행자 및 승무원의 경우 신고사항 이외에 추가로 신고대상물품이 발견되더라도 고의적인 은닉혐의가 없는 한, 가산세 부과를 하지 아니할 수 있다.

① 조사

Ⓐ 신고대상물품을 휴대한 여행자 및 승무원이 세관에 신고하지 아니하고 세관벨트 (Customs Belt)를 통과한 경우

Ⓑ 신고사항을 세관신고서에 기재하지 않았거나 허위로 기재한 경우

Ⓒ 신고대상 물품을 신체, 이중가방 또는 신변용품 등에 은닉한 경우

Ⓓ 그 밖에 세관장이 조사할 필요가 있다고 인정하는 경우

② 유치

Ⓐ 수입요령에 적합하지 아니한 물품이거나, 수입제한 물품으로 수입에 관하여 허가·승인·표시 그 밖의 요건이 구비되지 아니한 물품

Ⓑ 그 밖에 세관장이 유치할 필요가 있다고 인정하는 물품

③ 예치

여행자가 휴대반입한 물품 중에서 수입할 의사가 없는 물품은 예치할 수 있으며, 아래의 어느 하나에 해당하는 물품은 세관장이 타당하다고 인정하는 경우에 한하여 예치할 수 있다.

Ⓐ 우범여행자로 지정된 자의 물품

Ⓑ 국내반입을 목적으로 한 상용품이라고 인정되는 물품

Ⓒ 국내거주 내국인이 반입한 물품. 다만, 세관장이 여행자의 직업, 물품의 종류 등을 감안하여 예치하는 것이 합당하다고 인정하는 경우에는 예치를 허용할 수 있다.

Ⓓ 위험물품 및 손상변질이 우려되는 검역대상 농림축수산물 등

④ 유치, 예치물품 장치기간

Ⓐ 여행자가 휴대반입한 유치물품의 장치기간은 1개월로 하며, 예치물품의 장치기간은 예치 증에 기재된 출국예정시기에 1개월을 가산한 기간으로 한다.

Ⓑ 유치물품의 장치기간은 화주의 요청이 있거나 세관장이 필요하다고 인정하는 경우 1개월의 범위에서 연장할 수 있다.

Ⓒ 장치기간을 연장한 경우에는 유치물품 장치기간 연장신청서를 작성하여 세관장에게 제출하여야 하며, 신청서류는 우편, FAX, 전자우편으로 제출할 수 있다.

Ⓓ 유치물품 및 예치물품의 반출통고는 장치기간 만료시점에 한다. 유치 또는 예치될 때에 유치 또는 예치 기간 내에 수출·수입 또는 반송하지 아니하면 매각한다는 뜻을 통고한 경우에는 생략할 수 있다.

(4) 여행자휴대품의 원격지 통관

휴대품검사직원은 입국 현장에서 즉시 통관이 어려운 물품 중 긴급하게 통관해야 할 사유가 있는 경우에는 반입자에게 사후통관이 가능한 물품에 한하여 보세운송 후 거주지 인근세관에서 통관할 수 있는 원격지통관제도가 있음을 안내하고 원격지 통관 희망 여부를 확인하여야 한다.

① 원격지 통관 제한물품

ⓐ 수출입금지물품

ⓑ 보세운송에 타당하지 아니한 물품

ⓒ 그 밖에 세관장이 판단하여 보세운송신고수리(승인)함이 부적합하다고 인정하는 물품

② 원격지 통관의 특례적용대상

ⓐ 바이어 또는 반입자(화주)가 직접 보세운송하는 긴급물품
화주소유 운송수단으로 직접 보세운송하는 긴급물품

ⓑ 수출용 제조·가공에 필요한 원자재로서 긴급통관이 필요한 물품

ⓒ 수출물품의 성능보장기간 내에 해당물품의 수리 또는 검사를 위하여 긴급히 반입하는 물품

ⓓ 보세운송업자가 긴급보세운송을 요청하는 물품으로서 제출자료 등에 의하여 사유가 타당하다고 인정하는 물품

ⓔ 그 밖에 계약서 등 자료에 의하여 긴급히 통관할 필요가 있다고 세관장이 인정하는 물품

(5) 세금의 사후납부

① 대상자

휴대품 통관 시 세금을 사후 납부할 수 있는 자는 국내 거주자로서 반입한 휴대품을 자진 신고한 모든 내국인 여행자로 한다.

② 세금 사후납부 대상 제외

ⓐ 체납자

ⓑ 우범여행자

ⓒ 만 19세 미만인 자

ⓓ 그 밖에 세관장이 사후납부가 곤란하다고 인정하는 자

③ 세금사후납부의 신청

세금을 사후납부하려는 여행자는 휴대품 검사(통관)담당 공무원에게 전화번호, 주소 및 주민등록번호(또는 여권번호) 등의 체납관리에 필요한 정보를 제공하여야 한다.

3. 출국 절차

1) 휴대물품 반출신고

(1) 일시 출국하는 여행자 및 승무원이 출국 시 휴대하여 반출하였다가 입국 시 재반입할 귀중품 및 고가의 물품

(2) 면세판매자가 외국인관광객 등에게 판매한 면세물품

(3) 수출신고 수리된 물품으로서 여행자가 휴대반출하는 물품

(4) 법령에서 국외로 반출을 제한하는 물품

(5) 해외 수출상담·전시 등을 위하여 여행자가 휴대하여 반출하는 견본품으로서 세

관장이 타당하다고 인정하는 물품(다만, 환급대상물품, 귀금속류, 지급수단 및 「관세법」 제226조에 따른 세관장 확인대상 물품은 제외)

2) 재반출조건부 일시반입물품의 통관

(1) 대상 여행자의 범위 및 물품

ⓐ 외국에 거주하는 자로서 우리나라를 일시방문(여행목적이 일시적인 친지방문, 관광, 회의참석, 시찰 등)하는 자

ⓑ 우리나라 국적 소유자중 교포, 유학생, 해외지사 근무자 등 장기간(1년 이상) 해외에서 거주하고 있는 자

ⓒ 그 밖에 세관장이 인정하는 자

(2) 재반출 면세기간

여행자의 국내 체류기간을 감안하여 1년 이내로 하되, 재반출 기간은 최초 출국일까지로 한다. 다만, 세관장은 부득이한 사유가 있다고 인정되는 때에는 1년의 범위 내에서 연장가능하다.

세관장은 연장사유 등을 검토하여 타당하다고 인정될 경우 연장조치를 하여야 한다. 다만 반출기간을 연장하는 경우 그 연장 횟수에는 제한이 없으나 전체 연장기간은 1년을 초과할 수 없다.(예시; 최초의 재반출 면세기간을 3개월로 정하고, 부득이한 사유로 1년간 연장한 경우에는 더 이상 연장할 수 없다)

3) 지급수단 등의 수출입신고

(1) 신고대상

① 미화 1만 불을 초과하는 지급수단(대외지급수단, 내국통화, 원화표시 여행자 수표, 원화표시 자기앞수표)을 휴대수입하는 경우

② 국민인 거주자가 미화 1만 불을 초과하는 지급수단(대외지급수단, 내국통화, 원화표시 여행자 수표, 원화표시자기앞수표)을 휴대수출하는 경우

③ 제1호부터 제2호까지의 경우를 제외하고 지급수단 등(증권 등)을 휴대수출입하는 경우

(2) 거주자의 외국환 등 휴대반출

① 거주자란 국내거주 국민과 6월 이상 국내에 머물고 있는 외국인 등임

② 거주자가 1만 불 초과 외국환 등을 휴대반출하고자 하는 경우에는 공항에 나오기 전에 외국환은행장 또는 한국은행총재에게 신고하여야 함

③ 아래의 경우 사전에 지정 외국환은행장에게 신고를 하고 출국시 관계기관(세관, 보안검색 업체 등)이 이를 확인하기 위하여 증빙서류를 요구하면 교부받은 「외국환신고필증」을 제시하여야 함

Ⓐ 1만 불을 초과하는 해외체재비(30일 초과시), 해외유학경비(6월 이상), 해외이주비, 외국인거주자의 해외여행경비, 여행사가 외국의 숙박업자, 여행사 등에 지급하는 해외여행경비

Ⓑ 금액에 관계없이 물품수리비, 광고제작비, 외국인거주자가 국내에서 취득한 보수 또는 소득 등

※ 거주자가 입국 시 휴대반입하여 신고한 1만 불 초과 외국환 등을 다시 반출하고자 할 경우에도 위와 동일한 방법으로 「외국환신고필증」을 발급받아야 한다.

Ⓒ 1만 불을 초과하는 일반해외여행경비, 해외체재비, 해외유학경비를 외국환은행장이 확인한 금액이외 추가로 1만 불 이상 반출시 출국시 세관장에게 신고만 하면 반출할 수 있다.

(3) 비거주자의 외국환등 휴대반출

① 비거주자가 외국환등을 휴대반출할 수 있는 범위는 매우 제한된다.

② 비거주자란 해외거주 외국인과 2년 이상 해외에 머물고 있는 국민 등을 의미함

③ 최근 입국 시 휴대반입한 범위내 반출시(최초 반출시에만 인정), 외국환은행장이 확인한 매각실적 범위내 반출시, 카지노에서 획득한 수익금 반출시 경우만 반출할 수 있다.

④ 지정거래 외국환은행을 통하여 송금 : 비거주자가 국내에서 고용, 근무, 자유업 영위에 따라 취득한 보수 또는 소득

(4) 외국환 반출입 미신고시는 처벌

① 신고를 하지 않고 반출입하다 적발 시에는 신고누락, 불법자금조성, 재산해외도피, 자금세탁, 환치기 등 불법혐의에 대한 관계기관의 조사를 받게 되며,

② 조사 및 처리방향 결정에 상당한 시간이 소요되어 예약항공기를 탑승할 수 없을 뿐만 아니라 관련법에 따라 엄중한 처벌을 받을 수 있다.

4) 문화재 국외반출허가 업무처리 개요

(1) 대상: 보물·천연기념물 또는 중요 민속자료, 일반 동산문화재 등

(2) 허가기관: 문화재청장 단, 반출한 날로부터 2년 이내에 다시 반입할 것을 조건으로 하고, 문화재청장은 국가지정문화재의 국외반출을 허가하고자 할 때에는 문화재위원회와 국무회의의 심의를 거쳐야한다.

(3) 허가요건: 국외로 수출 또는 반출할 수 없으나, 국외전시 등 국제적 문화교류를 목적으로 문화재청장의 허가를 받은 경우에 한하여 반출할 수 있다.

(4) 위반시 처벌규정

① 지정 또는 국가지정 문화재를 국외로 수출 또는 반출하거나 반출한 문화재를 기한 내에 다시 반입하지 아니한 자: 5년 이상 유기징역, 문화재 몰수

② 일반 동산문화재를 국외로 수출 또는 반출하거나 반출한 문화재를 기한 내에 다시 반입하지 아니한 자: 3년 이상 유기징역, 문화재 몰수

제 4 절 이사물품 통관

1. 이사물품의 의의

우리나라로 거주를 이전하기 위하여 입국하는 자가 입국하는 때에 수입하는 이사물품으로서 거주이전의 사유, 거주기간, 직업, 가족수, 기타의 사정을 고려하여 세관장이 타당하다고 인정하는 물품은 면세할 수 있다.

이사물품은 내국인 이사자로서 외국에서 다른 외국으로 주거를 이전하면서 이전하는 나라에서 사용할 필요가 없어 우리나라로 송부한 물품, 우리나라 국민이 외국에서 사망함에 따라 송부되어 오는 본인이 사용하던 물품 등도 이사물품의 범위에 포함된다.

1) 이사자 인정기준

| 표 11-7 | 이사자 인정기준

구분	내국인/외국인	거주기간
이사자	우리나라 국민	- 1년 이상 거주한 자 - 가족동반하여 6월 이상 거주한 자
	외국인 또는 재외 영주권자	- 1년 이상 거주하려는 자 - 가족 동반하여 6월 이상 거주하려는 자
단기 체류자	우리나라 국민	- 3월 이상 1년 미만 거주한 자
	외국인 또는 재외영주권자	- 3월 이상 1년 미만 거주할 자

(1) 거주기간 확인

① 우리나라 국민은 여행자 정보시스템 또는 행정정보 공동이용 업무 포탈을 통하여 출입국 일자를 확인하는 것을 원칙으로 하며, 이사자 등이 출입국사실증명서를 미리 발급받아 제출하는 경우에는 제출서류로 확인

② 재외 영주권자는 취업을 위한 입국시 고용계약서, 영구귀국을 위한 입국시 외교부장관이 발행한 여권실효 확인서 등으로 확인

③ 외국인은 출입국관리 사무소장이 발행하는 외국인등록증(발급되기 전인 때에는 VISA) 또는 국내 고용계약서 등으로 확인

(3) 이사물품 인정수량

| 표 11-8 | 이사물품 인정수량

가족수	인정수량
1~2명	1개
3~4명	2개
5~8명	3개
9~12명	4개

(4) 이사물품 반입기간

① 이사물품으로 인정받기 위해서는 이사자가 입국한 날부터 6개월 이내에 우리나라에 도착(해당 이사물품을 적재한 선박이나 항공기의 입항일)하여야 한다.

② 입국 후 영주권을 포기하는 재외 영주권자, 귀화자 또는 국적회복자의 이사물품은 아래의 어느 하나에 해당하는 날부터 6개월 이내에 우리나라에 도착하여야 한다.

ⓐ 입국 후 영주권 포기자 : 영주권 포기일

ⓑ 귀화자 : 외국국적 말소일 또는 우리나라 국적 취득일

ⓒ 국적 회복자 : 국적 회복일 또는 외국국적 상실일

(5) 세관장은 아래에 해당하는 경우에는 이사자가 입국한 날부터 6개월을 경과하여 우리나라에 반입하는 물품을 이사화물로 인정할 수 있다.

① 거주지에서의 천재지변, 운항선사의 부도 등 부득이한 사유가 인정되는 경우

② 6개월의 기간이 경과하고도 거주지에서 일정기간 거주한 사실이 인정되는 경우

③ 그 밖에 세관장이 타당하다고 인정하는 경우

(6) 과세대상물품

표 11-9 과세대상물품

번호	과세대상물품	비고
1	선박	사용여부 불문
2	항공기	
3	보석, 진주, 별갑, 산호, 호박, 상아 및 이를 사용한 제품으로서 개당 과세가격이 200만 원 이상인 것	
4	자동차(이륜자동차 포함. 단, 배기량 50CC 미만의 것 제외)	
5	통상적으로 가정용으로 인정되는 것으로서 우리나라에 입국하기 전에 3월 미만 사용한 물품	
6	이사자 등의 가족수, 직업 및 거주기간 등을 고려하여 인정범위를 초과하는 물품	사용여부 불문. 화주에게 유리하게 적용

2) 자동차 통관시 기준

(1) 수입승인 없이 이사화물로 통관할 수 있는 자동차는 다음 각 호의 요건을 충족하여야 한다. 이 경우 자기인증, 배출가스 및 소음인증 면제는 관련 법령에 따른다.

① 「자동차관리법」 제3조에 따른 승용자동차 또는 이륜자동차

② 이사자(동반가족이 있는 경우 동반가족) 명의로 등록하여 3개월 이상 경과한 것

③ 이사자(동반가족이 동일세대를 구성한 경우 포함) 가구당 1대

(2) 자동차 보유기간의 계산(선적일이 입국일보다 7일 이상 빠른 경우 선적일 적용)

① 전거주지에서 이사자 본인 또는 동반가족 명의로 등록한 날(임시등록일을 포함)부터 등록명의인의 입국일까지의 기간

② 동반가족 중 일부가 등록명의인보다 늦게 입국하면서 자동차를 반입한 때에는 그 입국일

(3) 보유기간의 확인은 자동차등록증(임시등록증 포함) 또는 소유증명서에 의하며, 거주한 국가별 특성에 따라 그 밖의 자동차 등록사항을 확인할 수 있는 서류가 있는 때에는 그에 따른다.

3) 과세가격의 결정

(1) 이사물품 또는 단기체류자 반입물품의 과세가격은 「수입물품 과세가격 결정에 관한 고시」에 따르며, 제4조제2항에 따른 인정범위를 초과한 과세대상 이사물품에 대해서는 다음의 기준을 적용할 수 있다.

① 사용기간이 3월 미만인 인우 : 신품가격의 80%

② 사용기간이 6월 미만인 경우 : 신품가격의 60%

③ 사용기간이 6월 이상, 1년 미만인 경우 : 신품가격의 40%

④ 사용기간이 1년 이상인 경우 : 신품가격의 20%

(2) 자동차의 과세가격은 정기적으로 발행되는 자동차 가격에 관한 책자에 게재된 신차가격(List Price)에서 사용으로 인한 가치감소분을 공제한 후 운임 및 보험료를 포함한 가격으로 한다. 다만, 객관적으로 입증할 만한 실제 구입가격 자료를 제시하는 때에는 그 가격을 인정할 수 있다.

2. 이사물품 통관

1) 이사물품 반입내역서의 작성

① 이사자 또는 단기 체류자

② 이사자 등의 동반가족

③ 이사자 등의 위임을 받은 자 또는 가족관계증명서 등으로 가족임이 입증된 자

2) 제출서류

① 수입신고서

② 이사물품 반입내역서

③ 포장명세서

④ 선하증권(B/L) 또는 항공화물운송장(Airway Bill)
⑤ 거주기간 확인 서류
⑥ 자동차 관련 서류
⑦ 입국시 휴대반입(별송품 포함) 신고한 서류(휴대반입신고가 있는 경우에 한함)
⑧ 그 밖에 세관장이 필요하다고 인정하는 서류

3) 세금납부

① 관세를 납부하여야 하는 이사물품 등에 대하여는 수입신고 수리 후 납부 원칙이다.
② 수입신고 수리 전에 세액을 납부하여야 한다.
ⓐ 수입신고일부터 2년 이내에 법 위반으로 처벌받은 사실이 있는 자
ⓑ 수입신고일부터 2년 이내에 관세 등 제세의 체납이 있는 자
ⓒ 납부해야 할 관세 등 세액이 200만 원을 초과하는 자
ⓓ 세관장이 이사자등의 직업, 국내 거주지 등을 고려하여 사후납부가 곤란하다고 인정하는 자
③ 이사자 등은 납세고지를 받은 날로부터 15일 이내에 납부하여야 한다.
④ 세관장은 이사자 등이 납부기한까지 세금을 납부하지 아니한 때에는 법 제41조에 따라 가산금을 부과하여 납부를 독촉하여야 하며, 체납자에 대한 독촉장의 송달을 완료한 때에는 체납처분을 하는 서울세관장 또는 부산세관장에게 체납내역을 즉시 통보하고 관련서류를 송부하여야 한다.

4) 가산세 징수

세관장은 이사자등이 과세대상 물품을 수입신고 시 신고하지 아니하여 과세하는 때에는 해당 물품에 대하여 법 제241조제5항에 따라 납부할 관세 등의 100분의 20에 상당하는 금액을 가산세로 징수한다.

5) 자체조사 및 고발의뢰

① 이사자 등이 다음 각 목의 어느 하나에 해당하는 물품을 반입하고 신고하지 아니한 경우
ⓐ 타인의 의뢰를 받아 반입하는 물품
ⓑ 개인용 또는 가정용으로 적합하지 아니한 물품
ⓒ 물품의 종류·수량으로 보아 판매할 것으로 인정되는 물품

ⓓ 가족수에 비해 과다하게 반입하는 물품

ⓔ 「통합공고」 제12조제2항에 해당하는 물품으로서 신고하지 아니하거나 요건확인을 받지 않은 물품

② 이사물품 반입내역서의 기재사항 중 세액결정에 영향을 미치는 중요한 사항을 허위로 기재한 경우

③ 운송업자가 이사물품 등과 제3자의 물품이나 상용물품을 혼적하거나 은닉하여 운송한 경우

④ 그 밖에 세관장이 물품의 수량, 포장방법, 신고내용 등으로 보아 법령 위반 여부를 조사할 필요가 있다고 인정하는 경우

3. 이사물품으로 적합하지 아니한 물품

| 표 11-10 | 이사물품으로 적합하지 아니한 물품

구분	예 시
1. 타인의 의뢰를 받아 반입하는 물품	
2. 개인용 또는 가정용으로 적합하지 아니한 물품	예) 인쇄기, 대형복사기, 대형 식기세척기 등 상업용으로 사용 될 것으로 추정되는 물품, 자동차 제조사에 의해 생산되지 않은 조립형 자동차(Kit Car) 등
3. 직업에 적합하지 아니한 물품	예) 직업(전공학생 포함)과 관계없이 반입하는 그랜드피아노(베이비 그랜드 피아노 제외) 등 고급악기, 작품제작용 비디오카메라, 영사기, 현상기 등
4. 이사자수에 비해 과다하게 반입하는 물품	예) 가족을 동반하지 아니한 남성의 과다한 여성용 물품 또는 과다한 모피의류 반입 등
5. 기타 물품	세관장이 이사물품으로 인정하기가 곤란하다고 판단한 물품

제5절 COB(Courier On Board) 화물 통관

1. COB 화물 통관 의의

COB(Courier On Board) 화물 통관이란 세관장에게 등록한 COB업체가 고용한 쿠리어(courier)가 항공기 또는 선박 등을 이용하여 휴대반입하는 상업서류 및 기타 견품으로서 선적서류, 계약서, 보고서, 인쇄물, 업무용 CD, 사진, 도표 등 관세 및 내국세가 무세인 물품, 수출입관련 견품, 수출용견품 제작용 원재료 및 하자보수용 물품으로서 긴급을 요하는 물품임이 송품장, 사유서 등에 의하여 확인되고 세관장이 이를 인정하는 물품에 대한 검사 및 수입통관을 말한다.

2. COB물품의 통관

1) COB물품의 검사선별

COB업체는 검사개시 1시간 전에 물품명세서를 전송하여야 하며, 검사직원은 전송된 물품명세서를 조회하여 C/S 기준에 따른 검사선별 및 수작업 검사선별 한 후 물품명세서를 출력하여 실제 반입물품과 대조하면서 개장검사 하여 이상유무를 확인한다.

2) 물품검사

(1) X-RAY 투입

① 개장검사한 물품 등 물품전량을 X-RAY에 투입하여 투시검사

② COB화물검사 직원이 직접수행하며 일부 우범노선(대련,연태) 물품에 대해서는 감시과 X-RAY기능직 직원의 지원을 받아 집중검사

③ 투시결과 확인필요성 있는 물품은 정밀개장검사 실시

④ 출력된 물품명세서와 실제물품을 개장하여 대조하여 우범지역에서 들어온 화물여부 확인, 수하인이 개인여부 확인, 위조신분증 또는 여권 확인, 성분미상의 약 확인, 안보위해물품 여부 확인, 선적서류, 계약서, 보고서, 인쇄물, 사진, 도표 등 관세 및 내국세가 무세인물품은 면세검사를 실시, 유치 및 면세여부를 판단

(2) 유치대상물품

① 견품으로 인정하기 곤란하거나 신고가격을 그대로 인정하는 것이 불합리한 경우 유치

② 과세가격 미화 250불을 초과하는 견품 유치
③ 수출용견품 제작용 원재료 및 하자보수용 물품으로 긴급을 요하는 물품임이 송품장, 사유서등에 의하여 확인되고 세관장이 이를 인정하는 물품 유치
④ 안보위해물품 유치
⑤ 마약류등 물품

3) 유치서 발행 및 검사결과등록

검사결과 과세대상 등의 사유로 유치시 유치서를 발급하며 검사결과를 등록한다.

3. COB물품의 수입통관

유치된 COB 물품 중 수출용 견품 제작용원재료 등 관세환급을 받을 물품은 일반화물로 취급하여 EDI 수입통관 절차에 따라 처리한다.

(1) 과세가격이 미화 250불을 초과하는 견품과 하자보수용 물품으로서 세관장이 COB화물로 인정하는 경우에는 휴대품 유치서에 의거 간이통관한다. 다만, 화주 요청시 EDI 수입통관 절차에 의한다.

(2) 「수입통관사무처리에관한고시」에 따라 통관업무를 처리한다.

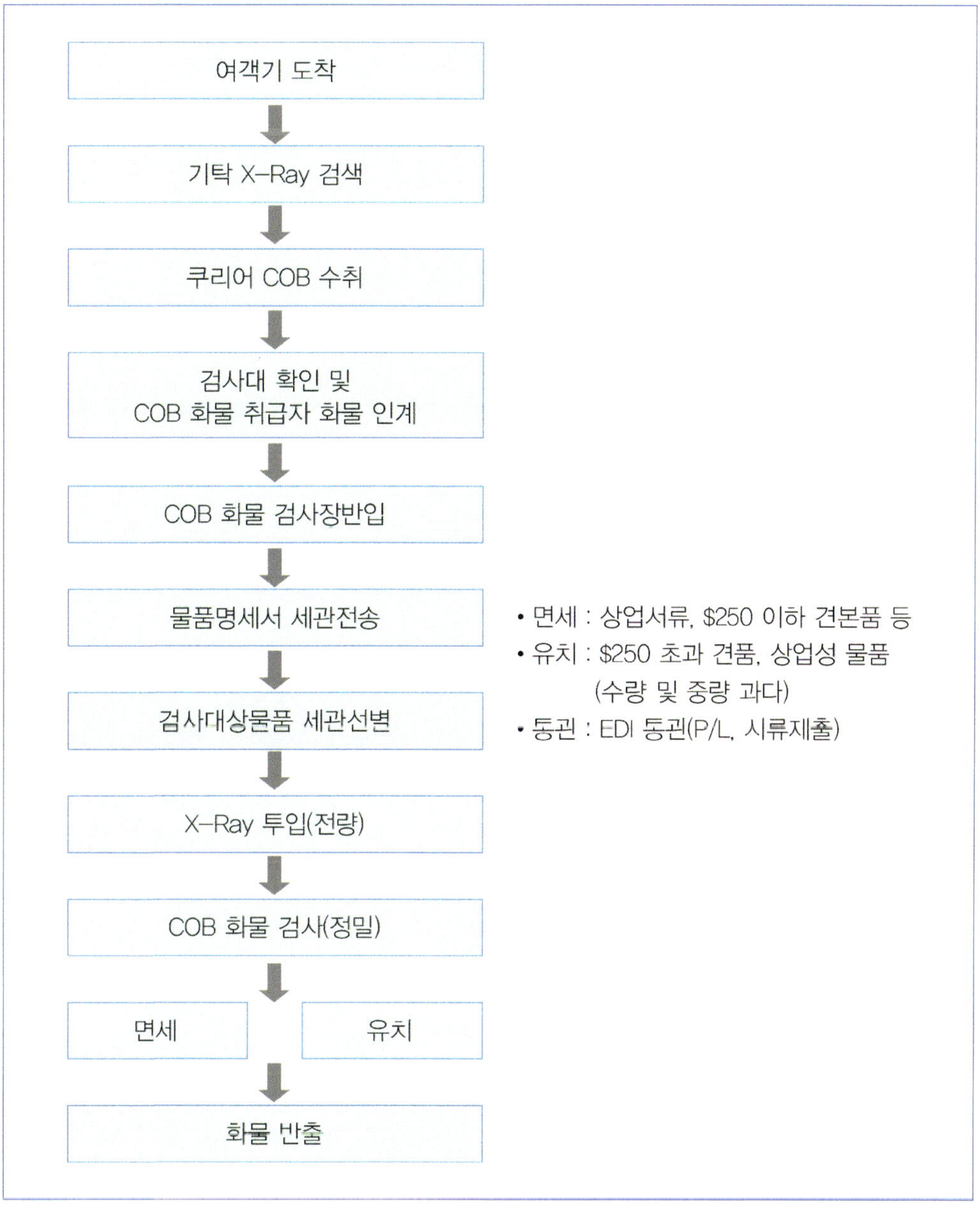

| 그림 11-2 | COB 화물 통관업무 흐름도

Chapter

12 FTA 실무

제1절 자유무역협정의 개요

1. FTA 의의

자유무역협정(FTA : Free Trade Agreement)은 상품 및 서비스 교역에 있어 관세와 기타 무역장벽의 제거를 통해 체약국간 자유무역을 실현하기 위한 자유무역협정으로서 가장 느슨한 형태의 지역경제통합 형태이며, 지역무역협정(RTA: Regional Trade Agreement)의 한 종류이다.

전후의 국제무역질서는 GATT가 중심이 되어 이루어져 왔으나 GATT의 태생적 한계와 국제기구의 활동 및 그 절차를 규정하는 기본규정을 결여하고 있었기 때문에 이를 바로잡기 위한 노력이 수차례 시도되다가 1994년 우루과이 라운드에서 타결됨으로써 GATT는 WTO체제로 전환되었다.

자유무역협정은 GATT 제24조가 규정하고 있는 관세동맹 및 자유무역지대 중 자유무역지대에 속하는 것으로서 특정국가에 대하여서만 관세를 철폐하는 것이므로 WTO의 기본원칙의 하나인 최혜국대우원칙에 정면으로 배치된다.

그러나 실질적인 모든 무역을 대상으로 관세 및 기타 상업적 제한을 합리적 기간내 철폐하며 역외국에 대한 관세 및 기타 상업적 제한이 협정체결 전보다 더 후퇴하지 않는다는 몇 가지 조건을 충족할 경우 예외적으로 FTA를 허용하고 있다.

1990년대 이전에 체결된 FTA는 무역자유화를 위한 관세철폐, 원산지규정, 통관절차 등의 규범들이 주류를 이룬 반면, 1990년대 이후에는 관세철폐는 물론이고 서비스, 투자, 경쟁, 지식재산권 등 포괄적인 경제협력 분야까지 확대되어 가는 추세이다.

우리나라는 2004년 최초로 칠레와의 FTA를 체결하였으며 이후 동시다발적으로 많은 나라와 협정을 맺었고 특히 EU, 미국, 중국 등 거대 경제권과의 FTA 체결은 경제영토 확장에 크게 기여하고 있다.

2023년 5월 현재 우리나라는 다수의 국가 및 지역공동체와 협정을 맺고 있으며(〈표 12-1〉 참조), 전체 수출의 70% 이상이 FTA를 차지할 정도로 FTA 발효국에 대한 수출 의존도는 갈수록 높아지고 있다.

| 표 12-1 | 우리나라 FTA 체결 현황

상대국	발효	의의
칠레	2004.4.1	최초의 FTA, 중남미 시장의 교두보
싱가포르	2006.3.2	아세안 시장의 교두보
EFTA(4개국)	2006.9.1	유럽시장의 교두보
아세안(10개국)	2007.6.1(국가별 상이)	제2의 교역대상
인도	2010.1.1	BRICs 국가, 거대시장
EU(28개국)	2011.7.1	세계 최대 경제권
페루	2011.8.1	자원부국, 중남미 시장의 교두보
미국	2012.3.15	거대 선진 경제권
터키	2013.5.1	유럽·중앙아 진출 교두보
호주	2014.12.12	자원부국, 오세아니아 주요시장
캐나다	2015.1.1	북미선진시장
중국	2015.12.20	우리의 제1위 교역대상
뉴질랜드	2015.12.20	오세아니아 주요시장
베트남	2015.12.20	우리의 제4위 투자국
콜롬비아	2016.07.15	자원부국, 중남미 신흥시장
중미(5개국)	2021.03.01	중미 신시장 창출
영국	2021.01.01	브렉시트 이후 한·영 통상관계 지속
RCEP	2022.02.01	동아시아 경제통합 기여
이스라엘	2022.12.01	창업국가 성장모델
캄보디아	2022.12.01	동남아 시장 진출 확대
인도네시아	2023.01.01	동남아 시장 진출 확대 기여

그러나 FTA 체결에 따른 관세혜택은 그저 누리는 것이 아니라 까다로운 원산지규정과 절차를 이행해야 하는 실무적 과제를 안고 있는 만큼 정확히 각 협정에 대한 이해와 준비로 사후 검증에 따른 불이익을 받지 않도록 하는 것이 중요하다.

- EFTA : 스위스, 노르웨이, 아이슬란드, 리히텐슈타인
- 아세안 : 말레이시아, 싱가포르, 베트남, 미얀마, 인도네시아, 필리핀, 브루나이, 라오스, 캄보디아, 태국
- EU : 오스트리아, 벨기에, 체코, 키프로스, 덴마크, 에스토니아, 핀란드, 프랑스, 독일, 그리스, 헝가리, 아일랜드, 이탈리아, 라트비아, 리투아니아, 룩셈부르크, 몰타, 네덜란드, 폴란드, 포르투갈, 슬로바키아, 슬로베니아, 스페인, 스웨덴, 불가리아, 루마니아, 크로아티아
- RCEP(역내포괄적경제동반자협정) : 한국, 아세안(10개국), 중국, 일본, 호주, 뉴질랜드

2. 지역경제통합의 형태

1) PTA(특혜무역협정, Preferential Trading Arrangement)

교역상의 특혜가 일방적이든 상호적이든 일부 국가에만 주어지는 형태의 모든 통상협정으로서 지역을 기반으로 하는 RTA, 가맹국간의 관세를 비롯한 무역장벽을 상호 철폐하는 FTA보다 넓은 개념이다.

2) SECA(경제보완협정, Strategic Economic Complementation Agreement)

FTA보다 교역자유화 수준이 다소 낮은 형태의 경제협정(한-멕시코 SECA)이다.

3) CEPA(포괄적 경제동반자관계, Comprehensive Economin Partnership Agreement)

상품의 관세인하, 비관세장벽 제거 등 요소를 포함하면서 무역원활화 및 여타 협력 분야 등에 중점을 두고 있는 협정으로 그 내용에 있어서 기본적으로 FTA로 볼 수 있다.(한-인도 CEPA)

4) EPA(경제연계협정, Economin Partnership Agreement)

상품의 관세인하, 비관세장벽 제거 등의 요소를 포함하면서 무역원활화 및 여타 협력분야 등에 중점을 두고 있는 협정이다.(일본-멕시코 EPA)

5) RCEP(역내포괄적경제동반자협정, Regional Comprehensive Economic Partnership)

RCEP은 세계경제 성장을 이끌고 있는 아시아 지역에서 출범한 세계 최대 메가 FTA이다. RCEP를 주도한 국가는 중국이다. 협정문은 총 20개 장으로 구성되어 있으며, 2007년에 발효된 한·ASEAN FTA에는 사실상 전무했던 전자상거래, 경쟁, 정부조달, 기술무역장벽 등의 통상규범들을 독립적인 장으로 포함되었다.

3. FTA의 경제적 효과

1) 무역창출 효과(Trade Creation Effects)

회원국 간에 상품, 서비스의 교역 및 투자가 체결전보다 확대되는 효과(관세인하 효과)

2) 무역전환 효과(Trade Diversion Effects)

비회원국간의 교역 및 투자가 감소하고 FTA 회원국 간의 교역이 확대되는 효과

4. WTO와 FTA의 관계

FTA는 양당사국 또는 지역 간의 협정으로 다자간 자유무역체제인 WTO의 이념인 최혜국 대우(MFN, Most Favoured Nation Treatment) 원칙과는 배치된다.

즉, WTO 관세율은 회원국에게 동일한 관세특혜를 부여하고 있는데 반해 FTA는 협정별로 관세율이 차별화되며 양 당사국에만 적용된다. 그런 만큼 상품수입에 대한 관세는 WTO 협정세율보다는 FTA 세율이 유리하다.

표 12-2 | WTO와 FTA 협정세율 적용상의 차이점

구분	WTO	FTA
관세율	높다	낮거나 없다
협정신청	필요 없다	있다
원산지증명서	필요 없다	있다
직접운송원칙	필요 없다	있다
원산지결정기준	없다	있다
사후검증	없다	있다

그러나 WTO 관세율은 회원국이라는 조건만 성립하면 어떤 절차나 신청없이 협정세율이 적용되는데 반해 FTA 관세율은 적용신청을 하여야 하며 협정에서 정한 제반 요건을 충족하는 원산지증명서 등 필요서류가 있어야 하고 관세율 혜택에 대한 사후 검증까지 함으로서 보다 엄격한 절차와 혜택에 대한 책임이 뒤따른다.

이러한 까다로운 절차와 사후검증은 필수적으로 시간과 비용, 인력이 소요되며 그런 측면에서 스파게티 볼이라는 FTA에 대한 부정적 의견과 한편으로 FTA 신청 기피가 나타나기도 한다.

제2절 원산지 결정기준

모든 FTA 협정에서의 기본적인 원산지 결정기준은 완전생산기준과 실질적 변형기준 두 가지로 나누며 한 국가에서 완전생산된 제품이 아닌 경우 실질적 변형기준을 적용하여 원산지를 결정하게 된다.

실질적 변형기준에는 세번변경 기준, 부가가치 기준, 가공공정 기준, 이를 조합한 기준을 주로 사용하며 대부분의 FTA에서 이중 어떤 기준을 적용할지는 협정문 부속서에 품목별 적용기준을 따라 정하고 있으며 이를 품목별 기준(PSR: Product Specific Rules)이라고 한다.

실질적 변형기준을 보충하기 위하여 불인정공정, 누적기준 등의 일반적. 보충적 기준(General Rules) 등이 있으며 원산지 결정기준을 충족한 물품이라 하더라도 협정 상대국으로부터 직접 운송된 물품에 한하여 협정관세를 적용하는 직접운송원칙이 있다.

1. 완전생산 기준

당해 물품의 전부를 완전히 생산. 가공 또는 제조한 나라를 원산지로 인정하는 기준으로 완전생산 기준이 적용되는 물품은 주로 광산물, 농수산물 등이 대부분이며 공산품에 적용되는 경우도 있다.

유형으로는 1국 완전생산품, 역내 완전생산품, 완전생산 간주물품 등이 있다.

2. 실질적 변형기준

1) 품목별 기준(PSR: Product Specific Rules)

어떤 물품의 생산이 2개국 이상에서 이루어진 경우 당해 물품의 실질적 변형이 이루어진 국가가 원산지 지위를 부여받게 되는 것을 말하며 세계 주요 FTA에서는 세번변경기준, 부가가치 기준, 가공공정 기준을 주로 사용하고 있다.

이 중 선택적으로 사용하는 선택기준, 두 가지 이상 기준을 모두 충족해야 원산지를 인정하는 조합기준이 있다.

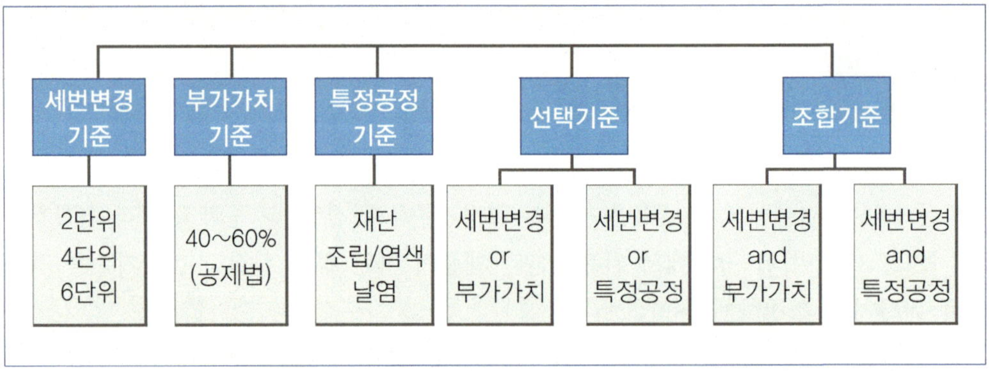

| 그림 12-1 | 우리나라 FTA의 품목별 원산지 결정기준(개별기준) 체계

2) 세번변경 기준

당해 물품의 생산에 사용된 원재료 또는 부품의 세번과 일정수준 이상 상이한 세번의 제품을 생산한 국가를 원산지로 인정하는 기준이다.

다른 기준보다 객관적이고 예측 가능성이 높아 FTA에서 가장 보편적으로 사용되고 있으며 일반적으로 국내 경쟁력이 취약한 농수산물 또는 민감 산업물품의 경우 2단위 또는 4단위 위주의 비교적 엄격한 원산지 기준이 적용된다. 수출경쟁력이 뛰어난 물품의 경우 6단위 변경기준을 사용하기도 한다.

HS 품목분류 체계가 지니는 한계로 인해 물품의 특성에 따라 세번변경 기준과 부가가치 기준을 선택적으로 적용하거나 조합하여 적용하는 품목도 많으며 세번변경 기준을 사용하는 때에도 특정 호 또는 소호에 해당하는 재료를 사용한 경우에는 원산지를 불인정하는 방식을 사용하기도 한다.

세번변경 기준은 HS의 국제적 인정기준인 6단위를 류별, 호별, 소호별로 2단위, 4단위, 6단위 변경하는 기준을 말한다.

2단위 변경기준(CC: Change of Chapter)이란 '류'의 변경으로 '류'는 상품을 군별로 구분한 것으로 예를 들어 산동물인 소는 제1류에 속하지만 소고기는 제2류에 속한다. 1류를 2류로 변경하기 위해서는 도축과정을 거쳐야 한다.

4단위 변경기준(CTH: Change of Tariff Heading)이란 동일류 내 품목의 종류별. 가공도별로 분류를 한 것으로 열간압연평판(HS7208)을 냉간압연하여 냉간압연평판(HS7209)으로 변경하는 것을 말한다.

6단위 변경기준(CTSH: Change of Tariff Subheading)이란 동일호내에서 품목의 용도·기능에 따라 세분화한 것으로 볼(HS8482.91)에서 베아링(HS8482.10)으로 변경되는 것을 말한다.

통상 2단위 변경기준이 가장 엄격하며, 6단위 변경기준이 비교적 완화된 기준으로 볼 수 있으며 세번변경 기준을 충족하더라도 단순·경미한 공정은 불인정한다.

표 12-3 세번변경기준 적용사례(예시)

o 중국에서 양식진주를 수입하여 이리귀금속단지에서 완제품 진주목걸이를 제조하여 싱가포르로 수출

① 제품 및 구성재료 내역

구분	품명	HS	원산지
완성품	진주목걸이	7116.10	
재료	양식진주	7101.22	중국
	걸쇠	–	한국
	스트링	–	한국

* 한국산 재료는 세번변경 여부를 확인할 필요가 없으므로 HS 기재 생략

② 한-싱가포르 FTA 원산지 결정기준

HS	원산지 결정기준
7116.10	다른 호에 해당하는 물품에서 제7113호 내지 제7118호에 해당하는 물품으로 변경된 것

③ 원산지 결정

비원산지재료가 HS 7101호에서 7116호로 변경되었으므로 원산지 결정기준 충족

3) 부가가치 기준

부가가치 기준(Value Contents Criterion)은 불완전 생산품에 대한 원산지 결정기준의 한 종류로서 역내에서 일정한 수준의 부가가치가 창출된 경우에 원산지물품으로 인정하는 것이다.

요구되는 부가가치 수준은 각국의 품목별, 경쟁력을 기초로 정해진다. 경쟁력이 강한 품목은 비율을 낮게 정하여 수출을 촉진하고, 경쟁력이 낮은 품목은 비율을 높게 정해 수입을 억제하기 위함이다.

부가가치는 상품과 그것을 구성하는 재료의 가격, 제조경비, 이윤 및 일반경비 등을 기초로 하기 때문에 다른 기준에 비하여 적용이 복잡하고 이해관계자 간의 마찰 소지도 많다. 특히 어떤 상품의 역내 부가가치 수준이 임계선에 가까운 경우 제조경비, 이윤 또는 일반경비를 조정하여 기준을 충족한 것으로 만들 수 있고, 상품 또는 재료의 가격 등락 또는 환율의 변동에 따라서도 원산지가 수시로 바뀔 수 있기 때문이다.

부가가치를 정하는 방식은 특정국가에서 발생한 부가가치가 일정비율 이상인 역내부가가치방식(Regional Value Content: RVC)과 특정국가 이외의 국가에서 생산된 원재료의 가치가 일정비율 이하일 것을 규정하는 비원산지재료가치방식(Import Material Content: MC)이 있다.

▌표 12-4 ▌ 부가가치기준 단계별 원가구성

직접재료비 = 역내산재료비(VOM) + 역외산재료비(VNM)
직접원가 = 직접재료비 + 직접노무비
제조원가 = 직접원가 + 제조간접비
순원가 = 제조원가 + 판매비와 일반관리비
※ 로얄티, 운송비, 포장비, 비허용이자, AS비용, 마케팅비용 제외
총원가 = 순원가 + 판매비와 일반관리비
공장도가격(EXW) = 총원가 + 목표이익
FOB = EXW+ 기타경비(보험료 등) + 국내운송비

○ 직접재료비
- 특정 제품 생산시 투입된 원재료 중 추적 가능한 원가
예) 자동차 생산시 투입된 엔진 원가, 라면 생산시 투입된 밀가루 원가
* VNM : Value of Nonoriginating Materials
* VOM : Value of Originating Materials

○ 직접노무비
- 특정 제품 생산시 투입된 노무비 중 직접적으로 추적 가능한 원가
예) 제품 생산 라인에 직접 참여한 생산직 종업원의 급여

○ 직접경비
- 특정제품에 직접 투입된 비용 중 직접재료비, 직접노무비를 제외한 원가
예) 해당 제품의 설계비, 특허사용료

○ 직접원가
- 제품 생산에 직접적으로 사용하여 추적이 가능한 원가

○ 제조간접비
- 제품 생산에 투입된 원가 중 추적이 불가능한 원가
1) 간접재료비 : 윤활유, 통합제조공정에 사용된 소모성 공구 비용 등
2) 간접노무비 : 공장장 등 공장전체 업무를 보는 직원의 임금 등
3) 간접경비 : 가스, 수도료, 전기료, 공장전체의 감가상각비 등

○ 제조원가
- 제품 생산에 투입된 원가

○ 판매비와 일반관리비
- 제조분아가 아닌 사무분아 및 영입분아 관련한 모든 인건비와 물건비

(1) 부가가치비율 계산법의 유형

① 직접법(Build-up Method) : 원산지재료의 가치를 기초로 한 방법
원산지재료비/조정가격 × 100

② 공제법(Build-down Method) : 비원산지 재료의 가치를 기초로 한 방법
(조정가격－비원산지 재료비)/조정가격 × 100

③ 순원가법(Net Cost Method) : 상품의 순원가를 기초로 한 방법
(순원가－비원산지 재료비)/순원가 × 100

비원산지 재료에는 비원산지 재료뿐만 아니라 원산지가 확인되지 않는 재료도 포함된다. 조정가격(Adjusted Value)은 일반적으로 국제 및 관련비용(예: FOB가격) 공제를 위하여 조정된 상품의 가격이다.

| 표 12-5 | FTA별 부가가치기준의 차이점 비교(예시)

구분	한-칠레	한-싱가포르	한-EU	한-아세안	한-미
제품기준가격	FOB	FOB	Ex-works 가격	FOB	조정가치 (FOB)
부가가치공식	공제법/직접법	공제법	MC방식	공제법/직접법	공제법/직접법
부가가치수준	공제법 45% (과실주스 80%)	공제법 45~55%	MC 30~60%	35~60%	35~60%

(2) 부가가치 협정국별 기준가격

① 본선인도가격(FOB) 사용 : 한-칠레, 한-싱, 한-아세안

② 공장도가격(Ex-works) 사용 : 한-EFTA, 한-EU

③ 조정가치 사용 : 한-미(FOB와 거의 동일한 개념)

(3) 부가가치공식 선택

① 한-칠레 : 공제법, 직접법 중 선택적으로 사용

② 한-싱가포르 : 공제법만 도입

③ 한-아세안 : 공제법, 직접법 중 각 당사국별로 하나의 방식을 선택하여 사용해야 하고 새로운 방식으로 변경할 시 최소 6개월 전에 모든 당사국에 통보해야 함

④ 한-미 : 공제법, 직접법 중 선택적으로 사용

- 자동차는 순원가법 사용(순원가 : 총비용 - 제외비용)
- 제외비용 : 판촉·마케팅·판매후서비스비용, 포열티, 운송·포장비용, 비허용 이자비용
- 순원가법은 통일상품명 및 부호체계의 다음 호와 소호에 따라 분류된 아래 상품에만 적용
- 제8407.31 내지 제8407.34(엔진), 제8408.20소호(자동차를 위한 디젤엔진), 제8409호(엔진부품), 제8701호 내지 제8705호(자동차), 제8706호(샤시), 제8707호(차체), 제8708호(자동차부품)

⑤ EU 및 EFTA : MC법 사용

MC방식은 비원산지 재료의 가격(MC)이 당해 제품 가격에서 차지하는 비중이 일정수준 이하여야 원산지를 인정하는 방식

표 12-6 부가가치기준 적용사례(예시)

중국 등지에서 각종 부품을 수입 및 국내에서 조달하여 완제품 볼베어링을 제조하여 인도네시아로 수출

1 제품 및 구성재료 내역

구분	품명	금액	HS	원산지
완성품	볼 베어링	9,530	8482.10	
재료	Cage	350	8482.99	중국
	Ball	960	8482.91	중국
	Molded Seal	980	8482.99	한국
	Outer Ring	1,790	8482.99	한국
	Inner Ring	1,190	8482.99	일본
	소계	5,270		

2 한-아세안 FTA 인도네시아 수출시 원산지 결정기준

HS	원산지 결정기준
8482.10	다음 각 호의 어느 하나에 해당하는 것에 한정한다. 1. 다른 소호에 해당하는 재료로부터 생산된 것 2. 40% 이상의 역내 부가가치가 발생한 것

3 원산지결정

〈1〉 세번변경기준 충족 여부

비원산지재료의 6단위 세번과 완성품의 6단위 세번이 모두 상이하므로 세번변경기준 충족

〈2〉 부가가치기준 충족여부

o 한-아세안 FTA에서 우리나라는 부가가치기준으로 공제법 선택

$$\text{역내가치포함비율(RVC)} = \frac{\text{제품가격(FOB)} - \text{비원산지재료가격(VNM)}}{\text{제품가격(FOB)}} \times 100$$

$$\Rightarrow \text{역내가치포함비율(RVC)} = \frac{9{,}530 - (350 + 960 + 1{,}190)}{9{,}530} \times 100 = 73.7\%$$

역내 가치포함 비율이 73.7%이므로 부가가치기준 충족

(4) 부가가치기준 적용 문제점

① 적용 복잡 : 부가가치는 상품과 상품을 구성하는 재료의 가격, 제조경비, 이윤 및 일반경비 등을 기초로 하므로 임의적인 가격조정 개연성 및 가격 및 환율변동에 따른 원산지 변화 발생

② 세부적용범위 지침 부재 : 협정에서는 부가가치비율 산정 등과 관련된 기본사항, 개별 품목별 RVC 비율만 정하고, 재료비에 포함되는 물품의 구체적인 범위, 제조경비/ 이윤 및 일반경비 등의 계상기준은 관세평가, 인코텀즈 및 일반회계기준을 따름

③ 협정별 조정가격, 재료비 산정 기준이 다르고 협정과 기업회계기준이 상이한 경우가 많음(직접재료, 간접재료 구분 시 협정은 상품과 물리적 결합여부에 따라 구분하나 기업회계는 중요성 원칙에 따라 고가품은 직접재료, 저가품은 간접재료로 구분하는 경향이 있음

4) 직접운송원칙

직접운송원칙이란 원산지결정기준을 충족하는 물품이라 하더라도 당해 물품이 수출당사국을 출발하여 중간에 다른 나라를 거치지 않고 곧바로 수입 당사국으로 운송되는 경우에 한하여 FTA 특혜를 제공한다는 기본 원칙이다.

그러나 원산지 물품이라 하더라도 당사국간 직접 운송되지 않으면 원산지가 부인되며 다만, 비당사국을 거치더라도 환적이나 일시 장치의 경우처럼 당해물품의 운송 또는 보존에 필요한 작업 이외의 다른 행위가 없으면 일정조건하에 특혜를 주는 예외가 인정된다.

우리나라 관세법 상 '환적'이란 동일한 세관의 관할구역에서 입국 또는 입항하는 운송수단에서 출국 또는 출항하는 운송수단으로 물품을 옮겨 싣는 것을 말하며 지리적, 운송 등의 이유로 수출국에서 수입국으로 직접운송하지 않고 제3국에서 환적시 상품보존 작업 이외의 가공이 없는 것을 조건으로 원산지 상품으로 인정하고 있다.

예를 들어 스위스 수출자가 한국 수입자 앞으로 물품을 발송하여 비당사국을 거치지 않고 한국으로 직접운송하거나, 스위스 수출자와 비당사국 중개자간에 거래가 이루어지고 또 그 중개자와 한국 수입자간에 거래가 발생했다 하더라도 물품이 스위스에서 한국으로 직접운송 되거나, 스위스 수출자와 한국 수입자간 거래이고, 스위스에서 한국을 목적지로 발송하였으나 비당사국에서 '환적만을 거쳐 한국으로 운송하는 경우에는 원산지로 인정하는 사례를 들 수 있다.

표 12-7 직접운송원칙 협정별 비교

FTA	주 요 내 용
한-싱	〈제4.15조〉 다음에 해당하면 원산지 상품으로 간주되지 아니함 가. 타방 당사국 영역으로 직접 운송되지 아니한 경우, 또는 나. 제5.9조 다호에 규정된 비당사국 경유 입증자료 제출하지 못하는 경우 〈제5.9조 다〉 - 비당사국 세관 통제하에 있었음을 입증하는 서류 (세관 발급) - 하역·재선적·포장·상태유지 작업 입증하는 관련기관 제공 정보 또는 수입자가 제출하는 기타 정보 또는 상업서류
한-EFTA	〈제1조 정의〉 “탁송품”이라 함은 수출자로부터 수하인에게 동시에 송부되고, 수출자로부터 수하인에게까지 하나의 운송서류 또는 하나의 송장에 의하여 취급되는 상품을 말함 〈제14조 직접운송〉 1. 한국과 EFTA 국가간 직접 운송될 것 다만, 하역·재선적, 탁송품의 분리, 상품의 양호한 상태 보존 작업을 제외한 작업을 거치지 아니할 경우, 비당사국 경유 운송 허용되나, 그 기간 동안 경유국 세관의 감시 하에 있을 것 2. 수입자는 제1항 요건 입증자료 수입국 세관에 제출할 것 3. 비당사국을 파이프라인으로 통과하는 경우 직접운송 간주
한-아세안	〈부속서3 제9조 직접운송〉 1. 수출 당사국과 수입 당사국간 직접 운송될 것 2. 다만, 비당사국 경유하더라도 다음 조건 충족하면 직접 운송 간주 가. 지리적 또는 오직 운송 상의 요구에 의하여 경유할 것 나. 상품이 경유국에서 거래 또는 소비되지 아니할 것, 그리고 다. 하역·재선적, 상품의 양호한 상태 유지하기 위한 작업 이외의 어떠한 작업도 거치지 아니하였을 것
한-칠레	〈제4.12조 환적〉 다음에 해당하면 원산지 상품으로 간주되지 아니함 가. 하역, 재선적, 포장, 상품의 양호한 상태 보존, 당사국으로 운송하기 위하여 필요한 작업 이외의 작업 또는 공정 수행, 또는 나. 당해 상품이 경유국에서 세관 통제하에 있지 않은 경우 〈통일규칙 제6-1 환적〉 비당사국을 통하여 운송되고, 최종목적지가 기재된 선하증권이 제3국에서 발급되는 경우 수입국까지의 운송경로, 환적 시설 등이 송품장, 선하증권 또는 화물운송장 등에 의하여 입증될 것
한-미	〈제6.13조 통과·환적〉 다음에 해당하면 원산지 상품으로 간주되지 아니함 가. 역외에서 하역·재선적, 상품의 양호한 상태 보존, 당사국으로 운송하기 위하여 필요한 작업 이외의 작업 또는 공정 수행, 또는 나. 당해 상품이 경유국에서 세관의 통제 하에 있지 아니한 경우

이는 제3국을 경유하는 경우에도 물품의 동일성 여부 등이 수입국에 의해 확인되면 원산지로 인정하겠다는 취지이다.

그러나 베트남 수출자가 구매자가 정해지지 않은 상태에서 일본의 물류기지로 발송하여 보관중이던 물품을 베트남 수출자와 한국 수입자간의 계약에 의해 일본에서 한국으로 운송하거나 베트남으로부터 일본으로 수출되어 일본의 보세구역에 보관 중이던 물품을 일본 사람과 한국인이 계약하여 일본에서 한국으로 운송하는 경우 또는 베트남으로부터 일본으로 수출되어 일본 국내로 수입 통관된 물품을 일본인과 한국인이 계약하여 일본에서 한국으로 운송하는 경우 모두 직접운송원칙을 충족하지 못하는 사례로 볼 수 있다.

즉, 원산지물품(originating goods)이라 하더라도 체약상대국이 아닌 국가를 경유하여 운송되거나 선적된 경우에는 원산지로 인정하지 아니한다.

다만, 협정에서 달리 정하거나, 당해 물품이 체약상대국이 아닌 국가의 보세구역에서 운송상의 목적으로 환적되었거나 일시적으로 장치되었음이 인정되는 때에는 원산지물품으로 인정한다.

만약 직접운송 요건이 없을 경우, 사전에 원산지증명서를 허위로 발급하고 비체약국산 물품을 환적국에 반입한 후 허위신고에 의해 원산지를 세탁하거나 원산지 상품의 환적시 '혼재'를 통해 원산지를 바꾸어도 사후에 이를 검증하기가 쉽지 않게 된다.

따라서 직접운송원칙은 역내 무역 및 운송업 이용을 촉진함으로써 역내 국가의 배타적 이익을 극대화하고, 운송경로의 복잡화에 따른 제3국 물품의 역내산 둔갑을 방지하는 데 있다.

3. 보충적 원산지 결정기준

상품의 원산지를 결정함에 있어 품목별 원산지 결정기준상의 완전 생산기준과 실질적 변형기준이 지니고 있는 한계 또는 모순을 보완하기 위하여 도입되는 원산지결정기준으로서 일반적으로 공통기준으로 사용된다.

보충적 기준으로는 누적기준, 최소허용기준, 원산지불인정공정 또는 최소공정기준, 중간재, 대체가능재료, 간접재료, 부속품 등의 특례, 역외가공기준 등이 적용되고 있다.

1) 불인정공정기준

FTA는 역내에서 당해물품의 실질을 변형시키기에 충분한 정도의 공정을 거쳐서 생산된 물품에 한하여 원산지 물품으로 인정하고 있으나 단순·경미한 공정을 거쳐서 생산된 물품의 경우 다른 원산지요건을 모두 충족하더라도 원산지를 인정하지 않는 제도이다.

세번변경기준은 HS Code의 변경이 실질적변형을 일으킨다는 것을 전제로 하고 있으나 세번이 변경되어도 실질이 변하지 않는 경우가 발생하지 않는 경우가 발생한다. 즉, 아래의 예시와 같이 건조, 분쇄, 포장작업과 같이 단순 가공작업만 거친 물품에 대하여 투입원료가 생산공정 과정을 거쳐 생산제품이 되었을 때 세 번이 바뀌었지만 이를 원산지로 인정하지 않는 것을 말한다.

| 표 12-8 | 단순공정으로 인한 HS번호 변경사례

투입원료	생산공정	생산제품
멸치(0301)	건조	마른 멸치(0305)
쌀(1006)	제분	쌀가루(1102)
화강암(2516)	분쇄	자갈(2517)
석회석(2521)	분쇄·열처리	시멘트(2523)
페니실린(3003)	포장	소매용 페니실린(3004)
원목(4403)	절단	제재목(4407)
안경테(9003)/안경렌즈(9001)	조립	안경(9004)

| 표 12-9 | 불인정 공정기준 사례(예시)

한-칠레	한-싱	한-EFTA	한-아세안
– 운송·저장 위한 보전 작업 – 선적·운송 촉진 작업 – 판매용 포장·전시 작업	– 운송·저장 위한 보전 작업 – 판매 위한 포장	– 운송·저장 위한 보전 작업 – 판매 위한 포장	– 운송·저장 위한 보전 작업 – 판매 위한 포장
– 물 등 희석, 염하, 가당, 혼합 – 절단, 박편, 압착, 분쇄, 연질화 – 도축	– 부품 단순조립 – 물 등 희석, 염화, 가당, 단순혼합 – 단순절단, 박편, 압착, 분쇄, 연질화 – 도축	– 부품 단순조립 – 당류 착색, 표백, 단순혼합 – 단순절단·분쇄 – 도축	– 부품 단순조립 – 당류 착색, 표백, – 단순절단·분쇄, 단순혼합 – 도축

한-칠레	한-싱	한-EFTA	한-아세안
- 탈피, 탈각, 탈곡, 뼈 제거 - 세탁, 세척,	- 탈피, 탈각, 탈곡, 뼈 제거	- 탈피, 탈각, 씨 제거, 연마, 도정 - 세탁, 세척,	- 탈피, 탈각, 씨 제거, 연마, 도정
- 선택, 선별, 체질, 분류, 등급화 - 시험, 측정,	- 분류 - 시험·측정, 품질 검사	- 선별, 체질, 분류, 등급화 - 단순 시험·측정	- 선별, 체질, 분류, 등급화 - 단순 시험·측정,
- 건조, 냉장, 냉동 - 환풍, 통풍, 진동	- 건조, 냉장, 냉동, 염수장		
- 먼지제거, 녹방지, 도포 - 분해, 포장·해체, 재포장 - 표시부착 - 상품 단순조립, 세트구성, 분해	- 먼지제거, 녹방지, 도포 - 분해, 포장 해체·조립, 병입 - 표시부착 - 세트구성	- 녹·기름 등 제거, 도포 - 포장 해체·조립 - 표시부착 - 세트구성, 분해	- 녹·기름 등 제거, 도포 - 포장 해체·조립 - 표시부착 - 분해
		- 섬유 다림질·압착	〈섬유 별도 규정〉 - 종횡 재단, 끝단 봉제 - 5% 미만 자수 - 최종공정 수행 위한 탈색 등
- 상기 작업의 조합	- 상기 작업의 조합	- 상기 작업의 조합	

2) 누적기준

원산지 결정시 상대방 국가에서 발생한 생산과정 투입요소를 자국에서 투입한 것과 합산할 수 있도록 허용하는 규정이다. 투입요소 측면에서 재료누적과 공정누적이 있으며 재료누적은 상대국 원산지재료를 상품생산국 재료로 간주하며 모든 협정에 적용된다. 공정누적은 상대국 수행 생산공정을 자국 수행 생산공정으로 간주하며 칠레, 싱가포르, 미국 등이 적용된다.

지역적 범위 측면으로는 양국 누적과 다국 누적이 있다. 다국 누적은 아세안, EFTA, EU를 들 수 있다.

표 12-10 누적기준 적용사례(예시)

한국 A업체가 미국 B업체로부터 에어백용 Inflater를 수입하고, Cover 등은 국내산을 조달하여 에어백을 생산한 후 미국으로 수출

품 명	품목번호	단가(원)	원산지
Cover	3926	3,000	한국
Cushion	8708.95	8,000	한국
Plate	7326	2,000	한국
Horn	8306	4,000	한국
Inflater	8708.95	31,000	미국
재료비 합		48,000	

에어백(56,000원 - FOB)
o 비적용시 : 한국산 17,000원(35%)
o 적용시 : 한국산 48,000원(86%)

3) 최소기준

소량 사용된 비원산지 재료가 원산지요건을 충족하지 못하는 경우라 하더라도 당해 상품을 원산지물품으로 인정할 수 있도록 하는 특례제도이다.

표 12-11 최소기준 적용사례(예시)

한국에서 미국산, 일본산 부품과 국내에서 생산된 부품을 조달하여 볼 베어링을 제조한 후 미국에 수출하는 경우

o 품명 : 볼 베아링(8482.10)
o FOB : 9,530원
o 원산지 결정기준 : 다른 소호에 해당하는 물품(8482.10호 내지 8482.80호 및 8482.99호의 것을 제외한다)에서 8482.10호 내지 8482.81호에 해당하는 물품으로 변경된 것

품명	품목번호	금액(원)	원산지
Cage	8482.99	350	일본
Ball	8482.91	960	미국
Molded Seal	8482.99	980	한국
Outer Ring	8482.99	1,790	한국
Inner Ring	8482.99	1,190	미국
재료비 합		5,270	

> o 비원산지재료의 가치 = 350/9,530 x 100 = 3.7%
> o 역외산 재료 Cage의 가격이 상품가격의 3.7%에 불과하므로 볼베아링을 원산지 상품으로 인정

4) 중간재 및 대체가능물품

원산지 재료와 비원산지 재료를 사용하여 상품 생산자가 직접 생산한 재료를 중간재라고 하며 중간재에 사용된 비원산지 재료 수입가격은 중간재 가격의 일부로서 원산지 재료비로 계상한다.

(1) Roll up 기준

원산지 물품과 비원산지 물품을 투입하여 생산한 재료가 원산지 기준을 충족하면 그 재료비 전체를 원산지 재료비에 계상한다.

(2) Roll down 기준

원산지 기준을 충족하지 못하면 그 재료비 전체를 비원산지 재료비에 계상한다.

(3) 대체가능물품

동종 동질의 곡물, 원유 등과 같이 물품의 특성이 동일하여 원산지가 서로 다르더라도 상업적으로 대체하여 사용할 수 있는 상품 또는 재료

5) 기타 보충적 원산지 규정

세트물품, 간접재료, 부속품, 예비부품 및 공구, 소매 및 소송을 위한 포장재료 및 용기 규정 등이 있다.

제3절 원산지증명서 발급

1. 원산지증명서 개요

원산지증명서(C/O : Certificate of Origin)란 물품이 제조·생산·가공된 나라를 증명하는 서류이다. 비특혜관세 분야 예를 들어 지식재산권 관련과도 원산지증명서의 제출을 요구하는 경우도 있지만 대체로 관세특혜를 위해 사용된다.

일반적으로 원산지표시 규정에 따라 수입물품에 원산지 표시가 되어 있지만 그러한 경우에도 원산지표시 만으로 그 제품이 원산지제품이라는 것을 입증하기에는 어려움이 있다. 때문에 공인된 국가기관 또는 협정에서 정한 방식에 의하여 원산지 증명서를 제출받아 원산지를 공적으로 인정하는 것이다.

원산지 증명서는 특정국가로부터 수입되는 물품에 대한 관세면제 및 관세인하를 위한 것이므로 그 혜택을 받기위해서는 적극적으로 구비해야 하는 필수서류이다.

특히 FTA에서 원산지증명서는 관세특혜를 받을 수 있는 가장 확실한 서류이며 이러한 원산지증명서는 발급방식, 사용언어, 유효기관, 증명서식 등 협정별로 다르며 발급과정 또한 자율발급은 비교적 단순하나 기관발급은 복잡하며 사후 검증대상임으로 관리에 주의를 요한다.

1) 원산지증명서의 발급과 활용

원산지증명서는 협정관세율 적용을 위해 필요한 서류로서 실질적으로 수입국에서 적용된다. 즉, 수출국에서 발급한 원산지증명서는 수입국에서 활용이 된다. 달리 이야기하면 수출국에서는 제반 절차와 형식에 따라 원산지증명서를 발급하는 과정이며 수입국에서는 협정에서 정한 기준에 따라 수출국에서 발급한 원산지증명서의 진위를 확인하는 과정이다.

동일한 원산지증명서이지만 수출국과 수입국에서 바라보는 원산지증명서에 대한 성격이 다른 만큼 수출국에서 정상적으로 발급한 원산지증명서가 수입국에서는 오류로 인정되어 협정세율에서 배제되는 경우가 수시로 발생한다.

이와 같은 사례가 발생하는 것은 주로 수출국에서의 수출자가 원산지증명서의 중요성에 대한 인식이 부족하거나 안일하게 생각하여 신청을 하는데 있으며 무엇보다 수입국에서 원산지증명서를 확인하는 관점을 정확히 이해하지 못하는데서 기인한다.

FTA 협정관세 적용의 핵심은 물품이 수입되는 수입국에 있다. 원산지증명서 양식과 내용, 그리고 품명과 HS 일치 여부, 직접운송원칙 등 모든 것을 수입국에서 확인하고 우선 검증하므로 수입국에서 요구하는 대로 일치를 시켜야 정상적으로 협정세율 혜택을 받게 된다.

2. 원산지증명서 발급방식

원산지 증명서 발급방식에는 기관발급과 자율발급 2가지가 있다.

(1) 기관발급 : 원산지국가의 세관 그 밖의 발급권한이 있는 기관이 당해 물품에 대하여 원산지를 확인하여 발급하는 것을 말한다.

(2) 자율발급 : 수출자가 자율적으로 원산지를 확인하여 작성·서명하여 발급하는 것을 말한다. 당해 물품의 상업송장 또는 이에 갈음하는 서류에 생산자 또는 수출자가 원산지를 기재하는 것을 포함한다.

| 표 12-12 | 기관발급과 자율발급 비교

구분	기관발급	자율발급
발급방법	협정에서 정한 기관이 발급	협정에서 정한 거래 당사자가 작성 서명
대상협정	주로 아시아권	중남미, 미국, 유럽 등
발급기관	세관, 상공회의소	협정에서 정한 거래 당사자
유효기관	1년	1년(협정에 따라 다름)
사용언어	영어	영어(EU 자국언어, 미국, 캐나다, 영어, 한글)
사용회수	1회	1회(미국, 캐나다, 호주 포괄발급 가능)

| 표 12-13 | 협정국별 발급방식 비교(예시)

구분	한-인도	한-캐나다	한-EU	한-중국
발급방식	기관발급	자율발급	자율발급	기관발급
발급기관	수출자	수출자 생산자	수출자	- 세관 - 상공회의소
증명서식	통일 증명서식	표준서식	송품장 신고방식	통일증명서식
증명서 유효기간	1년	2년	1년	1년

3. FTA 원산지증명서 발급절차

1) 원산지증명서 작성 사전준비 사항

(1) HS 품목분류 확인(특히 수입국의 HS 품목과 수출국의 HS 일치여부 확인)
(2) 수입국 협정세율 및 원산지결정기준 확인
(3) 협정문 및 FTA 특례법령 관련사항 숙지
(4) 회사내 원산지증명서 작성·서명권자 지정·관리
(5) 원산지증명서 서명카드(FTA특례고시 별지 제3호)를 비치
(6) 원산지증명서 작성대장 기록·관리(FTA특례고시 별지 제5호)

2) 신청서 제출시기 : 수출물품의 선적이 완료되기 전까지

3) 원산지증명서 발급신청시 필요서류

(1) 원산지증명서 발급신청서(FTA특례고시 별지 2호 서식)
(2) 수출신고의 수리필증 사본
(3) 송품장 또는 거래계약서
(4) 원산지확인서(최종물품의 생산자와 수출자가 다른 경우에 한함
(5) 원산지소명서(FTA특례법시행규칙 별지 제1호 서식)
원산지소명서에 기재된 내용을 입증할 수 있는 원산지확인서류는 수출용 원재료 원산지확인서를 포함하여 발급기관이 제출을 요구하는 경우에 한한다.
그리고 세번변경기준 적용물품과 부가가치기준 적용물품의 제출서류가 다르다.
① 세번변경기준 적용물품 : 세번변경 입증서류(예: 원료구입명세서, 자재명세서(BOM), 생산공정명세서, 사용자매뉴얼, 홍보책자 등)
② 부가가치기준 적용물품 : 비원산지재료, 원산지재료 및 수출물품 가격관련 입증서류(예: 자재명세서(BOM), 원료구입명세서, 원료수불부, 원가산출내역서 등)
(6) 수출용원재료 원산지확인서
(7) 국내제조확인서
(8) 기타 해당 물품의 생산자, 생산장소, 생산공정 등 원산지의 확인이 객관적으로 가능한 서류

4) 선적이 완료된 이후 신청시(FTA특례법 시행규칙 제6조②)

(1) 수출물품 선적완료전 신청시 구비서류

(2) 사유서(수출물품의 선적일부터 30일 이내에 신청하는 경우 제외)
(3) 선하증권(Bill of Lading) 사본
(4) 사유서 내용 입증자료(증명서발급기관이 요구하는 경우에 한함)

5) 원산지 증빙서류 보관 및 제출의무

수입자·수출자 및 생산자는 원산지의 확인, 협정관세의 적용 등에 필요한 것으로서 원산지증빙서류 등 대통령령으로 정하는 서류를 5년의 범위에서 대통령령으로 정하는 기간(협정에서 정한 기간이 5년을 초과하는 경우에는 그 기간) 동안 보관하여야 한다.

| 표 12-14 | 원산지증명서 관련 보관서류

구분	수입자	수출자	생산자
기간	협정관세의 적용을 신청한 날의 다음 날부터 5년	원산지증명서의 작성일 또는 발급일부터 5년. 단, 중국 3년	원산지증명서의 작성일 또는 발급일부터 5년. 단, 중국 3년
보관서류	o 원산지증명서사본 o 수입신고필증 o 수입거래 관련 계약서 o 지식재산권 거래관련 계약서 o 수입물품의 과세가격 결정에관한 자료 o 수입물품의 국제운송 관련 서류 o 사전심사서 사본 및 사전심사에 필요한 증빙서류(사전심사서를 받은 경우)	o 수입자에게 제공한 C/O, C/O 신청서류사본 o 수출신고필증 o 원재료의 수입신고필증(수출자의 명의로 수입신고한 경우) o 수출거래 관련 계약서 o 해당 물품 및 원재료의 생산, 구입관련 증빙서류 o 원가계산서·원재료내역서 및 공정 명세서 o 해당 물품 및 원재료의 출납·재고 관리대장 o 생산에 사용된 재료를 공급하거나 생산한 자가 해당 물품의 원산지증명을 위하여 작성한 후 수출자에게 제공한 서류	o 수출자 또는 체약상대국의 수입자에게 해당 물품의 원산지증명을 위하여 작성·제공한 서류 o 수출자와의 물품공급계약서 o 원재료의 수입신고필증 o 해당 물품 및 원재료의 생산 또는 구입 관련 증빙서류 o 원가계산서·원재료내역서 및 공정명세서 o 해당 물품 및 원재료의 출납·재고 관리대장 o 재료공급, 생산한 자가 당해재료의 원산지증명을 위하여 작성한 후 생산자에게 제공한 서류

■ 자유무역협정의 이행을 위한 관세법의 특례에 관한 법률 시행규칙 [별지 제4호서식] 〈개정 2022. 7. 5.〉

원 산 지 소 명 서

※ 작성방법을 읽고 작성하여 주시기 바라며, [ ]에는 해당되는 곳에 "√"를 기재합니다. (4쪽 중 제1쪽)

<table>
<tr><th colspan="5">수출자 · 생산자</th></tr>
<tr><td rowspan="3">1.수출자</td><td>상 호</td><td></td><td>사업자등록번호</td><td></td></tr>
<tr><td>성 명</td><td></td><td>전화/팩스번호</td><td></td></tr>
<tr><td>주 소
(전자우편주소)</td><td colspan="3"></td></tr>
<tr><td rowspan="3">2.생산자</td><td>상 호</td><td></td><td>사업자등록번호</td><td></td></tr>
<tr><td>성 명</td><td></td><td>전화/팩스번호</td><td></td></tr>
<tr><td>주 소
(전자우편주소)</td><td colspan="3"></td></tr>
</table>

<table>
<tr><th colspan="5">물 품 명 세</th></tr>
<tr><td>3.품명/규격</td><td colspan="2"></td><td>4.품목번호(HS No.)</td><td></td></tr>
<tr><td rowspan="2">5.물품가격</td><td>가격조건</td><td>공 장 도가격(EXW) [ ]
본선인도가격(FOB) [ ]</td><td>6.원산지결정기준</td><td></td></tr>
<tr><td>금 액</td><td></td><td>7.자유무역협정명칭</td><td></td></tr>
<tr><td>8.주요생산 공 정</td><td colspan="4"></td></tr>
</table>

<table>
<tr><th colspan="7">원재료명세서</th></tr>
<tr><td rowspan="2">9.연번</td><td rowspan="2">10.재료명</td><td rowspan="2">11.품목 번호 (HS No.)</td><td rowspan="2">12.원산지</td><td colspan="2">13.가 격</td><td rowspan="2">14.공급자 (생산자)</td></tr>
<tr><td>수 량</td><td>가 격</td></tr>
<tr><td></td><td></td><td></td><td></td><td></td><td></td><td></td></tr>
<tr><td></td><td></td><td></td><td></td><td></td><td></td><td></td></tr>
<tr><td></td><td></td><td></td><td></td><td></td><td></td><td></td></tr>
<tr><td></td><td></td><td></td><td></td><td></td><td></td><td></td></tr>
<tr><td></td><td></td><td></td><td></td><td></td><td></td><td></td></tr>
<tr><td></td><td></td><td></td><td></td><td></td><td></td><td></td></tr>
<tr><td rowspan="3" colspan="2">15.합 계</td><td colspan="2">원산지재료</td><td rowspan="3"></td><td></td><td rowspan="3"></td></tr>
<tr><td colspan="2">비원산지재료</td><td></td></tr>
<tr><td colspan="2">합 계</td><td></td></tr>
</table>

<table>
<tr><th colspan="4">원산지인정요건 검토</th></tr>
<tr><td>16.완전생산기준 충족여부</td><td>예 [ ] 아니오 [ ]</td><td>17.세번변경기준 충족여부</td><td>예 [ ] 아니오 [ ]</td></tr>
<tr><td>18.부가가치기준 충족여부</td><td colspan="3">예 [ ] 아니오 [ ] (부가가치비율 : %)</td></tr>
<tr><td colspan="2">19.원산지재료로만 생산기준 충족여부</td><td colspan="2">예 [ ] 아니오 [ ]</td></tr>
<tr><td>20.결합기준 충족여부</td><td>예 [ ] 아니오 [ ]</td><td>21.특정공정기준 충족여부</td><td>예 [ ] 아니오 [ ]</td></tr>
<tr><td>22.누적기준 적용여부</td><td>예 [ ] 아니오 [ ]</td><td>23.최소기준 적용여부</td><td>예 [ ] 아니오 [ ]</td></tr>
<tr><td>24.역외가공기준 적용여부</td><td>예 [ ] 아니오 [ ]</td><td>25.기 타</td><td>예 [ ] 아니오 [ ]</td></tr>
</table>

210mm×297mm[백상지(80g/㎡)]

(4쪽 중 제2쪽)

RCEP 원산지 국가 확인(Declaration of RCEP Country of Origin)

26.수출 대상국 (Export Destination)	27.수출대상국의 RCEP 부속서Ⅰ 양허표 부록 지정 물품 여부 (RCEP Appendix of AnnexⅠ)		28.국내에서 발생한 부가가치 비율 (Domestic Value Addition)	29.최소공정 이외의 공정 국내 수행 여부 (Processed Beyond Minimal Operations)		30.RCEP 원산지 국가 (RCEP Country of Origin)
	해당(Y)	미해당(N)		수행(Y)	미수행(N)	
	[ ]	[ ]	%	[ ]	[ ]	
	[ ]	[ ]	%	[ ]	[ ]	
	[ ]	[ ]	%	[ ]	[ ]	
	[ ]	[ ]	%	[ ]	[ ]	

「자유무역협정의 이행을 위한 관세법의 특례에 관한 법률 시행규칙」 제10조제1항제4호, 제17조제1항제2호 및 제18조제1항제2호에 따라 작성·제출합니다.

작 성 자 : (서명 또는 인)

직 위 :

상호 및 주소 :

작 성 일 : 년 월 일

○○세관장(○○상공회의소 회장) 귀 하

210mm×297mm[백상지(80g/㎡)]

(4쪽 중 제3쪽)

<table>
<tr><th colspan="3">작 성 방 법</th></tr>
<tr><th>항 목</th><th colspan="2">작 성 내 용</th></tr>
<tr><td>1.수 출 자</td><td colspan="2">ㅇ 물품을 실제로 수출한 자의 회사명, 사업자등록번호, 대표자 성명, 전화 및 팩스번호, 회사주소(전자우편주소 포함)를 기재합니다.</td></tr>
<tr><td>2.생 산 자</td><td colspan="2">ㅇ 물품을 수출한 국가에서 실제로 생산한 자의 회사명, 사업자등록번호, 대표자 성명, 전화 및 팩스번호, 회사 주소(전자우편주소 포함) 등을 기재합니다. 생산자가 다수인 경우에는 별지에 기재합니다.</td></tr>
<tr><td>3.품명/규격</td><td colspan="2">ㅇ 물품의 품명, 모델명, 규격 및 상표명 등을 기재합니다.
예) TV : ○am○○ng ○○-1234 ; ○○ TV
ㅇ 품명은 송품장에 적은 것과 같아야 합니다.</td></tr>
<tr><td>4.품목번호(HS No.)</td><td colspan="2">ㅇ 물품의 품목번호(6단위)를 기재합니다.</td></tr>
<tr><td>5.물품가격</td><td colspan="2">ㅇ 가격조건 : 본선인도가격(FOB) 또는 공장도거래가격(EXW) 중 해당하는 것에 "√" 를 기재합니다.
ㅇ 금액 : 물품의 거래가격을 기재합니다. 통화단위는 송품장에 적은 것과 같아야 합니다.</td></tr>
<tr><td rowspan="12">6.원산지결정기준</td><td colspan="2">ㅇ 물품의 원산지를 결정하는 데 적용된 기준을 아래 표에서 정한 방법으로 기재합니다.</td></tr>
<tr><th>원산지결정기준</th><th>기재방법</th></tr>
<tr><td>가. 완전생산 물품</td><td>- WO</td></tr>
<tr><td>나. 원산지재료로만 생산한 물품</td><td>- PE</td></tr>
<tr><td>다. 세번변경기준
- 2단위 세번변경기준
- 4단위 세번변경기준
- 6단위 세번변경기준</td><td>
- CC
- CTH
- CTSH</td></tr>
<tr><td>라. 부가가치기준
- 공제법을 적용한 경우
- 집적법을 적용한 경우
- 역외산재료 최대허용법을 적용한 경우
- 순원가법을 적용한 경우</td><td>
- BD
- BU
- MC
- NC</td></tr>
<tr><td>마. 결합기준
- 세번변경기준과 부가가치기준 등 두 가지 이상의 원산지결정기준을 동시에 충족한 경우</td><td>- CC(CTH 또는 CTSH) + BD(BU, MC 또는 NC)
- CC(CTH 또는 CTSH) + SP
- BD(BU, MC 또는 NC) + SP
- CC(CTH 또는 CTSH) + BD(BU, MC 또는 NC) + SP</td></tr>
<tr><td>바. 특정공정기준</td><td>SP</td></tr>
<tr><td>사. 역외가공기준(개성공단 생산물품)</td><td>- OP</td></tr>
<tr><td>아. 기타기준</td><td>- Other</td></tr>
<tr><td colspan="2">ㅇ 결합기준 기재 시 부가가치기준을 동시에 적용하는 경우 부가가치비율을 함께 기재합니다.
예) - 세번변경기준과 공제법으로 부가가치 비율이 35% 이상 : CTH + BD 35%
- 집적법으로 부가가치 비율이 30%이상일 것과 특정공정기준이 동시에 적용될 경우 : BU 30% + SP</td></tr>
<tr><td>7.자유무역협정 명칭</td><td colspan="2">ㅇ 해당 물품에 적용할 자유무역협정 명칭을 기재합니다.
예) 적용협정이 아세안과의 협정일 경우: 한-아세안 FTA</td></tr>
</table>

8.주요생산공정	ㅇ 물품의 주요 제조과정 및 공정방법을 기재합니다. 예) 면사를 수입하여 직물을 가공한 후 의류를 제조하는 경우 ① 직조 : 면사 85%, 합성사 15%로 면직물 제조(3m×100m) ② 날염 : 면직물에 국내 ○○업체가 생산한 염료로 염색 ③ 재단 및 봉제 : 남성용 셔츠 제작(50Pcs)
9.연 번	ㅇ 물품의 생산에 사용된 원재료의 일련번호를 기재합니다. - 사용된 원재료가 다수일 경우 별지에 기재합니다.
10.재 료 명	ㅇ 물품의 생산에 사용된 원재료의 품명을 기재합니다.
11.품목번호(HS No.)	ㅇ 원재료의 품목번호(6단위)를 기재합니다.
12.원 산 지	ㅇ 원재료의 원산지국가명을 기재합니다.
13.가 격	ㅇ 물품의 생산에 사용된 원재료의 수량과 가격을 적습니다. 다만, 그 물품이 세번변경기준 적용품목인경우에는 기재하지 않아도 됩니다.
14.공급자(생산자)	ㅇ 원재료의 공급자(생산자)의 상호·주소·전자우편주소·전화 및 팩스번호를 기재합니다.
15.합 계	ㅇ 재료 중 원산지재료와 비원산지재료의 가액과 그 합계액을 기재합니다.
16.~25. 원산지기준	ㅇ 물품의 원산지결정에 적용된 기준의 충족여부를 기재합니다. 예) 부가가치기준을 충족할 경우 "예[√]"로 기재 ㅇ 제21란부터 제25란까지 중 어느 하나의 항목을 "예[√]"로 기재한 경우에는 세부증빙자료를 별지로 첨부해야 합니다.
※ 제26란부터 제30란까지는 제7란의 자유무역협정명칭이 「역내포괄적경제동반자협정」(RCEP)인 경우에만 작성합니다.	
26.수출 대상국	ㅇ「역내포괄적경제동반자협정」 회원국 중 어느 하나를 적습니다. 예) 베트남으로 수출되는 물품인 경우 "VN" 또는 "베트남"으로 기재
27.수출 대상국의 RCEP 부속서Ⅰ 양허표 부록 지정 물품 여부	ㅇ 수출물품이 해당 수출 대상국에 대한 「역내포괄적경제동반자협정」 부속서Ⅰ 부록에 명시된 물품인지 여부를 확인하여 적습니다.
28.국내에서 발생한 부가가치 비율	ㅇ 제27란을 "해당(Y)"으로 기재한 경우에는 「역내포괄적경제동반자협정」 제3.5조제1항에 따라 산출된 부가가치 비율을 기재합니다. 다만, 공제법으로 계산하는 경우에는 비역내산재료의 가격 대신 비한국산재료의 가격을 사용하며, 집적법으로 계산하는 경우에는 역내산재료의 가격 대신 한국산재료의 가격을 사용합니다.
29.최소공정 이외의 공정 수행 여부	ㅇ 수출물품에 대한 제6란의 원산지결정기준을 "PE"로 기재한 경우에만 적습니다.
30.RCEP 원산지 국가	ㅇ 「역내포괄적경제동반자협정」 제2.6조에 따라 결정된 수출물품의 RCEP 원산지 국가를 적습니다.

210mm×297mm[백상지(80g/㎡)]

■ 자유무역협정의 이행을 위한 관세법의 특례에 관한 법률 시행규칙 [별지 제5호서식] 〈개정 2022. 7. 5.〉

원산지(포괄)확인서(Declaration of Origin)

※ 작성방법을 읽고 작성하여 주시기 바라며, [ ]에는 해당되는 곳에 "√"를 기재합니다. (3쪽 중 제1쪽)

1.발급번호(Reference No.) :

2.공급하는 자 (Supplier)	상호(Company Name)	사업자등록번호(Business Registration No.)
	대표자성명(Name of Representative)	전화번호(Tel) 팩스번호(Fax)
	주소(Address) 전자우편주소(E-mail)	인증수출자 인증번호(Customs Authorization No.)
3.공급받는 자 (Supplied to)	상호(Company Name)	사업자등록번호(Business Registration No.)
	대표자성명(Name of Representative)	전화번호(Tel) 팩스번호(Fax)
	수소(Address) 전자우편주소(E-mail)	

공급물품 명세서(Good(s) Statements)

4.연번 (S/N)	5.자유무역 협정명칭 (Name of FTA)	6.품목번호 (HS No.)	7.품명·규격 [Description·Specification of Good(s)]	8.수량 및 단위 (Quantity & Unit)	9.원산지 결정기준 (Origin Criterion)	10.원산지결정 기준충족 여부 (Fulfillment of Origin Criterion)		11.원산지 (Country of Origin)	12.원산지 포괄확인 기간 (년월일~년월일 [Blanket period (YYYY/MM/DD ~ YYYY/MM/DD)]	13. 원산지 간이확인 물품 여부 (Simple Declaration of Origin)
						충족 (Y)	미충족 (N)			
						[ ]	[ ]			[ ]
						[ ]	[ ]			[ ]
						[ ]	[ ]			[ ]
						[ ]	[ ]			[ ]
						[ ]	[ ]			[ ]
						[ ]	[ ]			[ ]
						[ ]	[ ]			[ ]
						[ ]	[ ]			[ ]
						[ ]	[ ]			[ ]
						[ ]	[ ]			[ ]

210mm×297mm[백상지(80g/㎡)]

(3쪽 중 제2쪽)

RCEP 원산지 국가 확인(Declaration of RCEP Country of Origin)				
14.공급물품 연번(S/N)	15.국내 부가가치 20% 이상 발생 여부 (Domestic Value Addition of 20%)		16.최소공정 이외의 공정 국내 수행 여부 (Processed Beyond Minimal Operations)	
	발생(Y)	미발생(N)	수행(Y)	미수행(N)
	[ ]	[ ]	[ ]	[ ]
	[ ]	[ ]	[ ]	[ ]
	[ ]	[ ]	[ ]	[ ]

「자유무역협정의 이행을 위한 관세법의 특례에 관한 법률 시행규칙」제12조에 따라 위와 같이 원산지를 확인합니다.

The undersigned hereby declares the origin of the good(s) in accordance with Article 12.1 of 「Enforcement Rules of Act on Special Cases of the Customs Act for the Implementation of Free Trade Agreements」.

작 성 자(Declarer) : (서명 또는 인)(Signature)

직 위(Title) :

상호 및 주소(Company Name/Address) :

작 성 일(Date) : 년 월 일 (YYYY/MM/DD)

210mm×297mm[백상지(80g/㎡)]

(3쪽 중 제3쪽)

작 성 방 법

항 목	작 성 내 용
1.발급번호	ㅇ 원산지확인서를 발급하는 자가 자체적으로 관리하는 발급번호를 기재합니다.
2.공급하는 자	ㅇ 원산지확인서의 물품을 공급하는 자의 상호, 사업자등록번호, 대표자 성명, 전화 및 팩스 번호, 주소, 전자우편주소를 기재합니다. ㅇ 공급하는 자가 인증수출자인 경우, 인증수출자 인증번호를 기재합니다.
3.공급받는 자	ㅇ 원산지확인서의 물품을 공급받는 자의 상호, 사업자등록번호, 대표자 성명, 전화 및 팩스 번호, 주소, 전자우편주소를 기재합니다.
4.연번	ㅇ 종류가 다른 물품이 여러 개일 경우 각 종류별로 연번을 기재합니다.
5.자유무역협정명칭	ㅇ 해당 공급물품의 원산지결정기준을 적용한 자유무역협정(FTA)의 명칭을 기재합니다. 예) 한-칠레 FTA, 한-싱가포르 FTA, 한-EFTA FTA, 한-아세안 FTA, 한-인도 CEPA, RCEP 등
6.품목번호(HS No.)	ㅇ 공급물품의 품목번호(6단위)를 기재합니다.
7.품명·규격	ㅇ 공급물품의 품명과 규격을 기재합니다.
8.수량 및 단위	ㅇ 원산지포괄확인이 아닌 경우 공급물품의 수량 및 단위를 기재합니다.
9.원산지결정기준	ㅇ 물품의 원산지를 결정하는 데 적용된 기준을 아래 표에서 정한 방법으로 기재합니다.

원산지결정기준	기재방법
가. 완전생산 물품	- WO
나. 원산지재료로만 생산한 물품	- PE
다. 세번변경기준 - 2단위 세번변경기준 - 4단위 세번변경기준 - 6단위 세번변경기준	 - CC - CTH - CTSH
라. 부가가치기준 - 공제법을 적용한 경우 - 집적법을 적용한 경우 - 역외산재료 최대허용법을 적용한 경우 - 순원가법을 적용한 경우	 - BD - BU - MC - NC
마. 결합기준 - 세번변경기준과 부가가치기준 등 두 가지 이상의 원산지결정기준을 동시에 충족한 경우	- CC(CTH또는CTSH) + BD(BU, MC 또는 NC) - CC(CTH또는CTSH) + SP - BD(BU, MC 또는 NC) + SP - CC(CTH또는CTSH) + BD(BU, MC 또는 NC) + SP
바. 특정공정기준	- SP
사. 역외가공기준(개성공단 생산물품)	- OP
아. 기타기준	- Other

10. 원산지결정기준 충족여부	○ 원산지결정기준 충족여부를 기재합니다. 예) 원산지인정요건을 충족한 경우 충족에 "√" 를 기재합니다.
11. 원산지	○ 원산지결정기준을 충족하는 물품에 대해 해당 원산지 국가를 적습니다. 예) 한국산인 경우 "KR" 또는 "한국"으로 기재, 중국산인 경우 "CN" 또는 "중국"으로 기재
12. 원산지포괄확인기간	○ 물품공급일로부터 12개월을 초과하지 않는 범위에서 반복하여 사용하려는 경우 그 반복사용기간을 기재합니다. 예) 2016.07.01 - 2017.06.30 ※ 원산지포괄확인기간을 적지 아니한 때에는 단수원산지확인서로 봅니다.
13. 원산지간이확인 물품 여부	○ 「자유무역협정의 이행을 위한 관세법의 특례에 관한 법률 시행규칙」 제10조제1항 제4호나목에 따른 원산지간이확인물품에 대해 원산지(포괄)확인서를 발급하는 물품인지 여부를 기재합니다. 예) 원산지간이확인물품에 해당하여 원산지(포괄)확인서를 발급하는 경우 "√"를 기재합니다.
※ 제14란부터 제16란까지는 수출물품에 대한 「역내포괄적경제동반자협정」의 적용을 위해 수출물품의 생산자가 수출자에게 원산지(포괄)확인서를 발급하는 경우에만 작성합니다.	
14. 공급물품 연번	○ 제5란의 자유무역협정명칭이 「역내포괄적경제동반자협정」인 경우에는 해당하는 제4란의 연번을 이 란에 기재합니다.
15. 국내 부가가치 20% 이상 발생 여부	○ 수출물품이 체약상대국의 「역내포괄적경제동반자협정」 부속서Ⅰ 부록에 명시된 물품인 경우에만 작성합니다.
16. 최소공정 이외의 공정 국내수행 여부	○ 수출물품에 대한 제9란의 원산지결정기준을 "PE"로 기재한 경우에만 기재합니다.

210mm×297mm[백상지(80g/㎡)]

■ 자유무역협정의 이행을 위한 관세법의 특례에 관한 법률 시행규칙 [별지 제6호서식] 〈개정 2021. 12. 31.〉

국내제조(포괄)확인서(Declaration of Inward Processing)

※ 작성방법을 읽고 작성하여 주시기 바랍니다. (2쪽 중 제1쪽)

1.발급번호(Reference No.) :		
2.국내제조포괄확인기간 (Blanket period)	년 월 일 부터 년 월 일까지 (From YYYY/ MM/ DD to YYYY/ MM/ DD)	
3.공급하는 자 (Supplier)	상호	사업자등록번호(Business Registration No.)
	대표자성명(Name of Representative)	전화번호(Tel) 팩스번호(Fax)
	주소(Address) 전자우편주소(E-mail)	
4.공급받는 자 (Supplied to)	상호(Company Name)	사업자등록번호(Business Registration No.)
	대표자성명(Name of Representative)	전화번호(Tel) 팩스번호(Fax)
	주소(Address) 전자우편주소(E-mail)	

5.공급물품 명세(Good(s) Statements)

연번 (S/N)	품목번호 (HS No.)	품명·규격(Description·Specification of Good(s))	수량 및 단위 (Quantity & Unit)	가격 (Value)	주요 생산공정 (Production Process)	원산지 간이확인 물품 여부
						[ ]
						[ ]

6.재료 명세(Material Statements)

공급물품 연번 (S/N in Entry 5)	재료연번 (S/N)	품목번호 (HS No.)	원산지재료 해당여부 (Originating Material(Y/N))	품명·규격 (Description·Specification of Good(s))	수량 및 단위 (Quantity & Unit)	가격 (Value)	비고 (Remarks)

「자유무역협정의 이행을 위한 관세법의 특례에 관한 법률 시행규칙」제13조에 따라 위와 같이 국내제조 사실을 확인합니다.

The undersigned hereby declares the inward processing of the good(s) in accordance with Article 13.1 of 「Enforcement Rules of Act on Special Cases of the Customs Act for the Implementation of Free Trade Agreements」.

작 성 자(Declarer) : (서명 또는 인)(Signature)

직 위(Title) :

상호 및 주소(Company Name/Address) :

작 성 일(Date) : 년 월 일 (YYYY/MM/DD)

210mm×297mm[백상지 80g/㎡(재활용품)]

(2쪽 중 제2쪽)

작 성 방 법	
항 목	**작 성 내 용**
1.발급번호	ㅇ 국내제조(포괄)확인서를 발급하는 자가 자체적으로 관리하는 발급번호를 기재합니다.
2.국내제조포괄확인기간	ㅇ 물품공급일로부터 12개월을 초과하지 않는 범위에서 반복하여 사용하려는 경우 그 반복사용기간을 기재합니다. ※ 국내제조포괄확인기간을 적지 아니한 경우에는 단수 국내제조확인서로 봅니다.
3.공급하는 자	ㅇ 물품을 실제로 공급하는 자의 상호, 사업자등록번호, 주소, 대표자 성명, 전화 및 팩스번호, 전자우편주소를 기재합니다. ㅇ 단, 이 서류의 작성자가 최종 수출물품의 생산자이고 그 물품이 「자유무역협정의 이행을 위한 관세법의 특례에 관한 법률 시행규칙」 제10조제1항제4호나목에 따른 원산지간이확인물품에 해당하는 경우에는 작성자의 정보를 기재합니다.
4.공급받는 자	ㅇ 국내제조(포괄)확인서상의 물품을 공급받는 자의 상호, 사업자등록번호, 주소, 대표자 성명, 전화 및 팩스번호, 전자우편주소를 기재합니다. ㅇ 단, 이 서류의 작성자가 최종 수출물품의 생산자이고 그 물품이 「자유무역협정의 이행을 위한 관세법의 특례에 관한 법률 시행규칙」 제10조제1항제4호나목에 따른 원산지간이확인물품에 해당하는 경우에는 기재하지 않습니다.
5.공급물품명세	ㅇ 공급물품의 연번, 품목번호(HS No.) 6단위, 품명·규격, 수량 및 단위, 가격(원화로 기재) 및 주요 생산공정(물품의 주요 제조과정 및 공정방법), 원산지 간이확인 물품인지 여부를 기재합니다. 예) 원산지간이확인물품에 해당하여 국내제조(포괄)확인서를 발급하는 경우 "√"를 기재합니다.
6.재료명세	ㅇ 5번 항목에 기재된 공급물품별로 그 속에 포함되어 있는 재료에 대하여 연번, 품목번호(HS No.) 6단위, 품명·규격, 수량 및 단위, 가격(원화로 기재) 등을 기재합니다. ㅇ 단, 공급물품의 생산에 사용된 재료 중 원산지의 확인에 필요한 재료의 내역만을 기재합니다. (필요시 원산지재료 내역만을 기재하거나 비원산지재료 내역만을 기재할 수 있습니다.) ㅇ 사용된 재료가 원산지재료에 해당할 경우 '원산지재료 해당여부'란에 'Y', 아니면 'N'으로 기재합니다. ㅇ 단, 「자유무역협정의 이행을 위한 관세법의 특례에 관한 법률 시행규칙」 제10조제1항제4호나목에 따른 원산지간이확인물품에 대해 원산지를 확인하거나 증명하기 위한 목적으로 이 서류를 작성하는 경우에는 품목번호, 원산지재료 해당 여부, 수량 및 단위, 가격은 기재하지 않아도 됩니다.

210mm×297mm[백상지(80g/㎡)]

(예시) 소요부품 명세서(BILL of Materials)

□ 완제품 내역

제품명	모델명	HS CODE	수출국	적용협정	수출단가(원) (FOB)

□ 원재료 사용내역

원재료명	규격	세번부호	원산지	소요량	단위	단가 (원)	가격 (원)	제조사 (생산자)	구매처	증빙서류	연락처

2023. 5. 10

작성자 : 대한공업(주) 생산부 과장김 OO 서명

명판, 직인

□ 완제품 내역서(예시) 원가산출내역서

제품명	모델명	HS CODE	수출국 (목적국)	적용협정	수출단가(원) (FOB)

□ 제품 원가내역서

직접재료비		직접 노무비	직접경비	제조 간접비	판매/ 일반관리비	이익	기타경비 및 국내운송비	판매가격 (FOB)	RVC
VOM	VNM								

2023. 5. 10

작성자 : 대한공업(주) 생산부 과장 김 OO 서명

명판, 직인

□ 제조공정도

제조공정도는 제품이 어떠한 과정을 거쳐 생산되었는지를 제조 단계별 또는 공정별로 알려주는 설명서이다.

각 협정에는 상품을 보전 시키는 작업이나 공정. 상품의 포장, 세척, 세탁, 혼합, 절단,

단순한 도장 및 도포, 단순 조립, 세트구성 등 물품의 특성이 변화하지 않는 단순 가공을 수행하는 경우에 이를 원산지로 인정하지 않는 불인정공정을 인정하고 있다. 따라서 불인정공정은 세 번이 바뀌었다 하더라도 원산지로 인정하지 않음으로 이러한 불인정공정 여부 등을 판단하기 위하여 제조공정도를 원산지소명서 제출시 요구하고 있다.

(예시) 제조공정도

□ 제품명 : Colored Pencil (HS 9609.10)

□ 모델규격 : No.777

공정명	(1) 안료배합 및 실 제조공정		(2) 종이 줄치기 공정		(3) 종이 감기 공정
세부설명	 · 안료를 혼합하여 색심 제조	⇒	 · 색연필 까기 용이하게 줄치기	⇒	 · 색심을 줄친 종이에 감음
투입 원재료	· PARAFFIN WAX (2712.20) · STERIC ACID (3823.11) · GLYCERL MONOSTEARATE (1516.20) · 이산화티타늄 안료(3206.11)		· PAPER (4823.90)		· 실 (5204.20) · (1)공정의 색심과 실을 (2)공정을 거친 종이에 감음

공정명	(4) 색칠 공정		(5) 절단, 표시, 깎기 공정		(6) 검품 및 포장 공정		완제품사진
세부설명	 · 감아진 색연필 외형 색칠	⇒	 · 색연필 제품 사이즈로 절단 · 글씨 표시 · 심 부분 깎기	⇒		⇒	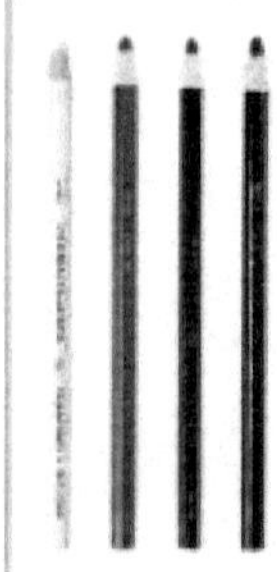
투입 원재료	· COATING PAINT (3206.11)		· PAINT (3206.11)		· 검품 및 포장		

제4절 인증수출자제도

인증수출자제도는 관세당국이 원산지 증명능력이 있다고 인증한 수출자에게 원산지 증명서 발급절차 또는 첨부서류 제출 간소화 혜택을 부여하는 제도이다.

FTA 체결국가가 증가함에 따라 원산지증명서를 발급시 시간과 비용을 절감할 수 있도록 지원하기 위하여 도입되었다. 원산지인증수출자는 업체별 원산지인증수출자와 품목별 원산지인증수출자로 구분하여 운용하고 있다.

업체별 또는 품목별 인증수출자의 공통점은 상호·주소·대표자 성명·원산지관리전담자 등 인증사항이 변경된 때에는 세관장에게 신고하여야 하고, 기업의 합병·분할·폐업 후 신설 등으로 인하여 기업의 동일성 및 연속성이 인정되지 않는 경우는 새로 인증을 받아야 한다.

1. 인증수출자 구분

1) 업체별 원산지인증수출자

모든 협정, 모든 수출물품에 대하여 원산지증명서 발급절차를 간이하게 하여 운영하는 포괄적인 인증제도로서, 본부세관에서 인증을 하며 모든 협정 및 품목에 전반적으로 원산지 증명능력이 인정되어야 하므로 인증기준이 다소 복잡하고 까다롭다고 할 수 있다. 모든 협정 및 품목에 대해 인증을 받는 업체별 원산지인증수출자와 협정별 및 HS Code 6단위에 대해 인증을 받는 품목별 원산지인증수출자로 나뉘며, 인증의 범위와 기준이 다르다.

2) 품목별 인증수출자

협정별, HS Code 6단위별로 인증을 부여하여 원산지증명서 발급절차를 간이하게 운영하는 제도로서, HS Code 6단위가 동일한 다른 품목에 대하여도 원산지를 포괄적으로 인증하는 것이므로 세번이 변경되지 않고 모델, 규격만 다른 제품을 수출한다면 추가로 인증 받을 필요가 없다.

| 표 12-15 | 인증수출자의 종류 및 인증기간

구분	업체별 원산지인증 수출자	품목별 원산지인증 수출자
혜택범위	모든 협정, 모든 품목	인증 받은 협정별, HS 6단위
인증유효기간	5년	
인증기간	서울, 부산, 인천, 대구, 광주, 평택 세관	
인증기준	법규준수도 및 원산지 증명능력 등	HS6단위별 원산지 증명 능력

2. 원산지인증수출자의 인증요건

1) 업체별 원산지인증수출자 요건

(1) 수출실적이 있는 물품 또는 새롭게 수출하려는 물품이 법 제7조에 따른 원산지 결정기준을 충족하는 물품(품목번호 6단위를 기준으로 한다)임을 증명할 수 있는 전산처리시스템을 보유하고 있거나 그 밖의 방법으로 증명할 능력이 있을 것

(2) 원산지인증수출자 인증신청일 이전 최근 2년간 법 제17조제1항 또는 제18조제1항에 따른 서면조사 또는 현지조사를 거부한 사실이 없을 것

(3) 원산지증명서 작성대장을 비치·관리하고 기획재정부령으로 정하는 원산지관리전담자를 지정·운영할 것

(4) 원산지인증수출자 인증신청일 이전 최근 2년간 제10조제1항제2호에 따른 서류의 보관 의무를 위반한 사실이 없을 것

(5) 원산지인증수출자 인증신청일 이전 최근 2년간 속임수 또는 부정한 방법으로 원산지증명서를 발급신청하거나 작성·발급한 사실이 없을 것

2) 품목별 원산지인증수출자

업체별 원산지인증수출자에 해당하지 아니하는 자로서 다음의 요건을 모두 갖춘 수출자 또는 생산자

(1) 수출실적이 있는 물품 또는 새롭게 수출하려는 물품이 법 제7조에 따른 원산지 결정기준을 충족하는 물품(품목번호 6단위를 기준으로 한다)일 것

(2) 원산지증명서 작성대장을 비치·관리하고 기획재정부령으로 정하는 원산지관리전담자를 지정·운영할 것

단, 원산지인증수출자 인증을 위한 원산지관리전담자 지정요건 충족을 위해서는 관세청, 민간협회 및 기재부에서 선정한 FTA 교육으로서 『자유무역협정 원산지

인증수출자운영에 관한 고시』별표3에 게재된 교육이수 인정기준에 따라, 일정 교육점수를 취득하여야 한다.

3. 인증신청 시 제출서류

1) 업체별 원산지인증수출자

(1) 신청서

(2) 수출자가 수출 또는 생산하는 주요 품목(품목번호 6단위를 기준으로 한다)의 원산지소명서, 전산처리시스템을 보유하고 있는 자는 그 전산처리시스템의 현황자료를 제출함으로써 원산지 소명서를 제출하지 아니할 수 있다.

(3) 원산지확인서(해당 물품의 생산자와 수출자가 다른 경우)

(4) 원산지 소명서에 기재된 내용을 입증할 수 있는 서류·정보 및 국내제조 확인서 원산지증명서 작성대장

(5) 원산지관리전담자 보유 증빙자료

2) 품목별 인증수출자

(1) 신청서

(2) 원산지인증 신청품목(품목번호 6단위를 기준으로 한다)별 원산지소명서. 다만, 원산지인증수출자가 원산지를 확인한 물품을 공급받아 추가가공 없이 수출하는 경우에는 제출을 생략할 수 있다.

(3) 원산지확인서(최종물품에 대한 원산지확인서로서 해당 물품의 생산자와 수출자가 다른 경우만 해당한다)

(4) 원산지 소명서에 기재된 내용을 입증할 수 있는 서류·정보 및 국내제조 확인서(관세청장 또는 세관장이 필요하다고 인정하여 제출을 요구하는 경우로 한정한다)

| 표 12-16 | 인증수출자 협정별 혜택

협정	인증 전	인증 후
한·중 한·아세안 한·싱가포르 한·인도	• 원산지증명서 발급신청서 작성(전산) • 첨부서류 제출 – 수출신고필증 사본(전산확인 가능한 경우 생략) – 송품장 또는 거래 계약서 – 원산지확인서(생산자와 수출자가 다른 경우) – 원산지소명서 – 원산지소명서 입증서류 • 현지 확인(필요한 경우)	• 원산지증명서 발급신청서 작성(전산) • 첨부서류 제출 생략 • 현지 확인 생략가능
한·EU	• 6,000유로 이하 수출시 원산지증명서 발급가능 • 자율발급원산지증명서로 수출자의 서명 필요	• 6,000유로 초과물품을 수출할 경우 인증수출자에 한하여 원산지증명서 발급 가능 • 자율발급 원산지증명서로 수출자의 서명 생략
한·ETA	• 자율발급원산지증명서로 수출자의 서명 필요	• 자율발급 원산지증명서로 수출자의 서명 생략
한·페루	• 미화 2천 불 이하 수출시 원산지증명서 발급 가능	• 미화 2천 불 초과 수출시 원산지증명서 발급가능

| 표 12-17 | FTA 협정세율 신청시 원산지증명서 체크리스트

- 협정에서 정한 원산지증명서 양식을 사용하였는가?
- 원산지증명서 발급자 사항(기관/성명/서명/인장 등)이 잘 기재되었는가?
- Invoice와 원산지증명서의 물품내역(품명, 규격, 수량 등)이 동일한가?
- 원산지증명서가 물품선적일 또는 Invoice 발행일 이후에 발급되었는가?
- 원산지증명서의 유효기간이 경과하지 않았는가?
- 원산지증명서의 원산지결정기준이 맞게 기재되었는가?
- 원산지(ISO 국가코드)가 잘 기재되었는가?
- 환적 또는 비정상적인 운송경로를 거친 것은 아닌가?
- 원산지증명서의 품목분류는 정확한가?

참고문헌 R·e·f·e·r·e·n·c·e·s

강정모 외, 국제경제학, 시그마프레스, 2010.
관세국경관리연수원, FTA 제도, 2009.
관세국경관리연수원, 수출입통관실무, 2012.
관세국경관리연수원 FTA기본, 2012.
관세국경관리연수원 관세환급, 2014.
관세청, 수출입통관, 2005.
관세청, 인증수출자실무, 국제원산지정보원, 2011.
관세청, 수출환급 질의회신 사례집, 디자인아람, 2015.
관세청, FTA 달인이 되는 길, (주)협동문고, 2009.
관세청, FTA 부가가치 기준 원산지 검증 매뉴얼, 2009.
김연종 외, 관세평가예규총람, 한국무역경제, 2005.
국제원산지정보원, 품목분류실무, 2010.
국제원산지정보원, 원산지결정기준, 2011.
김관우 외, FTA 원산지 실무완성, 도서출판 두남, 2013.
김기인, 한국관세법, 한국관세무역개발원, 2007.
김의기, 한미FTA 원산지규정해설, 다른세상, 2013.
김용일 외, 관세법론, 무역경영사, 2013.
남풍우, 실용무역실무, 도서출판 두남, 2018.
박상태, 관세정책요론, 한국관세연구소, 1996.
서울본부세관, 일본의 관세평가 사례, 2002.
성윤갑, FTA 관세특례법해설, 2007.
손정준, 관세감면 실무와 사례, (주)협동문고, 2007.
오원석, 국제운송물류, 탑북스, 2011.
이봉수, 무역실무, 도서출판 두남, 2016.
이신규, 엣센스 무역실무, 도서출판 두남, 2016.
이신규, 국제통상론, 도서출판 두남, 2011.
이종익, 관세법 해설, 협동문고, 2011.
인천본부세관, FTA 완전정복, (주)협동문고, 2009.
임목삼 외, 수출입통관의 이해, 도서출판 두남, 2008.
정재완, 관세법, 무역경영사, 2014.
지식경제부·한국무역협회, FTA 원산지 길라잡이, 아이애드, 2011.
채 훈 외, 무역실무론, 삼영사, 2011.

한국관세사회, 무역통계부호, 2018.
한국관세무역개발원, 관세감면 실무와 사례, 2007.
홍정식, 관세법, 도서출판 두남, 1996.
홍종민 외, 통관과 관세법, 도서출판 두남, 2008.
http://www.customs.co.kr
http://www.motie.go.kr

찾아보기 I·n·d·e·x

저자 약력

■ 곽 병 곤

[학력 및 경력]

- 건국대학교 대학원 국제무역학과 박사과정 졸업. 경제학박사
- 안양대학교, 인천대학교 강사, 중앙대학교 산업창업경영대학원 겸임교수
  동국대학교 행정대학원 겸임교수
- 한국철강협회, 무역협회무역아카데미, 한국국제물류협회
  한국외국어대 국제사회교육원 강사
- 부산세관, 인천세관, 서울세관 근무

[현재]

- 토탈관세법인 관세사
- 서울사이버대학교 겸임교수

관세통관 FTA실무 - 개정2판

초　판 1쇄 발행 —— 2019년 2월 25일
초　판 2쇄 발행 —— 2019년 8월 10일
개 정 판 1쇄 발행 —— 2022년 8월 10일
개정2판 1쇄 발행 —— 2023년 8월 20일
지은이 —— 곽 병 곤
펴낸이 —— 전 두 표
펴낸곳 —— 도서출판 **두남**
서울시 강동구 성내로 6길 34-16 두남빌딩
신 고 : 제25100-1988-9호
TEL : 02) 478-2065~7, 2311
FAX : 02) 478-2068
E-mail : dnbooks@dunam.co.kr
http://www.dunam.co.kr

정가 29,000원

ISBN 978-89-6414-973-7 93320